V&Runipress

Claudia Jarzebowski / Anne Kwaschik (Hg.)

Performing Emotions

Interdisziplinäre Perspektiven auf das Verhältnis von Politik und Emotion in der Frühen Neuzeit und in der Moderne

Mit 21 Abbildungen

V& R unipress

Bibliografische Information der Deutschen Nationalbibliothek

Die Deutsche Nationalbibliothek verzeichnet diese Publikation in der Deutschen
Nationalbibliografie; detaillierte bibliografische Daten sind im Internet über
http://dnb.d-nb.de abrufbar.

ISBN 978-3-89971-960-4

Wir haben uns nach bestem Wissen bemüht alle Rechteinhaberinnen und Rechteinhaber für die
abgedruckten Bilder und Dokumente zu ermitteln und die Rechte einzuholen. Sollten trotz
sorgfältiger Recherche nicht alle berechtigten Ansprüche berücksichtigt worden sein, bitten wir
Rechteinhaber sowie Verlage, die ihre Rechte berührt sehen, den Herausgeberinnen dies
mitzuteilen.

© 2013, V&R unipress in Göttingen / www.vr-unipress.de
Alle Rechte vorbehalten. Das Werk und seine Teile sind urheberrechtlich geschützt. Jede
Verwertung in anderen als den gesetzlich zugelassenen Fällen bedarf der vorherigen
schriftlichen Einwilligung des Verlages.
Printed in Germany.
Druck und Bindung: CPI Buch Bücher.de GmbH, Birkach

Gedruckt auf alterungsbeständigem Papier.

Inhalt

Helena Flam
Quo vadis? Wege der Emotionenforschung zwischen den Disziplinen . . 7

Fühlen und Handeln

Renate Dürr
Laienprophetien. Zur Emotionalisierung politischer Phantasien im
17. Jahrhundert 17

Bettina Hitzer
Körper-Sorge(n). Gesundheitspolitik mit Gefühl 43

Karsten Lichau
»The moving, awe-inspiring silence«. Zum »emotionalen Potential« der
Schweigeminute 69

Claudia Jarzebowski
Das gefressene Herz. Emotionen und Gewalt in transepochaler
Perspektive 93

Sinnlichkeit und Materialität

Doris Kolesch
Flanieren im Park. Zur emotionalen und politischen Bedeutung von
Bewegung im 17. Jahrhundert 115

Stephanie Bung
Mimicry und Emotionen. Zur sozialen Handlungslogik französischer
Gelegenheitsdichtung des 17. Jahrhunderts 129

Elke Anna Werner
Visualität und Ambiguität der Emotionen. Perspektiven der kunst- und
bildwissenschaftlichen Forschung 147

Catherine Viollet
»J'étois assez dissimulée …«. Zur Rolle von Emotionen in den *Memoiren*
der Zarin Katharina II. von Russland 167

Janina Wellmann
Eine höhere Form der Erkenntnis. Körper, Rhythmus und Emotion um
1800 187

Diskurs und Ordnung

Birgit Aschmann
Von der »niña inocente« zur »ilustre prostituta«. Techniken der Apologie
und Delegitimierung der spanischen Königin Isabella II. über den
Genderdiskurs 217

Birgit Sauer
»Bringing emotions back in.« Gefühle als Regierungstechnik:
Geschlechter- und demokratietheoretische Überlegungen 241

Gertraude Krell
Emotionen, Frauen, Arbeit und Führung. Diskursive Fabrikationen und
Verschränkungen in der Managementforschung 259

Anne Kwaschik
Folter in der Republik? Gewalt, rechtsstaatliche Ordnung und
»emotionale Navigation« in der Auseinandersetzung liberaler
Demokratien mit dem Terrorismus 283

Perspektiven

Barbara Hahn
Leidenschaften und Gefühle in der Öffentlichkeit. Hannah Arendts
Gedanken über die Dunkelheit des menschlichen Herzens 309

Helmut Puff
Nachwort 321

Danksagung 333

Helena Flam

Quo vadis?
Wege der Emotionenforschung zwischen den Disziplinen[1]

Am Anfang – Ende der 1970er Jahre – standen einige wenige Texte zur Soziologie der Emotionen. Diese wurden von soziologischen Mainstream-Ansätzen überschattet und waren deswegen kaum sichtbar oder bedeutend. Sie sind aber, genauso wie z. B. der Marxismus, in den besonderen historischen Kontexten der Kämpfe gegen den Rassismus und Sexismus in den USA und auch im Zuge der Kämpfe gegen Kolonialmächte entstanden. Im damaligen historischen Kontext sah sich sogar die sonst konservative republikanische Regierung Lyndon Johnsons 1964 dazu gezwungen der Armut den Krieg zu erklären. Das wissen wir heute nicht mehr.

Die Erforschung der Emotionen heute – sowohl in der Philosophie, Soziologie als auch in der Geschichtswissenschaft – nimmt die Frage nach der Macht und den Machtasymmetrien kaum bzw. nur einseitig zur Kenntnis, obwohl eben diese Frage der Forschung Orientierung, Sinn und Relevanz zu geben vermag. Es ist eine Tatsache, dass sich die Soziologie der Emotionen durch die damaligen Machtkämpfe und Diskurse inspirieren ließ und dass sie deshalb bis heute selbst zu inspirieren vermag.

Um nur vier Beispiele zu skizzieren: Bei Randall Collins ging es darum, wie Eliten, welche die Massen unterdrücken und ausbeuten, entstehen und es schaffen, sich zu reproduzieren.[2] Ein zentraler Aspekt der Analyse lag in der Frage, wie diese Eliten mit Hilfe von Ritualen der Emotionalisierung Solidarität innerhalb der eigenen Gruppe herstellen und Charisma nach außen projizieren. Die Klassiker der Soziologie auf den Kopf stellend, argumentierte Collins, dass Solidarität nicht ausschließlich als Integrationsergebnis, sondern immer auch als Kampfinstrument, das gegen andere Gruppen eingesetzt wird, zu verstehen ist. Arlie Hochschild nahm den neuen Dienstleistungssektor unter die Lupe.[3] Sie

---

1 Ich danke Claudia Jarzebowski und Anne Kwaschik sowie Jochen Kleres für die Verbesserungsvorschläge.
2 Collins 1975; Collins 2005.
3 Hochschild 1983. Die deutsche Übersetzung erschien bei Campus zuerst 1990 auf Empfehlung

hat die neuen Gefühlsregeln, die Erfordernisse der Gefühlsarbeit und Techniken des Gefühlsmanagements unter Flugbegleiterinnen und Geldeintreibern bei der Delta Fluggesellschaft untersucht und diese in einen Zusammenhang mit Managementideologien und dem Streben von Unternehmen um Marktanteile und Profite gesetzt. Aus ihrer Sicht müsste die Marx'sche Unterscheidung zwischen der intellektuellen und manuellen Arbeit um die emotionale Arbeit ergänzt werden. Kurz darauf hat sie den US-amerikanischen Leistungskapitalismus, den wenig entwickelten Wohlfahrtsstaat und die widersprüchlichen Genderideologien des Westens aufeinander bezogen,[4] um zu erklären, warum die Liebe versagte und die Scheidungsraten stiegen. Statt sich über die unerwarteten, traditionale Genderrollen verneinenden ›Extras‹ freuen zu können oder zu wollen, sie als Geschenke zu betrachten, die die gegenseitige Dankbarkeit und dadurch die Liebe verstärken, sähen sich die Paare, vor allem die ab den 1960ern zunehmend berufstätigen Frauen, mit immer weiteren familiären Anforderungen konfrontiert.[5] Enttäuscht, frustriert und wütend fanden sie ihre gegenseitige Liebe ständig auf harte Proben gestellt. Diese Anspannungen führten zur selbsttäuschenden Mythologisierung,[6] zu Beziehungsspielchen,[7] zu Konflikten und versuchten Konfliktlösungen. Sonst blieben nur noch das Streiten und Scheitern und das Risiko der scheidungsbedingten Armut.

Theodore D. Kempers Blick war auf die Schnittstelle zwischen den Mächtigen und Machtlosen gerichtet. Seine These: Hier entstünden die »echten Emotionen«, sie entwickelten sich organisch-automatisch aus Macht- und Statusgefällen in Interaktionen zwischen Ungleichen.[8] In der Regel bekämen die strukturell Macht- und Statuslosen in Begegnungen mit den Machthaltern und Statusinhabern keine oder nur wenig Autonomie und soziale Anerkennung zugestanden. Vereinfacht formuliert führt dies zu »echten Emotionen« wie Frustration und Wut, die aber aus Angst vor Repressalien nicht ausgedrückt werden. Erst später räumte Kemper der Kultur Signifikanz ein, als er ausführte, dass Kultur zur Stabilisierung und Aufrechterhaltung der Machthierarchien beitrüge. Sie verhülfe den Mächtigen zu Charisma und lege zahlreiche Benimmregeln fest, die ihre Macht- und Statusansprüche unterstützen. Diese Benimmregeln diszi-

---

von Hans Joas, vgl. für eine erweiterte Neuausgabe mit einem aktuellen Vorwort der Autorin, Hochschild 2006.
4 Hochschild 1989a. Die deutsche Übersetzung erschien 1990, vgl. Hochschild 1990.
5 Hochschild 1989b.
6 »Wir teilen die Hausarbeit 50–50«, obwohl sich der Ehemann bloß um seinen Hobbyraum und die Ehefrau um den Rest des Hauses beim Putzen kümmert, oder aber »Meine Frau arbeitet nicht«, obwohl sie Kinder als Tagesmutter zu Hause betreut.
7 »Du bist so männlich, stark und groß, und ich so klein und ungeschickt: Kannst Du die Teller vom Küchenregal holen und auf den Tisch stellen? Und mich Samstag zum Supermarkt fahren?«
8 Kemper 1978.

plinierten und bändigten die Machtlosen, auch emotional, da in jeder Gesellschaft Verstöße gegen die eigenen Benimmregeln schmerzhafte Schuld- und Schamgefühle erzeugten, die man gern vermeiden möchte.[9] Thomas Scheff wiederum argumentierte in seiner Forschungsnische, dass es an sich interessant sei, die verschiedenen Formen der unterdrückten Scham sowie eskalierende Scham- und Wutspiralen zu untersuchen. Auch für ihn lassen sie sich am besten als Ergebnisse der ungleichen Begegnungen zwischen Akteuren, seien es Individuen oder Nationen, analysieren.[10]

Heute fehlt der europäischen und der gerade entstehenden australischen Soziologie der Emotionen größtenteils eine vergleichbare Besessenheit von Machtasymmetrien, welche die damalige Forschung vorantrieb. Als Forschungsmotiv geblieben ist vor allem das Mitgefühl bzw. die Solidarität für Unterdrückte, Marginalisierte, Abweichende, Ausgestoßene, Beschämte und Ausgelachte. Wir Wissenschaftler und Wissenschaftlerinnen untersuchen sie gern aus Sicht der Emotionen, welche, so unsere uns wohltuende Vermutung, sicher facettenreich und besonders heftig angesichts der ungünstigen strukturellen Positionierung sein müssen. Oder aber wir widmen uns sozialen Bewegungen, die Hoffnungsstrahlen mit sich bringen. Das heißt, dass wir am liebsten die exotischen Wunden der Gesellschaft betrachten sowie die Bewegungen mit ihrem Versprechen, diese zu heilen. Aber wir gehen nicht gründlich genug der Frage nach, wie diese Wunden entstanden sind.

Nur selten heben wir den Blick, wechseln den Betrachtungspunkt, um die Schnittstelle mit den Eliten bzw. die Eliten selbst zu untersuchen und ihre vermeintlich zementierte Position kritisch zu hinterfragen. Die Forschung, die ich hier befürworten möchte, soll nicht nur mit Mitgefühl und Interesse am Exotischen und Schmerzenden, sondern auch mit Wut vorgehen – gegen Strukturen, Institutionen und Macht tragende Eliten, welche für die Situation der Unterdrückten, Marginalisierten, Abweichenden, Ausgestoßenen, Beschämten und Ausgelachten verantwortlich zu machen sind. Wir sollen die Schnittstellen zwischen den Mächtigen und den Machtlosen identifizieren und diese untersuchen. Wir sollen die Entscheidungsträger und die Eliten unter die Lupe nehmen. Was ist oder soll der Erkenntnisgewinn sein? Eine ermächtigende Rückkehr zur gesellschaftskritischen Analyse, Forschung als ein Diskurs gegen die Machtbelästigung.

Das können wir teilweise von der Soziologie lernen, zum Beispiel von Foucault oder Bourdieu, wenn wir diese ordentlich dynamisieren und »emotionalisieren«. Wir können aber auch von Historiker/innen lernen. Weil sie in der Anwesenheit von Monarchen und anderen Hoheiten den Blick nicht senken

---

9 Kemper 1990; Kemper 2011.
10 Scheff 1990; Scheff 1994.

dürfen. Im Zuge der sozialen Bewegungen und der Arbeiterstreikwellen der 1960er haben sie dazu gelernt, sich für *labour history* und *social history* zu interessieren und diese zu erforschen. Dennoch: Habitus ist Habitus: Sie sind daran gewöhnt, die Eliten zu untersuchen und kritisch zu hinterfragen. Wir könnten also von Historiker/innen lernen, dass Forscher/innen diversen Majestäten in die Augen blicken müssen und sollen. Über das Wie und die möglichen erkenntnistheoretischen Begleiterscheinungen, darüber müssen wir gemeinsam nachdenken.

Katharina II. (1729 – 1796) schrieb ihre Memoiren in der zweiten Hälfte des 18. Jahrhunderts. Welche Rolle spielen dabei Emotionen? Im Text nennt die Zarin »Wut« und »Sehnsucht« als Beweggründe, als wichtige Handlungsmotive. Hat ihr ihre Erinnerungsarbeit dazu verholfen, sich besser, präziser, genauer zu erinnern? Oder schrieb sie für die Philosophiefreunde und die Pariser Salons? Oder für die Zukunft? Wenn es um die Philosophen, Salons und die Zukunft ging, dann handelt es sich um *post factum* Rationalisierungen sowie die Errichtung des eigenen Denkmals. Das genau ist es, was mächtige Menschen tun und dies gilt es zu betonen. Allerdings ist nicht zu vergessen, dass sie eine Zarin war, die wohl wusste, wie man mit dem Einsatz von Körper und Erotik für die eigene Macht und die Macht des (adoptierten) Reiches kämpft. Sie wusste, ihre Liebhaber aus den Reihen der Erfolgreichen, der strategisch Denkenden und Kämpfenden zu wählen. Obwohl man über ihre sexuellen Neigungen und Präferenzen Gerüchte übelster Art verbreitete, ist es ihr sehr lange gelungen, an der Macht zu bleiben. Es lag sicher nicht an der Diskretion mit der sie ihre Liebschaften abgewickelt hatte.

Isabella von Spanien (1833 – 1868) war in der ersten Hälfte des 19. Jahrhunderts nicht erfolgreich mit einer scheinbar ähnlichen Politik. Mit ihren Liebschaften, die als (Sex)-Affären von der höfischen Gesellschaft skandalisiert, wenn nicht gar erfunden wurden, brachte sie schnell die gesamte Presse und alle politischen Fraktionen gegen sich auf und wurde zur *Hure der Nation* erklärt, da ihre Liebhaber aus verschiedenen politischen Lagern kamen, und sie vielleicht versuchte, als Integrationsfigur zu agieren. Oder war es ein Versuch einer *divide-et-impera*-Strategie, die von ihr als weiblichem Akteur nicht akzeptiert wurde und die deshalb nicht erfolgreich war?

Ein Klassiker der Soziologie, Max Weber, behauptete, dass Macht viele mögliche Grundlagen habe. Schönheit oder Geld oder Überzeugungskraft oder körperliche Gewalt können andere dazu bringen, zu gehorchen, auch wenn sie das gegen ihren (eigentlichen) Willen oder ihre (ursprüngliche) Überzeugung tun. Isabella war schön, aber trotzdem ist es ihr nicht gelungen, reale Macht zu bekommen. Katharina II., war – gemessen an den zeitgenössischen Standards – nicht schön, und wurde es auch im Alter nicht. Trotzdem war sie unwiderstehlich. Also muss man Webers Behauptungen umdenken, sich überlegen, wie ihre

Macht im Verhältnis zu ihrer Herrschaft stand. Bleiben wir aber bei der Macht: War ihre Macht genauso unwiderstehlich wie die Chance auf ihre Gunst, die man sich versprach? Ist also Macht selbst schön? Wenn man die diversen Mächtigen heute mit ihren unterschiedlichen Trophäen sieht, scheint dies sehr wahrscheinlich. Deswegen muss man unbedingt die Macht an sich als die verführerische Quelle für mehr Macht und mehr Ressourcen einstufen.

»L'État, c'est moi!«, so oder so ähnlich sprach angeblich der allzeit mächtigste König Frankreichs, Ludwig XIV., genannt der Sonnenkönig. Er war besessen von seinem Schloss und seinem Parkprojekt. Wer ihn darin zu übertreffen versuchte, verlor seine Gunst und wurde aus der höfischen Gesellschaft ausgeschlossen. Er lud seine Lieblingsgäste auf Promenaden ein, bei denen jede vorprogrammierte, stilisierte Kopfbewegung ein neues Spektakel offenbarte, das die Gäste in Erstaunen, Freude oder Ekstase versetzte bzw. versetzen sollte. Einmal wuchs über Nacht ein ganzer Wald vor den Fenstern des Schlosses. So demonstrierte der König seine Macht. Aber wie Macht durch Spektakel vor Augen zu führen war, wussten schon die Römer. Wie dabei bestimmte Emotionen hervorzurufen waren oder Aufmerksamkeit gelenkt werden musste, wussten sie auch. Das Neue war vielleicht, dass es sich um neue Emotionen handelte, statt Blutdurst und Siegesfreude nun Erstaunen und Bewunderung. Vielleicht war das Neue auch die stundenlange Stilisierung jeder Geste und der Ausdruck jeder Emotion, die von dem Herrscher allein auferlegt und dirigiert worden sind. Vielleicht war aber auch die unerhörte Disziplin und gleichzeitig die Verzweiflung im Kampf um Macht und Gunst neu, die direkt hinter dieser emotionalen Disziplin und Disziplinierung steckten. In der Darstellung seiner Macht in den entsprechenden Forschungen geht es um die Emotionen seiner Untertanen, nicht seine. Der Sonnenkönig bleibt erhaben.

Der König aber war zahnlos. Er konnte niemanden mit einem schönen, strahlenden Lächeln zum Erstaunen bringen oder in Ekstase versetzen. So wie die alternde und nicht mehr so schöne (falls sie es denn je gewesen war) Katharina ihre Liebhaber reich beschenkte, hat er vielleicht die Spektakel organisieren müssen, weil sein Magen undiszipliniert und seine Verdauung schlecht waren und die Zähne fehlten.[11] Was ließ sich Elisabeth I. von England an Ablenkungen einfallen? Sie lächelte nie, um zu verbergen, dass ihre Zähne vom Zucker, den sie leidenschaftlich verzehrte, ganz schwarz waren. Ich erwähne absichtlich, dass der Sonnenkönig keine Zähne hatte und nach schlecht verdautem Essen roch oder dass Elisabeth, die ich sonst als Machtfrau sehr sympathisch finde, schlechte Zähne hatte.

Denn als Wissenschaftler/innen sollen wir uns auf gleicher Augenhöhe mit den Mächtigen der Welt bewegen. In England bringt es das Motto »Even a cat can

---

11 Das Ziehen der Zähne sollte dem abhelfen.

look at the Queen« auf den Punkt. Wir sollen dabei stets darüber reflektieren, wie wir die mächtigen Frauen und Männer – auch ungewollt – dadurch verherrlichen, dass wir sie als erfolgreiche Machthaber/innen und meist im Kontext gelungener Machtausübung analysieren und zeigen, wie sie anderen Gesten und Emotionen diktieren. Dabei müssen wir uns auch vor der Gefahr in Acht nehmen, unabsichtlich Geschlechterstereotypen zu reproduzieren und zu verstärken, indem wir mächtige Frauen vor allem in ihrem Scheitern oder als tragische Heldinnen untersuchen. Es wäre zudem nicht nur erfrischend, sondern lehrreich, nicht nur in Erfahrung zu bringen, welche Emotionen die Könige zur Schau stellten und stellen mussten, sondern auch, was sie nach verlorenen Schlachten, misslungenen Intrigen oder Verrat durch Nahestehende fühlten. Und es wäre erfreulich, mehr Mesdames de Pompadour zu sehen, und zu lernen, wie es ihnen gelang, so viel Macht zu bekommen. Wusste Madame de Pompadour in der zweiten Hälfte des 18. Jahrhunderts besser als ihre männlichen Zeitgenossen, wie man die sich im Wandel befindlichen emotionalen Codes knackt, die Emotionen der anderen liest, manipuliert und an eigenen und fremden Gefühlen arbeitet?

Wir sollten auch methodische Fragen und Probleme beachten. Nach dem Zweiten Weltkrieg war (und dies gilt noch heute) die Idee vorherrschend, dass die Wissenschaften und ihre Methoden wertneutral sind bzw. sein sollen und objektives Wissen produzieren bzw. produzieren sollen. Oder aber Wissenschaftler (die männliche Form bildet den Zustand der 1950er Jahre realistisch ab!) als Experten sollten als Schiedsrichter der Gesellschaft agieren. Als Antwort auf beide Forderungen kamen Einwände in den 1960er und 1970er Jahren dahingehend, dass die Wissenschaft nie neutral ist und dass man deshalb am besten explizit eine Seite, nämlich die der Unterdrückten und Machtlosen wählen soll. Mit Hilfe von beratenden oder intervenierenden Methoden sollten Wissenschaftler (und zunehmend Wissenschaftlerinnen) ihre Arbeit in den Dienst derjenigen stellen, denen das Wissen über die Weltzusammenhänge und die Macht – auch zur Selbstdeutung – nicht in dem Maße zur Verfügung stand. Beraten hieß eine umfangreiche Wissensvermittlung über zahlreiche politische und machtpolitische Zusammenhänge. Beraten hieß aber auch, Handlungsalternativen zu entwickeln und nahezubringen, ohne die Entscheidungsprozesse direkt zu beeinflussen. Intervenieren hieß, die Engagierten dazu zu bringen, in Diskussionen Klarheit über ihre eigenen Ziele und Strategien zu gewinnen, und anschließend sich selbst offen einzubringen, eigene Zukunftsvisionen vorzustellen, und explizit für bestimmte Handlungswege zu argumentieren.

Heute wird eher die Rolle des *Public Intellectuals* oder *des Anwalts* als Vorbild angeboten. Befürwortet wird ein wissenschaftlicher Einsatz an der Seite der sozialen Bewegungen bzw. eine kräftige Stimme, die die Ausgeschlossenen hörbar macht. Auf diese Weise soll zur Demokratisierung der Gesellschaft beigetragen werden. Während die Idee des *Public Intellectuals* oder des *Anwalts* das einseitige Augenmerk auf die Machtlosen fortsetzt, möchte ich ein anderes, ergänzendes Modell vorschlagen, was freilich ebenfalls nicht ohne eigene Probleme und Schwierigkeiten möglich ist.

Meine Idee ist märchenhaft metaphorisch: Wir sollen zu dem Kind werden, das die verschwiegene bzw. ungesehene Wahrheit sieht, und »Der Kaiser ist nackt! Der Kaiser ist nackt!« ausruft. Das Wissenschaftler-Kind soll selbstverständlich nicht (nur) seine Majestäten, die Könige und die Königinnen, so wie sie sind und waren, betrachten. Vielmehr meine ich das Finanzkapital, die hohen Beamten, die Unternehmer, die Spitzen der Politik, die Generäle, die Neoliberalen, die Gewerkschaftsfunktionäre. Diese Akteure und die verantwortungslose, rücksichtslose Welt, die sie schaffen, sollen kritisch analysiert und entblößt werden.

Ihnen gelingt es immer noch, sich weitgehend als rational darzustellen und die soziale Mehrheit der Gesellschaft als emotional und unreif abzuweisen. Wir würden demnach zu viel fordern und ungenügend an unseren Emotionen basteln. Vor allem würden wir den steigenden Arbeits-, Kredit- und Konsumanforderungen nicht gerecht. Oder unvernünftig auf sauberer Luft und freiem Zugang zu Wasser beharren. Wir alle, Frauen, machtlose Männer, soziale Unterschichten, Andersliebende, *people of color*, Linke, Kinder uvm., seien nicht besonders klug und falsch emotional und müssten deswegen diszipliniert und entmächtigt werden.

In unserer sogenannten postkolonialen und feministisch geprägten Zeit leben die alten Vorstellungen fort, viel weniger bewusst und deshalb umso gefährlicher. Die neuen Methoden des Managements durch *emotional empowerment*, und der Selbstoptimierung durch *Emotionale Intelligenz* verstärken diese zu Unrecht überwunden geglaubten Mechanismen der Unterdrückung und Selbstsicherung der Eliten bloß. Auch wenn Machtstrukturen inzwischen ein bisschen vielfältiger geworden sind, dominiert weiterhin das Prinzip, dass weiß und männlich allwissend und rational ist sowie Macht verdient. Diesen Mythos gilt es zu zerstören. Der König hat nämlich keine Zähne. Und die Königin auch nicht.

Literatur

Hochschild, Arlie Russell: The Managed Heart. Commercialization of Human Feeling, Berkeley [u. a.] 1983.
Hochschild, Arlie Russell: The Second Shift. Working Parents and the Revolution at Home, New York [u. a.] 1989a.
Hochschild, Arlie Russell: »The Economy of Gratitude«, in: Franks, David D. / McCarthy,

E. Doyle (Hg.): The Sociology of Emotions. Original Essays and Research Papers, Greenwich / Connecticut [u. a.] 1989b, S. 95–113.

Hochschild, Arlie Russell: Der 48-Stunden-Tag. Wege aus dem Dilemma berufstätiger Eltern, Wien 1990.

Hochschild, Arlie Russell: Das gekaufte Herz. Die Kommerzialisierung der Gefühle (mit einem aktuellen Vorwort von Arlie Russell Hochschild und einer Einleitung von Sighard Neckel), Frankfurt a. M. / New York 2006.

Collins, Randall: Conflict Sociology. Toward an Explanatory Science. With a Contribution by Joan Annett, New York [u. a.] 1975.

Collins, Randall: Interaction Ritual Chains Princeton Studies in Cultural Sociology, Princeton 2005.

Kemper, Theodore D.: A Social Interactional Theory of Emotions, New York 1978.

Kemper, Theodore D. (Hg.): Research Agendas in the Sociology of Emotions, Albany 1990.

Kemper, Theodore D.: Status, Power and Ritual Interaction. A Relation Reading of Durkheim, Goffman and Collins, Farnham [u. a.] 2011.

Scheff, Thomas J.: Microsociology. Discourse, Emotion, and Social Structure, Chicago [u. a.] 1990.

Scheff, Thomas J.: Bloody Revenge. Emotions, Nationalism, and War, Boulder [u. a.] 1994.

Fühlen und Handeln

Renate Dürr

Laienprophetien.
Zur Emotionalisierung politischer Phantasien im 17. Jahrhundert[1]

»Wenn die Bedeutung eines Wortes ihr Gebrauch ist und der Gebrauch letztlich durch die Texte und Kontexte bedingt ist, in denen das Wort steht, dann ist das Spielfeld, das mit diesen drei Ausdrücken besetzt wird, eindeutig ein klar definiertes, auf Religion und Frömmigkeit begrenztes.«[2]

So lautet die Schlussfolgerung der Linguistin und Bearbeiterin des Frühneuhochdeutschen Wörterbuchs Anja Lobenstein-Reichmann aus ihrer Beschäftigung mit dem semantischen Feld der Begriffe »Affekt«, »Passion« und »Leidenschaft«. In dem bislang allein nachschlagbaren Lemma »Affect« werden neben dem »Passionale« von Mathesius von 1587 zwei zeitgenössische Wörterbücher, eine Chronik und zwei Werke von Hans Sachs erwähnt.[3] Damit spiegelt dieser Eintrag zwar den gelehrten, aber keineswegs allein den theologischen Diskurs über Affekt und Passion. Deutlich wird in der knappen Zusammenstellung, dass Affekt zum einen im aristotelischen Sinn als »beweglichkeit zu oder von demjenigen das uns gut und boß dunckt zu sein«[4], zum anderen im eher stoischen Sinne als etwas Schädliches begriffen wurde, das zu begrenzen sei.[5] Damit spiegelt die hier zusammengestellte Überlieferung die Relevanz der zeitgenössischen Auseinandersetzung über die Frage nach der Bedeutung der Affekte für den Menschen und sein Handeln in der Welt; eine Debatte, die seit dem Wiederaufleben des Stoizismus im 16. Jahrhundert mit großem Nachdruck geführt worden war und sich kaum von der Frage nach den Beziehungen zwischen Gott und Mensch trennen ließ.[6]

---

1 Für die kritische Lektüre und zahlreiche wertvolle Anregungen danke ich Dr. Philip Hahn sehr herzlich.
2 Lobenstein-Reichmann 2005, S. 261.
3 Art. »affect«, in: Anderson [u. a.] 1989, Sp. 665.
4 Henisch, Georg: Teütsche Sprach und Weißheit: Thesaurus linguae et sapientiae Germanicae, A-G, Augsburg 1616, zitiert in: Ebd.
5 Z. B. bei Hans Sachs: »Durch unzal begir und affect/ Es [menschlich gewimel] in sehr grosem irthumb steckt.« (aus: Faßnacht-spiel, 2. September 1551), zitiert in: Ebd.
6 Landweer / Newmark 2009, S. 76–109; vgl. auch: Bähr 2013; Lehmann 2007, S. 96–99.

Die wechselseitige Bezugnahme von religiösem Geschehen und Emotion erklärt sich philosophiegeschichtlich daraus, dass man das Wirken Gottes im Menschen spätestens seit Thomas von Aquin mit Rückbezug auf Aristoteles in Analogie zu »pathos« oder »passio« bzw. »affectus animae« als eine Bewegung der Seele erklärt hatte.[7] Bewegt werde die Seele durch Erkenntnis – des Guten oder Schlechten, Lustvollen oder Unlustvollen, Nützlichen oder Schädlichen, wie Catherine Newmark über Aristoteles zusammenfassend schreibt.[8] Die Seele wiederum bewege ihrerseits den Körper zur Tätigkeit. Das prägende Begriffspaar lautet damit nicht »Gefühl versus Vernunft«, sondern »Passivität versus Aktivität«, wobei diese nicht als Gegensätze, sondern als zwei unterschiedliche Momente im »Pathos« zu begreifen seien.[9] In der Zusammenfassung von Catherine Newmark: »Passionen werden also passiv erlitten, sind aber zugleich auch, sofern sie den Körper bewegen, handlungsauslösend.«[10] In diesem Modell ist das Streben also immer sowohl aktiv als auch passiv; zunächst passiv, wenn es vom Wahrgenommenen bewegt wird, dann aktiv, wenn es die Bewegung an den Körper weitergibt. Dabei wird das Strebevermögen der Seele nicht einmal aktiv, das andere Mal passiv vorgestellt, sondern als eine Bewegung, die beide Aspekte umfasse: »movens motum«, bewegend bewegt, wie Thomas von Aquin sagt.[11]

Im Unterschied zur antiken Philosophie, bei der die passivisch-erleidenden Momente in dieser Bewegung letztlich zu begrenzen waren, weil sie die menschliche Handlungsfreiheit einschränkten, wurde in christlicher Tradition gerade dieses Moment zum eigentlichen Signum einer Beziehung zu Gott. Denn aktiv handelnd sei nur Gott. Noch im 19. Jahrhundert galten beispielsweise heftige Gefühlsausbrüche im Zusammenhang mit Konversion (bei aller Neudefinition dessen, was denn Gefühle eigentlich seien) als authentische Zeugnisse für eine echte »Conversio« oder Umkehr, weil sie als passiv galten und damit als Zeichen des Wirkens Gottes gedeutet wurden.[12]

---

7 Zum Folgenden vgl. v. a. Newmark 2008; des Weiteren Hübsch / Kaegi 1999; Steiger 2005; Landweer / Renz 2008; Harbsmeier / Möckel 2009; Gantet 2010.
8 Newmark 2008, S. 19.
9 Zur Dualität Vernunft-Gefühl vgl. etwa Böhme 1997; Rosenwein 2002; Scherke 2009; Konstan 2009; Frevert 2009, S. 190; Eitler / Scheer 2009.
10 Newmark 2009, S. 43.
11 Aquin 1894, S. 620–633 (Quaestio 80, Articulus II, und Quaestiones 81–82), darin S. 621 »appetitus autem movens motum, ut dicitur in 3. de Anima«; vgl. dazu auch ausführlich Newmark 2008, S. 73 u. ö.; außerdem allgemein Brungs 2002.
12 Eitler / Scheer 2009, S. 303; für die große Bedeutung von Emotionen im Methodismus des 18. Jahrhundert vgl. Mack 2008.

1. Emotionen im Luthertum?

Ausgehend von der Vorstellung, dass Erkenntnis eine Bewegung der Seele bewirke, die ihrerseits wiederum bewege, stellt sich die Frage, wie diese Erkenntnis Gottes den Menschen erreicht. Den mittelalterlichen Theologen war klar, dass es ohne Sinneswahrnehmung keine Erkenntnis geben könne; dass also nur das verstanden werden könne, was vorher auch gesehen, gehört oder gefühlt worden ist.[13] Eine Vorrangstellung innerhalb dieser Sinneswahrnehmungen wurde dabei dem Sehen beigemessen. So gab Thomas von Aquin etwa zu bedenken, dass man besser memoriere, was man täglich vor Augen habe und dass durch Gesehenes intensivere Gefühle hervorgerufen würden als durch Gehörtes.[14] Dementsprechend wurde auch hinsichtlich der vorreformatorischen Frömmigkeitspraxis schon mehrfach die besonders herausgehobene Bedeutung des Sehens in der spätmittelalterlichen Liturgie festgestellt.[15] Emotion und religiöse Erkenntnis, so scheint es, waren damit besonders eng mit dem Sehen verknüpft.

Bekanntlich wurde mit der Reformation die Bedeutung des Sehens im Verhältnis zum Hören des Wortes zurückgedrängt. Nicht selten hat man daraus auf eine Entemotionalisierung der Religion durch die Reformation geschlossen, womit das zentrale und immer noch wirkungsmächtige Narrativ angesprochen wird, nach dem die reformatorische Erneuerung aus der Perspektive zunehmender Rationalisierung und Entzauberung der Welt zu interpretieren sei.[16] Zu den prominentesten Vertretern dieser Forschungsrichtung gehört die amerikanische Reformationshistorikerin Susan Karant-Nunn, die sich seit Jahren mit dem Wandel der Emotionen durch die Reformation beschäftigt und im Jahr 2010 ihre Synthese in einem vielbeachteten und höchst anregenden Buch unter dem Titel »The Reformation of Feeling« vorgelegt hat.[17]

Im Zentrum dieses Buches stehen Passionspredigten und Abhandlungen katholischer, lutherischer und reformierter Geistlicher vor allem aus dem 16. Jahrhundert, mit einigen Ausflügen in das 17. Jahrhundert. Die Grundthese des Buches ist, dass die drei Konfessionen unterschiedliche »emotion scripts« entwickelt hätten.[18] Anders als in früheren Arbeiten unterscheidet sie damit explizit zwischen lutherischer und reformierter Konfession.[19] Dennoch argu-

---

13 Mersch / Schiel 2008, S. 30–40.
14 Ebd., S. 33.
15 Scribner 1990, S. 13 f.
16 Blickle / Schlögl 2005; siehe auch differenzierend hierzu Friedrich 2007; siehe auch die dort angegebene Literatur. Vgl. dazu ausführlicher und mit zahlreichen Literaturhinweisen Dürr 2005a; Dürr 2005b; Dürr 2013.
17 Karant-Nunn 1999; Karant-Nunn 2010.
18 Ebd., S. 254 f. Damit bezieht sie sich auf Wierzbicka 1999.
19 »If I had initially expected that the differences between Lutheran and Reformed programs for the spiritual emotions would not be great, further reading disabused me.« (Karant-Nunn

mentiert Karant-Nunn vor dem Hintergrund ihrer, schon einmal im Jahre 1999 entwickelten These von der Entsinnlichung der Religion durch die Reformation.[20] Denn trotz der gemeinsamen spätmittelalterlichen Wurzeln und damit einigen Ähnlichkeiten »at the edges«, seien Emotionen im Katholizismus weit stärker als im Protestantismus ein zentrales Moment der Religiosität gewesen, weil für Katholiken das Göttliche noch immer auch auf Erden zu finden sei: »For the Catholic laity, the divine is still available on earth, and humans' encounter with it is expected to be moving. Protestants generally regard such emoting as an alien model.«[21] Damit verknüpft Susan Karant-Nunn die Frage nach den unterschiedlichen »emotion scripts« mit der These von der Entzauberung der Welt und der damit verbundenen Stärkung rationaler Elemente durch die Reformation. Sie erklärt diese Entwicklung erstens mit der Entfernung von Marienbildern aus lutherischen Kirchen, die zu einer Vermännlichung des Kirchenraumes geführt habe, mit all den dazugehörigen »rationalen Konnotationen«[22]; zweitens mit der Bedeutung des Wortes für die Reformation;[23] drittens mit einem zunehmend abstrakten Verständnis der Passionsgeschichte. Denn nach Karant-Nunn unterschieden sich die drei Konfessionen grundlegend darin, wie konkret und damit emotional nachvollziehbar die Geistlichen in ihren Passionspredigten die Leiden Christi ausbuchstabierten. Sie hätten den Fokus entweder auf die Imitatio Christi – und dies hieß in diesem Zusammenhang auf die Einfühlung in die Verzweiflung und den Schmerz Christi am Kreuz – oder auf dessen Sühneleistung und damit den Trost durch die Auferstehung gelegt. Beiläufig zeigen allerdings ihre eigenen Zitate, dass die wechselseitige kritische Auseinandersetzung mit dem je anderen Passionskonzept nicht selten Folge konfessioneller Abgrenzungsbemühungen war. So kritisierte der Jesuit Petrus Canisius die protestantischen Passionspredigten, weil sie den Aspekt der Imitatio Christi vernachlässigten.[24] Einige Jahrzehnte später bezichtigte Philipp Kisel, ebenfalls

---

2010, S. 3); »As indicated at the beginning, I was wrong to regard the church founded by Martin Luther as striving to eliminate strong feelings in response to its spiritual ministrations.« (Ebd., S. 96).

20 Karant-Nunn 1999, S. 80.

21 Karant-Nunn 2010, S. 255.

22 »The masculine, with its rational connotations, and the far less embodied spirit now permeated the surface of the church interior. The near elimination of pictures of women – those emblems of emotionality and loss of control – and of the acutest suffering signaled to the pious that the best religiosity was calm, interior, and unrelated to material objects.« (Ebd., S. 68).

23 »Protestant piety, guided by the Word of God, was explicitly and semiotically defined as quiet submission to the workings of faith within the individual Christian and, externally, as gentle, less emotive (however feeling), non-flaunting submission to authority and the service of one's neighbor.« (Ebd., S. 65).

24 »Diejenigen irren also, welche das Leiden des Herrn sich und andern zum Trost allein, nicht aber zum Beispiele und zur Nachfolge zu betrachten geben.« (Canisius 1845, S. 127).

ein Jesuit, Calvin der Gotteslästerung, weil dieser die Menschlichkeit Christi zu sehr betont habe und dies nicht zuletzt auch dadurch, dass sich der »unverschämte Calvinus [...] nicht entblödet [habe, R. D.]/ zusagen/ daß Christus, als er obgedachte Wort gesprochen[25]/ in Verzweyfflung gerathen seye«.[26]

Gemeinsam war den Passionspredigten nämlich das Passionskonzept, das ins Herz zielte und bei dem Schmerz und Furcht in Freude und Trost umzuschlagen habe. Hier wird deutlich, wie eng in der Tat Passion und Emotion im 16. und 17. Jahrhundert zusammengehörten. Katholische Predigten verweilten dabei länger auf dem Schmerz und den Tränen, die dieser evozierte – je mehr, desto besser.[27] Lutherische Predigten dagegen zielten stärker auf den Trost, auch wenn im Luthertum Tränenmystik keineswegs unbekannt war.[28] Dieser Trost basierte indessen auf dem Bewusstsein der Unermesslichkeit der Leiden Christi, die so groß gewesen seien, dass die Vorstellung einer Einfühlung im Sinne einer Imitatio Christi von Luther als verdienstlich und gotteslästerlich abgelehnt worden war: »wenn dieses Jhesu leiden kompt, ist aller Menschen leiden nichts.«[29] Stattdessen betonte Luther die Bedeutung der Passion für die Selbsterkenntnis des Menschen, »dan das eygene naturlich werck des leydens Christi ist, das es yhm den menschen gleych formig mache, das wie Christus am leyb unnd seel jamerlich in unsern sunden gemartert wirt, mussen wir auch ym nach alßo gemartert werden im gewissen von unßernn sunden.«[30]

Luther betont also in seinem »Sermon von der Betrachtung des heiligen Leidens Christi« von 1519 die Bedeutung von Furcht und Erschrecken im Zusammenhang der Passion, als Voraussetzung für die eigene Sündenerkenntnis.[31] Doch dürfe dieses Erschrecken nicht dauerhaft sein, »es wurde gewiß eyn lauter verzweyffelnn drauß«.[32] Denn nicht im Erschrecken liege der Schlüssel für die Erlösung, sondern in der Gewissheit der Gnade Gottes, die den Menschen fröhlich, das Herz süß werden ließen.[33] Selbsterkenntnis (Furcht und Schrecken) wie die Erkenntnis Gottes (Freude) waren demnach für Luther höchst emotionale Angelegenheiten, womit er bekanntlich auch seine eigenen Erfahrungen

---

25 »Mein Gott, mein Gott, warum hast Du mich verlassen?« (Mk 15,34; Mt 27,46).
26 Kisel 1679, S. 376; Karant-Nunn 2010, S. 47.
27 Ebd., S. 28, S. 32 u. ö.
28 Ebd., S. 80 u. ö.; über lutherische Tränenmystik vgl. S. 228–235.
29 Martin Luther, zitiert in Axmacher 1984, S. 15; vgl. zum Folgenden Axmacher 1984, S. 13–15.
30 Luther 1519 (1884), S. 138.
31 Damit würde ich wiederum die Interpretation von Susan Karant-Nunn relativieren, nach der die Betonung des Trostes dazu geführt habe, dass die Aufmerksamkeit im Luthertum sich vom Karfreitags- auf das Ostergeschehen verschoben habe; denn der Trost ist die Antwort auf die notwendige und unverzichtbare Auseinandersetzung mit den eigenen Sünden im Spiegel der Schmerzen Christi; vgl. dazu Karant-Nunn 2010, S. 97 u. ö.
32 Luther 1519 (1884), S. 139.
33 Ebd., S. 140.

reflektierte, nach denen er sich trotz seines untadeligen Lebens als Mönch – wie er rückschauend in gewiss pointierter Zuspitzung betonte – wegen seines unruhigen, wütenden und durch und durch verwirrten Gewissens unablässig marterte und sein Herz erst mit dem neuen Verständnis von Rechtfertigung zu beruhigen vermochte.[34]

»Passion« und »Affekt« als Momente einer Beziehung zwischen Gott und Mensch wurden von Luther und anderen Reformatoren umso größere Bedeutung beigemessen, als sie den »freien Willen« und damit die menschliche Vernunft als eine Möglichkeit zu Gott zu kommen, negierten. Die »neue reformatorische Anthropologie« legte folglich besonderen Wert darauf, den Menschen als ein »affektbestimmtes Wesen« zu beschreiben.[35] Das konnte so weit gehen, dass der Wille geradezu mit den Affekten gleichgesetzt wurde. Denn weder der Verstand, noch der Wille könnten Affekte eindämmen, schrieb etwa Melanchthon in seinen Loci comunes von 1521: »Wir wollen weder das Wort Vernunft noch das Wort freier Wille gebrauchen, sondern wir wollen die Bestandteile des Menschen Erkenntniskraft und Kraft, die den Affekten unterworfen ist [...] nennen«, denn die Scholastiker täuschten sich, »wenn sie erdichten, dass der Wille von seiner Natur her den Affekten widerstreiten oder dass er sich des Affekts entledigen kann, sooft es der Verstand anmahnt oder beschließt.«[36] Aus dieser Perspektive ist es gerade die Reformation, welche zu einer besonders nachhaltigen Zurückweisung stoischer Pathoskonzepte führte, wie auch Richard Strier betonte: »It is only in the Reformation tradition that the attack on Stoicism and asceticism is freed from ambivalence. We must turn to the Reformers, and especially to Luther, for the most full-throated defenses of passion and of imperfection in the period.«[37]

Dementsprechend unterschied Luther in seiner Winterpostille des Jahres 1528 zwischen kaltem und rechtem Glauben, wobei er unter »kaltem Glauben« einen Glauben an bestimmte Dogmen meinte[38] und den »rechten Glauben« als eine »lebendige volkomene zuversicht ym hertzen [...] zu Christo« definierte.[39]

---

34 »Ego autem, qui me, utcunque irreprehensibilis monachus vivebam, sentirem coram Deo esse peccatorem inquietissimae conscientiae [...] Furebam ita saeva et perturbata conscientia [...]« (Luther 1545 (1928b), S. 185 f.).
35 Biehler 2011, S. 73–78.
36 Beide Zitate von Melanchthon in: Ebd., S. 74 f.
37 Ähnlich auch Strier 2004, S. 29.
38 »Von Christo gleuben ist, wenn ich gleube, das er ein Herr ist uber alle ding und sitze ym hymel zu der rechten hand seines vaters, der glaub ist noch ein recht kalt ding, Ist gleich, wie ich gleube vom Türcken, das er ynns land ziehen will, odder das der Keiser den Frantzosen gefangen hat, Also ists auch, das ich gleube von Christo, das er sey geporn von einer Jungfrawen, gestorben, begraben, aufferstanden und dergleichen, Derselbige glaub hilfft mich nichts, Er gibt mir auch nichts.« (Luther 1545 (1928a), S. 148).
39 Ebd., S. 148.

Einige Sätze später, die doppelte Emotionalisierung von Furcht und Trost sehr schön ausführend: »Das heyst recht ynn Christum gegleubt, das man gleich ynn yhn kreucht und sich tröstlich auff yhn erwege, dafur halte, das wir kinder des todes sind und der hellen, allein er nympt mich unter sich, beschützet mich fur diesem allzumal.«[40] Dabei negierte Luther explizit die Möglichkeit, dies alles mit Vernunftmaßstäben begreifen zu wollen. Denn man glaube nicht, was man mit Vernunft fühle [!]. Statt dessen solle man »alleine an dem blosen wortte hangen, die augen zu thuen, die vernunft blenden und alleine die ohren hynrecken und auf das wort fusen und dasselbige ynns hertz schreiben [...].«[41] An dem »bloßen wortte hangen« meint offensichtlich etwas gänzlich anderes, als die Vorstellung von entemotionalisierter Rationalität im Wortglauben nahelegt.[42] Es ist die Versenkung in Gott gemeint, denn Gott ist das Wort, wie Luther 1528 in einer Weihnachtspredigt ausführte: »Non dicit: In principio deus fecit verbum, sed hatte sein wesen, da er alle ding macht [...]. Ergo concluditur: ›Got war‹, non dicit: got schuff das wort, sed got wesentlich war das Wort.«[43] Davon ausgehend entwickelte Luther, wie der Linguist Andreas Gardt gezeigt hat, eine für das 16. Jahrhundert »geradezu revolutionäre Handlungssemantik«, nach der Gott und Mensch sprechend handeln, das Wort als gemeinsame Möglichkeit der Macht und damit der Veränderung.[44] »Verbum mundlich quod homo loquitur et praecipue quando habet potestatem. Verbum quod exit ex ore, est unicum et tamen erschalt in auribus aliorum und ist so krefftig, ut fiat, quod mandat, ut dicere possis: Er sprachs, so gschachs.«[45]

Es ist also das Wort, das direkt ins Herz trifft; man erkennt es nicht durch Vernunft, sondern durch den Glauben oder konkreter durch das Hören, das heißt durch einen zunächst passivisch verstandenen Akt des Aufnehmens, und dem aktivischen Einschreiben in das Herz. Dass das Wort wirkt, liegt für Luther in der realen Präsenz Gottes in Wort (und Sakrament) begründet.[46] Damit entfalteten aber Wort und Sakrament für lutherische Gläubige eine heilige Kraft, die auch aus sich selbst heraus wirken konnte. So ereigneten sich lutherische Wunderheilungen, wie etwa diejenige der Katharina Hummel in Leonberg, bevorzugt während des Gottesdienstes, beim Hören einer Predigt.[47] Besondere Heiligkeit und damit Heilkraft wurde außerdem dem gedruckten Wort Gottes zugeschrieben, wie schon Bob Scribner gezeigt hat. Man legte sich Bibeln, Ge-

---

40 Ebd., S. 149.
41 Ebd., S. 149; Karant-Nunn 2010, S. 83.
42 Ähnlich ist diesbezüglich auch der Kommentar von Susan Karant-Nunn. Ebd., S. 83.
43 Luther 1903, S. 524 f.
44 Vgl. dazu Gardt 1999, S. 83 mit ausführlichen Zitaten.
45 Luther 1528 (1903), S. 526.
46 Vgl. auch Dürr 2013.
47 Vgl. ausführlicher Dürr 2005b, S. 6–16.

sangbücher oder Katechismen in der Hoffnung auf Schutz vor bösen Geistern unter das Kopfkissen,[48] erzählte sich in immer neuen Varianten Geschichten, in denen Bibeln oder auch Erbauungsbücher wie das »Paradiesgärtlein« von Johann Arndt in wundersamer Weise der zerstörerischen Wut der Flammen widerstanden hatten[49] oder erhoffte sich unter Umständen sogar direkte Heilung von Büchern, wie im lutherischen Baden, wo eine Kur gegen Lähmung darin bestanden haben soll, den Kranken auf eine aufgeschlagene Bibel zu betten. Der Bericht von der Heilung eines Gichtbrüchigen durch Jesus berührte so die kranke Stelle und konnte vielleicht eine Wirkung entfalten.[50]

2. Apokalyptik und prophetische Bewegungen in der Frühen Neuzeit

Das Handeln Gottes im Menschen bewirkt nach zeitgenössischer Vorstellung damit eine Bewegung der Seele, die ihrerseits wiederum bewegt und damit schließlich Buße und Reue oder Umkehr evoziert – das heißt Veränderung. Diese Veränderung wirkt zunächst einmal in der Person selbst; sie kann aber auch als Auftrag verstanden werden, wie ihn nach ihrem Selbstverständnis die Propheten erhalten hatten. Denn in ihren Träumen und Visionen, Krankheits- oder Entrückungszuständen erhielten sie von Gott oder einem Engel den Befehl, ihre Glaubensgenossen zu warnen und zu Buße und Umkehr aufzurufen. Damit war es Gott, der in den Propheten wirkte; sie aber wurden aktiv handelnd, indem sie mit ihren apokalyptisch inspirierten Mahnreden auf ihre Städte, Dörfer und Gemeinden einzuwirken und einen Wandel einzuleiten versuchten. In Reden und Predigten, Flugschriften und ausführlichen Erfahrungsberichten wurden die Übel der Welt beschrieben, welche göttliche Strafen nach sich zögen oder überhaupt als Kennzeichen für das nahende Weltende zu interpretieren seien. Das konnte sehr allgemeine Fragen der Frömmigkeit und Sittlichkeit betreffen, wenn alle Gläubigen zu Demut und Mäßigung und die Geistlichkeit zu ihrem Wächteramt aufgerufen wurden; nicht selten wurde aber auch explizit das Verhalten der Stadt- oder Landesherrschaft angesprochen, wenn die Obrigkeit zu Gerechtigkeit und Weitsicht, zu Freigabe von Jagdräumen oder zur Beendigung des Krieges aufgefordert wurde. In beiderlei Hinsicht jedenfalls versuchten Propheten auf die Ordnung ihrer Zeit und Welt Einfluss zu nehmen. Träume und apokalyptisch inspirierte Mahnreden können damit als Mittel einer politischen Sprache interpretiert werden, die sich die Herrschenden zunutze machen

---

48 Scribner 2002, S. 316.
49 Grube-Verhoeven 1966, S. 48 f.; Wallmann 1995, S. 8; Messerli 1997.
50 Grube-Verhoeven 1966, S. 30.

konnten, in der sich darüber hinaus aber auch gesellschaftliche Kritik äußern konnte.⁵¹ Nicht zufällig kann darum im 16. und 17. Jahrhundert eine ganze Reihe von Korrelationen aufgezählt werden, bei denen Krisenerfahrungen oder bestimmte politische Ereignisse von vermehrter Prophetie begleitet wurden, wie etwa bei den Bauernkriegsunruhen von 1525 oder dem Moriskenaufstand in Spanien 1568, mit Blick auf die antihabsburgische Bewegung in Portugal und Spanien nach 1580, die Hugenottenkriege im 16. Jahrhundert oder schließlich im Zusammenhang mit englischem Bürgerkrieg und Revolution.⁵² »Apokalyptische Deutungsmuster«, schreibt Thomas Kaufmann, »integrierten geschichtliche Erfahrungen, naturhafte Irregularitäten, kosmische Katastrophen, überhaupt: mit Verunsicherung verbundene Veränderungen« und waren eine Form, diese zu bearbeiten, indem sie sie verzeitlichten.⁵³ Das Ergebnis war eine historisierende Sicht von der Welt, die als *Historia* zunächst heilsgeschichtlich aufgeladen war⁵⁴, sich dann aber unmerklich und gewiss unbeabsichtigt von der zugrundeliegenden göttlichen Providenz zu lösen begann und damit einen Beitrag zur Entstehung neuzeitlicher Zukunftskonzepte leistete, nach denen seit dem 18. Jahrhundert Zukunft immer ausdrücklicher in die Hände der Menschen selbst gelegt wurde.⁵⁵

Mit der Bedeutung apokalyptischer Denkansätze im 16. und beginnenden 17. Jahrhundert hat sich in den letzten Jahren die kirchenhistorische und historische Forschung verstärkt auseinandergesetzt, wenn auch nur selten in engerem Sinne konfessionsvergleichend.⁵⁶ Dies hat nicht zuletzt mit der vorherrschenden Interpretation zu tun, nach der die Apokalyptik als ein in erster Linie protestantisches, wenn nicht sogar vor allem lutherisches Deutungsmuster gilt, wie etwa Thomas Kaufmann betont, für den dieses gesellschaftliche Deutungsmuster gerade innerhalb des Luthertums so weit verbreitet war, dass man darin einen spezifisch lutherischen kulturellen Code zur Kontingenz- und Gefahrbewältigung sehen könne.⁵⁷ In jüngster Zeit wurde diese Sicht allerdings mehrfach

---

51 Pocock 1972; Leppin 1999; Moritz 2009; Pečar 2011.
52 Baecher 1998; Mack 1992; Redondo 2000; Marshall / Walsham 2006; Hessayon 2007; Raymond 2010; Johnston 2011; Kagan 1990; Redondo 2000; Pérez Garcia / Catalá Sanz 2000.
53 Kaufmann 2006, S. 413 f; Arthur H. Williamson nennt es »temporalization of the Western world« (Williams 2008, S. 69 u. ö.).
54 Sandl 2003; Mahlke 2005, S. 19–82; Bähr 2013, S. 463; Mauelshagen 2008, S. 36.
55 Williamson 2008, S. 2; vgl. mit Blick auf die Entstehung der mittelalterlichen Wissensgesellschaft als Ergebnis eschatologischen Denkens Fried 2001; vgl. zu der Entdeckung der Zukunft ab dem 18. Jahrhundert Hölscher 1999; zu der neueren soziologischen Debatte über den Zusammenhang von Eschatologie und Moderne Schipper / Plasger 2007; Nagel [u. a.] 2008.
56 Gut zusammengefasst in Oberman 1986; Leppin 2007; zur lutherischen Laienprophetie im engeren Sinne vgl. die Arbeiten von Jürgen Beyer: Beyer 2000; Beyer 1995; Art. »Prophezeiungen« 2002; vgl. auch Strom 2010.
57 Kaufmann 2006, S. 22, S. 39 u. ö.

relativiert. Neuere Arbeiten verweisen etwa auf die Bedeutung apokalyptisch inspirierter Denkansätze im frühneuzeitlichen Katholizismus und dem Judentum.[58] Arthur Williamson wiederum interpretiert die über die konfessionellen Grenzen hinweg bestehende Relevanz der Apokalyptik als die Basis aller kulturellen Prozesse in der Frühen Neuzeit überhaupt.[59] Diese Arbeiten zeigen, dass die deutliche Zuordnung von Apokalyptik zu Luthertum auch ein Produkt bestimmter Forschungstraditionen ist.

Seit den Erfahrungen mit der Apokalyptik schwärmerischer Richtungen in Reformation und Bauernkrieg bestand in den entstehenden Konfessionen ein deutliches Bedürfnis nach Eingrenzung apokalyptischer Denkansätze. So verbot die *Confessio Augustana* von 1530 eine Bezugnahme auf das 20. Kapitel der Apokalypse und damit sogenannte millenaristische Strömungen in joachimitischer Tradition.[60] Das Trienter Konzil wiederum untersagte die prophetische Vorhersage des Weltunterganges überhaupt.[61] Trotz der weiten Verbreitung apokalyptischen Denkens stellte sich bei Prophetien damit grundsätzlich das Problem der Rechtgläubigkeit, die aus Anlass einer Prophetie immer wieder neu zu definieren war. Indem sich die Propheten meist explizit und weitläufig auf die Heilige Schrift bezogen, sind deren Träume und Visionen als eine persönliche und auf die jeweiligen lokalen Verhältnisse hin bezogene Aktualisierung von Offenbarungswissen zu interpretieren.[62] Apokalyptik war demzufolge nicht als Deutungsmuster einfach schon vorhanden. Im Gegenteil lag die Relevanz der Apokalyptik für die frühneuzeitliche Gesellschaft wohl gerade in der Selbstverständlichkeit eines eschatologischen Weltbildes in Katholizismus wie Protestantismus über alle Schichten und Stände hinweg, bei gleichzeitig stets vorhandenem Heterodoxiepotential solcher Denkansätze. Denn die Frage nach Rechtgläubigkeit oder Irrlehre, nach Engelsvisionen oder Teufelseingaben in den Prophetien entschied sich eben bei dem Versuch, die von allen Zeitgenossen verteidigte göttliche Ordnung auf lokale Verhältnisse hin anzuwenden. Darum legten sowohl die (späteren) Anhänger, als auch die (späteren) Gegner der Prophetinnen und Propheten großen Wert auf die Überprüfung der Göttlichkeit der geäußerten Visionen.

---

58 Milhou 1998; Milhou 2000, S. 11; Smolinsky 2000; Voß 2011.
59 Williamson 2008.
60 Schmidt-Biggemann 2007, S. 168, S. 204.
61 Smolinsky 2000, S. 4.
62 Zum Begriff des Offenbarungswissen vgl. das Forschungsprogramm des unter Leitung von Andreas Holzem an der Universität Tübingen angesiedelten DFG Graduiertenkolleg 1662 »Religiöses Wissen im vormodernen Europa (800–1800). Transfers und Transformationen – Wege zur Wissensgesellschaft der Moderne«, http://www.uni-tuebingen.de/forschung/forschungsschwerpunkte/graduiertenkollegs/gk-religioeses-wissen.html (29.03.2012).

Um diesen Prozess genauer analysieren zu können, wäre es m. E. hilfreich, ihn als eine Kommunikation zu betrachten, die drei Ebenen durchläuft. Auf die Kommunikation zwischen Gott und dem (einzelnen) Menschen (1) folgt zunächst die Weitergabe einer göttlichen Botschaft an die jeweiligen Anhänger (2) und schließlich die Auseinandersetzung mit der vermeintlich göttlichen Botschaft zwischen ihren Anhängern und deren Gegnern (3). Dabei unterschieden sich je nach Kommunikationssituation die Medien dieser Kommunikation. So beruhte die Kommunikation mit Gott auf Träumen, Visionen und / oder Auditionen, die der Prophet oder die Prophetin erhielt, und damit auf der Passivität des empfangenden Körpers. Die Anhänger wiederum erfuhren von der göttlichen Botschaft über Predigten und Reden, Flugschriften oder eine kleinräumige Face-to-face-Kommunikation und damit in erster Linie über das gesprochene wie gedruckte Wort. Wer solche Prophetien anzweifelte, strengte zumeist wissenschaftliche wie gerichtliche Untersuchungen an. Diese Kommunikation beruhte auf den seit dem 16. Jahrhundert immer wichtiger werdenden Kategorien empirischer Beweisführung und Erfahrung.[63] Doch weil alle Kommunikationssituationen eng zusammen gehörten und die apokalyptische Weltsicht wie auch die göttliche Providenz von keiner Seite grundsätzlich in Frage gestellt wurde, ist diese Unterscheidung nach verschiedenen Kommunikationssituationen vor allem eine analytische. Auch bei Auditionen und Visionen spielten nämlich Empirie und Erfahrung eine Rolle, die wiederum keineswegs als Gegensatz zu dem unergründlichen Eingreifen Gottes in die Zeitläufte interpretiert wurden.[64] Dennoch geriet damit die göttliche Providenz, die die Basis apokalyptischer Vorstellungen bildete, unversehens immer mehr zu einer Frage empirisch überprüfbarer Kriterien. Eines dieser Kriterien waren die für »richtig« gehaltenen Emotionen bei den Visionen, die ich im Folgenden mit Blick auf vor allem lutherische Laienprophetien erörtern werde.

---

63 Die weite Verbreitung solcher Vorstellungen um 1600 wird in der vielgelesenen *Oeconomia* des lutherischen Pfarrers Johann Coler greifbar; sie waren also zum Zeitpunkt bereits keineswegs mehr auf den naturphilosophisch-medizinischen Elitendiskurs beschränkt. Vgl. hierzu Hahn 2012 und die dort angegebene Literatur.
64 Am Lehrstuhl für Neuere Geschichte der Autorin [R. D.] an der Universität Tübingen entstehen derzeit zwei Untersuchungen über frühneuzeitlichen Prophetien, mit denen den hier angesprochenen Fragen weiter nachgegangen werden soll, und zwar eine Untersuchung lutherischer Laienprophetien durch Susanne Junk und eine Untersuchung der im Umfeld von Francisco de la Cruz im Peru des 16. Jahrhunderts entstandenen prophetischen Bewegungen durch Fabian Fechner.

3. Emotionen in lutherischen Laienprophetien

Wenn auch Prophetien kein spezifisches Kennzeichen des Luthertums waren, so kann man dennoch feststellen, dass im deutschsprachigen Raum die rein zahlenmäßige Bedeutung und die soziale Streuung der Propheten in keiner Konfession so groß gewesen waren wie im Luthertum. In der einzigen bislang dazu verfügbaren neueren, leider bis heute noch unveröffentlichten Studie, einer bei Bob Scribner erstellten Doktorarbeit aus dem Jahre 2000, ermittelte Jürgen Beyer für das deutsche wie skandinavische Luthertum etwa 300 Laienpropheten für die anderthalb Jahrhunderte zwischen 1550 und 1700 – die Mehrzahl daraus im Übrigen aus dem Alten Reich.[65] Dabei meint Beyer aufgrund der schwierigen Quellenlage nicht einmal annähernd schätzen zu können, ob er nun 80 oder 20 Prozent der tatsächlich aufgetretenen Propheten gefunden habe. Wir haben es folglich mit einer sozialen Realität zu tun, die allein zahlenmäßig auffällig ist. Besonders war auch die soziale Streuung dieser Prophetinnen und Propheten, stammten sie doch aus allen Schichten und Altersklassen der Bevölkerung. Es waren junge Mädchen oder adlige Frauen, Weingärtner oder Handwerker dabei – das heißt: gelehrte wie ungelehrte Personen, Männer und Frauen, Bürger großer Städte und Dorfbewohner.[66] Typisch lutherisch wurde nun die Auseinandersetzung mit den prophetischen Visionen dadurch, dass – gerade aufgrund des hohen Anteils un- bzw. wenig gelehrter Personen unter den Propheten – die Ausformulierung und die Verbreitung der Inhalte solcher Visionen und Träume in den meisten Fällen über den jeweiligen Gemeindepfarrer erfolgte, sofern dieser von der Rechtgläubigkeit der Person und der Vision überzeugt war. In manchen Fällen änderte sich auch die allgemeine Einschätzung, etwa wenn die Propheten im Verlaufe der Zeit ihre Herrschaftskritik verschärften, wie im Falle des Gerlinger Weingärtners Hans Keil, der zunächst für rechtgläubig befunden, dann aber doch wegen Betrugs inhaftiert und ein halbes Jahr später des Landes verwiesen worden war.[67]

Inmitten seines Weinbergs hatte Hans Keil im Jahre 1648 mehrere Engelserscheinungen, währenddessen seine Reben Blut schwitzten, wie er ausführte. Diese Visionen beeindruckten die Nachbarn außerordentlich. Alle befragten Dorfbewohner glaubten dem Winzer, der Pfarrer des Ortes wiederum führte neue Betstunden ein.[68] Man erklärte den Weinberg für heilig und riet den Besuchern, ihre Kopfbedeckungen abzunehmen. Aus immer entfernteren Dörfern und Gemeinden zogen die Menschen nach Gerlingen im Herzogtum Würt-

---

65 Beyer 2000, S. 6, S. 10; vgl. außerdem Peuckert 1941.
66 Beyer 2000, S. 13.
67 Zu Hans Keil: Dreher 1904; Scharfe 1968, S. 194 f.; Haag 1989; Sabean 1990, S. 77–112; Holtz 1993, S. 297–306; Bauer / Dürr 1998; Rublack 2003, S. 198–201; Dürr 2005b, S. 29–31.
68 Sabean 1990, S. 92, S. 100 f.; Rublack 2003, S. 200; Dürr 2005b, S. 29.

temberg und beteten auf dem Weinberg. Nach Ansicht des Kontroverstheologen Tobias Wagner sollen es etwa zwei- bis dreitausend Menschen gewesen sein. Als Stadtpfarrer in der etwa einen Tagesmarsch entfernten Reichsstadt Esslingen meinte er in einer ausführlichen Widerlegung auf das »nun durch gantz Teutschland erschallende« Geschrei über den Gerlinger Propheten antworten zu müssen,[69] weil »auch die meisten Esslinger« den zahlreichen gedruckten Relationes aus dem ganzen Land Glauben schenken würden.[70] In der Tat ließen sich sehr viele Menschen von den Reden des Gerlinger Weingärtners bewegen. Manche gingen auch bewusst das Risiko einer Inhaftierung ein, wie Katharina Hummel, die in Leonberg für ein paar Tage ins Narrenhäuslein gesperrt wurde, weil sie von ihrer Behauptung nicht Abstand nehmen wollte, dass sie, sollte man sie wegen ihrer Anhängerschaft zu Hans Keil der Stadt verweisen, dazu ein freudiges Halleluja singen würde.[71]

Über die Visionen und Reden des Hans Keil sind zahlreiche Flugschriften und Bücher verfasst worden, die die Kommunikation über eine solche Prophetie gut dokumentieren. Außergewöhnlich ist die in Flugschriften greifbare Parteinahme auch eher ungelehrter Autoren.[72] So waren diese Visionen für einen anonymen Autor im Frühsommer 1648 als rechtgläubig anzusehen, weil »nichts gegen das Wort Gottes« gerichtet sei, vor allem aber »Weil die Erzehlung der Geschicht den Zuhörern zu Hertzen tringet/ und gleichsamb den Glauben abnöthiget.«[73] Rechtgläubig waren die Engelsreden also, weil sie direkt ins Herz zielten, sich folglich Gott im Wort selbst äußerte. Rechtgläubig seien sie außerdem, wie der anonyme Autor gleich anschließend schrieb, weil solche göttlichen Verkündigungen geschähen, damit die Menschen sich bekehrten, worauthin er sehr ausführlich erläuterte, in welcher Hinsicht Wandel nötig sei: »Die Unterthanen werden hart gepresst/ unnd betrangt/ und ist unter den Armen grosses Weheklagen/ Zagen und Verzagen/ und werden Täglich Stundlich viel Klagen gen Himmel gesendet/ das hören die Heilige Engel/ bringen es Gott vor/ ja Gott selbsten siehet deren Jammer/ höret deren Jammer/ unnd nimbt sich der Elenden und Betrangten an.«[74] Im Anschluss daran erläuterte er die unterschiedlichen Dimensionen des Jammers, die allgemein etwas mit dem *Geiz* der *Mächtigen* und der *Unzucht* der *Ungläubigen* zu tun hätten. Er verwies aber auch auf sehr konkrete Zusammenhänge, etwa die nun schon drei Jahre andauernden Friedensverhandlungen, bei denen noch immer kein Ende abzusehen sei[75] oder

---

69 Wagner 1648, Widmung, S. AIIv.
70 Ebd., S. 1.
71 Dekanatsarchiv Leonberg, Abt. I, Allg. Akten Nr. 84, Interrogationsprotokoll.
72 O. A.: Eyfferiges Bedencken 1648.
73 Ebd., S. 3.
74 Ebd.
75 Ebd., S. 5.

die Folgen des nun dreißig Jahre währenden Krieges, der »mit der armen Leüth Trangsal/ Schweiß/ Blut/ Sterben/ Verderben« geführt worden sei, weil die Opfer unter den – wie wir heute sagen würden – Zivilisten weit höher seien als unter den »KriegsLeuth«.[76]

Deutlich wird der sich wechselseitig verstärkende Zusammenhang von Emotion und Handlung in diesen göttlichen Visionen, insofern diese Folge eines doppelten Hörens waren: zunächst hörten Gott und die Engel die Klagen der Menschen, dann wirkten die göttlichen Reden auf dem Weinberg in den Herzen der Menschen und führten zu Erkenntnis, das heißt zu Umkehr und einen weit verbreiteten Einsatz für den Weingärtner. Diese emotionalen Folgen vermeintlich göttlicher Visionen hatte im Übrigen auch der schon erwähnte Esslinger Superintendent Tobias Wagner im Blick, nur dass er sie verständlicherweise als falsche Emotionen auszumachen versuchte, indem er die Bestürzung der Menschen angesichts der Engel im Weinberg mit den beiden Jüngern verglich, die »uber deß Herrn Christi Leiden und Tod bestürzt gewesen/ als sie auß Unmuth auß der Statt Jerusalem gangen/ und nacher Emahus auff den Weg gewesen.«[77] Denn die beiden Emmaus-Jünger hatten auf kurzfristige Zeichen gesetzt, auf äußerliche Begebenheiten reagiert und sich damit von Christus abgewandt. Für Tobias Wagner waren Hans Keil und seine Anhänger mit den zunehmend heftigen Reden wider den Herzog und die Obrigkeit Menschen, die sich in falscher Emotionalisierung erschrecken ließen und folglich nicht glaubten.[78]

Rechtgläubigkeit ergab sich also erstens aus dem Inhalt der Prophetien, wofür die Bibel die einzige – und im Übrigen von allen Seiten stets beanspruchte – Referenz darstellte[79] und aus den »richtigen« Emotionen, die das Wirken Gottes im Menschen und damit Erkenntnis und Umkehr ermöglichten, wobei wiederum stets beide Seiten zu wissen meinten, welcher Art die »richtigen« Emotionen denn seien. Es ist folglich kaum verwunderlich, dass die Debatten über die zeitgenössischen Prophetien weithin darin bestanden, zu diskutieren, worin sich nun die wahren von den falschen Propheten unterschieden. Als ausführliche Reaktion auf eine solche Diskussion mit seinem »Mit-Ältesten«, Wenzeslaus Lochar,[80] schrieb etwa Johann Amos Comenius 1629 einen lateinischen Traktat, in welchem er 63 kritische Fragen der Zweifler und Gegner zeitgenössischer

---

76 Ebd., S. 6.
77 Wagner 1648, S. 2.
78 Ebd., S. 2 f.
79 Auch wenn Comenius relativierte, dass eine Prophetie nicht schon darum nicht göttlich sei, weil der Inhalt nicht in der Bibel zu finden sei: »Daher dann auch folget: daß obschon nicht alle Reden der propheten/ in den Biblischen Canon sind gebracht worden/ so könnte man sie doch alle gar wohl darein setzen/ wann sie bey der Hand wären.« (Comenius 1711a, S. 31).
80 Zu Wenzeslaus (Václav) Lochar, Consenior der böhmischen Kirche, vgl. einige Hinweise bei Müller / Beer 1992, S. 108, S. 136, S. 138.

Prophetien beantwortete.[81] Dass dieses dialogisch aufgebaute Werk immerhin knapp über 100 Octav-Seiten stark wurde, liegt wohl wiederum an der Komplexität der Materie, die nicht einfach zu entscheiden war; denn, so schrieb Comenius: »Nein/ es ist nicht immer so klar«, welcher Prophet von Gott gesandt ist oder nicht.[82] Dies sei nicht zuletzt so schwer zu erkennen, weil die Kennzeichen des falschen Propheten »die besagten, nur umgekehrt« seien.[83] Und nicht einmal darin könne es Gewissheit geben, widerspräche eine solche Annahme doch der Allmacht Gottes, der wirke, wie es ihm beliebe. »Gott hat keine gewisse Art oder Form seiner Wercke.«[84] Nicht einmal das Ausbleiben prophetischer Vorhersagen könne demzufolge als sicherer Hinweis auf eine Teufelsvision oder einen falschen Propheten dienen, weil der Geist Gottes komme und gehe, wie er wolle.[85] Daraus folgte für Comenius allerdings nicht, dass eine Überprüfung der Visionen anhand bestimmter Kriterien nicht möglich sei. Im Gegenteil war er sich wohl in höchstem Maße darin mit allen Gegnern zeitgenössischer Prophetien einig, dass die Macht des Teufels dann besonders groß sei, wenn die Menschen »alles ohn Unterschied/ und ohne vorher gehende Prüffung vor Göttlich« annehmen.[86] Trotz der eloquent vorgetragenen Relativierung von bestimmten »Kennzeichen« für göttliche Prophetien betonte Comenius darum deren empirische Überprüfbarkeit, die er explizit dem überlieferten Zeugnis der »Väter« entgegenhielt, sei es doch »vergebens sich auf die Todte zu beruffen/ welche nicht gesehen haben/ was wir sehen.«[87]

Es ging also bei aller Göttlichkeit der Visionen auch um den Augenschein, der zu dokumentieren war und der letztlich als das eigentliche Kriterium für die Einordnung einer Prophetie als rechtgläubig oder heterodox galt. Dafür griff man auf bewährte Beglaubigungsstrategien zurück: auf die Umstehenden, die alles bezeugen konnten; auf Personen, die zunächst zweifelten, darum alles kritisch prüften und sich eines Besseren belehren ließen; auf Theologen, die die Schriftgemäßheit des Inhaltes bestätigten; und schließlich auf Ärzte, die den jeweiligen Körperzustand sorgfältig untersuchten und dokumentierten.[88]

Im Zentrum dieser Plausibilisierungsbemühungen standen die Emotionen in solchen Visionen oder Auditionen, die in dreifacher Weise die Göttlichkeit der Prophetien dokumentierten. So spiegelten sich in der Furcht, die die sieb-

---

81 Comenius 1711a, Zuschrift vom 9.2.1629; zu Comenius vgl. Friedrichsdorf 1995; Schmidt-Biggemann 2007.
82 Comenius 1711a, S. 34.
83 Ebd., S. 43.
84 Ebd., S. 14.
85 Ebd., S. 16–20, S. 39 f.
86 Ebd., S. 35.
87 Ebd., S. 80.
88 Schütz 1560; Anschaw 1569; Warner 1638, S. 4 f.; Comenius / Kotter / Poniatowsky 1632; Comenius 1711b, S. 4–6.

zehnjährige Wendelina während ihrer Entzückungszustände auszuhalten hatte, die »angst /schrecken /furcht vnn zagen /welchs die schrifft nennet«, wie der Freiberger Pastor Johannes Schütz ausführte, womit diese Emotionen als Kennzeichen der Schriftgemäßheit anzusehen seien. Zweitens nehme sie mit ihrer Furcht und den Schmerzen die Leiden aller »Unbußfertigen« auf sich, so dass »diese Jungfraw /zum Spiegel derer vmbher gehen /vnd ein lebendig Exempel sein« und stellvertretend für die »sündige« Menschheit den Zorn Gottes erleiden müsse, im Sinne einer Imitatio Christi und der Ermahnung der Sünder also.[89] Schließlich galten Emotionen als Äußerungen des Wirkens Gottes im Menschen. So erschreckten die laute »Donnerstimm« Gottes und das kurze Zeit später besonders helle Licht den sächsischen Müller, Johann Warner, so sehr, dass er sich durch »Haupt und Hertz« zerschnitten fühlte, wie er in seiner Lebensbeschreibung erläuterte.[90] Christina Poniatovia wiederum klagte vor ihrer ersten Vision so eindringlich über die »Bangigkeit des Hertzens« und heftige Schmerzen, dass man einen Arzt und einen Pfarrer holen ließ.[91] Wie oben skizziert, bewirkte nach zeitgenössischer Vorstellung solches Erschrecken eine Bewegung der Seele, die ihrerseits den Körper bewege. Darum ging man davon aus, dass sich Furcht und Schrecken in bestimmten Körperzuständen äußerten, die – als Folge göttlicher Einwirkung – sorgfältig vermerkt wurden, nicht selten durch einen eigens hinzugezogenen Arzt. Michael Libavius etwa diagnostizierte bei Christina Poniatovia eine ungeheure Furcht, die ihr Herz erkalten ließ, den Puls verlangsamte und den Atem fast auslöschte.[92] In anderen Visionen wurden die verzückten Personen so schwach, dass sie manchmal mehrere Stunden ohnmächtig wurden, was auch einem Scheintod ähnlich sehen konnte. Typisch sind außerdem Lähmungserscheinungen, zumeist der Beine oder der Zunge. Die Folge dieser durch Furcht bewirkten Körperzustände sei, wie Comenius schreibt, die »gleichsam völlige Abtödtung des natürlichen Menschen/ durch welche sie [gemeint ist Christina Poniatovia, R. D.] aus diesem sterblichen Leben einiger massen entrissen und befreyet zu seyn scheynet.«[93] Entscheidend an diesem Zustand an der Grenze zwischen Leben und Tod war, dass die Laienprophetinnen und Laienpropheten keine eigene Macht mehr über ihren Körper hatten und damit zu einem reinen Medium wurden, welches die Ohren dahin neigte, wo etwas zu hören, das Gesicht dahin wandte, wo etwas zu sehen war, »wie viel hundert mal beobachtet worden.«[94] Denn Rechtgläubigkeit war nur so lange gegeben, solange man glaubhaft versichern konnte, ungewollt zum In-

---

89 Schütz 1560, ohne Seitenzahl.
90 Warner 1638, S. 6.
91 Comenius 1711b, S. 4–6 u. ö.
92 Ebd., S. 71.
93 Ebd., S. 71f.
94 Comenius 1711a, S. 64.

strument oder Zeugen einer göttlichen Mahnrede geworden zu sein. Darum legen die Berichte von den Visionen auch so besonderen Wert auf die Erläuterung des Ergreifens durch Gott und einer Passivität in diesem Geschehen, die bis zur Verweigerung des Auftrages gehen konnte, wie in der Selbstbeschreibung durch Johann Warner deutlich wird, in welcher er höchst plastisch erläuterte, dass er den Auftrag Gottes nur angenommen habe, nachdem er gesehen habe, wie dieser ihn schon beinahe aus dem Buch des Lebens hätte streichen wollen.[95]

4. Schlussüberlegungen

Prophetien wurden in dem vorliegenden Beitrag als Mittel einer politischen Sprache interpretiert, die höchst intensive Emotionen freisetzte – und zwar bei allen Beteiligten, den Propheten und Prophetinnen auf der einen Seite wie auch den Anhängern oder Gegnern einer solchen Prophetie auf der anderen. Emotionalität, oder – um die zeitgenössischen Begriffe zu verwenden – »Affekt« bzw. »Passion«, wurde im 16. Jahrhundert zunächst im Zuge der Reformation, dann vor allem im Zusammenhang mit der Rezeption des klassischen Stoizismus zum Gegenstand theologischer und philosophischer Debatten. Mit Rückbezug auf die scholastische Pathoslehre galt noch immer, dass sich in den »affectus animae« das Wirken Gottes als eine Bewegung der Seele zeige. Emotionen wurden somit grundsätzlich hoch geschätzt und galten, weil dies der Lehre von dem unfreien Willen widersprochen hätte, vielleicht gerade im Protestantismus nicht als etwas im stoischen Sinne zu Begrenzendes. Man interpretierte Emotionen als Zeichen für die Passivität des Menschen in dem göttlichen Geschehen und damit als Zeichen für Rechtgläubigkeit.

Darum waren die bei Prophetien zutage tretenden Emotionen von so großer Bedeutung; darum wurden sie sorgfältig dokumentiert und in allen Flugschriften oder Büchern ausführlich behandelt. Denn die zeitgenössische Wahrnehmung der Propheten oder Prophetinnen als wahre oder falsche Propheten hing letztlich von dem Nachweis ab, ungewollt und ohne eigenen Anteil daran, einen göttlichen Auftrag erhalten zu haben. Immerhin galt in einer so stark von der Naherwartung geprägten Zeit wie den Jahrhunderten nach der Reformation und der Entdeckung der Neuen Welt das vermehrte Auftreten von falschen Propheten selbst als ein Hinweis auf diese letzten Zeiten. Nicht zuletzt

---

95 »Aber der HErr sprach weiter: Richte auß meinen Befehl; Aber ich sagte: Ich wils nicht thun. Und der HErr ward zornig und zeigete mir ein Buch/ welches genennet ward das Buch des Lebens: Es ward auffgethan und mir mein Nahme gezeyget. Und der HErr nam eine Feder/ tauchte sie in Diente/ dem anschawen nach/ und bedrawte mich hart meinen Nahmen auß dem Buch des Lebens zu leschen.« (Warner 1638, S. 15); vgl. ähnlich auch Christoph Kotter in Comenius / Kotter / Poniatowsky 1632, S. 3.

darum wurde mit so großer Heftigkeit um die Frage der Rechtgläubigkeit gerungen, die sich an der Schriftgemäßheit des Inhaltes und den »richtigen« Emotionen festmachen ließ. Keinesfalls können dabei einfache Dichotomien aufgeworfen werden, nach denen etwa Theologen versus Laien, Obrigkeit versus Untertanen oder Gelehrte versus Ungelehrte Prophetien für entweder teuflisch oder göttlich hielten.

Gerade die zum Teil jahrelangen Debatten, gerichtlichen wie theologischen Untersuchungen über Orthodoxie oder »Häresie« der geäußerten Visionen und deren Auslegung zeigen, wie sehr Rechtgläubigkeit auch zwischen 1550 und 1650, dem eigentlichen Höhepunkt konfessioneller Orthodoxie in allen drei Konfessionen, im Fluss war. Rechtgläubigkeit war offensichtlich eher theologischer Anspruch als eine inhaltlich eindeutig bestimmte theologische Richtung. Im Detail und vor Ort war es keineswegs ausgemacht, worin genau sich Devianz oder Rechtgläubigkeit äußerte. Darum spielten rationale Verfahren der Beglaubigung und empirische Untersuchungsmethoden sowohl für die Anhänger wie die Gegner einer Prophetie eine so ausschlaggebende Rolle. Dies wiederum ist nicht zuletzt ein wichtiger Grund für die langsame Aushöhlung des Referenzrahmens von Apokalyptik durch die frühneuzeitliche Apokalyptik von innen heraus. Denn indem in den Auseinandersetzungen mit Prophetien empirisches Vorgehen an Bedeutung gewann, wurde bereits um 1600 der Boden für die Säkularisierung eschatologischer Vorstellungen bereitet. Wie sich das Verhältnis von göttlicher Providenz und menschlicher Beweisführung, von Passivität zu Aktivität in dem ganzen Geschehen unmerklich verschob, harrt noch einer genaueren Untersuchung, weil bislang die Frühe Neuzeit – abgesehen von einigen Ausnahmen – vergleichsweise wenig von der epochenübergreifenden Forschung zu Prophetien und Apokalyptik beachtet worden ist.[96] Darum etwa greift auch Johannes Fried in seiner wichtigen und kenntnisreichen Studie über die mittelalterlichen, eschatologischen Grundlagen der europäischen Wissensgesellschaft hinsichtlich der weiteren Entwicklungen des 16. und 17. Jahrhunderts auf sehr allgemeine Formulierungen zurück: »Die Naturwissenschaft entledigte sich ihrer eschatologischen Wurzeln. [...] Untergang und Fortschritt, die Erwartung des alles vernichtenden Weltbrandes entzauberten die Schöpfung und beflügelten das rationale Erkennen der Welt, brachten Aufklärung über Aufklärung.«[97]

---

96 Ausnahmen: Leppin 1999; Leppin 2007; Kaufmann 2006; Williamson 2008. Sammelbände und Arbeiten mit einem übergreifenden Erklärungsanspruch sind entweder in erster Linie an spätantiken (Weber 2000; Meier 2003; Brokhoff / Schipper 2004) und mittelalterlichen Prophetien (Reeves 1999; Fried 2001; Auffarth 2002) oder an messianischen Bewegungen nach 1800 (Thrupp 1962; Ahlberg 1986; Gullin-Hofstedt 2001; Brandes 2008; Brandes / Schmieder 2010) interessiert.
97 Fried 2001, S. 188, S. 192.

Es ist gewiss ein lohnendes Unterfangen zu versuchen, diese nicht intendierten Folgen von apokalyptisch inspirierten Prophetien zu erklären. Mit dem vorliegenden Beitrag möchte ich die These aufwerfen, dass dies womöglich gelingen könnte, wenn man die emotionalen Dimensionen von Prophetien als eine göttliche wie politische Kommunikation untersucht und diese aus dem Zentrum der frühneuzeitlichen Gesellschaft heraus und nicht als (heterodoxes bzw. sozialrevolutionäres) Randphänomen interpretiert.[98] Dass die Zeitgenossen in den Jahrzehnten vor und nach 1600 beinahe allgegenwärtig von der Möglichkeit einer göttlichen Beauftragung ausgingen, illustriert jedenfalls ein kleines Detail im Bericht des Freiberger Pfarrers Johannes Schütz über die Entzückungszustände der jungen Wendelina, die mit letzter Kraft das Haus des Stadtrichters erreicht und die Treppe erklommen habe, bevor sie dort ohnmächtig [!] zusammengebrochen sei und mit heller Stimme zu reden begonnen habe. Denn er erklärte die Tatsache, dass er diese Reden Wort für Wort wiedergeben könne, damit, dass er »ehe man noch wissen konde/ was es werden wollte/ stückweis solchs auffs treulichste und eigentlichste/ auffgezeichnet [...]« habe.[99] Für den Fall der Fälle eben. Wie auch in den anderen in diesem Beitrag referierten Fällen wird hier erkennbar, dass der Übergang zur Moderne in der Kommunikation über *Emotionen* bzw. *Affekte*, und damit über die *Körperlichkeit* von Prophetien greifbar wird, denn genau dies – der Körper – gilt im Zuge der Entwicklung der zeitgenössischen Medizin und Naturphilosophie als empirisch zu betrachtendes Objekt. Die vom Zauberlehrling angesichts mangelnder Entscheidungshilfe durch den allzu breiten orthodoxen Auslegungsrahmen zu Hilfe gerufene empirische Betrachtung körperlicher Phänomene gerät dann unversehens zu einer Schar sich verselbstständigender Besen.

Quellen

O. A.: Eyfferiges Bedencken/ Ob die Kundt= und Wunderbahre Erscheinung einem Mann/ den 4. Februarij/ dieses 1648. Jahrs in Görlichen/ in dem Leonberger Ampt/ deß Hertzogtzumbs Württmeberg beschehen/ für ein Göttlich WunderZeichen anzunemmen und zu halten seye? [...], o. O. 1648.

Anschaw, Johannes: Wunderbarliche Offenbarung unnd Gesichte entzuckten Kindbetterin/ welche zwelf stunden ist Todt gelegen/ unnd vom Geist umbher gefüret/ darnach wider lebendig worden [...], Augsburg 1569.

---

98 Vgl. dazu die neuere soziologische Debatte, in der Eschatologie und Apokalyptik als zentrale Momente der europäischen Geschichte, die Moderne als säkularisierte Eschatologie begriffen wird; die Frühe Neuzeit wird hier modernisierungstheoretisch von seinem Endpunkt aus diskutiert; Trimondi / Trimondi 2006; Nagel 2007; Nagel [u. a.] 2008; Weymann 2008.
99 Schütz 1560, ohne Seitenzahl.

Aquin, Thomas von: Summa theologica, Bd. 1, Rom 1894.
Canisius, Petrus: Homilien oder Bemerkungen über die evangelischen Lesungen, welche das ganze Jahr hindurch an Sonn- und Festtagen in der katholischen Kirche treffen (übersetzt von Herenäus Haid), Bd. 1, Augsburg 1845.
Comenius, Johann Amos / Kotter, Christoph / Poniatowsky, Krystyna: Zwey Wunder=Tractätlein [...], o. O. 1632.
Comenius, Johann Amos: Wichtiger und schrifftgemäßer Tractat von denen Wahren und Falschen Propheten [...], o. O. 1711a.
Comenius, Johann Amos: Höchstverwundersame Offenbahrungen/ Welche Einer Böhmischen Edel=Jungfer/ Nahmens Christina Poniatovia [...] In denen Jahrgängen 1627 / 1628 / 1629. Geschehen. [...], o. O. 1711b.
Kisel, Philipp: Siebenfältig=Blutiges Schau=Spiel Deß Siebenströmigen Geistlichen Nili=Flusses/ Das ist: Sieben Passionspredigten Von dem Gnadenfliessenden und Schmertzhafften Leyden und Sterben unsers Einigen Erlösers und Heyl=Erwerbers Jesu Christi [...], Bamberg 1679.
Luther, Martin: »Eyn Sermon von der Betrachtung des heyligen leydens Christi (1519)«, in: Luther, Martin: Schriften (Weimarer Ausgabe), Bd. 2, Weimar 1884, S. 136–142.
Luther, Martin: »Predigten des Jahres 1528«, in: Luther, Martin: Schriften (Weimarer Ausgabe), Bd. 27, Weimar 1903, S. 1–540.
Luther, Martin: »Am Palmsontage Evangelion Matthei xxi«, in: Luther, Martin: Schriften (Weimarer Ausgabe), Bd. 21, Weimar 1928a, S. 147–155.
Luther, Martin: »Vorrede Luthers zum ersten Bande der Gesamtausgabe seiner lateinischen Schriften, Wittenberg 1545«, in: Luther, Martin: Schriften (Weimarer Ausgabe) Bd. 54, Weimar 1928b, 176–187.
Schütz, Johannes: Nawe Zeittung und Wunderpredigt: Dadurch ein arme einfeltige verachte Junckfraw/ one gefehr xvij. Jahr alt/ alle Stende zur Busse und Besserung jres sündlichen lebens vermanet hat/ Geschehen zu Freibergk in meissen den 17. May. Anno 1560. Mit einer Vorrede Hieronimi Welleri D.
Wagner, Tobias: Unvorgreiffliche Propheten=Predig/ Von dem vermeynten/ durch gantz Teutschland verrufften Geerlinger Propheten im WürttembergerLand [...], Esslingen 1648.
Warner, Johann: Auß Beckendorff/ im Lande Meissen/ bürtig selbsteigene Beschreibung etlicher Visionen, Welche jhm sind von Gott/ wegen des Zustandes der Lutherischen Kirchen und jhrer Wiederwerdigen/ innerhalb Neun Jahren/ gezeigt worden. [...], o. O. 1638.

Literatur

Ahlberg, Sture: Messianic Movements. A Comparative Analysis of the Sabbatians, the People's Temple and the Unification Church (Acta Universitatis Stockholmiensis. Stockholm Studies in Comparative Religion 26), Stockholm 1986.
Anderson, Robert R. [u. a.] (Hg.): Frühneuhochdeutsches Wörterbuch, Bd. 1, Berlin / New York 1989.

Art. »affect«, in: Anderson, Robert R. [u. a.] (Hg.): Frühneuhochdeutsches Wörterbuch, Bd. 1, Berlin / New York 1989, Sp. 665 (Georg Hensch).
Art. »Prophezeiungen«, in: Enzyklopädie des Märchens. Handwörterbuch zur historischen und vergleichenden Erzählforschung, Bd. 10, Berlin / New York 2002, Sp. 1419 – 1432 (Jürgen Beyer).
Art. »Gefühl«, in: Wulf, Christoph (Hg.): Vom Menschen. Handbuch Historische Anthropologie, Weinheim 1997, S. 525 – 548 (Hartmut Böhme).
Art. »Propheten, deutsche«, in: Bächtold-Stäubli, Hanns (Hg.): Handwörterbuch des deutschen Aberglaubens, Bd. 9, Waage-Zypresse, Nachträge, Berlin / New York 2000 [1941], Sp. 66 – 100 (Will-Erich Peuckert).
Axmacher, Elke: »Aus Liebe will mein heyland sterben«. Untersuchungen zum Wandel des Passionsverständnisses im frühen 18. Jahrhundert, Stuttgart 1984.
Auffarth, Christoph: Irdische Wege und himmlischer Lohn. Kreuzzug, Jerusalem und Fegefeuer in religionswissenschaftlicher Perspektive, Göttingen 2002.
Baecher, Claude: »Phénomène prophétique et schemas eschatologiques«, in: *Cahiers V. L. Saulnier* (15) 1998, S. 29 – 63.
Bähr, Andreas: Furcht und Furchtlosigkeit. Göttliche Gewalt und Selbstkonstitution im 17. Jahrhundert, Göttingen 2013.
Bauer, Nicole / Dürr, Renate: »Die Wunderheilung der Katharina Hummel«, in: Dürr, Renate (Hg.): Nonne, Magd oder Ratsfrau. Frauenleben in Leonberg aus vier Jahrhunderten (Beiträge zur Stadtgeschichte 6), Leonberg 1998, S. 85 – 93.
Beyer, Jürgen: »Lutheran Popular Prophets in the Sixteenth and Seventeenth Centuries. The Performance of Untrained Speakers«, in: *Arv. Nordic Yearbook of Folklore* (51) 1995, S. 63 – 86.
Beyer, Jürgen: Lutheran Lay Prophecy c. 1550 – 1700, Masch. Diss, Cambridge 2000.
Brokoff, Jürgen / Schipper, Bernd U. (Hg.): Apokalyptik in Antike und Aufklärung, Paderborn [u. a.] 2004.
Biehler, Birgit: Der Eigennutz – Feind oder ›wahrer Begründer‹ des Gemeinwohls?, Epfendorf 2011.
Blickle, Peter / Schlögl, Rudolf (Hg.): Die Säkularisation im Prozess der Säkularisierung Europas, Epfendorf 2005.
Brandes, Wolfram (Hg.): Endzeitvorstellungen in den monotheistischen Religionen, Berlin 2008.
Brandes, Wolfram / Schmieder, Felicitas (Hg.): Antichrist. Konstruktionen von Feindbildern, Berlin 2010.
Brungs, Alexander: Metaphysik der Sinnlichkeit. Das System der Passiones Animae bei Thomas von Aquin, Halle 2002.
Dreher, Hermann: »Hans Keil, der ›Prophet‹«, in: *Blätter für württembergische Kirchengeschichte* (8) 1904, S. 34 – 61.
Dürr, Renate: »Zur politischen Kultur im lutherischen Kirchenraum. Dimensionen eines ambivalenten Sakralitätskonzeptes«, in: Dürr, Renate / Schwerhoff, Gerd (Hg.): Kirchen, Märkte und Tavernen. Erfahrungs- und Handlungsräume in der Frühen Neuzeit, Frankfurt a. M. 2005a, S. 497 – 526.
Dürr, Renate: »Prophetie und Wunderglauben – zu den kulturellen Folgen der Reformation«, in: *Historische Zeitschrift* (281) 2005b, S. 3 – 32.
Dürr, Renate: »Kanzelaltäre zwischen Säkularisierung und Sakralisierung«, in: Seng, Eva-

Maria (Hg.): Der Kirchenbau zwischen Sakralisierung und Säkularisierung im 17. / 18. Jahrhundert und heute, Berlin 2013.

Eitler, Pascal / Scheer, Monique: »Emotionsgeschichte als Körpergeschichte. Eine heuristische Perspektive auf religiöse Konversionen im 19. und 20. Jh.«, in: *Geschichte und Gesellschaft* (35) 2009, S. 282–313.

Friedrich, Markus: »Das Hör-Reich und das Sehe-Reich. Zur Bewertung des Sehens bei Luther und im frühneuzeitlichen Protestantismus«, in: Wimböck, Gabriele / Leonhard, Karin / Friedrich, Markus (Hg.): Evidentia. Reichweiten visueller Wahrnehmung in der Frühen Neuzeit (Pluralisierung & Autorität 9), Münster 2007, S. 451–479.

Frevert, Ute: »Was haben Gefühle in der Geschichte zu suchen?«, in: *Geschichte und Gesellschaft* (35) 2009, S. 183–208.

Fried, Johannes: Aufstieg aus dem Untergang. Apokalyptisches Denken und die Entstehung der modernen Naturwissenschaft im Mittelalter, München 2001.

Friedrichsdorf, Joachim: Umkehr, Prophetie und Bildung bei Johann Amos Comenius, Idstein 1995.

Gantet, Claire: Der Traum in der Frühen Neuzeit. Ansätze zu einer kulturellen Wissenschaftsgeschichte, Berlin / New York 2010.

Gardt, Andreas: Geschichte der Sprachwissenschaft in Deutschland. Vom Mittelalter bis ins 20. Jahrhundert, Berlin / New York 1999.

Gerhards, Claudia: Apokalypse und Moderne. Alfred Kubins ›Die andere Seite‹ und Ernst Jüngers Frühwerk, Würzburg 1999.

Grube-Verhoeven, Regine: »Die Verwendung von Büchern christlich-religiösen Inhalts zu magischen Zwecken«, in: Tübinger Vereinigung für Volkskunde (Hg.): Zauberei und Frömmigkeit, Tübingen 1966, S. 11–57.

Gullin-Hofstedt, Britta: Messianism och millerism. Typologiska synpunkter på messianska fenomen, Åbo 2001.

Haag, Norbert: »Frömmigkeit und sozialer Protest: Hans Keil, der Prophet von Gerlingen«, in: *Zeitschrift für Württembergische Landesgeschichte* (48) 1989, S. 127–141.

Hahn, Philip: Das Haus im Buch. Konzeption, Publikationsgeschichte und Leserschaft der Oeconomia Johann Colers (erschienen von 1591 bis 1692), Epfendorf 2012.

Harbsmeier, Martin / Möckel, Sebastian (Hg.): Pathos, Affekt, Emotion. Transformationen der Antike, Frankfurt a. M. 2009.

Hessayon, Ariel: ›Gold Tried in the Fire‹. The Prophet TheauraU John Tany and the English Revolution, Aldershot 2007.

Hölscher, Lucian: Die Entdeckung der Zukunft, Frankfurt a. M. 1999.

Holtz, Sabine: Theologie und Alltag. Lehre und Leben in den Predigten der Tübinger Theologen, 1550–1750 (Spätmittelalter und Reformation, Neue Reihe 3.), Tübingen 1993.

Hübsch, Stefan / Kaegi, Dominic (Hg.): Affekte. Philosophische Beiträge zur Theorie der Emotionen, Heidelberg 1999.

Johnston, Warren: Revelation Restored. The Apocalypse in Later Seventeenth-Century England, Woodbridge 2011.

Kagan, Richard L.: Lucrecia's Dreams. Politics and Prophecy in Sixteenth-Century Spain, Berkeley [u. a.] 1990.

Karant-Nunn, Susan: »›Gedanken, Herz und Sinn‹. Die Unterdrückung der religiösen

Emotionen«, in: Jussen, Bernhard / Koslofsky, Craig (Hg.): Kulturelle Reformation, Göttingen 1999, S. 69–95.

Karant-Nunn, Susan: The Reformation of Feeling. Shaping the Religious Emotions in Early Modern Germany, Oxford 2010.

Kaufmann, Thomas: Konfession und Kultur. Lutherischer Protestantismus in der zweiten Hälfte des Reformationsjahrhunderts (Spätmittelalter und Reformation, Neue Reihe 29), Tübingen 2006.

Konstan, David: »Haben Gefühle eine Geschichte?«, in: Harbsmeier, Martin / Möckel, Sebastian (Hg.): Pathos, Affekt, Emotion. Transformationen der Antike, Frankfurt a. M. 2009, S. 27–46.

Landweer, Hilge / Renz, Ursula (Hg.): Klassische Emotionstheorien. Von Platon bis Wittgenstein, Berlin / New York 2008.

Landweer, Hilge / Newmark, Catherine: »Seelenruhe oder Langeweile, Tiefe der Gefühle oder bedrohliche Exzesse? Zur Rhetorik von Emotionsdebatten«, in: Harbsmeier, Martin / Möckel, Sebastian (Hg.): Pathos, Affekt, Emotion. Transformationen der Antike, Frankfurt a. M. 2009, S. 76–109.

Lehmann, Hartmut: »Not, Angst und Pein. Zum Begriff der Angst in protestantischen Kirchenliedern des späten 16. und 17. Jahrhunderts«, in: Lehmann, Hartmut: Transformationen der Religion in der Neuzeit. Beispiele aus der Geschichte des Protestantismus, Göttingen 2007, S. 85–99.

Leppin, Volker: Antichrist und Jüngster Tag. Das Profil apokalyptischer Flugschriftenpublizistik im deutschen Luthertum 1548–1618 (Quellen und Forschungen zur Reformationsgeschichte 69), Gütersloh 1999.

Leppin, Volker: »Apokalyptische Strömungen in der Reformationszeit«, in: Schipper, Bernd U. / Plasger, Georg (Hg.): Apokalyptik und kein Ende?, Göttingen 2007, S. 75–91.

Lobenstein-Richmann, Anja: »Affekt, Passion und Leidenschaft im Frühneuhochdeutschen – Anmerkungen zu einem ganz besonderen Fall von Sprachwandel«, in: Steiger, Johann Anselm (Hg.): Passion, Affekt und Leidenschaft in der Frühen Neuzeit, Bd. 1, Wiesbaden 2005, S. 251–269.

Mack, Phyllis: Visionary Women. Ecstatic Prophecy in Seventeenth-Century England, Berkeley 1992.

Mack, Phyllis: Heart Religion in the British Enlightenment. Gender and Emotion in Early Methodism, Cambridge 2008.

Mahlke, Kirsten: Offenbarung im Westen – Frühe Berichte aus der Neuen Welt, Frankfurt a. M. 2005.

Marshall, Peter / Walsham, Alexandra (Hg.): Angels in the Early New World, Cambridge 2006.

Mauelshagen, Franz Matthias: Wunderkammer auf Papier. Die Wickiana zwischen Reformation und Volksglaube, Epfendorf 2008.

Meier, Mischa: Das andere Zeitalter Justinians. Kontingenzerfahrung und Kontingenzbewältigung im 6. Jahrhundert n. Chr., Göttingen 2003.

Mersch, Margit / Schiel, Juliane (Hg.): »Wahrnehmung und Differenz in den Schriften des Thomas von Aquin und des Bonaventura«, in: Borgolte, Michael [u. a.] (Hg.): Mittelalter im Labor. Die Mediävistik testet Wege zu einer transkulturellen Europawissenschaft, Berlin 2008, S. 30–40.

Messerli, Alfred: »Die Errettung des ›Paradiesgärtleins‹ aus Feuers- und Wassernot«, in: *Fabula* (38) 1997, S. 253–279.

Milhou, Alain: »Apocalypticism in Central and South American Colonialism (1492–1830)«, in: Stein, Stephen J. (Hg.): The Encyclopedia of Apocalypticism, Bd. 3: Apocalypticism in the Modern Period and the Contemporary Age, New York 1998, S. 3–35.

Milhou, Alain: Esquisse d'un panorama de la prophétie messianique en Espagne (1482–1614). Thématique, conjoncture et fonction, in: Redondo, Augustin (Hg.): La prophétie comme arme de guerre des pouvoirs, XVe–XVIIe siècles, Paris 2000, S. 11–29.

Moritz, Anja: Interim und Apokalypse. Die religiösen Vereinheitlichungsversuche Karls V. im Spiegel der magdeburgischen Publizistik, 1548–1551 / 52, Tübingen 2009.

Müller, Gerhard / Beer, Jürgen (Hg.): Johann Amos Comenius. Leben, Werk und Wirken. Autobiographische Texte und Notizen, Sankt Augustin 1992.

Nagel, Alexander-Kenneth: »›Siehe, ich mache alles neu?‹ Apokalyptik und sozialer Wandel«, in: Schipper, Bernd U. / Plasger, Georg (Hg.): Apokalyptik und kein Ende?, Göttingen 2007, S. 253–272.

Nagel, Alexander-Kenneth [u. a.] (Hg.): Apokalypse. Zur Soziologie und Geschichte religiöser Krisenrhetorik, Frankfurt a. M. 2008.

Newmark, Catherine: Passion – Affekt – Gefühl. Philosophische Theorien der Emotionen zwischen Aristoteles und Kant, Hamburg 2008.

Newmark, Catherine: »Weibliche Leiden – männliche Leidenschaften. Zum Geschlecht in älteren Affektlehren«, in: Flick, Sabine / Hornung, Annabelle (Hg.): Emotionen in Geschlechterverhältnissen. Affektregulierung und Gefühlsinszenierung im historischen Wandel, Bielefeld 2009, S. 43–58.

Oberman, Heiko A.: Die Reformation. Von Wittenberg nach Genf, Göttingen 1986.

Pečar, Andreas: Macht der Schrift. Politischer Biblizismus in Schottland und England zwischen Reformation und Bürgerkrieg (1534–1642), München 2011.

Pérez Garcia, Pablo / Catalá Sanz, Jorge Antonio: Epigonos del encubertismo. Proceso contra los agermanados de 1541, Valencia 2000.

Pocock, John G. A.: Politics, Language and Time. Essays on Political Thought and History, London 1972.

Raymond, Joad: Milton's Angels. The Early-Modern Imagination, Oxford 2010.

Redondo, Augustin (Hg.): La prophétie comme arme de guerre des pouvoirs, XVe–XVIIe siècles, Paris 2000.

Reeves, Marjorie: The Prophetic Sense of History in Medieval and Renaissance Europe, Aldershot 1999.

Rosenwein, Barbara: »Worrying about Emotions in History«, in: *American Historical Review* (107) 2002, S. 821–845.

Rublack, Ulinka: Die Reformation in Europa, Frankfurt a. M. 2003.

Sabean, David W.: Das zweischneidige Schwert. Herrschaft und Widerspruch im Württemberg der frühen Neuzeit, Frankfurt a. M. 1990.

Sandl, Marcus: »Interpretationswelten der Zeitenwende. Protestantische Selbstbeschreibungen im 16. Jh. zwischen Bibelauslegung und Reformationserinnerung«, in: Eibach, Joachim / Sandl, Marcus (Hg.): Protestantische Identität und Erinnerung. Von der Reformation bis zur Bürgerrechtsbewegung in der DDR, Göttingen 2003, S. 27–46.

Scharfe, Martin: »Wunder und Wunderglaube im protestantischen Württemberg«, in: *Blätter für württembergische Kirchengeschichte* (68) 1968, S. 190–206.

Scherke, Katharina: »Auflösung der Dichotomie von Rationalität und Emotionalität? Wissenschaftssoziologische Anmerkungen«, in: Flick, Sabine / Hornung, Annabelle (Hg.): Emotionen in Geschlechterverhältnissen. Affektregulierung und Gefühlsinszenierung im historischen Wandel, Bielefeld 2009, S. 23–42.

Schipper, Bernd U. / Plasger, Georg (Hg.): Apokalyptik und kein Ende?, Göttingen 2007.

Schmidt-Biggemann, Wilhelm: Apokalypse und Philologie. Wissensgeschichte und Weltentwürfe der Frühen Neuzeit (Berliner Mittelalter- und Frühneuzeitforschung 2), Göttingen 2007.

Scribner, Robert W.: »Das Visuelle in der Volksfrömmigkeit«, in: Scribner, Robert W.: Bilder und Bildersturm im Spätmittelalter und in der frühen Neuzeit, Wiesbaden 1990, S. 9–20.

Scribner, Robert W.: »Die Auswirkungen der Reformation auf das Alltagsleben«, in: Scribner, Robert W.: Religion und Kultur in Deutschland, 1400–1800 (Veröffentlichungen des Max-Planck-Instituts für Geschichte 175), Göttingen 2002, S. 303–330.

Smolinsky, Heribert: Deutungen der Zeit im Streit der Konfessionen. Kontroverstheologie, Apokalyptik und Astrologie im 16. Jahrhundert (Schriften der Philosophisch-Historischen Klasse der Heidelberger Akademie der Wissenschaften 20), Heidelberg 2000.

Steiger, Johann Anselm (Hg.): Passion, Affekt und Leidenschaft in der Frühen Neuzeit, Bd. 1, Wiesbaden 2005.

Strier, Richard: »Against the Rule of Reason. Praise of Passion from Petrarch to Luther to Shakespeare to Herbert«, in: Paster, Gail Kern (Hg.): Reading the Early Modern Passions. Essays in the Cultural History of Emotions, Pennsylvania 2004, S. 23–42.

Strom, Jonathan: »Jacob Fabricius, Friedrich Breckling und die Debatte um Visionen und neue Offenbarungen«, in: Breul, Wolfgang / Meier, Marcus / Vogel, Lothar (Hg.): Der radikale Pietismus. Perspektiven der Forschung (Arbeiten zur Geschichte des Pietismus 55), Göttingen 2010, S. 249–271.

Thrupp, Sylvia L. (Hg.): Millenial Dreams in Action. Essays in Comparative Study, Den Haag 1962.

Trimondi, Victor / Trimondi, Victoria: Krieg der Religionen. Politik, Glaube und Terror im Zeichen der Apokalypse, München 2006.

Vondung, Klaus: Die Apokalypse in Deutschland, München 1988.

Voß, Rebekka: Umstrittene Erlöser. Politik, Ideologie und jüdisch-christlicher Messianismus in Deutschland, 1500–1600 (Jüdische Religion, Geschichte und Kultur 11), Göttingen 2011.

Wallmann, Johannes: »Johann Arndt und die protestantische Frömmigkeit. Zur Rezeption der mittelalterlichen Mystik im Luthertum«, in: Wallmann, Johannes: Theologie und Frömmigkeit im Zeitalter des Barock. Gesammelte Aufsätze, Tübingen 1995, S. 1–19.

Weber, Gregor: Kaiser, Träume und Visionen in Prinzipat und Spätantike, Stuttgart 2000.

Weymann, Ansgar: »Gesellschaft und Apokalypse«, in: Nagel, Alexander-Kenneth [u. a.] (Hg.): Apokalypse. Zur Soziologie und Geschichte religiöser Krisenrhetorik, Frankfurt a. M. 2008, S. 13–48.

Wierzbicka, Anna: Emotions across Languages and Culture. Diversity and Universals, Cambridge 1999.

Williamson, Arthur H.: Apocalypse Then. Prophecy and the Making of the Modern World, Westport 2008.

Bettina Hitzer

Körper-Sorge(n).
Gesundheitspolitik mit Gefühl[1]

»Rechtzeitig erkannt – heilbar!« Wer immer eine Krebs-Broschüre, ein Aufklärungsplakat, einen Krebsfilm im 20. Jahrhundert zu Gesicht bekam, stieß in irgendeiner Form auf diesen Spruch. Wie ein Mantra tausendfach wiederholt war er so etwas wie das Glaubensbekenntnis der Krebsaufklärung und -vorsorge. Denn ohne diese Annahme hätte die Krebsaufklärung ihren Sinn weitgehend eingebüßt.[2] Hinter diesem vorgeblich wissenschaftlichen, rational erscheinenden Versprechen verbargen sich jedoch variable Vorstellungen über den Gefühlswert dieses Versprechens ebenso wie über die Strategien und Emotionen, mit denen Krebsaufklärung arbeiten sollte. Vor allem aber war höchst umstritten, welches Verhältnis Menschen zu ihrem Körper entwickeln und welche Rolle dabei Gefühle wie Angst, Liebe, Staunen, Scham, Verantwortung spielen sollten. Dabei geht es – im Sinne Foucaults – nicht allein um die Frage einer Disziplinierung der Körper qua Gefühl, sondern vor allem darum zu zeigen, wie sich Regierungstechnologien und Technologien des Selbst, die auf die Gesunderhaltung des Körpers ebenso wie auf den Umgang mit dem kranken Körper gerichtet waren, in der Auseinandersetzung mit Gefühlen formierten und veränderten. Im Vordergrund steht der an diesem Berührungspunkt von Regierungs- und Selbsttechnologien dominante emotionale Stil, das heißt die

---

1 Ich danke Anja Laukötter und Pascal Eitler sowie den Herausgeberinnen Claudia Jarzebowski und Anne Kwaschik für ihre kritischen Anmerkungen und wertvollen Hinweise.
2 Dies trifft mit wenigen Ausnahmen auf alle westeuropäischen und amerikanischen Krebsaufklärungskampagnen zu, vom Beginn dieser Kampagnen in den Jahren zwischen 1900 und etwa 1920 bis heute, wenn auch seit den 1960er Jahren dieses Versprechen zunehmend modifiziert wurde und andere Logiken, etwa des Screenings, des (genetischen) Risikos sowie der tatsächlichen Prävention durch Rauchabstinenz und Lebensstiländerungen, an Gewicht gewonnen haben. Vgl. etwa für die Vereinigten Staaten Aronowitz 2007 und Patterson 1987; für Frankreich: Pinell 2002; für Großbritannien: Moscucci 2010 und Cantor 2002; für die Schweiz: Kauz 2010 sowie als Überblick über deutsche Kampagnen mit Seitenblicken auf die Kampagnen anderer Länder: Stiftung Deutsches Hygiene-Museum 2002; Hahn 2000a; Hahn 2000b. In den Niederlanden gab es dagegen vor 1945 keine öffentliche, an den medizinischen Laien gerichtete Aufklärungskampagne, die auf Informationsvermittlung zur Früherkennung setzte, vgl. Snelders / Meijman / Pieters 2006.

Art und Weise, in der Emotionen überhaupt bzw. das für diese Frage relevante Netz von Gefühlen konzeptionalisiert, erzeugt, benutzt und bearbeitet wurden.[3]

Die Wende zum 20. Jahrhundert markiert den Beginn der Debatte um Krebsaufklärung und -bekämpfung in ganz Europa und in den Vereinigten Staaten.[4] Ihre Wege und Verwicklungen in Deutschland stehen im Folgenden im Zentrum und sollen bis in die 1930er Jahre hinein verfolgt werden, einer Zeit, in der eine Umcodierung zentraler Begriffe und Gefühlskonzepte stattfand, so dass Sorge schließlich als Gegenbegriff zur Angst etabliert und Angst im Begriff der Feigheit delegitimiert wurde.[5]

1. Der versachlichte Körper als Faszinosum

Gegen Ende des 19. Jahrhunderts geriet Krebs immer mehr in den Fokus der Ärzte, Gesundheitspolitiker und Hygieniker. Dem lagen unterschiedliche Ursachen zugrunde. Ein wichtiger Faktor war die sogenannte »epidemiologische Transition«: Darunter verstehen Medizinhistoriker und historische Demographen die Tatsache, dass chronische Krankheiten wie Krebs und Herz-Kreislauferkrankungen zunahmen, während Infektionskrankheiten durch bessere Ernährung und Hygiene, zu einem kleinen Teil auch durch die Erfolge der Bakteriologie langsam zurückgedrängt werden konnten.[6] Diese Entwicklung blieb den Zeitgenossen nicht verborgen und führte dazu, dass man seit 1905 bösartige Tumore und Krankheiten des Herz-Kreislaufsystems in der Todesur-

---

3 Der Begriff des emotionalen Stils wurde u. a. von William Reddy und Eva Illouz gebraucht, um über einander ablösende Verständnis- und Gebrauchsweisen von Gefühlen zu sprechen. Auch im Folgenden steht die diachrone Perspektive im Vordergrund, anders etwa als im kürzlich erschienenen, von Benno Gammerl herausgegebenen Themenheft von *Rethinking History*, das die Koexistenz verschiedener emotionaler Stile zum Thema macht, vgl. Reddy 2008; Illouz 2007, S. 6; Gammerl 2012.
4 Die Geschichte der Krebsaufklärung und -bekämpfung ist insbesondere für die USA bereits intensiv erforscht worden, vielfach mit Blick auf Brustkrebs, der auch in den amerikanischen Kampagnen bis heute eine besonders herausgehobene Rolle spielt. Neben der bereits erwähnten Literatur ist hier vor allem zu nennen: Lerner 2001; Gardner 2006 und Klawitter 2008. Die Bekämpfung anderer Krebse fand bisher keine vergleichbare Aufmerksamkeit, ausgenommen Ilana Löwys Pionierstudie zur Bekämpfung des Gebärmutterkrebses in Frankreich, Großbritannien und den USA: Löwy 2011.
5 Für Deutschland liegt bisher erst eine einzige größere Studie vor, die sich allerdings auf die Krebsbekämpfung der Nationalsozialisten beschränkt: Proctor 1999.
6 Das Modell der epidemiologischen Transition wurde 1971 von Abdel R. Omran entworfen, die dritte und letzte Phase dieses Übergangs ist nach Omran durch eine Abnahme von Infektionskrankheiten zugunsten chronisch-degenerativer Erkrankungen gekennzeichnet: Omran 2005 [1971]. Skeptisch gegenüber dem Modell der epidemiologischen Transition: Weindling 1992; Ehmer 2004.

sachenstatistik des Deutschen Reiches mitzählte.[7] Die statistische Berücksichtigung dieser Krankheiten verstärkte den Effekt in der Wahrnehmung der Zeitgenossen, da nun – auch angesichts neuer technischer Diagnosemöglichkeiten – aufmerksamer danach gesucht wurde, ob etwa ein Tumor zum Tod geführt hatte. Wo zuvor oft auf dem Totenschein »Altersschwäche« notiert worden war, stand nun nicht selten »Krebs« – denn auch die medizinischen Vorstellungen vom Alter hatten sich gewandelt und ließen einen »natürlichen«, nicht krankheitsbedingten Alterstod zunehmend als medizinisch inakzeptabel erscheinen.[8] Diese statistischen Verzerrungen wurden allerdings schon damals von einigen Ärzten und Gesundheitspolitikern diskutiert.[9]

Da die Ursachen von Krebs ebenso wie von kardiovaskulären Krankheiten noch weitgehend unbekannt bzw. sehr umstritten waren, gab die Entdeckung der »epidemiologischen Transition« der Ursachen- und Risikoforschung einen wichtigen Impuls. Dies zeigte sich etwa in der im Jahr 1900 erfolgten Gründung des *Zentralkomitees zur Erforschung und Bekämpfung der Krebskrankheit*, das von Anfang an auf staatliche Unterstützung zählen konnte.[10] Die medizinische ebenso wie die sozialhygienische Forschung legte den Akzent nun stärker auf die Suche nach Präventionsmöglichkeiten und beschäftigte sich weniger mit der Weiterentwicklung kurativer Eingriffe.

Vorsorge war um 1900 ein Thema der Zeit, denn der Präventionsgedanke schloss sich unmittelbar an die weit verbreitete Zivilisations- und Gesellschaftskritik der Jahrhundertwende an, die auch als wichtigste Erklärung für die vielfach vermutete Zunahme von Krebserkrankungen herhalten musste.[11] Darum legte das neu gegründete *Zentralkomitee* von Anfang an einen Schwerpunkt auf die Konzeption von gesundheitspolitischen Kampagnen.[12]

---

7 Madarász 2010, S. 142.
8 Schmorrte 1990, S. 19–21; Stoff 2004, S. 210 f.
9 So schon der Kommentar zur preußischen Erhebung, die im Juli 1901 dem Minister vorgestellt wurde: Lindner 2009, S. 202 f. Sehr ausführlich und ans breite Publikum gerichtet in: Gebhard 1933, S. 5–8.
10 Der Gründung vorausgegangen waren Bemühungen der Beteiligten wie etwa des späteren Vorsitzenden Ernst von Leyden, Aufschluss über die Häufigkeit von Krebserkrankungen in Preußen zu erhalten, vgl. Schneck 2000, S. 23; dort auch mehr zur Geschichte des *Zentralkomitees*, das sich am 2. Dezember 1933 selbst auflöste, nachdem sich führende Mitglieder wie Ferdinand Blumenthal aufgrund des Gesetzes zur Wiederherstellung des Berufsbeamtentums vom 7. April 1933 hatten zurückziehen müssen. An die Stelle des *Zentralkomitees* trat der im Februar 1931 gegründete, vom Innenministerium getragene *Reichsausschuss für Krebsbekämpfung*, der den Zielen der NS-Gesundheitspolitik stärker entgegenkam, vgl. Thom 2000. Ausführlich zur Geschichte des Zentralkomitees: Kaiser 1988.
11 Cantor 2007, S. 18 ff.; Lengwiler / Madarász 2010a, S. 17 ff. Als Überblick zur Geschichte des Präventionsgedankens im 20. Jahrhundert: Walter / Stöckel 2002.
12 Daneben bemühte sich das *Zentralkomitee* vorwiegend um die Förderung der Krebsforschung – einerseits durch die Ausrichtung von Kongressen sowie durch eigene Publikationen, andererseits aber auch durch die entschiedene Unterstützung der neu entstehenden

Vorbild für die Krebsaufklärung waren die bereits im Kaiserreich durchgeführten, verhältnismäßig erfolgreichen Kampagnen gegen Tuberkulose. Tatsächlich gab es jedoch einen wesentlichen Unterschied zwischen Krebs- und Tuberkulosekampagnen, die den Vorbildcharakter der Tuberkulosekampagnen etwas zweifelhaft erscheinen ließen: Tuberkulose ist eine Infektionskrankheit, sie ist ansteckend und die Kampagnen zielten demnach im Wesentlichen darauf, die Verbreitung des Bazillus zu verhindern. Krebs dagegen, da waren sich die Mediziner nach einigen früheren Diskussionen weitgehend einig, galt nicht als ansteckend, auch wenn die Existenz eines Krebsbazillus von einigen namhaften Krebsforschern zu diesem Zeitpunkt noch nicht völlig ausgeschlossen wurde. Demnach konnte die Verhinderung von Ansteckung also nicht das Ziel einer Anti-Krebs-Kampagne sein.[13] Die im *Zentralkomitee* versammelten Mediziner und Hygieniker sahen dennoch eine Parallele: Nicht Krebs selbst war ansteckend, wohl aber verbreitete »Irrlehren« über die Natur und Therapierbarkeit von Krebs. Diese Form der Ansteckung war deshalb ebenso gefährlich wie die bakterielle Ansteckung, weil sie verhinderte, dass betroffene Menschen rechtzeitig die Hilfe eines qualifizierten Arztes aufsuchten. Insofern stand die Vermittlung von Wissen über die Krebskrankheit am Anfang aller Anti-Krebs-Kampagnen, nicht so sehr die Propagierung eines angemessenen Verhaltens wie im Fall der Tuberkulose.[14]

Der Gedanke, medizinisches Wissen an Laien vermitteln zu wollen, war zu diesem Zeitpunkt verhältnismäßig neu und keineswegs ohne Gegenstimmen.[15]

Krebsforschungsinstitute, um deren finanzielle Förderung von Seiten des Staates ebenso wie privater Spender und Stifter das Komitee warb. So wurden im ersten Jahrzehnt des 20. Jahrhunderts die ersten drei auf Krebsforschung spezialisierten Institute in Frankfurt (Paul Ehrlich), Berlin (Ernst von Leyden) und Heidelberg (Vinzenz Czerny) gegründet, die neben experimenteller auch klinische Forschung betreiben, vgl. Schneck 2000, S. 25 f. Zur frühen Geschichte des Heidelberger Instituts: Lindner 2009, S. 188–228. Zum Berliner Institut als kurzer Überblick: Einhäupl / Genten / Hein 2010, S. 241 ff.; Leyden / Blumenthal 1904.

13 Ernst von Leyden etwa vermutete zu dieser Zeit noch, dass ein Bakterium an der Entstehung von Krebs beteiligt sein könnte: Schneck 2000, S. 29. In den Zeitungen wurde dagegen auch in den 1920er Jahren regelmäßig über mögliche Krebserreger berichtet, z.B.: »Der Krebserreger entdeckt?« 13.6.1924; »Der Krebserreger entdeckt?« 19.7.1925.

14 Dies macht ein Blick auf die ersten beiden für ein größeres, nicht lokal begrenztes Publikum produzierten Merkblätter über Krebs deutlich: Das erste, 1912 von Alfred Pinkuß im Auftrag des *Deutschen Zentralkomitees* verfasste 16-seitige Merkblatt stellte Informationen über die Natur und Heilmöglichkeiten der Krebskrankheit in den Vordergrund. Es wurde in 240.000 Exemplaren aufgelegt und kostenlos verteilt. Um 1928 betitelte das Deutsche Hygiene-Museum Dresden sein erstes Krebs-Merkblatt »Was jeder vom Krebs wissen muß« und zielte mit vier fett gedruckten Zwischenunterschriften auf den vermuteten Irrglauben im Volk. Zu lesen war: »Krebs ist heilbar«, »Es gibt keinen Krebsbazillus«, »Krebs ist nicht ansteckend« und schließlich: »Krebs ist nicht erblich« (vgl. Pinkuß 1912; Winter um 1928).

15 Der Popularisierung von Wissen(schaft) wurde zwar im 19. Jahrhundert großes Gewicht beigemessen, die mit der Ausstellung *Volkskrankheiten* im Rahmen der *Deutschen Städte-*

Über weite Strecken des 19. Jahrhunderts hielt man das medizinische Wissen besser in den Händen bzw. Gehirnen der Mediziner aufgehoben, denn nur sie verfügten über die Expertise, dieses Wissen zu deuten und auf dieser Grundlage richtige Entscheidungen zu treffen. Ihnen sollte sich der Patient bzw. die Patientin anvertrauen. Seit jedoch zwischen 1869 und 1872 die sogenannten Kurierverbote im Deutschen Reich sukzessive aufgehoben worden waren, so dass Patienten nicht nur einen Arzt ihres Vertrauens, sondern jedweden Heilkundigen ohne vorgeschriebene medizinische Ausbildung wählen konnten, suchten Mediziner und Gesundheitspolitiker nach Möglichkeiten, die medizinischen Laien von der Expertise der Ärzte zu überzeugen. Dazu sollten dem allgemeinen Publikum die Erkenntnisse, Erfolge und technischen Möglichkeiten des Arztberufes vor Augen geführt werden, der sich gleichzeitig in einem Prozess der Professionalisierung und Verwissenschaftlichung befand. Mehr noch stand hinter diesem Gesinnungswandel jedoch die Hygienebewegung, insbesondere die Sozialhygiene, die das Augenmerk einerseits auf die sozialen Lebensbedingungen der Menschen richtete, andererseits auf die Verantwortung des Einzelnen für seine Gesundheit. Folglich drängte sie auf die didaktische Vermittlung einer hygienischen Lebensweise, auf Bewusstseinsbildung.[16] Die zu diesem Zweck konzipierten Gesundheitsausstellungen vertrauten auf die Überzeugungsmacht des Wissens oder man könnte auch sagen: des rationalen Arguments, das sie jedoch mit Bildern und Grafiken anschaulich zu machen suchten.[17] Doch das rationale Argument war eng mit Gefühlen verbunden, vor allem mit dem Gefühl, das jeder und jede zum eigenen Körper entwickeln sollte.

Dieser Zusammenhang wurde sehr explizit im Rahmen der *I. Internationalen Hygieneausstellung* thematisiert, die von Mai bis Oktober 1911 in Dresden stattfand und etwa 5,5 Millionen Besucher anzog.[18] Der Ausstellungsführer hielt als grundsätzliches Ziel fest:

»Der Besucher soll hier einmal eine klare Vorstellung über die Beschaffenheit des menschlichen Körpers und die Aufgaben der einzelnen Organe empfangen. Es soll ihm vorgeführt werden, welche Gefahren den Körper bedrohen, inwieweit er dazu beitragen

---

ausstellung 1903 begonnene Gesundheitserziehung war jedoch ein Novum, vgl. Dietze 2004, S. 46 f. Zu den Versuchen einer Beschränkung vgl. Lorentz 1953, S. 14. Besonders im Hinblick auf Krebs gab es viele skeptische Stimmen, v. a. in Großbritannien und den Niederlanden. Aus diesem Grund wurden dort Aufklärungskampagnen mit Blick auf medizinisches Personal (Ärzte, Hebammen, Gemeindepflegerinnen, Krankenschwestern) konzipiert, nicht jedoch für den medizinischen Laien, vgl. Snelders / Meijman / Pieters 2006; Toon 2007, S. 120.
16 Münch / Lazardzig 2002, S. 80–82; zur Sozialhygiene: Moser 2002.
17 Als Präsentationsprinzipien benannte Karl August Lingner Wissenschaftlichkeit und Anschaulichkeit durch Einfachheit, Reduktion und Klarheit bei gleichzeitiger allumfassender Darstellung, vgl. Dietze 2004, S. 49; Gold 1998, S. 143 f.
18 Vogel 2003, S. 29–43; Vogel / Wingender 2000.

kann, diese Gefahren abzuwenden, und wie es möglich ist, den eigenen Gesundheits- und Kräftezustand zu erhalten und eventuell zu erhöhen. [...] Das größte Interesse haben die Staatsregierungen daran, den Sinn der Bevölkerung für physische Gesundheit und hygienische Maßnahmen erstarken zu lassen. Die Millionen, die die Staaten heute schon für die öffentliche Gesundheitspflege ausgeben, werden erst dann volle Früchte bringen, wenn die Völker den hygienischen Maßregeln und Lehren Einsicht und Verständnis entgegenbringen.«[19]

Der ganze Text ist von der Überzeugung durchdrungen, dass Wissen allein Einsicht schafft und damit Handeln ermöglicht, Wissen impliziert also hier geradezu Handeln. Diese Überzeugung strukturierte auch die Darstellung von Krebs im deutschen Pavillon, der als einer von wenigen neben Großbritannien, Österreich und der Schweiz dem Krebs eine eigene Abteilung widmete.[20] Im Stil eines Konversationslexikons wurden statistische Daten, verschiedene Theorien zur Krebsentstehung, Möglichkeiten und Chancen der Therapie sowie abschließend die Unterbringung unheilbar Krebskranker dargestellt.[21] Die vorgebliche Sachlichkeit der Darstellung sollte ein versachlichtes, rationales und damit entemotionalisiertes Verhältnis zum Körper als stets gefährdeter und der Pflege bedürftiger Wert schaffen. In diesen Zusammenhang gehört ebenfalls der im Ausstellungsführer enthaltene Verweis auf die Kosten einer mangelnden Hygiene für den Einzelnen ebenso wie für den Staat, die im Begriff der »Menschen-Ökonomie« sehr anschaulich gefasst wurden – einem Begriff, der u. a. von Rudolf Goldscheid geprägt wurde und im Umfeld Karl August Lingners, des Hauptsponsors des Deutschen Hygienemuseums in Dresden, eine große Rolle spielte und sehr deutlich auf die eingangs erwähnte Verschränkung von Regie-

---

19 Internationale Hygiene-Ausstellung Dresden 1911 [Broschüre: Ausstellungsübersicht], S. 10–12.
20 Die fremden Staaten auf der Internationalen Hygiene-Ausstellung Dresden 1911, Hauptstaatsarchiv Dresden [HSTA D], 13686, Nr. 84. Die anderen deutschen Sondergruppen waren: Tuberkulose des Menschen, Alkoholismus, Geschlechtskrankheiten und Zahnerkrankungen.
21 Der Ausstellungsführer listete als Themen der Krebs-Abteilung auf: Vorkommen bei Menschen, Tieren und Pflanzen; Endemisches, gehäuftes Vorkommen – Krebshäuser – Krebsfamilien; Entstehung der Krebskrankheiten; Heredität des Krebses; Infektionstheorie – Degenerationstheorie; Der Krebs als Berufskrankheit (Schornsteinfeger – Paraffin – Anilin – Arsenik – Röntgenstrahlen – Radium); Zusammenhang des Menschenkrebses mit Tier- und Pflanzenkrebs; Einfluss der Ernährung und Stoffwechselkrankheiten auf die Entstehung des Krebses; Bedeutung der Syphilis für den Krebs; Beziehung der Krebskrankheit zu Unfallverletzungen; Bekämpfung der Krebskrankheiten; Schutzmassregeln gegen die Weiterverbreitung der Krebskrankheit (Anzeigepflicht? Desinfektion?); Erfolge der Therapie. Operationsstatistik – Vorteil der Frühoperationen – Nutzen anderer Behandlungsmethoden; Unterbringung unheilbar Krebskranker, vgl. zu den Darstellungsmodi von Statistik: Internationale Hygiene-Ausstellung Dresden 1911 [Broschüre: Ausstellungsübersicht], S. 57 f., Bl. 6; Nikolow / Steller, 2011.

rungs- und Selbsttechnologien verweist.[22] Emotionen wurden nicht direkt thematisiert und auch nicht im Vorfeld diskutiert – abgesehen von der offensichtlichen Begeisterung und Faszination der Besucher, die kein Zeitungsbericht zu erwähnen vergaß und die auf die Tatsache zurückgeführt wurden, dass die Ausstellung vorher ungesehene Einblicke in den Körper und dessen Funktionsweise erlaubte. In gewisser Weise wurde damit die Figur des Wissenschaftlers bzw. Forschers in der Figur des Besuchers der Hygieneausstellung fortgeschrieben, denn Faszination und Begeisterung waren zwei Gefühle, die schon zuvor als emotionaler Stil des rationalen Forschers galten, also nicht in Spannung zur gedachten Sachlichkeit und Objektivität der Wissenschaft zu stehen schienen.[23]

Begeisterung und Faszination waren schließlich auch Ausgangspunkt für eine neue, stärker emotionalisierte Diskussion um den Körper und um Krankheiten wie Krebs, die nach dem Ersten Weltkrieg einsetzte und nun auch Angst, Grauen und Schrecken einbezog. Bereits kurz nach dem Krieg griffen das *Zentralkomitee für Krebsbekämpfung* ebenso wie das Dresdner Hygienemuseum das Krebsthema wieder auf, so etwa in der ersten größeren und äußerst erfolgreichen Ausstellung von 1922 mit dem Titel *Der Mensch*, die in verschiedenen Städten gezeigt wurde, da das Hygienemuseum noch keine eigenen Ausstellungsräume hatte.[24] Die *Chemnitzer Allgemeine Zeitung* schrieb:

»In der Ausstellung sind alle Darstellungen vermieden, die häßlich wirken könnten, die mehr abschreckend als belehrend sind. Eine ganze Reihe kunstvoll gearbeiteter und technisch meisterhaft funktionierender Apparate veranschaulichen in einwandfreier Weise den Blutumlauf, die Nervenvorgänge, die Muskeltätigkeit und anderes mehr. Wie mit einem Schlage erhellen sich die dunklen Lebensvorgänge und das Geheimnisvolle zeigt Gesetz und Rhythmus.«[25]

---

22 So betonte Lingner in seinen Reden immer wieder: »Treibt Menschen-Ökonomie!«, vgl. »Das Deutsche Hygiene Museum in Gefahr« 10.12.1922, zu Lingners Konzept vgl. auch: Roth 1990, S. 59–64. Zu Goldscheids Begriff der Menschenökonomie, die er 1911 als »Lehre vom organischen Kapital, von jenem Teil des Besitzes also, den die Bevölkerung selber darstellt« definierte: Fleischhacker 2002, dort auch das Zitat: S. 216.
23 Über historisch variable Begriffe von Objektivität und des »objektiven Selbst« in der Wissenschaft haben Peter Galison und Lorraine Daston eine viel diskutierte Studie vorgelegt. Sie schreibt sich ein in eine Diskussion über die Frage, inwiefern das Ideal der Objektivität mit der Vorstellung einer emotionalen Distanziertheit nicht seinerseits einen emotionalen Stil darstellt bzw. Teil einer *moral economy of science* ist, in der Gefühle eine wichtige Rolle spielen. Otniel Dror betont dagegen, dass an der Wende zum 20. Jahrhundert ausgehend von der experimentellen Arbeit im Labor *excitement* als neue emotionale Qualität der Wissenschaft bzw. des wissenschaftlichen Selbst entstanden sei und nicht länger als Gegensatz zur Rationalität und Objektivität des Wissenschaftlers gedacht wurde, vgl. Dror 2009, S. 850; Daston 1995; Daston / Galison 2007.
24 Zur Frühgeschichte des Deutschen Hygiene-Museums vgl. Steller 2008.
25 »Die Eröffnung der Ausstellung ›Der Mensch‹« 3.1.1923.

In einem späteren Artikel räumte die *Chemnitzer Allgemeine Zeitung* allerdings ein, dass die in der Abteilung *Volkskrankheiten* präsentierten Wachsmodelle, die sogenannten Moulagen[26], »auf den ängstlichen Laien etwas unheimlich wirken können«, sah darin aber einen Ausweis der »stummen ernsten Sprache« dieser Abteilung.[27] Die *Leipziger Volkszeitung* hob demgegenüber hervor, wie sehr sich die Ausstellung von den anatomischen, auf Jahrmärkten präsentierten Ausstellungen der Vorkriegszeit unterscheide, die »Schreckenskammern« gewesen seien, in denen das Schauerliche vorherrschte und die Sensationslust befriedigt wurde.[28]

Beide Artikel zeigen deutlich, mit welchen Emotions-Strategien und -Definitionen die Ausstellungsmacher arbeiteten. Der Gestus der Enthüllung des Geheimnis' »Mensch« zielte ebenso wie die Metapher des Meisterhaften auf Bewunderung und Faszination qua Wissen und Einsicht, gab sich jedoch trotz aller Emphase wissenschaftlich, sachlich. Dieser Gestus der Sachlichkeit und Wahrhaftigkeit ermöglichte auch die Präsentation von Moulagen, die vor diesem Hintergrund »ernst«, d.h. mahnend, aber nicht abschreckend wirkten – wie in scharfer Abgrenzung zum sensationsheischenden Monströsen argumentiert wurde. Denn die Moulagen galten nicht per se als abschreckend, es war der Besucher selbst, der die Angst ins Spiel brachte – wenn er (oder sie) nicht mit dem Blick des emotional distanzierten Wissenschaftlers die Ausstellung betrachtete und zusätzlich ängstlich veranlagt sein sollte. Dieses Vertrauen in die Sachlichkeit der wissenschaftlichen Präsentation bekam jedoch sehr schnell Risse.

Vielleicht mag man in dieser »abgeklärten« Reaktion auf uns heute fast unerträglich erscheinende Wachsmodelle auch eine vorübergehende Brutalisierung der Sehgewohnheiten erkennen, die durch das Kriegserlebnis zu erklären ist, so wie es Philipp Osten vermutet.[29] Allerdings nahmen auch Zeitgenossen Anstoß an dieser Form der Präsentation von Gefahren und Risiken, Zeitungsartikel kritisierten die Propagierung einer hygienischen Angst. Der Schriftsteller Hermann Kesten parodierte in einem Artikel für die *Frankfurter Zeitung* 1927 diese Form der Darstellung, indem er Angst als Mittel der Moralisierung cha-

---

26 Moulagen sind vom Menschen abgeformte und nach dem Vorbild des lebenden Patienten bemalte Modelle aus Wachs, die aufgrund des Materials, der Bemalung, aber auch der Präsentation besonders lebensecht erscheinen. Die Moulagetechnik ist eine sehr alte Technik, die lange Zeit fast ausschließlich dem Unterricht von Medizinstudenten diente. Erst bei der Deutschen Städteausstellung 1903 wurden Moulagen als öffentliches Anschauungsobjekt in großem Stil benutzt. Zum Einsatz und zur Produktion von Moulagen im Hygiene-Museum: Schnalke 1995, S. 121–143; Walther / Sandstein 1993; allgemein zur Moulagetechnik: Hahn / Ambatielos 1993.
27 »Die Ausstellung ›Der Mensch‹« 7.1.1923.
28 Popitz 26.9.1922.
29 Osten 2005, S. A 3086.

rakterisierte und als von der Religion seiner Zeit gebrauchte Emotion denunzierte. Er schrieb:

> »Hypochondern seien diese Tafeln besonders empfohlen. Die Tabellen [...] stimmten mich religiös. Ueberhaupt haftet der Ausstellung ein Geruch nach Ethik und Religion an, penetrant wie der Geruch von Kampfer und Kamillentee.«[30]

2. Körper im Blick, Angst nach Maß

Auf diese Kritik reagierten die Dresdner Kuratoren ebenso wie viele Hygieniker, indem sie Angst erstmals in den Ausstellungen selbst thematisierten. Auch in den entsprechenden Fachzeitschriften, dem vom Hygienemuseum herausgegebenen *Hygienischen Wegweiser* ebenso wie in der *Monatsschrift für Krebsbekämpfung* des *Zentralkomitees*, entbrannte nun eine Diskussion über Sinn und Gefahren der Krebsfurcht.

Besonders aufschlussreich ist in diesem Zusammenhang die Position von Bruno Gebhard, der als Arzt und Kurator am Hygienemuseum sowohl für die Konzeption der Krebsabteilung in der 1930 eröffneten Dauerausstellung verantwortlich war als auch eine Wanderausstellung mit dem Titel *Kampf dem Krebs* entwarf, die 1931 fertig gestellt wurde und mehr als zehn Jahre lang durch zahlreiche Städte des Deutschen Reiches tourte. Sie zählte zu den großen Besuchermagneten des Hygienemuseums.[31] Gebhard schätzte – anders als die Zeitungskritiker der frühen 1920er Jahre – die Krebsmoulagen sehr wohl als abschreckend ein, wollte aber dennoch nicht darauf verzichten, sie zu zeigen – und zwar nicht, weil das durch sie vermittelte Wissen unverzichtbar gewesen wäre, sondern eben weil sie abschreckend wirkten.[32] Der Chirurg de Quervain, der in der Schweiz federführend an der Konzeption von Krebskampagnen beteiligt war, pflichtete Gebhard bei und betonte, dass »ein bißchen Krebsfurcht notwendig sei. Sie ist es, die den Patienten so frühzeitig zum Arzte führt, daß eine gründliche Heilung möglich wird.«[33]

Begeisterung und Faszination qua Wissen genügten nun also nicht mehr als Anreiz zur Verhaltensänderung, Angst bekam damit eine produktive Kompo-

---

30 Kesten 31.12.1927.
31 In seiner Autobiographie über seine Jahre in Deutschland berichtete der 1937 in die USA emigrierte Bruno Gebhard, der dort 1940 das *Cleveland Health Museum* gründete, dass die Wanderausstellung zuerst im Berliner Europa-Haus gezeigt wurde und in nur fünf Wochen 60.000 Besucher anzog, an den »Frauentagen« sogar zeitweise von der Polizei geschlossen werden musste. Die dazugehörige Broschüre *Kampf dem Krebs* wurde ein Bestseller: Gebhard 1976, S. 44 f.; Gebhard 1933. 1939 wurde sie überarbeitet und in dieser Fassung bis 1944 in zehn Städten pro Jahr gezeigt: Roeßiger 2002, S. 48.
32 Gebhard 1929, S. 309.
33 Quervain 1929, S. 303 f.

nente. Dennoch blieb Gebhard im Hinblick auf die Abschreckungsstrategie zurückhaltender als sein Schweizer Kollege, da er offenbar befürchtete, zu große Angst bzw. Angst allein würde die Besucher eher lähmen, denn zum Handeln bringen. Seine Strategie war es darum, nur solche Krankheitsmoulagen zu zeigen, zu denen es auch das Gegenstück der Heilung gab.[34] Angst erschien ihm also als notwendig und sinnvoll, sofern sie durch Hoffnung und Vertrauen in die Kompetenz der Ärzte und in die prinzipielle Heilbarkeit von Krebs quasi in eine emotionale Balance gebracht werden konnte, sich eine Handlungsoption zur Überwindung von Angst ergab.

Diese Form eines kalkulierten Spiels mit der Angst zeigt sich nicht nur in den Überlegungen Gebhards zur Präsentation von Moulagen. Viel deutlicher sprechen die Ausstellungsplakate eine Sprache von Angst versus Hoffnung und Vertrauen.

Abbildung 1: Fotografie, Ausstellung: Kampf dem Krebs, um 1931, DHMD 2001 / 247.11.

---

34 Auch in der erwähnten Broschüre arbeitete Gebhard nach diesem Prinzip. Er zeigte nur ein einziges Foto von einem Krebsgeschwür, einem Wangenkrebs, um ihm sogleich ein Foto des sichtbar von seinem Tumor geheilten Patienten zur Seite zu stellen, vgl. Gebhard 1933, S. 25; Gebhard 1929, S. 309.

Unter der Überschrift »In Deutschland sterben jedes Jahr 120-150 000 Krebskranke« zeigte zum Beispiel eines der Plakate einen Friedhof, der in keiner Weise idyllisch erschien, sondern mit seinen gleichförmigen Reihen von Kreuzen den Tod in seiner quasi statistischen Existenz in den Mittelpunkt stellte, überblendet vom Gesicht eines Mannes auf dem Sterbebett (siehe Abbildung 1). Das gleiche Friedhofsbild wurde ein weiteres Mal gezeigt, dieses Mal jedoch ohne das menschliche Antlitz und mit dem Kommentar: »In Deutschland sterben jährlich 23 000 Frauen an Krebs!«[35] Die Angst vor dem sehr konkret dargestellten Tod wird hier also von Gebhard als eine Art *Memento mori* benutzt, der jedoch nicht mit der Hoffnung aufs Jenseits, sondern mit der Hoffnung auf Heilung begegnet wird. Diesem Zweck diente etwa ein Plakat, das einen Holzschnitt präsentierte, der ein wenig an Munchs Bilder der Angst und Verzweiflung erinnerte. Hier war allerdings die *Rückenansicht* eines Mannes zu sehen und in direkter Ansprache an den Besucher ist zu lesen: »Auch wenn Du an Krebs erkrankt bist, nicht verzweifeln! Dazu ist heute keine Ursache mehr.«[36] In eine ähnliche Richtung weisen eine ganze Reihe der insgesamt 139 Plakate der Wanderausstellung, die den Kontrast zwischen einem Früher, als dieser oder jener Krebs noch nicht heilbar war, und einem Heute betonen, wo durch neue Therapien ebenso wie durch frühzeitigere Diagnosemöglichkeiten Aussicht auf Heilung bestehe.

Doch thematisierte die Ausstellung von 1931 Angst noch in einer anderen, viel konkreteren Spielart. Hier ging es weniger um die Angst vor dem Krebstod, sondern vielmehr um die Angst vor der Therapie selber.

So zeigten zwei Plakate Operationsszenen: einmal aus der Vogelperspektive, gleichsam wie durch das Dachfenster des Operationssaales aufgenommen, dessen Fensterkreuz schwarz hervorgehoben an das christliche Kreuzsymbol gemahnte (siehe Abbildung 2), ein anderes Mal schlichter zwei Operateure mit Kittel und Mundschutz, die ganz auf die Operation konzentriert gezeigt werden, eine Operation, die allerdings dem Blick des Betrachters entzogen bleibt. Beide Plakate sind mit einem Kommentar versehen, der besagt: »Die Angst vor dem Messer ist nicht berechtigt, die Operation tut weder weh noch ist sie gefährlich wie die meisten denken! Gefährlicher ist auf alle Fälle das Warten, wenn jemand

---

35 Fotografie eines Ausstellungsplakates: In Deutschland sterben jährlich 23 000 Frauen an Krebs! Ausstellung: Kampf dem Krebs / Fotodokumentation der Wanderausstellung (139 Motive), Bild 60, um 1931, DHMD 2001 / 247.60.

36 Diese Tafel war in der Abteilung »Um Krebs zu verhüten, muss man Mut zur Wahrheit haben« zu sehen. Vgl. Fotografie eines Plakates: Auch wenn Du an Krebs erkrankt bist, nicht verzweifeln! Dazu ist heute keine Ursache mehr, Ausstellung: Kampf dem Krebs / Fotodokumentation der Wanderausstellung (139 Motive), Bild 82, um 1931, Deutsches Hygiene Museum Dresden [DHMD] 2001 / 247.82.

Abbildung 2: Fotografie, Ausstellung: Kampf dem Krebs, um 1931, DHMD 2001 / 247.44.

einen Krebs hat, weil das stets mit dem Tod endet.«[37] Die Operationsangst wurde von den Präventions-Experten der 1920er Jahre sehr ernst genommen und galt als entscheidendes Hindernis auf dem Weg hin zu steigenden Heilungsraten, da sie Handlung, zumindest das, was als sinnvolle und rationale Handlung aus Sicht der Hygieniker und Ärzte galt, blockierte.

Darum wurde sie in den beiden Krebsausstellungen der frühen 1930er Jahre konkret benannt und in zwei Aspekte geschieden: die Angst vor der Operation selbst einerseits und die Angst vor Komplikationen bzw. einem tödlichen Ausgang andererseits. Beides waren in den 1920er Jahren keineswegs nur Chimären. Zwar wurden etwa Brustamputationen zu diesem Zeitpunkt immer unter Narkose mit Äther, Chloroform, Morphium oder einem anderen Anästhetikum

---

37 Das zweite Plakat hat einen geringfügig veränderten Text, und zwar heißt es dort: »Die Angst vor dem Messer ist nicht berechtigt, die Operation tut weder weh noch ist sie **so** gefährlich wie die meisten denken! [...]« (Hervorhebung durch die Autorin, B. H.). Fotografie eines Ausstellungsplakates, Ausstellung: Kampf dem Krebs / Fotodokumentation der Wanderausstellung (139 Motive), Bild 138, um 1931, DHMD 2001/247.138.

durchgeführt, verliefen also in der Regel schmerzfrei.[38] Allerdings war die Narkosetechnik noch verhältnismäßig jung, die allererste Äthernarkose in Deutschland erst 1847 durchgeführt worden. Kreislauf, Atmung und Herzschlag konnten auch in den 1920er Jahren noch nicht vollständig kontrolliert und stabilisiert werden, so dass es nicht selten zu Komplikationen kam.[39]

Zudem war eine größere Operation auch zu diesem Zeitpunkt keineswegs so gefahrlos, wie die Ausstellungsplakate suggerierten. Das »Risiko« stellte sich aber möglicherweise aus der Perspektive der Chirurgen anders als aus Sicht der potentiellen Patienten dar und wurde vermutlich auch in den 1920er und 1930er Jahren kritischer als zuvor bewertet. Gut zugängliche Tumore wie Brust-, Mund- oder Hautkrebse waren bereits seit Jahrhunderten operiert worden – oft mit tödlichem Ausgang entweder schon während der Operation oder aufgrund von Wundinfektionen bald danach. Erst die Entdeckungen Louis Pasteurs (1864) und vor allem des Schotten Joseph Lister (1867) über die Allgegenwart von Bakterien und die Möglichkeiten der Desinfektion und aseptischen Operation eröffneten der Chirurgie neue Möglichkeiten und verbesserten die Überlebenschancen derjenigen, die sich einer Krebsoperation unterzogen, beträchtlich. Anästhesie und Asepsis erlaubten es, Tumore und Krebsarten zu operieren, die zuvor als inoperabel galten – entweder weil sie bereits zu weit fortgeschritten waren oder aber weil sie innere Organe wie Magen, Darm oder Gebärmutter betrafen.

Im Kontrast zur vorherigen Hoffnungs- und Hilflosigkeit gegenüber einer ganzen Reihe von Krebsgeschwüren waren viele Chirurgen des ausgehenden 19. Jahrhunderts voller Optimismus, dass immer mehr Krebskranke durch Operation geheilt werden könnten. Und auch dort, wo Heilung unmöglich erschien, begriffen sich viele Chirurgen als Palliativmediziner, denn eine Operation linderte häufig zumindest vorübergehend die Tumorschmerzen und befreite die Patienten von den übelerregenden Gerüchen, die ihre weit fortgeschrittenen Geschwüre absonderten.[40] Vor diesem Hintergrund mag den frühen Krebschirurgen wie Theodor Billroth im Deutschen Reich und William Stuart Halsted in den USA die Operation als vergleichsweise gefahr- und alternativlos erschienen sein und manche Patienten mögen diese Ansicht geteilt haben, wie etwa viele Briefe von operierten Frauen an Halsted zeigen.[41]

Diese Wahrnehmung begann sich jedoch in den 1920er Jahren zu ändern. Zum einen waren um die Wende zum 20. Jahrhundert Röntgenstrahlen und Radium entdeckt und in ihrer Wirkung auf Krebs erprobt worden. Besonders

---

38 Einen kurzen Überblick zur Geschichte der Anästhesie in Deutschland bietet: Witte 2007.
39 Brandt 1997, S. 59–171.
40 Pinell 2002, S. 16–20; Lerner 2001, S. 15–23.
41 Lerner 2001, S. 22 f.

aus Sicht der Radiologen und Röntgenologen waren die Erfolge vielversprechend, wenn auch anfangs völlige Unkenntnis darüber herrschte, warum Röntgenstrahlen und Radium Krebszellen zerstörten, und niemand wusste, in welcher Dosis beide therapeutisch wirksam waren, ohne schwerwiegende Nebenwirkungen wie etwa Verbrennungen und Geschwürbildungen nach sich zu ziehen.[42] Ob Radium und Röntgenstrahlen eher als Ergänzungstherapie zur Operation angewendet werden oder aber diese vollständig ersetzen sollten, wurde kontrovers diskutiert. In jedem Fall stellten beide Möglichkeiten den vorher kaum hinterfragten Trend zu immer »radikaleren« Operationen in Frage. Zum anderen hatte sich aber bereits in den 1920er Jahren das Erscheinungsbild der Krebskrankheit gewandelt. Insbesondere im Fall äußerlich sichtbarer Tumore hatten die Krebskampagnen offenbar bereits Wirkung getan, so dass übelriechende, stark entstellende und unerträglich schmerzhafte Tumore seltener geworden waren.

Vor diesem Hintergrund bekamen Operationskomplikationen und -folgen ein anderes Gewicht, wurde »Heilung« zunehmend anders verstanden. Kritiker der Radikaloperationen betonten, dass die Operationssterblichkeit immer noch hoch sei, schließlich waren Wundinfektionen vor Beginn des Antibiotika-Zeitalters, das erst 1935 anbrach und erst seit 1942 zum nennenswerten Einsatz von Antibiotika führte, keineswegs immer erfolgreich behandelbar.[43] Auch waren die Nebenwirkungen bzw. Komplikationen vieler sehr invasiver Krebsoperationen gravierend. Die sogenannte Mastektomie etwa, eine von William Stuart Halsted »erfundene« Amputation von Brust inklusive Brustmuskel und aller angrenzenden Lymphknoten, wurde nicht nur von vielen als Verstümmelung des weiblichen Körpers diskutiert und erlebt. Ein großer Prozentsatz der »erfolgreich« operierten Frauen litt nach der Operation außerdem an einer sehr schmerzhaften und die Beweglichkeit des Armes stark einschränkenden Schwellung. In manchen Fällen wurde der Arm mehr als doppelt so dick wie zuvor.[44] Diese Ödembildung war so gut wie nicht behandelbar.

Problematisch erschienen diese Nebenwirkungen nun auch einigen Operateuren, da sie Halsteds Vorstellung von Heilung immer mehr in Frage stellten. Denn Halsted bezog »Heilung« auf die Verhinderung von lokalen Rezidiven,

---

42 Pinell 2002, S. 20–27; Pickstone 2008, S. 171–181.
43 So etwa noch 1937 der britische Arzt Geoffrey Keynes, vgl. Lerner 2001, S. 33. Auch die Erfolge einer Operation – so der Patient sie denn überlebte – waren keineswegs ermutigend. Namhafte Chirurgen diskutierten noch in den 1920er Jahren, ob die Überlebenschancen der nicht-operierten Krebspatienten höher waren als die der operierten. William Stuart Halsted bezog seine öffentlich verbreitete Erfolgsstatistik ausschließlich auf die Wahrscheinlichkeit von lokalen Rezidiven, nicht aber auf eine generelle Heilung der Krebskranken: vgl. Ackerknecht 1980, S. 193 f.
44 Mukherjee 2011, S. 64–71.

nicht aber auf die Entstehung von Metastasen. Die von ihm geführten Statistiken, die den »Heilungsprozess« in der Regel nicht länger als drei Jahre nach der Operation verfolgten, verraten denn auch, dass einige der »geheilten«, da rezidivfreien Frauen dennoch in dieser Zeit an Krebs verstarben.[45] Die Statistiken ebenso wie die Kontroversen um den Begriff »Heilung« waren Fachdiskussionen unter Chirurgen, Radiologen, Röntgenärzten und zum Teil Internisten. In der allgemeinen Presse war darüber ebenso wenig zu lesen wie auf den Plakaten des Hygienemuseums. Ob dieses »Wissen« allerdings Medizinern vorbehalten war, erscheint fraglich. Krebs wurde in den 1920er Jahren zur zweithäufigsten Todesursache – viele medizinische Laien werden den Verlauf einer Krebserkrankung, die Erfolge und Misserfolge der ärztlichen Therapien durch unmittelbare Anschauung gekannt haben.[46]

3. Die Pflicht zur Sorge und die Denunziation der Angst

Der Versuch, die Ängste der potentiellen Patienten und Patientinnen als weitgehend grundlos darzustellen, stand damit also auf einer wenig stabilen Grundlage. Unter anderem deshalb gab es vermutlich noch einen zweiten Weg, auf dem Ängste bekämpft wurden. Diesen Weg könnte man als eine Art Delegitimierung von Angst an sich bezeichnen.

Sehr deutlich bringt dies der bereits erwähnte Schweizer Chirurg de Quervain in einem Artikel zur Krebsbekämpfung von 1929 zum Ausdruck. Dort führte er aus, dass alle Menschen über ein gewisses Krebs-Wissen verfügten, ohne jemals eine Krebsausstellung besucht oder einen entsprechenden Handzettel in der Hand gehabt zu haben, sei es, dass sie von Bekannten etwas über Krebs erfahren hätten, sei es, dass sie ihr Wissen durch Zeitungslektüre bezogen hätten. Daraus folgerte de Quervain:

> »Die Grundlage zur Krebsfurcht ist also schon eine gegebene, und eine krankhafte Steigerung dieser Furcht kommt nicht von Vorträgen über Krebs, sondern von der krankhaften geistigen Veranlagung des Betreffenden her. Fürchtet er sich nicht vor Krebs, so wird er sich vor irgend etwas anderem krankhaft fürchten, so vor Bazillen, bissigen Hunden, Grünspan, vor Eisenbahnzusammenstößen usw. Der Begriff Krebs schafft also die Furcht nicht, sondern gibt ihr bloß eine bestimmte Form.«[47]

Wer sich also vor Krebs fürchtete und die Behandlung scheute – so die Schlussfolgerung – litt an einer psychischen Störung, war geistig krank. Krebsfurcht wurde damit zum vollends irrationalen Gefühl erklärt. Als positiver

---
45 Lerner 2001, S. 23–40; Aronowitz 2007, S. 93–97 und S. 104–109.
46 So für Kanada aufgrund von Patientenakten und -briefen: Clow 1994, S. 148–151.
47 Quervain 1929, S. 303 f.

Gegenbegriff wurde dagegen von den Krebsaufklärern der Begriff der Sorge etabliert.

Abbildung 3: Fotografie, Ausstellung: Kampf dem Krebs, um 1931, DHMD 2001 / 247.84.

So heißt es auf einem der unter Gebhards Leitung gestalteten Plakate von 1931 (siehe Abbildung 3): »Du sollst keine Angst haben, aber sorgfältig sein.« Die Angst wird mit dem Bild einer verzagt blickenden Frau illustriert, während die sorgende Frau am Schreibtisch sitzt und etwas notiert, vermutlich den von Hygienikern empfohlenen Regelkalender führt.[48] Die 1930 in Dresden gezeigte *II. Internationale Hygieneausstellung* entließ denn auch die Besucher der Krebsabteilung mit einem überlebensgroßen Plakat, auf dem in der Diktion der

---

48 Das gleiche Plakat präsentierte Gebhard in der Ausstellungsgruppe *Die Frau als Gattin und Mutter*, die vom 18. März bis zum 23. April 1933 im Rahmen der Ausstellung *Die Frau in Familie, Haus und Beruf* in Berlin gezeigt wurde. Diese Ausstellung wurde vom Ausstellungs-, Messe- und Fremdenverkehrsamt der Stadt Berlin gemeinsam mit führenden Frauenverbänden Deutschlands und dem Deutschen Hygiene-Museum vorbereitet. Vgl. Fotografie der Ausstellungstafel: Du sollst keine Angst haben, aber sorgfältig sein!, Ausstellungsgruppe: Die Frau als Gattin und Mutter / Fotodokumentation der Berliner Ausstellung (185 Motive), Bild 166, 1933, DHMD 2001/246.166.

Zehn Gebote zu lesen war: »Du sollst keine Angst haben, an Krebs zu erkranken!«[49]

Diese Delegitimierung von Angst als irrationale, pathologische Emotion ist meines Erachtens keinesfalls nur als pragmatisch-strategisch eingesetztes Argument zu verstehen, etwa in dem Sinne, dass Ausstellungsbesucher ihre Ängste überwinden und zum Arzt gehen sollten. Denn die hier sichtbar werdende Delegitimierung von Angst schreibt sich ein in eine viel weiter reichende Umwertung von Angst und anderen auf Angst verweisenden Gefühlen.

Erstens kann man in dieser Charakterisierung von Krebsfurcht das Echo eines Menschenbildes erkennen, das insbesondere die »modernen« Sozialhygieniker der 1920er Jahre vertraten. So schrieb Adolf Gottstein, der seit 1919 die Abteilung *Allgemeine Medizinalverwaltung* im *Preußischen Ministerium für Volkswohlfahrt* leitete, im Schlusskapitel seines Grundlagenwerks zur Sozialhygiene 1924:

> »[Die private Gesundheitspflege] soll und darf nicht freudlose Menschen erziehen, die vor jedem Bazillus zähneklappernd bangen und im Mitmenschen nur den Träger einer Ansteckung sehen; sie soll auch nicht seelische und körperliche Schwächlinge heranbilden, die vor jedem Luftzug zittern und die jeder Anstrengung aus dem Weg gehen. Sie soll kräftige, das freie Leben bejahende Menschen heranwachsen und wirken lassen, die auch einmal einen starken Stoß aufzufangen vermögen.«[50]

Lebensfreude, Freiheitsliebe und Widerstandsfähigkeit wurden hier zum Leitbild der Gesundheit erklärt, während Angst karikierend dagegengestellt wurde. Diese Auffassung brachte eine Neuorientierung der Sozialhygiene mit sich, die nun viel stärker als zuvor die »alte« Leitwissenschaft der Bakteriologie die Lebensführung und den Lebensstil als gesundheitsfördernde Faktoren einbezog, statt auf Verbote, Risiken und Ansteckungsgefahren zu setzen. Dies zeigte sich auch in der Konzeption der beiden erwähnten Krebsausstellungen. Denn auch diese propagierten eine gesunde Ernährung, viel Bewegung und Zurückhaltung beim Konsum von Genussmitteln als Vorbeugung gegen Krebs. Sie übernahmen damit naturheilkundliche Erklärungen der Krebserkrankung zu einem Zeitpunkt, als die Naturheilkunde selbst zurückgedrängt wurde.[51] Dies ist vor allem deshalb bemerkenswert, weil es zu diesem Zeitpunkt kaum wissenschaftlich anerkannte Beweise für einen Zusammenhang zwischen Krebs und gesunder Lebensführung gab. Dementsprechend widersprüchlich waren die Ernährungsempfehlungen, die bekannte Krebsärzte wie Erwin Liek oder Ferdinand

---

49 John 15.6.1930, S. 4.
50 Gottstein 1924, S. 493. Zum Präventionskonzept aus Sicht der Sozialhygiene: Ferdinand 2010. Zur Kontroverse zwischen der Leitwissenschaft des späten 19. Jahrhunderts, der Bakteriologie, und der Sozialhygiene vgl. Berger 2010.
51 Heyll 2000, S. 121.

Blumenthal ihren Patienten und Patientinnen gaben.[52] Bekannt und wissenschaftlich anerkannt war in den 1920er Jahren lediglich, dass bestimmte Stoffe wie etwa das in der Farbstoffindustrie verwandte Anilin krebserregend wirkten.[53] Auch gab es begründete Vermutungen, dass Tabakkonsum, vor allem Zigarettenrauch, Krebs des Mundes, der Luftröhre und der Lunge hervorrufen könnte. Die ersten epidemiologischen Studien dazu wurden allerdings erst Ende der 1930er Jahre durchgeführt.[54] Insofern postulierten die Krebsausstellungen von 1930 / 31 einen Zusammenhang, der keineswegs als gesichert galt.

Damit wurden auch moralische Implikationen und Annahmen über Gefühle transportiert, die eigentlich aus dem Kontext der Abstinenzbewegung stammten und in einen neuen Kontext von Gesundheit, Kraft und Lebensfreude gestellt wurden. Da die Abstinenzbewegung in Deutschland nicht wie in den USA durch die Prohibition bzw. deren abruptes Ende diskreditiert wurde, prägten diese sich überlappenden Vorstellungen von Moral, Gefühl und Gesundheit die deutsche Präventionspolitik in den 1930er Jahren nachhaltig.[55]

Bei der negativen Konzeptualisierung von Krebsfurcht als Angststörung spielte zweitens neben der sogenannten Sozialhygiene auch die Psychohygiene eine Rolle. Diese war um die Jahrhundertwende aus der Zusammenschau von Psychiatrie und Sozialhygiene entstanden. Sie wurde in den USA unter dem Namen *mental hygiene* einflussreich, während sie im deutschen Sprachraum als Psychohygiene oder auch seelische bzw. geistige Hygiene firmierte und seit 1924 institutionell präsent war.[56] Die Psychohygiene ging davon aus, dass es psychische Grundbedürfnisse gäbe, die befriedigt werden müssten, um die geistige Gesundheit des Menschen zu bewahren oder wiederherzustellen. In diesem Kontext wurde Angst, vor allem anhaltende Angst, als krankmachende Emotion

---

52 So wollte der Danziger Arzt Erwin Liek, der Anfang der 1930er Jahre zwei populäre Bücher über Krebs verfasste, Kaffee vom Speiseplan verbannen, propagierte aber den Milchkonsum. Sein Kollege Alfred Neumann gab eine exakt gegenteilige Ernährungsempfehlung. Ferdinand Blumenthal vermutete hingegen, dass eine eingeschränkte Ernährung das Tumorwachstum förderte, während der ebenfalls in Berlin tätige Onkologe Wilhelm Caspari eine solche Diät als Voraussetzung einer Krebsbekämpfung empfahl, vgl. Proctor 1999, S. 162; dort auch ausführlicher zum Thema Ernährung als Mittel der Krebsprävention und -bekämpfung – ein Thema, das die nationalsozialistische Gesundheitspolitik deutlich von der anderer westeuropäischer Länder bzw. der USA unterschied: Proctor 1999, S. 120–172.
53 Proctor 1999, S. 73.
54 Die ersten statistischen Daten, die einen solchen Zusammenhang nahelegten, lieferte der Dresdner Arzt Fritz Lickint 1929. Die Ergebnisse erster epidemiologischer Studien wurden dagegen erst 1939 bzw. 1943 in Deutschland veröffentlicht, während Lickint zugleich eine umfangreiche Literaturstudie dazu vorlegte: Lickint 1929; Müller 1939; Schairer / Schäniger 1943; Lickint 1939.
55 Proctor 2000, S. 72.
56 Zur Geschichte des 1925 gegründeten *Verbands für psychische Hygiene* bis in die frühe NS-Zeit vgl. Roelcke 2007; Graneist 1990. Zum Zusammenhang von Psychohygiene und dem nationalsozialistischen Konzept der seelischen Gesundheitsführung: Roelcke 1996.

reformuliert. Diesem Zusammenhang schenkte die erste Dauerausstellung des Hygienemuseums von 1930 viel Raum, eine ganze Abteilung war dem »gesunden Seelenleben« gewidmet.[57] Aber die seelische Hygiene wurde auch in den anderen Abteilungen verhandelt. Ein Plakat der Krebsausstellung stellte explizit diesen Bezug her und verkündete unter dem Titel *Seelische Hygiene* die schlichte »Wahrheit«: »Angst macht jede Sache schlechter, auch den Krebs. Mutiges und bedachtes Handeln macht jede Sache besser, auch den Krebs.«[58] Inwiefern Mut und Handeln per se eine Krebserkrankung bessern konnten, hätten vermutlich auch die Ausstellungsmacher um Bruno Gebhard nicht erklären können. Diese Denkfigur wurde jedoch von einer Reihe von Fachleuten aufgenommen, passte sie doch sehr gut zur Idee des gesunden, freudigen Menschen der Sozialhygiene ebenso wie zum emotionalen Stil der 1930er Jahre, der Angst mit Feigheit gleichsetzte und Erholung unter dem Motto »Kraft durch Freude« propagierte.

So hob Ferdinand Blumenthal, bis zu seiner Zwangsemeritierung 1933 Direktor des *Berliner Krebsforschungsinstituts* und als Experte in die Konzeption der Dresdner Krebskampagnen involviert, nach Sichtung des ersten, vom Hygienemuseum 1930 produzierten Krebsfilms hervor:

> »Es wurde neulich sehr richtig gesagt, daß wir es mehr mit einer Krebsfeigheit, als [sic] mit einer Krebsfurcht zu tun haben. Die Krebsfeigheit ist nicht nur die Feigheit vor der Operation, sondern auch die Folgen [sic] der Phrase von der Unheilbarkeit des Krebses.«[59]

Die Rede von der Krebsfeigheit machte aus der Krebsfurcht einen moralischen Fehler, einen Mangel an Tugend und Mut, und zeugte zugleich von einer Militarisierung des Kampfes gegen den Krebs. Die moralischen Implikationen wurden noch verstärkt, indem die Pflicht zur Gesundheit nicht mehr nur – wie in den 1920er Jahren üblich – mit dem Verweis auf die Kosten für den Staat, sondern mit den Pflichten gegenüber der Volksgemeinschaft eingefordert wurde.[60] Seit den späten 1920er Jahren wurde die Pflicht zur und die Verantwortung für Gesundheit zusätzlich »heruntergebrochen« auf die persönliche Beziehung der Eltern zu den Kindern.

Mehrere Plakate der Wanderausstellung *Kampf dem Krebs* zeigten Kinder, deren Eltern gestorben waren und die darum ihren Lebensunterhalt frühzeitig

---

57 Diese Abteilung wurde in den Zeitungen ausführlich gewürdigt, z. B. »Die Weltschau der Hygiene.« 15.5.1930; John 15.6.1930.
58 Fotografie eines Ausstellungsplakats: Seelische Hygiene. Angst macht jede Sache schlechter auch den Krebs, Ausstellung: Kampf dem Krebs / Fotodokumentation der Wanderausstellung (139 Motive), Bild 93, um 1931, DHMD 2001 / 247.93.
59 Blumenthal 1931, S. 479. Ausführlich zu diesem Film im Kontext der Krebsaufklärung der ersten Hälfte des 20. Jahrhunderts: Laukötter 2010.
60 Am Beispiel der HJ als grundlegender Sozialisationsinstanz während des Nationalsozialismus: Beddies 2010.

Abbildung 4: Fotografie, Ausstellung: Kampf dem Krebs, um 1931, DHMD 2001 / 247.1.

selbst verdienen oder bei »Fremden« untergebracht werden mussten, und waren mit Kommentaren wie den folgenden versehen (siehe Abbildung 4): »Die elternlosen Kinder werden nun bei fremden Leuten herumgestoßen, die Mutter starb mit 44 Jahren an Gebärmutterkrebs« oder »Der Junge hat zwar das Zeug etwas Tüchtiges zu lernen, aber er muß mit verdienen helfen, weil der Vater mit 41 Jahren an Krebs starb.«[61] Die von der Sozialhygiene eingeforderte Selbstautorisierung der Bevölkerung wurde hier also mit Schuld, Scham und Angst abgesichert – Gefühlen, die immer stärker als krank oder moralisch minderwertig galten.[62]

Da Mut, Gesundheit und Freude ebenso wie Verantwortung und Pflicht seit den 1930er Jahren und vor allem seit 1933 immer enger miteinander verknüpft wurden, konnte es sich die nationalsozialistische Gesundheitspolitik erlauben,

---

61 Fotografie eines Plakates: Der Junge hat zwar das Zeug etwas Tüchtiges zu lernen, aber er muß mit verdienen helfen, weil der Vater mit 41 Jahren am Krebs starb, Ausstellung: Kampf dem Krebs / Fotodokumentation der Wanderausstellung (139 Motive), Bild 2, um 1931, DHMD 2001 / 247.2.
62 Cocks 2007, S. 100 f.

Früherkennung, Prävention und Screening immer offensiver zu propagieren.[63] Paradoxerweise wurde Krebs dadurch einerseits radikal enttabuisiert – nie zuvor wurde von staatlicher Seite so viel und so öffentlich über Krebs gesprochen, stand Krebsfrüherkennung und -prävention derart im Zentrum staatlicher Bemühungen. Dieser »Mut« angesichts von Krebs erstreckte sich auch auf die Forderung, Krebskranken die Diagnose mitzuteilen – bis zu dem Punkt, dass Ende der 1930er Jahre gegen einen Arzt, der die Krebsdiagnose verschwiegen hatte, erfolgreich prozessiert werden konnte.[64] Für die Betroffenen selbst hatte diese Form der offensiven Konfrontation mit der Krankheit Krebs jedoch eine »dunkle« Kehrseite: Denn die sich bereits vor 1933 anbahnende Verknüpfung von Gesundheit, Produktivität, Lebensfreude, Verantwortung und Mut traf nun auf eine zunehmende Stigmatisierung und auf eine radikale, in letzter Konsequenz oft tödliche Ausgrenzung chronisch kranker und schwacher Menschen.[65] Hinzu kam der immer exzessivere Gebrauch der Krebsmetapher zur Denunziation politischer Gegner. Das Zusammenspiel dieser Faktoren lässt vermuten, dass die Krebserkrankung in der NS-Zeit weit über die Angst vor Verstümmelung und Tod hinaus zur existenziell beschämenden und angstbesetzten Erfahrung wurde.

Quellen

»Das Deutsche Hygiene Museum in Gefahr«, in: *Dresdner Neueste Nachrichten* (289) 10.12.1922.
»Der Krebserreger entdeckt?«, in: *Volkszeitung Dresden* (136) 13.6.1924.
»Der Krebserreger entdeckt?«, in: *Dresdner Neueste Nachrichten* (167) 19.7.1925.
»Die Ausstellung ›Der Mensch‹«, in: *Chemnitzer Allgemeine Zeitung* 7.1.1923.
»Die Eröffnung der Ausstellung ›Der Mensch‹«, in: *Chemnitzer Allgemeine Zeitung* 3.1.1923.
»Die Weltschau der Hygiene. Ein Rundgang durch die Internationale Hygiene-Ausstellung Dresden 1930«, in: *Dresdner Anzeiger* (227) 15.5.1930.
Blumenthal, Ferdinand: »Krebsfilm, Krebsaufklärung, Krebsbekämpfung«, in: *Medizinische Klinik* (13) 27.3.1931, S. 478–479.
Gebhard, Bruno: »Der Krebs und seine Bekämpfung. Eine Sonderschau des Deutschen Hygiene-Museums«, in: *Hygienischer Wegweiser* (12) 1929, S. 307–309.
Gebhard, Bruno: Kampf dem Krebs, Dresden 1933.
Gebhard, Bruno: Im Strom und Gegenstrom. 1919–1937, Wiesbaden 1976.
Gottstein, Adolf: Das Heilwesen der Gegenwart. Gesundheitslehre und Gesundheitspolitik, Berlin 1924.

---

63 Dies zeigt eindrucksvoll die Studie von Proctor 1999, S. 22–34.
64 Schläger 1943.
65 Cocks 2007, S. 106.

Internationale Hygiene-Ausstellung Dresden 1911. Mai bis Oktober (Broschüre: Ausstellungsübersicht), Hauptstaatsarchiv Dresden [hier abgekürzt HSTA D], 10736, Nr. 15392, Bl. 6.

John, Ernst: »Das Wunder, das wir selber sind. Ein Gang durch die ›Internationale Hygiene-Ausstellung‹ Dresden 1930«, in: *Die Grüne Post* (24) 15.6.1930.

Kesten, Hermann: »Der Mensch«, in: *Frankfurter Zeitung* (973) 31.12.1927.

Leyden, Ernst von / Blumenthal, Ferdinand: »Die Abteilung für Krebsforschung an der I. medizinischen Universitätsklinik«, in: *Charité-Annalen* (28) 1904, S. 36–44.

Lickint, Fritz: »Tabak und Tabakrauch als ätiologischer Factor des Carcinoms«, in: *Zeitschrift für Krebsforschung* (30) 1929, S. 349–365.

Lickint, Fritz: Tabak und Organismus, Berlin 1939.

Müller, Franz Hermann: »Tabakmissbrauch und Lungencarcinom«, in: *Zeitschrift für Krebsforschung* (49) 1939, S. 57–85.

Pinkuß, Alfred: Krebs-Merkblatt zur Aufklärung des Volkes über die Krebskrankheit (hrsg. vom Deutschen Zentralkomitee für Erforschung und Bekämpfung der Krebskrankheit), Berlin 1912, Deutsches Hygiene-Museum [hier abgekürzt DHMD] 2001 / 1484.

Popitz, Dr.: »Der Mensch (Ausstellung des Deutschen Hygiene-Museums)«, in: *Leipziger Volkszeitung* (225) 26.9.1922.

Quervain, Fritz de: »Ist Krebsfurcht schlimmer als Krebs?«, in: *Hygienischer Wegweiser* (12) 1929, S. 303 f.

Schairer, Eberhard / Schäniger, Erich: »Lungenkrebs und Tabakverbrauch«, in: *Zeitschrift für Krebsforschung* (54) 1943, S. 261–269.

Schläger, Gustav: »Aufklärung und Verschwiegenheit bei Krebsverdacht«, in: *Monatsschrift für Krebsbekämpfung* (10) 1943, S. 150–155.

Winter, Werner: Was jeder vom Krebs wissen muß (hrsg. vom Deutschen Hygiene-Museum Dresden), um 1928, DHMD 1997 / 2778.

Literatur

Ackerknecht, Erwin H.: »Zur Geschichte der Krebsbehandlung«, in: *Gesnerus* (37 / 3/4) 1980, S. 189–197.

Aronowitz, Robert: Unnatural History. Breast Cancer and American Society, Cambridge 2007.

Beddies, Thomas: »Du hast die Pflicht, gesund zu sein!« Der Gesundheitsdienst der Hitler-Jugend 1933–1945, Berlin 2010.

Berger, Silvia: »›Die Jagd auf Mikroben hat erheblich an Reiz verloren‹. Der sinkende Stern der Bakteriologie in Medizin und Gesundheitspolitik der Weimarer Republik«, in: Lengwiler, Martin / Madarász, Jeannette (Hg.): Das präventive Selbst. Eine Kulturgeschichte moderner Gesundheitspolitik, Bielefeld 2010, S. 87–114.

Brandt, Ludwig (Hg.): Illustrierte Geschichte der Anästhesie (unter Mitarbeit von Karl-Hans Bräutigam / Michael Goerig / Csaba Nemes / Hans Nolte), Stuttgart 1997.

Cantor, David: »Representing the ›Public‹. Medicine, Charity and Emotion in Twentieth

Century Britain«, in: Sturdy, Steve (Hg.): Medicine, Health and the Public Sphere in Britain, 1600–2000, London 2002, S. 144–168.

Cantor, David: »Introduction. Cancer Control and Prevention in the Twentieth Century«, in: *Bulletin of the History of Medicine* (81) 2007, S. 1–38.

Clow, Barbara: The Problem of Cancer. Negotiating Disease in Ontario, 1925–1945, Toronto 1994.

Cocks, Geoffrey: »Sick Heil. Self and Illness in Nazi Germany«, in: *Osiris* (22) 2007, S. 93–115.

Daston, Lorraine: »The Moral Economy of Science«, in: *Osiris* (10) 1995, S. 3–24.

Daston, Lorraine / Galison, Peter: Objectivity, Cambridge 2007.

Dietze, Matthias: »Reinlich, sauber und gesund! Der menschliche Körper im Spannungsfeld von popularisierter Hygiene und öffentlicher Gesundheitspflege in Dresden 1850 bis 1911«, in: *Dresdener Beiträge zur Geschichte der Technikwissenschaften* (29) 2004, S. 43–68.

Dror, Otniel: »A Reflection on Feelings and the History of Science«, in: *Isis* (100) 2009, S. 848–851.

Eckart, Wolfgang U. (Hg.): 100 Years of Organized Cancer Research. 100 Jahre organisierte Krebsforschung, Stuttgart / New York 2000.

Ehmer, Josef: Bevölkerungsgeschichte und Historische Demographie 1800–2000, München 2004.

Einhäupl, Karl Max / Ganten, Detlev / Hein, Jakob: 300 Jahre Charité im Spiegel ihrer Institute (unter Mitarbeit von Falko Hennig), Berlin / New York 2010.

Ferdinand, Ursula: »Health like Liberty is Indivisible – zur Rolle der Prävention im Konzept der Sozialhygiene Alfred Grotjahns (1869–1931)«, in: Lengwiler, Martin / Madarász, Jeannette (Hg.): Das präventive Selbst. Eine Kulturgeschichte moderner Gesundheitspolitik, Bielefeld 2010, S. 115–135.

Fleischhacker, Jochen: »Menschen- und Güterökonomie. Anmerkungen zu Rudolf Goldscheids demoökonomischen Gesellschaftsentwurf«, in: Ash, Mitchell G. / Stifter, Christian H. (Hg.): Wissenschaft, Politik und Öffentlichkeit. Von der Wiener Moderne bis zur Gegenwart, Wien 2002, S. 207–229.

Gammerl, Benno (Hg.): Emotional Styles – Concepts and Challenges, Themenheft der Zeitschrift *Rethinking History* (16 / 2) 2012, S. 161–301.

Gardner, Kirsten E.: Women, Cancer, and Awareness Campaigns in the Twentieth Century United States, Chapel Hill 2006.

Gold, Helmut: »Der ausgestellte Mensch. Ausstellungen als Medium der Gesundheitsaufklärung«, in: Roeßiger, Susanne / Merk, Heidrun (Hg.): Hauptsache gesund! Gesundheitsaufklärung zwischen Disziplinierung und Emanzipation, Marburg 1998, S. 142–153.

Graneist, Petra: Gründung und Wirksamkeit des Verbandes für psychische Hygiene unter besonderer Berücksichtigung der rassenhygienisch-eugenischen Bewegung, Leipzig, Karl-Marx-Universität, Dissertation, Mai 1990.

Hahn, Susanne / Ambatielos, Dimitrios (Hg.): Wachs – Moulagen und Modelle, Dresden 1993.

Hahn, Susanne: »›Der moderne Mensch will wissen und handeln…‹ Ein kritischer Blick auf die Geschichte der Krebsaufklärung durch das Deutsche Hygiene-Museum«, in:

Eckart, Wolfgang U. (Hg.): 100 Years of Organized Cancer Research. 100 Jahre organisierte Krebsforschung, Stuttgart / New York 2000a, S. 171–174.

Hahn, Susanne: »Krankheit und Ideologie. Eine Retrospektive der Gesundheitsausstellungen zum Thema Krebs«, in: Jazbinsek, Dietmar (Hg.): Gesundheitskommunikation, Wiesbaden 2000b, S. 83–93.

Heyll, Uwe: »Naturheilkunde und ›alternative‹ Krebsforschung im 20. Jahrhundert«, in: Eckart, Wolfgang U. (Hg.): 100 Years of Organized Cancer Research. 100 Jahre organisierte Krebsforschung, Stuttgart / New York 2000, S. 119–124.

Illouz, Eva: Cold Intimacies. The Making of Emotional Capitalism, Oxford 2007.

Kaiser, Matthias: Zur Geschichte des Deutschen Zentralkomitees zur Erforschung und Bekämpfung der Krebskrankheit (1900–1933), Greifswald 1988.

Kauz, Daniel: Vom Tabu zum Thema? 100 Jahre Krebsbekämpfung in der Schweiz 1910–2010, Basel 2010.

Klawitter, Maren: The Biopolitics of Breast Cancer. Changing Cultures of Disease and Activism, Minneapolis 2008.

Laukötter, Anja: »›Anarchie der Zellen‹. Geschichte und Medien der Krebsaufklärung in der ersten Hälfte des 20. Jahrhunderts«, in: *Zeithistorische Studien / Studies in Contemporary History* (7 / 1) 2010, S. 55–74.

Lengwiler, Martin / Madarász, Jeannette: »Präventionsgeschichte als Kulturgeschichte der Gesundheitspolitik«, in: Lengwiler, Martin / Madarász, Jeannette (Hg.): Das präventive Selbst. Eine Kulturgeschichte moderner Gesundheitspolitik, Bielefeld 2010a, S. 9–28.

Lengwiler, Martin / Madarász, Jeannette (Hg.): Das präventive Selbst. Eine Kulturgeschichte moderner Gesundheitspolitik, Bielefeld 2010b.

Lerner, Barron H.: The Breast Cancer Wars. Hope, Fear, and the Pursuit of a Cure in Twentieth-Century America, Oxford 2001.

Lindner, Cornelia: Vinzenz Czerny. Pionier der Chirurgie, chirurgischen Onkologie und integrierten Krebsforschung, Freiburg 2009.

Lorentz, Friedrich: Wege zur Gesundheit, Köln 1953.

Löwy, Ilana: A Woman's Disease. The History of Cervical Cancer, Oxford 2011.

Madarász, Jeannette: »Die Pflicht zur Gesundheit: Chronische Krankheiten des Herzkreislaufsystems zwischen Wissenschaft, Populärwissenschaft und Öffentlichkeit«, in: Lengwiler, Martin / Madarász, Jeannette (Hg.): Das präventive Selbst. Eine Kulturgeschichte moderner Gesundheitspolitik, Bielefeld 2010, S. 137–167.

Moscucci, Ornella: »The British Fight Against Cancer, 1900–1948«, in: *Social History of Medicine* (23 / 2) 2010, S. 356–373.

Moser, Gabriele: »Im Interesse der Volksgesundheit...« Sozialhygiene und öffentliches Gesundheitswesen in der Weimarer Republik und der frühen SBZ / DDR. Ein Beitrag zur Sozialgeschichte des deutschen Gesundheitswesens im 20. Jahrhundert, Frankfurt a. M. 2002.

Mukherjee, Siddharta: The Emperor of all Maladies. A Biography of Cancer, New York 2011.

Münch, Ragnhild / Lazardzig, Jan: »Inszenierung von Einsicht und Überblick. Hygiene-Ausstellungen und Prävention«, in: Walter, Ulla / Stöckel, Sigrid (Hg.): Prävention im 20. Jahrhundert. Historische Grundlagen und aktuelle Entwicklungen in Deutschland, Weinheim / München 2002, S. 78–95.

Nikolow, Sybilla / Steller, Thomas: »Das lange Echo der I. Internationalen Hygiene-Aus-

stellung in der Dresdner Gesundheitsaufklärung«, in: *Dresdner Hefte* (108) 2011, S. 16–27.
Omran, Abdel R.: »The Epidemiological Transition. A Theory of the Epidemiology of Population Change«, in: *Milbank Quarterly* (83 / 4) 2005 [1971], S. 731–757.
Osten, Philipp: »Hygieneausstellungen. Zwischen Volksbelehrung und Vergnügungspark«, in: *Deutsches Ärzteblatt* (102 / 45) 11.11.2005, S. A 3085-A 3088.
Patterson, James T.: The Dread Disease. Cancer and Modern American Culture, Cambridge / London 1987.
Pickstone, John V.: »Contested Cumulations. Configurations of Cancer Treatments Through the Twentieth Century«, in: Cantor, David (Hg.): Cancer in the Twentieth Century, Baltimore 2008, S. 164–196.
Pinell, Patrice: The Fight Against Cancer. France 1890–1940, New York 2002.
Proctor, Robert N.: The Nazi War on Cancer, Princeton 1999.
Proctor, Robert N.: »Hitler und die Antiraucher-Kampagne der NS-Zeit«, in: Eckart, Wolfgang U. (Hg.): 100 Years of Organized Cancer Research. 100 Jahre organisierte Krebsforschung, Stuttgart / New York 2000, S. 69–74.
Reddy, William M.: »Emotional Styles and Modern Forms of Life«, in: Karafyllis, Nicole C. / Ulshöfer, Gotling (Hg.): Sexualized Brains. Scientific Modeling of Emotional Intelligence from a Cultural Perspective, Cambridge 2008, S. 81–100.
Roelcke, Volker: »Zivilisationsschäden am Menschen und ihre Behandlung. Das Projekt einer seelischen Gesundheitsführung im Nationalsozialismus«, in: *Medizinhistorisches Journal* (31 / 1/2) 1996, S. 3–48.
Roelcke, Volker: »Prävention in Hygiene und Psychiatrie zu Beginn des 20. Jahrhunderts. Krankheit, Gesellschaft, Vererbung und Eugenik bei Robert Sommer und Emil Gotschlich«, in: Enke, Ulrike (Hg.): Die Medizinische Fakultät der Universität Gießen. Institutionen, Akteure und Ereignisse von der Gründung 1607 bis ins 20. Jahrhundert, Stuttgart 2007, S. 395–416.
Roeßiger, Susanne: »Wissenspräsentationen an jedem Ort. Ausstellungen«, in: Stiftung Deutsches Hygiene-Museum (Hg.): »Rechtzeitig erkannt – heilbar«. Krebsaufklärung im 20. Jahrhundert, Dresden 2002, S. 45–61.
Roth, Martin: »Menschenökonomie oder der Mensch als technisches und künstlerisches Meisterwerk«, in: Beier, Rosmarie / Roth, Martin (Hg.): Der Gläserne Mensch – Eine Sensation. Zur Kulturgeschichte eines Ausstellungsobjekts, Stuttgart 1990, S. 39–67.
Schmorrte, Stefan: »Alter und Medizin. Die Anfänge der Geriatrie in Deutschland«, in: *Archiv für Sozialgeschichte* (30) 1990, S. 15–41.
Schnalke, Thomas: Diseases in Wax. The History of the Medical Moulage, Berlin 1995.
Schneck, Peter: »Das Deutsche Zentralkomitee zur Erforschung und Bekämpfung der Krebskrankheit und seine Leistungen (1900–1933)«, in: Eckart, Wolfgang U. (Hg.): 100 Years of Organized Cancer Research. 100 Jahre organisierte Krebsforschung, Stuttgart / New York 2000, S. 23–29.
Snelders, Stephen / Meijman, Frans J. / Pieters, Toine: »Cancer Health Communication in the Netherlands 1910–1950. Paternalistic Control or Popularization of Knowledge?«, in: *Medizinhistorisches Journal* (41 / 3) 2006, S. 271–289.
Steller, Thomas: Das Neue Wissen vom Menschen – Entstehung und Entwicklung des Deutschen Hygiene-Museums in Dresden 1900–1931. Zur Popularisierung eines neuen Menschenbildes, Norderstedt 2008.

Stiftung Deutsches Hygiene-Museum (Hg.): »Rechtzeitig erkannt – heilbar«. Krebsaufklärung im 20. Jahrhundert, Dresden 2002.

Stoff, Heiko: Ewige Jugend. Konzepte der Verjüngung vom späten 19. Jahrhundert bis ins Dritte Reich, Köln / Weimar / Wien 2004.

Thom, Achim: »Der Reichsausschuss für Krebsbekämpfung und seine Wirksamkeit in den Jahren 1930 bis 1945«, in: Eckart, Wolfgang U. (Hg.): 100 Years of Organized Cancer Research. 100 Jahre organisierte Krebsforschung, Stuttgart / New York 2000, S. 37–42.

Toon, Elizabeth: »›Cancer as the General Population Knows It‹. Knowledge, Fear, and Lay Education in 1950s Britain«, in: *Bulletin for the History of Medicine* (81) 2007, S. 116–138.

Vogel, Klaus / Wingender, Christoph, »›… deren Besuch sich daher unter allen Umständen lohnt‹. Die I. Internationale Hygiene-Ausstellung 1911«, in: *Dresdner Hefte* (63) 2000, S. 44–52.

Vogel, Klaus (Hg.): Das Deutsche Hygiene-Museum Dresden 1911–1990, Dresden 2003.

Walter, Ulla / Stöckel, Sigrid: »Prävention und ihre Gestaltung vom Kaiserreich bis zur Jahrtausendwende. Zusammenfassung und Ausblick«, in: Walter, Ulla / Stöckel, Sigrid (Hg.): Prävention im 20. Jahrhundert. Historische Grundlagen und aktuelle Entwicklungen in Deutschland, Weinheim / München 2002, S. 273–299.

Walther, Elfriede / Sandstein, Michael (Hg.): Moulagen – Krankheitsbilder in Wachs, Dresden [u. a.] 1993.

Weindling, Paul: »From Infectious to Chronic Diseases. Changing Patterns of Sickness in the Nineteenth and Twentieth Century«, in: Wear, Andrew (Hg.): Medicine in Society, Cambridge 1992, S. 303–316.

Witte, Wilfried: »Prämedikation, prä- und postoperative Visite. Bedeutung im Spiegel der Anästhesie-Lehrbücher«, in: *Der Anaesthesist* (56 / 12) 2007, S. 1252–1256.

Abbildungen

Abbildung 1: »In Deutschland sterben jährlich 23 000 Frauen an Krebs!«, Ausstellung: Kampf dem Krebs / Fotodokumentation der Wanderausstellung (139 Motive), Bild 60, um 1931, DHMD 2001 / 247.60.

Abbildung 2: »Gefährlicher ist auf alle Fälle das Warten, wenn jemand einen Krebs hat, weil das stets mit dem Tod endet«, Fotografie, Ausstellung: Kampf dem Krebs, um 1931, DHMD 2001 / 247.44.

Abbildung 3: »Du sollst keine Angst haben, aber sorgfältig sein!«, Ausstellungsgruppe: Die Frau als Gattin und Mutter / Fotodokumentation der Berliner Ausstellung (185 Motive), Bild 166, 1933, DHMD 2001 / 246.166.

Abbildung 4: »Die elternlosen Kinder werden nun bei fremden Leuten umhergestoßen, die Mutter starb mit 44 Jahren an Gebärmutterkrebs«, Fotografie, Ausstellung: Kampf dem Krebs, um 1931, DHMD 2001 / 247.1.

Karsten Lichau

»The moving, awe-inspiring silence«.
Zum »emotionalen Potential« der Schweigeminute

1. A »simple service of Silence and Rememberance«[1]: Annäherungen an ein modernes politisches Ritual

Am 7. November 1919 erscheint in allen größeren Zeitungen Großbritanniens ein Aufruf, in dem sich König George V. an die gesamte Bevölkerung des britischen Empire wendet und sie zu einer »Two Minutes' Pause from Work«[2] auffordert. Mit ihr soll zum ersten Jahrestag des Waffenstillstandsvertrags von Compiègne an die »Glorious Dead«[3] erinnert werden, die ihr Leben für Nation und König ›niedergelegt‹ haben:

> »The King invites all his people to join him in a special celebration of the anniversary of the cessation of war, as set forth in the following message: To all my People. Tuesday next, November 11, is the first anniversary of the Armistice which stayed the worldwide carnage of the four preceding years and marked the victory of Right and Freedom. I believe that my people in every part of the Empire fervently wish to perpetuate the memory of the Great Deliverance, and of those who have laid down their lives to achieve it. To afford an opportunity for the universal expression of this feeling it is my desire and hope that at the hour when the Armistice came into force, the eleventh hour of the eleventh day of the eleventh month, there may be for the brief space of two minutes, a complete suspension of all our normal activities. During that time [...] all work, all sound, and all locomotion should cease, so that, in perfect stillness, the thoughts of every one may be concentrated on reverent remembrance of the Glorious Dead. [...] At a given signal, which can easily be arranged to suit the circumstances of each locality, I believe that we shall all gladly interrupt our business and pleasure, whatever it may be, and unite in this simple service of Silence and Rememberance.«[4]

Zwar setzt die Geschichte der Schweigeminute nicht erst mit dem britischen *Armistice Day* und der am 11. November 1919 um 11 Uhr abgehaltenen

---

1 George R. I. 1919, S. 12.
2 Ebd.
3 Ebd.
4 Ebd.

Schweigeminute ein.[5] Dieses Ereignis markiert aber zweifellos das entscheidende Datum aus der frühen Geschichte dieses modernen politischen Rituals. Denn die Veranstaltung wird zu einem großen Erfolg; und so wird die Schweigeminute am britischen *Armistice Day*, die sich in der Folgezeit als festes und zentrales Element der alljährlich wiederholten Gedenkveranstaltungen etabliert und das bis heute geblieben ist, zum einflussreichsten und maßgebenden Modell für die in den folgenden Jahren und Jahrzehnten einsetzende Verbreitung der Schweigeminute.

Im weiteren Verlauf des 20. Jahrhunderts werden zahlreiche Länder sich am britischen Beispiel orientieren, wenn sie das Ritual der schweigenden Erinnerung aufgreifen und zu einem wichtigen Bestandteil ihrer nationalen Memorialkultur machen. In den 20er Jahren wird die Schweigeminute auch in Frankreich übernommen, wo sie bis heute Bestandteil des *Jour de l'armistice*[6] ist. In Deutschland dagegen kann sie sich nicht durchsetzen, obwohl sie mehrfach auftaucht, u. a. in der Weimarer Republik und auch nach der nationalsozialistischen Machtübernahme.[7]

Auch andere Länder setzen die Schweigeminute zur Erinnerung an die im Ersten oder Zweiten Weltkrieg getöteten Soldaten ein; zu den wichtigsten Traditionen zählen dabei neben dem Vereinigten Königreich und seinen ehemaligen Dominions die Vereinigten Staaten von Amerika, Belgien, Polen oder auch die Sowjetunion, die seit 1965 jährlich am 9. Mai mit der per Radio landesweit verbreiteten *minuta molčanija* an die im ›Großen Vaterländischen Krieg‹ getöteten Soldaten erinnert. Eine wichtige, weil nicht nur akustisch von den meisten

---

5 Schon am 9. Februar 1919 fand in den Vereinigten Staaten von Amerika eine nationale Gedenkminute zu Ehren des am 6. Januar verstorbenen Präsidenten Theodore Roosevelt statt, die bereits die wichtigsten Elemente der modernen Schweigeminute aufweist: ein in diesem Falle einminütiges, durch akustische Signale markiertes Schweigen, die landesweite Unterbrechung des Verkehrs sowie das Stillstehen der Menschen im öffentlichen Raum. Vorformen oder einzelne Elemente der Schweigeminute finden sich bereits früher. So kommt es etwa während der Gedenkrituale anlässlich der Beisetzung des britischen Königs Edwards VII. am 20. Mai 1910 und für die Opfer des Titanic-Untergangs im April 1912 zum Anhalten von Zügen und zur kollektiven Unterbrechung der Arbeit; die Länge schwankt dabei zwischen einigen Minuten und zwei Stunden.

6 In der französischen Erinnerungspolitik an den Ersten Weltkrieg spielen der 11. November und die Schweigeminute zunächst nur eine untergeordnete Rolle. Das liegt vor allem an den großen Bedenken liberaler und sozialistischer Politiker gegenüber einer großen öffentlichen (und militärisch inszenierten) Gedenkfeier, die sich leicht von reaktionären und militaristischen Kreisen instrumentalisieren ließe. Vgl. hierzu Le Naour 2008. Da ich hier nicht näher darauf eingehen kann, sei zumindest darauf hingewiesen, dass diese Spannung zwischen De- und Remilitarisierung der Gesellschaft die Auseinandersetzungen um die Schweigeminute auch in anderen Ländern prägt.

7 Eine zentrale Rolle bei dem letztlich gescheiterten Versuch, die Schweigeminute auch im Deutschen Reich einzuführen, spielt die Kulturpolitik des Reichskunstwarts Edwin Redslob. Vgl. hierzu Welzbacher 2009; Welzbacher 2010.

anderen Ländern abweichende Tradition ist die Schweigeminute am *Yom Ha-Shoah*, an dem am 27. Nisan des jüdischen Kalenders um 10 Uhr Verkehr und öffentliches Leben in Israel für zwei Minuten zum Stillstand kommen (seit Beginn der 60er Jahre begleitet von Sirenengeheul). Die Schweigeminute erweist sich also als ein politisches Ritual, das in recht unterschiedlichen Regierungsformen und politischen Kulturen Eingang in nationale Gedenkpraktiken findet.

In der zweiten Hälfte des 20. Jahrhunderts breitet sich die Schweigeminute auch in andere Memorialkulturen aus;[8] die Größe der schweigenden Menge liegt dabei oft unter- oder oberhalb der Nation: Hier wären zum einen Schweigeminuten mit lokaler oder institutioneller Dimension zu nennen, die in Betrieben oder Vereinen[9] abgehalten werden, zum anderen transnationale Schweigeminuten (wie etwa zum Tode von Lady Di oder in den Tagen nach 9 / 11). Im Zuge dieser Entwicklung kommt es zu verschiedenen Veränderungen: Einerseits gewinnt die Schweigeminute durch die Ausdehnung auf eine Mikro- und Makro-Ebene an Popularität, andererseits bringt die zunehmende Häufigkeit von kleineren und größeren Schweigeminuten auch die Gefahr einer gewissen Inflation und damit einer emotionalen Entwertung mit sich.

Auch wenn die verschiedenen Aufführungen von Schweigeminuten sich schon in diesem groben Überblick als sehr variabel erweisen – etwa was ihre akustische, emotionale oder politische Formgebung anbelangt – so erweisen sich doch drei Merkmale als recht konstant: 1. Die Dauer des Schweigens – die meistens zwischen 30 Sekunden und zwei Minuten liegt – wird mehr oder weniger exakt vorgegeben und gemessen (und in der Regel durch ein akustisches oder akustisch-visuelles Signal angezeigt). 2. Das Schweigen geht in aller Regel mit einem Stillstellen der zum schweigenden Kollektiv verbundenen Einzelkörper einher. 3. Es handelt sich um ein Schweigen, das die im Schweigen versammelte Menge *unterschiedslos* dem Schweigegebot sowie dem Gebot der Bewegungslosigkeit bzw. des Stillstehens unterwirft.[10]

Die bis jetzt weitgehend unerforschte (Kultur-)Geschichte der Schweigemi-

---

8 Die Bedeutung akustischer Kulturen im allgemeinen und der Schweigeminute im besonderen ist von der in den letzten Jahren intensiv geführten Diskussion über Erinnerungskulturen und das *Kulturelle Gedächtnis* weitgehend vernachlässigt worden. Ansätze bietet aber der Artikel von Svea Bräunert über den *Soundscape Stammheim*, Bräunert 2010.

9 Besonders häufig wird in Fußballstadien geschwiegen, um verstorbener Vereinsmitglieder oder der Opfer von Katastrophen wie der im Brüsseler Heysel-Stadion (1985) oder im Hillsborough-Stadium in Sheffield (1989) zu gedenken. Vgl. hierzu Foster / Woodthorpe 2012; Herzog 2012.

10 Diese phänomenologische Charakterisierung der Schweigeminute ist für eine Kulturgeschichte der Schweigeminute nicht ganz unwichtig; denn anders als man dies vielleicht vermutet, ist so manche Quelle keineswegs eindeutig im Hinblick auf die Frage, ob sie eine Schweigeminute oder eine andere Form der politischen Inszenierung von Schweigen und Stillstehen darstellt, wie sie etwa aus der militärischen, religiösen oder höfischen Tradition bekannt sind.

nute[11] – die Entstehung und Entwicklung dieses politischen Rituals, seine transnationalen Transfers oder die in ihr stattfindenden Transformationen kultureller Traditionen – ist auch für die Auseinandersetzung mit der Aufführung von Gefühlen, dem *Performing Emotions*, aufschlussreich. Dabei verstehe ich *Performing Emotions* nicht nur als Gefühlsaufführung im Sinne einer wiederholenden Repräsentation, in der kulturell ausgebildete emotionale Muster lediglich ihren Ausdruck finden, sondern als einen dynamischen Prozess der Interaktion von emotionalen Mustern und körperlichen Gefühls-Praktiken. Erst durch die Aufführung *als* körperliche *Performances* erlangen emotionale Normen, Muster und Programme performative Wirkung, zugleich werden sie dabei aber auf die Probe gestellt: Der Begriff der *Performance* betont dabei das Wagnis und das Innovations- oder Störpotential, das körperlichen Praktiken – und damit auch dem gestischen Ausdruck von Gefühlen – innewohnt, weil sie auf eine Vielzahl von oft unvorhergesehenen Hindernissen stoßen und Konflikte befördern können.[12]

> »Rituale und Ritualisierungen lassen sich als szenische Arrangements menschlicher Körper begreifen. Deshalb vollziehen sich ihre Wirkungen vor allem performativ, d. h. durch die Inszenierung und Aufführung der Körper der an den Ritualen beteiligten Menschen. In diesem Kontext spielen der Ort und die zeitliche Dauer der rituellen Aufführung sowie die dabei verwendeten Gesten und Requisiten eine wichtige Rolle. [...] Ihr performativer, mit der Körperlichkeit der rituell Handelnden verbundener Charakter ermöglicht auch die Veränderung von Institutionen. Rituale erscheinen in der performativen Sichtweise nicht als zu starren, regelhaften Stereotypen verkommene, bedeutungslose soziale Algorithmen, sondern als komplexe, dynamische Rahmungen, die den Raum für die Inszenierungen von Paradoxien, Innovationen und Transformationen abgeben.«[13]

Auch die Aufführungen einer akustisch und emotional geeinten Menge in der Schweigeminute stellen »szenische Arrangements menschlicher Körper« dar, die den »Zusammenschluss unterschiedlicher sozialer Subjekte« zu einem zu-

---

11 Als Ausnahmen sind zu nennen ein kurzer Lexikon-Artikel sowie ein Aufsatz von Claudia Benthien; Art. »Schweigeminute« 2001; 2005. Auch Adrian Gregory thematisiert in seiner sehr guten Sozialgeschichte des *Armistice Day* die Schweigeminute, allerdings nicht so systematisch und eingehend, wie es der Titel seines Buches – *The Silence of Memory* – vermuten lässt. Vgl. Gregory 1994.
Der vorliegende Aufsatz geht auf ein Forschungsprojekt am Berliner Centre Marc Bloch zurück, das sich mit der ›Akustik des Politischen Körpers‹ auseinandersetzt und in dessen Rahmen ich an einer Kulturgeschichte der Schweigeminute aus einer vergleichenden Perspektive arbeite.
12 Neben der Theorie und Praxis der zeitgenössischen Performance-Kunst sind Victor Turners Arbeiten über das Ritual wegweisend für eine Theorie des performativen Prozesses, die das Gewagte und Riskante körperlicher Aufführungen betont. Vgl. hierzu Turner 1969, insbesondere S. 1 ff., 94 ff.
13 Arbeitsgruppe Ritual 2004, S. 189 und S. 192.

meist national motivierten politischen Körper[14] zum Ziel haben – dieses Ziel aber auch verfehlen können. Die Schweigeminute besitzt daher den Charakter einer politischen *Performance*, die zugleich Merkmale religiöser, ästhetisch-theatraler oder medialer Performativität aufweist.

Diesen Aufführungscharakter der Schweigeminute werde ich im folgenden insbesondere auf zwei Aspekte hin untersuchen, die für eine sozial- und kulturgeschichtliche Theorie der Emotionen wichtig sind und in der inzwischen breit und intensiv geführten Diskussion über die Geschichte der Gefühle mehr Aufmerksamkeit verdienen: den *Rahmen* sowie die *Störungen* oder gar das Scheitern von emotionalen Inszenierungen.

1. Die Frage nach dem *Rahmen*[15] von Gefühlsaufführungen zielt dabei sowohl auf die diskursiven Kontexte als auch auf den Rahmen der Inszenierung im engeren Sinne – also die materiellen Mittel, die Organisation und die praktische Umsetzung, in die das aufgeführte Schweigen ebenso wie die von diesem intendierten oder bewirkten emotionalen Effekte eingebettet sind und durch die es mit politischer Macht aufgeladen wird. Der *Rahmen* umfasst also ebenso die unterschiedlichen und z. T. sehr komplexen Rahmendiskurse wie die materiellen oder immateriellen ›Bühnen‹ und die Rahmenhandlungen des *Performing Emotions*.

2. Den zweiten Schwerpunkt bildet die Auseinandersetzung mit möglichen und tatsächlichen Störungen von (kollektiv) aufgeführten Gefühlen. Arbeiten zur Emotionengeschichte machen allzu oft den Unterschied nicht ausreichend deutlich, der zwischen dem Programm und der Diskursivierung von Gefühlsinszenierungen einerseits und deren Durchführung und Umsetzung in die Praxis andererseits besteht.[16] Zwar sind der historischen Rekonstruktion vergangener Gefühlspraktiken aufgrund der Komplexität von ›Gefühlen‹, ihrer teilweisen Unzugänglichkeit für die Methoden historischer Wissenschaft und des Mangels an Aufzeichnungsmöglichkeiten und daher an Quellenmaterial Grenzen gesetzt. Und zu Recht wird vor einer Geschichte der Emotionen, ›wie sie einst gefühlt‹, gewarnt.[17] Doch erlaubt gerade die Auseinandersetzung mit den *Störungen* inszenierter Gefühle, zumindest der Kluft zwischen Programm und

---

14 Vgl. zum Begriff des politischen Körpers einführend Frank / Koschorke / Lüdemann / Matala de Mazza 2007.
15 Vgl. zu einem soziologischen Begriff des Rahmens, der die Erfahrungs- und Situationsgebundenheit von sozialen Praktiken betont, grundlegend Goffman 1977; Willems 1997 sowie Arbeitsgruppe Ritual 2004, S. 195.
16 Vgl. Frevert 2011. Der Band unterscheidet klar zwischen diskursiven Normen und sozialen Praktiken und benennt damit das Problem. Angesichts der methodischen Konzentration auf Universallexika und Enzyklopädien als Quellenmaterial muss jedoch bezweifelt werden, dass diese einen Zugriff auf die *sozialen Praktiken* gewähren, wie an einigen Stellen insinuiert wird. Vgl. Frever, u.a. S. 13 f.
17 Vgl. etwa Borutta / Verheyen 2010, S. 23.

Praktiken nachzugehen. Denn eine Störung[18] oder gar das Scheitern einer emotionalen Inszenierung lässt sich als *Spur*[19] lesen, die zwar nicht zur erlebten Realität vergangener Gefühlspraktiken führt, aber doch von deren Komplexität und Umkämpftheit zeugt und darauf verweist, dass Emotionen nicht unbedingt immer so erlebt wurden, wie sie – den diskursiven oder visuellen Normen zufolge – gefühlt werden sollten.

Diese beiden Aspekte lassen sich für die weitere Diskussion über die Theorie der Gefühle und ihrer Aufführung mit dem Konzept eines *emotionalen Potentials* zusammenfassen. Der Begriff ›Potential‹ drückt dabei aus, dass die Untersuchung des *Performing Emotions* in einer politischen Inszenierung zwei Seiten umfasst: Die in ihr sich vollziehenden Praktiken gehen aus einem Raum möglicher Handlungen hervor, der mit Macht aufgeladen ist. Dieser Möglichkeitsraum ist strukturiert von historischen, kulturellen und sozialen Kontexten, von überlieferten und aktuellen, diskursiven oder nicht-diskursiven Praktiken sowie von der ›theatralen‹ Rahmung durch materielle, gestische und rituelle Elemente. Aus all diesen Elementen setzt sich der komplexe *Rahmen* der Inszenierung zusammen, aus dem politisch erfolgreiche und wirkmächtige emotionale Effekte hervorgehen können.

Die Rede von einem ›Potential‹ soll aber zugleich darauf verweisen, dass dieser Möglichkeitsraum die Gefahr der Störung oder des Scheiterns impliziert. Die erfolgreiche Umsetzung *emotionaler Potentiale* in einzelne Handlungen und Emotionen folgt keinem Automatismus, sondern bleibt anfällig für bewusst intendierte oder ungewollte Störungen, die bis zum Scheitern der gesamten Aufführung führen können.

Dem *emotionalen Potential* der Schweigeminute soll dabei anhand zweier Untersuchungsfelder nachgegangen werden, die für die in der Schweigeminute aufgeführten Gefühlspraktiken von entscheidender Bedeutung sind: der akustischen Inszenierung, die der emotionalen Aufführung als (akustisches) Medium dient, sowie der Transfers und Transformationen religiöser Gesten und Rituale, die sich in der Schweigeminute vollziehen. Diese beiden Aspekte spielen sowohl im diskursiven Kontext als auch im inszenatorischen Rahmen der intendierten oder tatsächlich aufgeführten Gefühlspraktiken eine wichtige Rolle. Denn das *emotionale Potential* der Schweigeminute und damit auch seine politische Wirkmächtigkeit speisen sich in nicht geringem Maße aus der akustischen und sakralen Dimension der Inszenierung. Und zugleich erweisen sich beide Dimensionen als problematisch und störanfällig.

---

18 Eine kulturhistorische Theorie der emotionalen Störung steht noch aus. Vgl. aber zum Zusammenhang von bildmedialer Gesichts-Inszenierung, Affekt und der Störung von Deutungssystemen Schmidt 2003, insbesondere S. 77 ff. und 135 ff.
19 Vgl. zum Begriff der Spur Ginzburg 1983 [1979]; Krämer 2007 und jüngst Tkaczyk 2012.

2. Die Schweigeminute als akustisch-emotionale Artikulation

2.1 Die akustische Inszenierung als Medium einer emotionalen Einheit

Auch wenn dies zunächst paradox klingen mag: Die Geschichte der Schweigeminute und der in ihr aufgeführten emotionalen Praktiken lässt sich nur im Kontext einer Geschichte akustischer Kulturen angemessen erfassen. Langezeit vernachlässigt, findet eine solche Forschungsrichtung jüngst zunehmend Beachtung, auch wenn eine theoretisch fundierte Auseinandersetzung mit der Geschichte von Klängen, Geräuschen – und eben auch dem Schweigen – erst am Anfang steht.[20]

Was für die Geschichte akustischer Kulturen allgemein gilt, gilt dabei auch für eine Geschichte der Schweigeminute: Sie ist nicht nur eine Geschichte der Klänge und Klangereignisse, sondern immer auch eine Geschichte des Hörens, also der Übermittlung und Wahrnehmung, Interpretation und Deutung von Klängen, und damit eine Geschichte von kulturellen, sozialen und individuellen Differenzen – kurz: eine höchst komplexe und komplizierte Angelegenheit. Und das verbindet sie mit der Geschichte emotionaler Kulturen.

So warnen die beiden wohl wichtigsten Vertreter einer theoretisch fundierten Geschichte des Hörens, Alain Corbin und Mark M. Smith, mit Recht vor der Illusion, die Vergangenheit und ihre Geräusch-Wahrnehmungen akustisch wiederbeleben zu können. Bei entsprechender Vorsicht halten sie es aber durchaus für möglich, historische Spuren auszumachen, die Rückschlüsse auf historische Klanglandschaften oder deren Wahrnehmung, sowie auf die Brüche und Auseinandersetzungen innerhalb akustischer Kulturen erlauben, um so etwas über die »Aufmerksamkeitsweisen, die Wahrnehmungsschwellen, die Geräuschbedingungen und das aus Erträglichem und Unerträglichem geschaffene Beziehungsgefüge«[21] vergangener Zeiten zu erfahren, und zwar insbesondere dort, wo »unterschiedliche Wahrnehmungs- und Affektsysteme hart aufeinanderprallen«[22]. Gerade in der Entstehungszeit der Schweigeminute lassen sich solche hart aufeinander prallenden »Wahrnehmungs- und Affektsysteme« beobachten. Denn dass der Erste Weltkrieg und die 1920er Jahre tiefgreifende Veränderungen der akustischen Kulturen in Gang setzen, dürfte wenig strittig sein.[23]

Die Schweigeminute zeichnet sich als akustisches Phänomen keineswegs durch eine vollkommene Abwesenheit von Geräuschen und Klangereignissen

---

20 Vgl. Corbin 1995; Smith 2001; Morat 2011a; 2011b (dort auch weiterführende Literatur).
21 Corbin 1998, S. 124.
22 Ebd., S. 128.
23 Vgl. hierzu Morat 2010, S. 175 ff.

oder der durch sie in Gang gesetzten Hörwahrnehmungen aus. Sie beinhaltet vielmehr eine Unmenge von akustischen Elementen und Ereignissen, die sich drei Ebenen zuordnen lassen.

Da sind zunächst einmal jene Klänge, die zur theatralen Rahmung der Inszenierung gehören. Sie umfassen zum einen akustische Signale zur Warnung oder zur Erzeugung von Aufmerksamkeit, wie die etwa in Großbritannien häufig verwendeten militärischen Horn- und Trompetensignale ›Last Post‹, ›The Rouse‹ oder ›Reveille‹; dazu kommen Klänge wie Glockengeläut, Gewehr- oder Kanonenschüsse, Sirenen oder Signalraketen, die den Beginn und oft auch das Ende des Schweigens markieren. Zum anderen wird die Schweigeminute durch instrumentale Musikstücke und Gesänge, insbesondere religiöse oder politische Hymnen, gerahmt.

Diese akustische Dimension ist auch für den emotionalen Rahmen der Inszenierung von großer Bedeutung. Denn der musikalische oder nicht-musikalische Verweis auf religiöse, militärische oder politische Kontexte dient zugleich auch der Erzeugung von Gefühlen und ihrer politischen Instrumentalisierung: So kann die Wiederholung bereits gehörter Klänge die Erinnerung an ähnliche Anlässe oder ganz andere Ereignisse aus der Vergangenheit und die dabei erlebten Emotionen wachrufen. Dabei müssen jedoch die Gefühle nicht notwendigerweise in Richtung der von den Initiatoren intendierten nationalen Einheit gelenkt werden, sondern können individuell abweichen oder auch anders motivierte politische Gemeinschaften erzeugen. Das ist etwa in Irland der Fall, wo die offiziell angeordnete britische Hymne oft nur verkürzt gesungen wird und dafür – je nach Region – andere, oft in Regional- oder Landessprache vorgetragene Musikstücke oder Gesänge aus der katholischen Tradition in den Vordergrund treten.

Aber auch das Schweigen selbst ist keineswegs gleichzusetzen mit einer vollständigen Abwesenheit von Geräuschen oder absoluter Stille. Die Schweigeminute macht vielmehr ganz unterschiedliche akustische Ereignisse vernehmbar: Auch eine im Schweigen versammelte Menschen-Menge verursacht durch ihre inneren und äußeren Körperbewegungen zahlreiche Geräusche, angefangen beim Atmen, über verschiedene Verdauungsgeräusche, das Reiben von Kleidern oder Scharren von Füßen, bis hin zum Kindergeschrei. Gerade weil es gilt, diese Geräusche zu kontrollieren und zu unterdrücken, werden sie besonders deutlich wahrgenommen. Dazu kommen akustische Phänomene, wie sie in Gebäuden oder in offenen städtischen Räumen wahrnehmbar sind: ›natürliche‹ Klänge (Vögelstimmen, Hundegebell) oder Geräusche aus nicht vollständig stillstehendem Verkehr oder industrieller Produktion, die sich mit anderen Geräuschen – etwa dem Wind – zu einem ›Rauschen‹ verbinden, wie es in der modernen Großstadt als permanente Klangkulisse vernehmbar ist.[24]

Schließlich ist auch die mediale Übertragung von Schweigeminuten in modernen akustischen Massenmedien wie etwa dem Rundfunk alles andere als geräuschlos. Denn sie macht das Rauschen des Mediums hörbar, also genau das, was das Programm akustischer Medien der Wahrnehmung der Hörer entziehen möchte; und insbesondere das frühe Radio rauscht bekanntlich stark.

2.2 Akustische Kultur und politische Inszenierung

Der Versuch, eine Menge real anwesender, virtuell oder medial verbundener Menschen (bis hin zur Größe einer Nation oder gar darüber hinaus) zu einer schweigenden Einheit zu verbinden, zielt auf eine emotionale Vergemeinschaftung im ›Medium‹ des Schweigens ab. Es gilt, die schweigende Menge nicht nur akustisch, sondern auch emotional zu einen. Während die offiziellen Programme und Aufrufe zu Inszenierungen des politischen Körpers den ›Willen zur vollkommenen Einheit‹ in die Realität projizieren und in Anlehnung daran oft auch die Reportagen und Zeitungsberichte wenig zwischen Programm und tatsächlicher Aufführung differenzieren, siedeln sich die individuellen und kollektiven emotionalen *Performances* eher auf einem Spektrum an, das von einer weitgehenden Entsprechung zum Programm bis hin zu dessen Scheitern reicht.

Die Palette der von Schweigeminuten erzeugten Emotionen reicht dabei von tiefer Ergriffenheit und Überwältigung bis hin zu vollkommener Teilnahmslosigkeit, mit verschiedenen Zwischenstufen wie geringer Rührung oder nur wenig anteilnehmendem Gehorsam. Und es reicht sogar noch weiter: Denn wer vermag zu sagen, wo die Grenze liegt, an der befohlenes oder selbstgewähltes Schweigen in stummen, aber oft sehr ›beredten‹ Protest umschlagen und zum Medium eines ganz anderen politisch-emotionalen Kollektivs werden kann, das durch Gefühle wie Wut, Zorn oder Stolz gebildet wird.[25]

---

24 R. Murray Schafer spricht von einer (modernen) »lo-fi«-Akustik, die er der »hi-fi«-Akustik früherer Zeiten entgegensetzt, wobei es nicht um die Lautstärke, sondern um die Genauigkeit geht, mit der Geräusche voneinander unterschieden werden können: »The hi-fi soundscape is one in which discrete sounds can be heard clearly because of the low ambient noise level. [...] In a lo-fi soundscape individual acoustic signals are obscured in an overdense population of sounds.« (Schafer 1994, S. 43). Die Schweigeminute ließe sich damit als vorübergehender, deutlich markierter Wechsel von einem *lo-fi-* zu einem *hi-fi soundscape* fassen.

25 Jüngere Beispiele für eine solche Praxis wären etwa die Schweigeminute der Radiojournalisten Attila Monk und Zsolt Bogár gegen die ungarischen Mediengesetze am 21. Dezember 2010 oder der ›grito mudo‹ der spanischen Indignado-Bewegung, der sich ebenfalls als eine Schweigeminute verstehen lässt: Als Reaktion auf das am Vortag der Wahlen einsetzende

Doch wie genau versucht die emotionale Inszenierung den politischen Körper zu erfassen? Indem der Aufruf zum Schweigen (der in der Regel als eine von oben nach unten verlaufende, die einzelnen politischen Subjekte zum Schweigen auffordernde Herrschaftspraxis auftritt) eine Vielzahl individueller Körper einem Schweigegebot unterwirft, zielt er auf die Entstehung, Formung oder Veränderung eines national oder anders motivierten Kollektivkörpers,[26] der sich als eine organische Einheit wahrnimmt: Seine unterschiedlichen Glieder erfahren in der metaphorischen, bildlichen oder rituellen Ausrichtung auf einen übergeordneten somatischen Zusammenhang eine Formgebung, die sie zu Gliedern eines politischen Körpers macht. Der Begriff des politischen Körpers oder Kollektivkörpers hebt dabei hervor, dass sich die Körper nicht allein als *Objekte* politischer Repräsentation, sondern auch als deren *Subjekte* erfahren.

Die Aufführung von Gefühlen in der Schweigeminute stellt sich als ein komplexes Ineinander von emotionalen Praktiken individueller und kollektiver Körper dar. Das dabei entstehende komplizierte Geflecht möchte ich als *emotionale Artikulation* bezeichnen. Die doppelte Bedeutung des Begriffs ›Artikulation‹ – als Herstellung einer *Verbindung* zwischen unterschiedlichen Gliedern sowie als deren *Ausdruck* – verweist hier darauf, dass die Unterwerfung der Körper unter den Willen des politischen Kollektivkörpers oft zusammenfällt mit der (Ent-)Äußerung der Körper durch Praktiken kultureller Kommunikation. Und auch das kollektive Schweigen kann – ungeachtet seiner Lautlosigkeit – eine sehr beredte Form kommunikativer (Ent-)Äußerung des Körpers darstellen.

Zugleich impliziert die Rede von der *emotionalen Artikulation* die im Rahmen von Gefühlsaufführungen sich vollziehende ideologisch wirksame Verbindung von verschiedenen Diskursen und Machtpraktiken (also im Fall der Schweigeminute etwa der religiösen Überlieferung, militärischer Traditionen oder emotionaler Aufführungen) – in diesem Sinne wird der von Gramsci und Althusser entliehene Begriff der ›Artikulation‹ in den *Cultural Studies* verwendet.

Die Gefühle, auf die diese *emotionale Artikulation* zielt, zeichnen sich dabei jedoch gleich in zweifacher Hinsicht durch eine eigenartige Spannung zwischen Ausdruck und Verinnerlichung, Kollektivierung und Individualisierung aus. So

---

Versammlungsverbot verfiel die an der *Puerta del sol* in Madrid versammelte Menge am 20. Mai 2011 um Mitternacht in ein Schweigen, das durch zugeklebte Münder auch visuell inszeniert wurde. Diese Praktiken greifen eine jahrhundertealte Tradition des politischen Protests auf, der die Auferlegung von Rede-, Demonstrations- oder Schreibverboten durch die mediale oder performative Ausstellung einer Nicht-Äußerung unterläuft. Ihre Geschichte reicht von der Frühen Neuzeit bis in die Gegenwart, wie etwa die Protestaktion des Onlinelexikons *Wikipedia* zeigt, das am 18. Januar 2012 mit einer geschwärzten Website gegen die geplanten US-Internetgesetze protestierte.

26 Vgl. zu diesem Begriff Sasse / Wenner 2002.

stehen den auf Gemeinschaftsbildung zielenden Effekten des Schweigens zugleich Momente der Vereinzelung gegenüber. Denn im Gegensatz zu eher expressiven Formen der akustischen Masseninszenierung (etwa Gesang, Beifall oder begeisterter Jubel) zielt die Geste des gemeinsamen Schweigens darauf ab, Gehorsam zu erzeugen, indem sie andächtige Gefühle wie Trauer, Ehrfurcht oder Dankbarkeit gegenüber denen, derer gedacht wird, weckt;[27] diese Emotionen richten sich aber in neuzeitlichen westeuropäischen Kulturen zumeist und vornehmlich nach ›innen‹. Die nach außen gerichtete Wahrnehmung und Kontrolle des eigenen Schweigens oder des Schweigens der anderen ist notwendige Voraussetzung eines gelingenden Schweigerituals, aber nicht ausreichend für seinen emotionalen Erfolg. Erst indem sich eine gleichzeitige innere Gefühls-Bewegung (eine *E-Motion*) einstellt, wird das Schweigen zu Andacht, Trauer oder Ehrfurcht.[28]

Zwar hat die neuere Gefühlsforschung den Gegensatz zwischen der Innerlichkeit ›echter‹ und der Äußerlichkeit ›falscher‹ Gefühle, wie ihn traditionelle Konzeptionen immer wieder beschworen haben, hinterfragt.[29] Und auch das Schweigen vollzieht, wie bereits ausgeführt, eine Doppelbewegung, die sich nicht in dem vereinfachenden Gegensatz von innen und außen verorten lässt. Es erscheint mir jedoch wichtig, dass man zumindest im Fall der Schweigeminute nicht über die politische Inszenierung von Gefühlen sprechen kann, ohne auf die Möglichkeit einer nur gespielten oder vorgetäuschten schweigenden Anteilnahme und eines lediglich ›äußerlichen‹, emotional oder geistig unbeteiligten Schweigens hinzuweisen. In diesem Zusammenhang wäre zu unterscheiden zwischen einem grundsätzlichen Muster der kulturellen Vermittlung und Übung von Gefühlspraktiken, die immer über ›äußerliche‹ Gesten gelernt und inkorporiert werden und ohne die Gefühle als ›innere Regungen‹ gar nicht erlernbar wären, und der Möglichkeit, in einzelnen Handlungsvollzügen der Aufforderung zum Fühlen intendierter Emotionen nicht zu entsprechen und diese hinter einer ›Maske‹ aus ›geheuchelter‹ oder rein äußerer Praxis zu verbergen.

---

27 Vgl. hierzu den eingangs zitierten Aufruf Georges V.
28 Ich werde diese hier zunächst phänomenologische und damit idealtypische Darstellung der schweigenden (E-)Motionen weiter unten an einem Beispiel erläutern (das diesem Idealtyp recht nahe kommt).
29 So sprechen etwa Manuel Borutta und Nina Verheyen von einer »›sozialkonstruktivistische[n] Position [...], die mittlerweile auch in der Geschichtswissenschaft dominiert. Unterstellt wird dabei zwar keine beliebige Form- und Veränderbarkeit von Gefühlen. Anstatt jedoch zwischen echten Gefühlen im Innern des Individuums und ihrer authentischen oder verzerrten, bloß äußerlichen Abbildung zu unterscheiden, wird der Ausdruck von Gefühlen als Praxis gefasst, die Emotionen auf performative Weise herstellt [...]. Dieser Ansatz erlaubt zugleich eine Abkehr von dem lange vorherrschenden ›hydraulischen‹ Emotionsverständnis, wonach Gefühle stets von innen nach außen drängen« (Borutta / Verheyen 2010, S. 18).

Es liegt auf der Hand, dass eine solche schweigende Nicht-Anteilnahme (als Weigerung gegenüber den Aufrufen zu einer innerlichen Gefühlsregung) weitaus schwieriger wahrzunehmen und politisch zu kontrollieren ist als etwa die Weigerung gegenüber expressiven Gesten der Begeisterung oder Ekstase und deren gestischen Ausdrucksformen.

Diese Problematik einer Unterscheidung zwischen einem ›echten‹, innerlich vollzogenen Schweigen, das mit geistiger oder emotionaler Anteilnahme einhergeht, und einem rein äußerlichen, ›falschen‹ Schweigen ohne innere Beteiligung geht auf sehr alte Traditionen des Schweigens aus der christlich-jüdischen Überlieferung zurück, die für ein kulturhistorisches Verständnis der Schweigeminute und der in ihr aufgeführten Gefühls- und Körperpraktiken von zentraler Bedeutung sind – und deren Elemente sich als ein zweiter großer Rahmen dieses modernen Rituals begreifen lassen.

3. Transfers und Transformationen religiöser Gesten und Rituale

Einflussreiche und noch in der modernen Schweigeminute wirkmächtige Schweigepraktiken stammen u. a. aus der höfischen oder bürgerlichen Kultur, aus dem Militär und anderen Disziplinaranstalten (der Schule, der Fabrik oder den modernen Verkehrsmitteln)[30] oder auch aus der Arbeiterbewegung (Schweigemärsche des 19. Jahrhunderts).[31] Es liegt aber auf der Hand, dass das in der Schweigeminute aufgeführte Schweigen sich in ganz besonderem Maße einem Transfer religiöser Schweigegesten und -rituale aus der jüdisch-christlichen Tradition[32] verdankt.

---

30 Vgl. Schivelbusch 1979, S. 70.
31 Vgl. hierzu Mosse 1976, S. 190 ff.
32 Als Übung der christlichen Körper-Disziplin wird das Schweigen vor allem in den monastischen Bewegungen (vgl. Schürer 2010) entwickelt, etwa in klösterlichen Stillzeiten, Schweigegelübden oder Stillmessen. Maßgeblich sind dabei die Kapitel VI und VII der *Regula Benedicti*, »De taciturnitate« und »De humilitate« (vgl. *Benedicti Regula* 1977, S. 41 ff). Unter dem Einfluss der Mystik entwickelt sich ein einflussreiches Modell, das über die (schweigenden) Stufen *lectio*, *oratio* und *meditatio* zur *contemplatio* (der Schau Gottes im reinen Schweigen oder im so genannten Herzensgebet, der *hesychia*) führt. Auch der Gottesdienst der einfachen Gemeinde kennt verschiedene kollektive und individuelle Schweigepraktiken; deren Bandbreite reicht vom leisen oder stillen Gebet über die gemeinschaftsbildende Stille bis hin zum schweigenden Gottesdienst, dem *silent worship* der Quäker-Gemeinden.
Die liturgische Praxis des Judentums misst dem Schweigen ebenfalls besondere Bedeutung zu; so markiert das schweigende Vortragen des Schlussgebets an *Rosh ha-Shanah* und *Jom Kippur*, den Höhepunkten des jüdischen Festkalenders, eine rituelle und auch sinnliche Ausnahmesituation: »[D]as Schlußgebet […] schweigt an diesen großen Tagen den Schrei« (Rosenzweig 1988 [1921], S. 360) und antizipiert dabei die direkte Begegnung von Angesicht zu Angesicht in der vorweggenommenen *Schau* des göttlichen Antlitzes.

Dieser Transfer zeichnet sich allerdings durch eine merkwürdige Ambivalenz aus: Die Übertragung aus einer jahrhunderte- oder jahrtausendealten religiösen Tradition in die Moderne des 20. Jahrhunderts birgt einerseits die Gefahr des Anachronismus. Sie übernimmt religiöse Formen des Schweigens, die aus dem kirchlichen oder sakralen Bereich stammen und überträgt sie in einen säkularisierten bzw. profanierten Rahmen (etwa die moderne Großstadt oder die Massenmedien). Während aber die christliche Liturgik das Schweigen in einen komplexen Rahmen aus diskursiven, pädagogischen, sinnlichen und rituellen Praktiken einbettet, der weit über die einzelnen Schweigegesten oder -rituale hinausreicht, lösen die modernen Schweigeminuten diese zumeist aus ihrem Rahmen heraus und fügen sie in einen weitgehend von nicht-religiösen Praktiken bestimmten säkularisierten Rahmen ein – Gebete oder christliche Hymnen spielen zwar oft eine wichtige Rolle im Rahmenprogramm der Schweigeminute, sie sind jedoch dem profanen Rahmen der Aufführung deutlich untergeordnet. Der Transfer sakraler Schweigegesten und -rituale in eine säkulare Inszenierung kann daher leicht als Eklektizismus oder Anachronismus durchschaut werden und droht dann zu scheitern.

Der Anachronismus birgt jedoch andererseits auch einen gewissen Reiz. Denn als stark religiös geprägtes Ritual, das in einem säkularen Kontext aufgeführt wird, lässt sich die Schweigeminute auch als Reaktion oder Antwort auf den oft beklagten Verlust religiöser oder sakraler Vergemeinschaftung in der aufgeklärten und ›entzauberten‹[33] Moderne lesen. Und so bietet der Anachronismus zugleich auch eine Chance: Dort nämlich, wo die Aufführung dennoch gelingt, verschafft das religiöse Erbe der Schweigeminute ein Potential zur Re-Sakralisierung.[34] Die Schweigeminute kann dann zum Ausdruck eines Bedürfnisses nach religiöser Bindung oder nach einer Rück-Verzauberung der ›entzauberten Moderne‹ werden. Und dieses ›Rückverzauberungs-Potential‹ trägt ganz entscheidend zum *emotionalen Potential* der Schweigeminute bei.

Im nun folgenden empirischen Teil meiner Ausführungen zur frühen Geschichte der Schweigeminute und des *Armistice Day* werde ich mich an den

---

33 Auch wenn der Begriff der »Entzauberung« von Max Weber nicht systematisch und eher selten gebraucht wird (u. a. in seinem 1919 veröffentlichten Vortrag über »Wissenschaft als Beruf«), ist er zum Schlagwort für einen Diskurs geworden, der zwischen Bestandsaufnahme, Kritik und Ablehnung der modernen, rationalisierten Zivilisation schwankt und die Geschichtswissenschaft, Soziologie und Kulturphilosophie des frühen 20. Jahrhunderts durchzieht. So hält etwa Ernst Troeltsch den Verlust religiöser Bindungen für unwiderruflich; zugleich sucht er aber nach Möglichkeiten zur »Bildung einer gegenwärtigen Kultursynthese aus den historischen Erbstücken« (Troeltsch 1922a, S. IX). Und obwohl er sich dabei gegen eine »Rückkehr zur kirchlichen Autorität« (Troeltsch 1922b, S. 587) wendet, schließt er »eine starke Neukräftigung des Katholizismus« (ebd., S. 588) nicht aus.
34 Zur Unterscheidung zwischen Säkularisierung, Profanierung und Re-Sakralisierung vgl. Agamben 2005.

beiden vorangehend beschriebenen Untersuchungsfeldern – der akustisch inszenierten *emotionalen Artikulation* sowie den Transfers und Transformationen des Religiösen – orientieren, um das *emotionale Potential* der Schweigeminute deutlich zu machen. Beide Aspekte bilden zum einen wichtige Rahmen-Elemente der Schweigeminute und ihrer emotionalen Aufführung, und zwar sowohl für die materielle und immaterielle Rahmung einzelner Inszenierungen als auch für die weit verzweigten diskursiven und nicht-diskursiven Traditionen, Einflüsse und Kontexte, die ihnen zugrunde liegen. Sie zeichnen sich aber zum anderen beide durch eine große Ambivalenz aus, die auch der Schweigeminute zu eigen ist.

4. Der britische *Armistice Day* oder: Warum es keineswegs einfach ist, einen nationalen Körper (genau) zwei Minuten lang zu einer schweigenden Einheit zu machen

Dem eingangs zitierten Aufruf Georges V. vom 7. November 1919 geht eine erstaunlich kurze und spontane Initiative voraus, den 11. November als Jahrestag des Kriegsendes bzw. der Unterzeichnung des Waffenstillstandsvertrags in einer öffentlichen Zeremonie zu erinnern. Die Vorgeschichte dieser Initiative ist weitgehend ungeklärt, und das gilt auch für die Frage nach angeblichen ›Ursprüngen‹ und ›Erfindern‹ der Schweigeminute. Adrian Gregorys sehr lesenswerte Sozialgeschichte des *Armistice Day* vertritt die These, dass Sir Percy Fitzpatrick der Initiator und Ideengeber für die Schweigeminute in ihrer modernen, national aufgeführten Form sei;[35] Fitzpatrick gibt an, dabei eine Gewohnheit aufzugreifen, die er selbst während seiner Militärzeit in Südafrika kennen gelernt habe. Unzweifelhaft ist, dass Fitzpatrick eine entscheidende Rolle spielt: In einem am 4. November an das Kabinettsmitglied Lord Milner geschickten Memorandum schlägt er das Abhalten einer Schweigeminute am 11. November vor; darin wird u. a. das intendierte Schweigen mit folgenden Worten beschrieben:

> »Silence, complete and arresting, closed upon the city – the moving, awe-inspiring silence of a great Cathedral where the smallest sound must seem a sacrilege [...] Only those who have felt it [das bezieht sich auf die von Fitzpatrick geltend gemachte Erfahrung in Südafrika, K. L.] can understand the overmastering effect in action and reaction of a multitude moved suddenly to one thought and one purpose.«[36]

---

35 Vgl. Gregory 1994, S. 9.
36 Sir Percy Fitzpatrick: Memorandum submitted to Lord Milner for the attention of the War Cabinet, zitiert nach: Gregory 1994, S. 9.

Doch inwieweit Fitzpatrick (wie von Gregory behauptet) als Vater der Schweigeminute gelten darf, ist zumindest fraglich. Denn schon am 8. Mai 1919 – also beinahe ein halbes Jahr vor Fitzpatricks Initiative – erscheint in den Londoner *Evening News* ein Leserbrief. Darin fordert George Edward Honey (unter dem Pseudonym Warren Foster), ein australischer Journalist und Kriegsteilnehmer, die Erinnerung an die Toten des Weltkriegs mit einem schweigenden Gedenken zu begehen – für das er allerdings noch fünf Minuten angesetzt hatte: »Five little minutes only. Five silent minutes of national remembrance.«[37]

Die Existenz dieses Leserbriefs ist belegt; und dafür, dass er zumindest eine gewisse Rolle gespielt hat, spricht auch der Umstand, dass Honey gemeinsam mit dem König einer Probeaufführung der Schweigeminute im Buckingham Palace beiwohnt. Gregory erwähnt Honey nicht und geht daher der Frage nach dem Einfluss seines Leserbriefs nicht weiter nach.

Auch ohne die Frage nach dem ›Erfinder‹ der Schweigeminute am *Armistice Day* und den komplizierten ›Vaterschaftsansprüchen‹ an dieser Stelle weiter zu verfolgen,[38] lässt sich konstatieren, dass sowohl Honey als auch Fitzpatrick eine entscheidende Rolle gespielt haben.

Doch nicht nur dieser Umstand macht die beiden Autoren und ihre Texte für die gefühlsgeschichtliche Bedeutung der Schweigeminute und ihres *emotionalen Potentials* interessant: Denn sowohl die emotionale als auch die religiöse Dimension der akustischen Inszenierung spielen in Fitzpatricks Memorandum und in Honeys Leserbrief eine prominente Rolle. Und wenn sich mit guten Gründen behaupten lässt, dass der britische *Armistice Day* wohl die einflussreichste und modellhafte Inszenierung für die Entwicklung der Schweigeminute im 20. Jahrhundert darstellt, und Honey sowie Fitzpatrick entscheidenden Einfluss auf deren Gestaltung hatten, dann sind der wiederholte Hinweis auf die emotionale Macht der akustischen Inszenierung und die Beschwörung religiöser Aspekte von nicht zu unterschätzender Bedeutung.

Fitzpatricks Memorandum weist sowohl auf die *akustisch-emotionale Artikulation* und die von ihr ausgelöste Bewegung (die (E-)Motion) hin (»Silence, complete and arresting, closed upon the city – the *moving, awe-inspiring silence*«) als auch auf das dem Schweigen innewohnende religiöse Erbe (»the moving, awe-inspiring *silence of a great Cathedral* where the smallest sound

---

37 Foster 1919.
38 Weder Gregory (der Fitzpatrick zum Vater der Schweigeminute erklärt) noch die von australischen Veteranenverbänden mit Nachdruck geführten Initiativen zur Anerkennung von Honey als Erfinder der Schweigeminute gehen der Frage nach, welchen Einfluss die Schweigerituale für Edward VII. und die Opfer des Titanic-Untergangs oder die am 9. Februar 1919 (also lange vor Honeys Leserbrief und Fitzpatricks Memorandum) stattfindende Schweigeminute zum Gedenken an Theodore Roosevelt für den britischen *Armistice Day* gespielt haben. Vgl. Fn 2.

must seem a *sacrilege*«). Und Honeys Leserbrief hebt geradezu ostentativ die religiöse Dimension hervor:

> »Five silent minutes of national remembrance. A very *sacred intercession*. *Communion* with the Glorious Dead who won us peace, and from the *communion* new strength, *hope and faith* in the morrow. *Church services*, too, if you will, but in the street, the home, the theatre, anywhere, indeed, where Englishmen and their women chance to be, surely in this five minutes of bitter-sweet silence there will be *service* enough.«[39]

Interessanterweise zeigt sich schon hier, wie ambivalent die Transformation des Religiösen ist: Denn aus den Worten »*Church services*, too, if you will, but...« spricht eine gewisse Beiläufigkeit, die das religiöse, oder genauer: das kirchliche Zeremoniell zwar nicht vollkommen aus der politischen Inszenierung ausschließt, ihm aber doch nachrangige Bedeutung zumisst. Und dieser Eindruck wird durch den Fortgang des Satzes verstärkt, der das eigentliche Geschehen in den profanen Räumen des Privaten oder der städtischen Öffentlichkeit ansiedelt: »[I]n the street, the home, the theatre, anywhere, indeed, where Englishmen and their women chance to be, [...] there will be *service enough*.« Dabei verschiebt Honey die Bedeutung des englischen Wortes »service« aus dem Religiösen ins Säkulare[40] und wertet ihn dabei zugleich durch einen bitter-süßen Geschmack sinnlich (und auch emotional) auf.

Diese semantische Verschiebung beschreibt recht genau die in der Schweigeminute sich vollziehende Transformation religiöser Rituale, die zwar das Schweigen einerseits der Sphäre des Religiösen entreißt, um es sich als säkulare Geste anzueignen, andererseits aber eine gewisse sakrale Aura beizubehalten versucht: Denn Fitzpatrick beschwört ja nicht umsonst die »great cathedral« und die Angst vor dem »sacrilege«; und auch Honey entwirft die Schweigeminute als »sacred intercession« und »communion«.

4.1 »The Force of Collective Emotion«

Sowohl der Aufruf Georges V. als auch die ihm vorangehenden Texte Fitzpatricks und Honeys sind Teil des Programms, das die emotionale Inszenierung entwirft und organisiert. Was lässt sich nun aber über die Umsetzung dieses Programms und des darin liegenden *emotionalen Potentials* in die Praxis sagen?

Auch wenn wie gesagt der Rekonstruktion historisch erlebter Gefühlspraktiken Grenzen gesetzt sind, so finden sich in Zeitungsberichten sowie biographischen Quellen zahlreiche Hinweise, die man zumindest als Spuren eines weit

---

39 Foster 1919. (Hervorhebungen durch den Autor, K. L.).
40 Denn »service« ist auch der *national service*, der militärische ›Dienst am Vaterland‹.

verbreiteten, wenn auch nicht verallgemeinerbaren Erfolges der akustisch-emotionalen Artikulation lesen kann.

In einem Artikel vom 12. November 1919 beschreibt ein Korrespondent der *Times*, wie er die *Two Minutes' Silence* erlebt habe. Sein Beitrag »Cynics confounded« trägt den Untertitel »The Force of Collective Emotion« und der ganze Text ließe sich zusammenfassen als »Cynics confounded *by* The Force of Collective Emotion«. Denn der Journalist schildert die Schweigeminute – ganz im Sinne des von Fitzpatrick beschworenen »overmastering effect« – als ein Erlebnis der Überwältigung durch eine kollektive akustisch-emotionale Artikulation. Der Text klingt nicht zuletzt deswegen glaubwürdig, weil er zu Beginn eine zynisch-amüsierte Haltung beschreibt, die – zumal unter Intellektuellen – durchaus verbreitet gewesen sein dürfte:

> »When the hour struck for the great tribute to the fallen four of us were on the top of an omnibus climbing a steep hill in South-West London. A minute or two before we had been discussing, with a forced cynicism of which each of us was secretly ashamed, some supposedly humorous sides of the proposed standstill.«[41]

Und dann beginnt die Unterbrechung:

> »Our conversation was interrupted by the stoppage of the omnibus. It stopped opposite a small factory [...]. [T]he Union flag was lowered to half-mast. Facing it were 10 or a dozen of the factory workers, wearing their working overalls but not their caps, and standing rigidly at attention. Glancing along the road, we saw at irregular intervals perhaps 20 people, mostly women, some with children in perambulators, others laden with the morning's shopping purchases. Without exception they stood still, while the maroons boomed near and far. All was motionless and silent.«[42]

Diese zunächst einmal als äußere Körperbewegung sich artikulierende Geste des Stillstehens und Schweigens lässt nun auch bei den vier ursprünglich eher amüsiert-distanziert bis zynisch eingestellten Teilnehmern der Schweigeminute eine körperliche Bewegung einsetzen, die sich dem kollektiven »[a]ll was motionless and silent« angleicht. Und diese vom Text als unwillkürlich dargestellte Bewegung, die sich der Kontrolle durch Willen und Bewusstsein entzieht, setzt sich fort als innere Regung:

> »It was then that we four cynics on the omnibus top realized that we, too, were on our feet and our heads were uncovered. None of us could say by what process of thought he came to that position; looking back on the action, we would all confess that we did it half-unconsciously, as though moved by an uncontrollable impulse. For the full two

---

41 *The Times*, 12. November 1919, S. 16. Das angeblich unterdrückte Gefühl einer heimlichen Scham könnte ebenso gut der erlebten Realität wie dem Medium der öffentlichen journalistischen Äußerung entsprungen sein – eine Haltung, die heute gerne als *political correctness* bezeichnet wird.
42 Ebd.

minutes we, and the women, and the line of factory workers, stood, as myriads of others stood, to do homage to the immortal dead.«[43]

Dieses Muster der emotionalen Überwältigung, das dem traditionellen Topos der Gefühle als einer unheimlichen, dem Willen und der Vernunft sich widersetzenden und zuweilen überlegenen Kraft folgt, begegnet im Text noch ein zweites Mal, als die beobachteten Fabrik-Arbeiter von ihrem Vorgesetzten aufgefordert werden zu »›Three cheers for victory.‹ They were given, and with a will; and strangest thing of all, we four young scoffers on the omnibus (three of us ex-soldiers) cheered with the rest before we knew it.«[44]

Dieser Text ist sicher dem pädagogisch-literarischen Genre der Gefühlserziehung und -normierung verpflichtet und daher auch als ein Versuch zu verstehen, die emotionalen Muster zu erzeugen bzw. zu erziehen, durch die historische Gefühlspraktiken sozial normiert werden. Das Muster der Überwältigung findet sich aber in ähnlicher Form in zahlreichen anderen Berichten und so darf der Artikel zugleich auch als ein Indiz dafür gewertet werden, dass sich die *Performance* der Schweigeminute am 11. November 1919 in unterschiedlichen Teilen der Bevölkerung als erfolgreich erwies und zahlreiche Körper sich der *emotionalen Artikulation* anschlossen, indem sie die körperliche Doppelbewegung einer nach außen und innen verlaufenden schweigenden (E-)Motion aufführten.

4.2 Störungen 1: The »universal expression of this feeling«?

Das befohlene Schweigen ist nicht mit vollkommener Stille zu verwechseln und so können verschiedene akustische Ereignisse durchaus im Sinne der Erfinder sein – wenn sie nämlich zu der von der Inszenierung intendierten emotionalen Artikulation von Rührung, Trauer und Mitleid beitragen, wie etwa im Falle weinender Kinder.[45] Es finden sich jedoch auch andere Störungen, die der emotionalen Artikulation zuwiderlaufen und sich der Bildung eines national geeinten politischen Körpers gewollt oder ungewollt widersetzen. Denn die

---

43 Ebd.
44 Ebd.
45 So notiert der australische Soldat Bill Grant in seinen biographischen Aufzeichnungen: »[A] child started to cry but was quieted by his mother – but that cry sounded 100 times louder than ordinary because of the great hush« (Brief von W. Grant an seine Familie, zitiert nach: Gregory 1994, S. 15). Und Grant fährt fort, indem er dieses Weinen stellvertretend für die emotionale Artikulation der Trauer um die getöteten Soldaten stehen lässt: »[W]ho knows but the mother there whether or not the father of that child was represented in that Column of Stone [gemeint ist hier der *temporary cenotaph* in London Whitehall, an dem die zentrale Kundgebung stattfand, K. L.].« (Ebd.).

Beschwörung der akustischen und emotionalen Einheit und der Aufruf Georges V. zu einer »universal expression of this feeling«[46] erfolgen in einem historischen Moment, in dem die britische Nation alles andere ist als eine homogene Einheit; und der Waffenstillstandsvertrag bedeutet keineswegs das Ende der zahlreichen innen- wie außenpolitischen Spannungen: Kampfhandlungen finden nach wie vor statt, etwa in der Sowjetunion oder im Nordirak, dazu kommt die militärische Blockade Deutschlands. Die sozialen Auseinandersetzungen im Inneren erhalten durch innenpolitische Spannungen in anderen europäischen Ländern (Sturz von Monarchien, Revolutionsbewegungen in Russland oder Deutschland) zusätzliche Brisanz. In Großbritannien kommen dazu der Aufstieg der *Labour Party*, verschiedene Auseinandersetzungen innerhalb der Parteien sowie regionale Spannungen, insbesondere die Zuspitzung der Irland-Krise.[47]

Es liegt also nahe, dass verschiedene Gruppen versuchen, die schweigende Erinnerung in ihrem Sinne politisch zu besetzen. Musikalische Inszenierungen, die unterschiedliche, von der hegemonialen nationalen Vorgabe abweichende Einheiten akustisch-emotional artikulieren, spielen dabei ebenso eine wichtige Rolle wie Gefühlspraktiken, die sich deutlich von den offiziell beschworenen Haltungen der Ehrfurcht, des Mitleids oder der Andächtigkeit absetzen.

So werden z. B. in Irland oft eigene musikalische Traditionen, regionalsprachliche Liedtexte oder religiöse Hymnen aus katholischer Überlieferung für den *Armistice Day* verwendet, um Spannungen zwischen den verschiedenen Teilen der Nation und Risse der proklamierten nationalen Einheit akustisch zu inszenieren.

Störungen der nationalen akustischen Einheit gehen jedoch nicht allein von der Musik aus, sondern können auch ganz andere Quellen besitzen wie etwa die technisch-materiellen Voraussetzungen der akustischen Inszenierung. Weil die *Two Minutes' Silence* darauf abzielt, nicht nur die physisch an einem Ort versammelte Menge, sondern die ganze Nation zu einem ›virtuellen‹ politischen Körper zusammenzuschließen, bedarf es einer Synchronisierung des Schweigens, die das exakt gemessene Schweigen (zwei Minuten) an den verschiedenen Schauplätzen zeitgleich einsetzen lässt. Zu diesem Zweck werden in London und anderen Großstädten zumeist Signalraketen verwendet. Doch gibt es zu der Zeit kein ausreichend fein vernetztes System der Synchronisation, so dass nicht alle Stadtteile über zentral synchronisierte Uhren[48] verfügen. Und daher kommt es in vielen Großstädten zwangsläufig zu Störungen: In manchen Stadtteilen werden

---

46 Vgl. dazu oben den Aufruf von George V., der übrigens merkwürdigerweise gar nichts darüber sagt, welches Gefühl mit »this feeling« gemeint ist.
47 Im Januar 1919 brach der blutige anglo-irische Krieg aus, der bis 1921 dauerte und schließlich zur 1922 vollzogenen Aufspaltung Irlands in den Irischen Freistaat und Nordirland führte, ohne dass die Spannungen damit beendet waren.
48 Vgl. zur Geschichte der synchronen Zeitmessung Galison 2003.

Signalraketen oder andere akustische Artillerie-Signale erst zu einem Zeitpunkt gezündet, als in benachbarten Vierteln schon geschwiegen wird – eine empfindliche Störung der akustischen Inszenierung und der *emotionalen Artikulation*. Die sich häufenden Beschwerden über diesen Missstand führen in London 1924 zur Absetzung und behördlichen Untersagung von Signalraketen; doch man kommt schon ein Jahr später mangels Alternativen wieder auf sie zurück.[49]

4.3 Störungen 2: The »peace and happiness of the world«?

Störungen der *emotionalen Artikulation* gibt es jedoch nicht allein auf akustischer Ebene. Der *Daily Herald* etwa erinnert am 11. November 1919 unter der Überschrift »Rememberance Day. Will you ever forget?« daran, dass die Waffen keineswegs überall zur Ruhe gekommen sind und verweist darauf, dass politische Einheits- und Konfrontationslinien nicht notwendig im Sinne des Nationalismus gezogen werden müssen:

> »You are asked to be silent for two minutes to-day, to be silent and to pause in your labours, to remember this day and this hour last year. At 11 a. m. a year ago this day the guns that had made the days hideous and the nights hell ceased firing along all the Western front. The war that seemed endless had come suddenly to an end. [...] And to-day, at the same hour, you are to be silent for two minutes; you are to stand bareheaded wherever you be; you are to remember the Glorious Dead. What will you remember and what will you forget? You will remember, mothers, the gay sons you have lost; wives, you will think of the husbands who went out in the mist of the winter morning – the mist that sent cold chills round the heart – never to come back. And brothers will think of brothers, and friends of friends, all lying dead to-day under a tortured alien soil. But what will you forget? The crime that called these men to battle, or the fond, glorious and tragic delusion under which they went. The war that was to end the war, and that in bitter reality did not? The lies, the hatred, the cruelty, the hypocrisy, the pride; and the agony, the tears of the innocent, the martyrdom of the weak, the hunger of the poor? Make the most of this day of official rememberance. By the sacred memory of those lost to you, swear to yourself that never again, God helping you, shall the peace and happiness of the world fall into the murderous hands of a few cynical old men.«[50]

Das Schweigen wird hier als *emotionale Artikulation* eines Gefühlsspektrums zwischen Wut und Hass beschworen – ein deutlicher Bruch mit der offiziellen Deklaration eines einheitlichen und universellen Ausdrucks von Gefühlen wie Trauer, Dankbarkeit oder Stolz. Und auch wenn die Schweigeminute zunächst einmal nicht unbedingt als angemessene Artikulationsform für eine solche

---

49 Vgl. hierzu Gregory 1994, S. 42.
50 *Daily Herald*, 11. November 1919, S. 1.

Gefühlspalette des Zorns erscheinen mag, so kann dieser Aufruf sich auf die politischen Kräfte des Antimilitarismus und des Klassenkampfes stützen, die seiner anders akzentuierten diskursiven Rahmung der Schweigeminute durchaus Macht verleihen. Dazu kommt, dass er sich auch auf eine nicht-diskursive Tradition des Schweigens als Geste des politischen Protests, der stummen, aber oft sehr beredten Artikulation von Widerstand berufen kann, die weit über die Schweigemärsche der Arbeiterbewegung aus dem 19. Jahrhundert zurückreicht.

Im Zusammenhang mit der Aufführung von Gefühlen sind hier noch zwei weitere Dinge bemerkenswert: Zum einen verzichtet der *Daily Herald* – anders als der Aufruf von George V., der Leserbrief von George Edward Honey oder das Memorandum von Sir Percy Fitzpatrick – auf die direkte Aufforderung zu bestimmten Gefühlen. Dort, wo Emotionen evoziert werden, handelt es sich um vergangene und zu erinnernde Gefühle, die in einem zwar engen, aber lediglich indirekten Zusammenhang mit den in der Schweigeminute nahe gelegten Emotionen stehen. Damit unterscheidet sich der Text des *Daily Herald* sowohl inhaltlich als auch inszenatorisch von jenen Aufrufen, gegen die er sich richtet.

Zum anderen respektiert er aber bei allem Protest das verordnete Schweigen und beschränkt sich darauf, es emotional anders zu besetzen.

5. Fazit

Diese sehr unterschiedlichen Zeugnisse machen deutlich, was das *emotionale Potential der Schweigeminute* ausmacht. Sie bringen die unterschiedlichen Elemente des *Rahmens* einer Gefühlsaufführung ins Spiel, aus denen sich ihre politische Macht und ihre emotionale Wirkung speisen: Diskurse, Praktiken, historisch überlieferte und gefestigte, schriftlich zirkulierende oder von Körpern inkorporierte Traditionen. Das *emotionale Potential* ist dabei zu verstehen als ein Möglichkeitsraum, in dem emotionale Effekte sich entfalten können; dabei folgen sie aber nicht immer der von den Initiatoren oder politischen Autoritäten intendierten Richtung. Auf unterschiedlichen Ebenen kann es zu Störungen oder gar zum Scheitern von Gefühls-Aufführungen kommen. Die Schweigeminute erweist sich dabei als eine Inszenierung, die einerseits aus ihrer akustisch-emotionalen Artikulation und dem Transfer religiöser Praktiken Wirkmächtigkeit gewinnt und so durchaus zu einem politisch sehr erfolgreichen ›beredten Schweigen‹ werden kann; andererseits erweisen sich gerade diese beiden Aspekte aber auch als höchst ambivalent und störungsanfällig.

Quellen

Anonym: »Cynics Confounded. The Force of Collective Emotion«, in: *The Times* (Nr. 42255) 12. November 1919, S. 16.
Anonym: »Rememberance Day. Will You Ever Forget?«, in: *Daily Herald* (Nr. 1.186 / Nr. 193 New Series) 11. November 1919, S. 1.
Benedicti Regula (hrsg. von Rudolf Hanslik), Wien 1977 [1960].
Foster, Warren (d. i. George Edward Honey), in: *Evening News* 8. Mai 1919, verfügbar unter: http://www.dva.gov.au/commems_oawg/commemorations/commemorative_events/organise_events/Pages/silence.aspx [1.7.2012].
George R. I.: »The Glorious Dead. King's Call to his People. Armistice Day Observance. Two Minutes' Pause from Work«, zitiert nach: *The Times* (Nr. 42251) 7. November 1919, S. 12.

Literatur

Agamben, Giorgio: Profanierungen, Frankfurt a. M. 2005.
Arbeitsgruppe Ritual: »Differenz und Alterität im Ritual. Eine interdisziplinäre Fallstudie«, in: *Paragrana. Internationale Zeitschrift für Historische Anthropogie* (13 / 1) 2004, S. 187–249.
Art. »Schweigeminute«, in: Pethes / Nicolas, Ruchartz / Jens (Hg.): Gedächtnis und Erinnerung. Ein interdisziplinäres Lexikon, Reinbek 2001, S. 530 (Claudia Benthien).
Benthien, Claudia: »Eisiges Schweigen, stummes Gedenken. Zur medialen Repräsentation und kulturellen Erfahrung ausgesetzter Rede in Werken von Ingmar Bergman, Christoph Marthaler und Jonty Semper«, in: Gess, Nicola / Schreiner, Florian / Schulz, Manuela (Hg.): Hörstürze. Akustik und Gewalt im 20. Jahrhundert, Würzburg 2005, S. 147–163.
Borutta, Manuel / Verheyen, Nina: »Vulkanier und Choleriker? Männlichkeit und Emotion in der deutschen Geschichte 1800–2000«, in: Borutta, Manuel / Verheyen, Nina (Hg.): Die Präsenz der Gefühle. Männlichkeit und Emotion in der Moderne, Bielefeld 2010, S. 11–40.
Bräunert, Svea: »Soundscape Stammheim«, in: Ächtler, Norman / Gansel, Carsten (Hg.): Ikonographie des Terrors? Formen ästhetischer Erinnerung an den Terrorismus in der Bundesrepublik 1978–2008, Heidelberg 2010, S. 199–221.
Corbin, Alain: »Zur Geschichte und Anthropologie der Sinneswahrnehmung«, in: Conrad, Christoph / Kessel, Martina (Hg.): Kultur & Geschichte. Neue Einblicke in eine alte Beziehung, Stuttgart 1998, S. 121–140.
Corbin, Alain: Die Sprache der Glocken. Ländliche Gefühlskultur und symbolische Ordnung im Frankreich des 19. Jahrhunderts, Frankfurt a. M. 1995.
Foster, Liam / Woodthorpe, Kate: »A Golden Silence? Acts of Rememberance and Commemoration at U. K. Football Games«, in: *Journal of Sport and Social Issues* (36 / 1) 2012, S. 50–67.
Frank, Thomas / Koschorke, Albrecht / Lüdemann, Susanne / Matala de Mazza, Ethel

(Hg.): Der fiktive Staat. Konstruktionen des politischen Körpers in der Geschichte Europas, Frankfurt a. M. 2007.

Frevert, Ute: »Gefühle definieren: Begriffe und Debatten aus drei Jahrhunderten«, in: Frevert, Ute [u. a.] (Hg.): Gefühlswissen. Eine lexikalische Spurensuche in der Moderne, Frankfurt a. M. / New York 2011.

Galison, Peter: Einsteins Uhren, Poincarés Karten. Die Arbeit an der Ordnung der Zeit, Frankfurt a. M. 2003.

Ginzburg, Carlo: »Spurensicherung. Der Jäger entziffert die Fährte, Sherlock Holmes nimmt die Lupe, Freud liest Morelli – die Wissenschaft auf der Suche nach sich selbst«, in: Ginzburg, Carlo: Spurensicherungen. Über verborgene Geschichte, Kunst und soziales Gedächtnis, Berlin 1983 [1979], S. 61–96.

Goffman, Erving: Rahmen-Analyse. Ein Versuch über die Organisation von Alltagserfahrungen, Frankfurt a. M. 1977.

Gregory, Adrian: The Silence of Memory. Armistice Day 1919–1946, Oxford 1994.

Herzog, Markwart (Hg.): Memorialkultur im Fußballsport. Medien, Rituale und Praktiken des Erinnerns, Gedenkens und Vergessens, Stuttgart 2012.

Krämer, Sibylle (Hg.): Spur. Spurenlesen als Orientierungstechnik und Wissenskunst, Frankfurt a. M. 2007.

Le Naour, Jean-Yves: Le Soldat inconnu. La guerre, la mort, la mémoire, Paris 2008.

Morat, Daniel: »Zwischen Lärmpest und Lustbarkeit. Die Klanglandschaft der Großstadt in umwelt- und kulturhistorischer Perspektive«, in: Herrmann, Bernd (Hg.): Beiträge zum Göttinger Umwelthistorischen Kolloquium 2009–2010, Göttingen 2010, S. 173–190.

Morat, Daniel: »Der Klang der Zeitgeschichte. Eine Einleitung«, in: *Zeithistorische Forschungen / Studies in Contemporary History* (8 / 12) 2011a, S. 172–177.

Morat, Daniel: »Zur Geschichte des Hörens. Ein Forschungsbericht«, in: *Archiv für Sozialgeschichte* (51) 2011b, S. 695–716.

Mosse, George L.: Die Nationalisierung der Massen. Politische Symbolik und Massenbewegungen in Deutschland von den Napoleonischen Befreiungskriegen bis zum Dritten Reich, Frankfurt a. M. 1976.

Rosenzweig, Franz: Der Stern der Erlösung, Frankfurt a. M. 1988 [1921].

Sasse, Sylvia / Wenner, Stefanie (Hg.): Kollektivkörper. Kunst und Politik von Verbindung, Bielefeld 2002.

Schafer, Raymond Murray: The Soundscape. Our Sonic Environment and the Tuning of the World, Rochester 1994.

Schivelbusch, Wolfgang: Geschichte der Eisenbahnreise. Zur Industrialisierung von Raum und Zeit im 19. Jahrhundert, Frankfurt a. M. / Berlin / Wien 1979.

Schmidt, Gunnar: Das Gesicht. Eine Mediengeschichte, München 2003.

Schürer, Markus: »Das Reden und Schweigen der Mönche. Zur Wertigkeit des *silentium* im mittelalterlichen Religiosentum«, in: Röcke, Werner / Weitbrecht, Julia (Hg.): Askese und Identität in Spätantike, Mittelalter und Früher Neuzeit, Berlin / New York 2010.

Smith, Mark M.: Listening to Nineteenth-Century America, Chapel Hill 2001.

Tkaczyk, Viktoria: »Theater und Wortgedächtnis. Eine Spurensuche nach der Gegenwart«, in: Fischer-Lichte, Erika [u. a.] (Hg.): Die Aufführung. Diskurs, Macht, Analyse, München 2012.

Troeltsch, Ernst: »Das logische Problem der Geschichtsphilosophie«, in: Troeltsch, Ernst:

Gesammelte Schriften (Bd. 3: Der Historismus und seine Probleme, Buch 1), Tübingen 1922a.
Troeltsch, Ernst: »Die Krisis des Historismus«, in: *Die neue Rundschau* (XXXIII / 6) 1922b, S. 572 – 590.
Turner, Victor: The Ritual Process. Structure and Anti-Structure, New York 1969.
Welzbacher, Christian (Hg.): Der Reichskunstwart. Kulturpolitik und Staatsinszenierung in der Weimarer Republik 1918 – 1933, Weimar 2010.
Welzbacher, Christian: Edwin Redslob. Biografie eines unverbesserlichen Idealisten, Berlin 2009.
Willems, Herbert: Rahmen und Habitus. Zum theoretischen und methodischen Ansatz Erving Goffmans. Vergleiche, Anschlüsse und Anwendungen, Frankfurt a. M. 1997.

Claudia Jarzebowski

Das gefressene Herz.
Emotionen und Gewalt in transepochaler Perspektive

1. Vorbemerkung

Am 1. März 2011 wurden in der afghanischen Provinz Kunar neun Jungen getötet, die Holz sammelten.[1] US-amerikanische Militärflieger hatten sie irrtümlicherweise für Rebellen gehalten und das Feuer eröffnet. Zwei Wochen zuvor waren 29 Kinder und Jugendliche getötet worden, als US-amerikanische und afghanische Soldaten das Feuer auf vermeintlich Aufständische eröffneten.[2] Dieser Fall hatte für großes Aufsehen gesorgt, denn die Tötung von Kindern und Jugendlichen – der Tötung von Unschuldigen gleichgesetzt – erscheint in besonderer Weise geeignet, Emotionen zu schüren bzw. überhaupt erst auszulösen.[3] Folgerichtig bestand General Petraeus am folgenden Tag darauf, dass unter seinem Befehl keine Kinder und Jugendlichen getötet worden seien. Stattdessen beschuldigte er die lokale dörfliche Bevölkerung, die Kinder verbrannt und unter die Leichen gelegt zu haben, um deren Anzahl zu erhöhen. Zurückgefragt, warum die lokale Bevölkerung so etwas tun sollte, antwortete Petraeus: Um die militärischen Kräfte zu diffamieren.[4] Der Tod von Kindern und jungen Erwachsenen gehört zu denjenigen Vorkommnissen in kriegerischen und militärisch ausgetragenen Konflikten, die Legitimationsprobleme greifbar werden und gegebenenfalls erst entstehen lassen. Das trifft insbesondere auf einen Krieg zu, der im Namen der afghanischen Frauen und Unschuldigen geführt wurde. Somit gäbe es in der Tat kaum ein überzeugenderes Argument, einen Krieg zu delegitimieren, als ihn als einen darzustellen, der sich gegen diejenigen, in deren Namen er geführt wurde, richtet. Niemand wäre bereit, den Tod von Kindern

---
1 Salarzai 2011.
2 Ebd.
3 Lederer 2011.
4 Shaughnessy 2011. In diesem Beitrag der CNN wird ebenso deutlich, wie Petraeus' Argumentation sich wendet in Bezug auf genau diesen Vorwurf der vorsätzlichen Diffamierung. Bereits am 2. März bittet Petraus um Entschuldigung für seine »missverständlichen« Äußerungen. Nissenbaum / Khan 2011.

öffentlich als *collateral damage*[5] zu bezeichnen und in seiner Bedeutung einer Logik einzupassen, die das Leben Einzelner dem übergeordneten Zweck unterordnet. Das bestätigt Petraeus' Reaktion, wenn er den Tod der Kinder und Jugendlichen weit von sich weist und somit den Krieg, den er befehligt, weiterhin legitimiert wissen möchte. Doch indem er den Tod der Kinder den mutmaßlichen Gegnern zuweist, diskreditiert er diese nicht nur, sondern verleiht der militärischen Eroberung eine doppelte Legitimation – denn, so die zugrundeliegende Logik, Menschen, die ihre eigenen Kinder töten, ist in keinster Weise zu trauen. Sie werden entweder zu grausamen Gewalttätern oder zu Lügnern. Beides disqualifiziert sie in Petraeus' Logik für die Beteiligung am weiteren Diskurs über die Legitimität des Militäreinsatzes und die Kinder und Jugendlichen, die vielleicht nicht Mitte März des vergangenen Jahres, aber doch mit Sicherheit zu anderen Gelegenheiten getötet wurden, geraten ein weiteres Mal in den Hintergrund.

Emotionen zu schüren und in politisch relevante Legitimationslogiken einzupassen, ist keine Erfindung der Moderne. Es handelt sich hier um ein transepochales und transkulturelles Phänomen, das an unterschiedliche Kontexte von Erfahrung, Wissen und Verstehen gebunden ist. Einigen dieser Kontexte soll in diesem Beitrag nachgegangen werden, indem ausgehend von einem ›Phänomen‹[6] dessen Bedeutungs- und Deutungskontexte in transepochaler Perspektive ausgeleuchtet werden. Dabei nimmt der Beitrag seinen Ausgang von einem hochgradig emotionalen und zugleich hochgradig emotional aufladbaren Thema – dem Mord an schwangeren Frauen, der offenbar in der Frühen Neuzeit und in der Moderne gleichermaßen geeignet war, (allerdings unterschiedliche) Legitimations- und Delegitimationslogiken zu etablieren und aufrechtzuerhalten. Heutzutage lesen wir von der Ermordung schwangerer Frauen in den »Vermischtes«-Meldungen der Tageszeitung. Das hier vorherrschende Narrativ ist klar: Der Mörder ist psychisch gestört und wird in eine geschlossene Abteilung der Psychiatrie eingewiesen.[7] Mit anderen Worten, es gibt sie, die Morde an schwangeren Frauen. Das zu betonen ist deswegen wichtig, weil sich dieses Phänomen narrativ verselbstständigt.[8] In diesem Sinne werden Berichte von

---

5 Zum Begriff *collateral damage*, der zuerst im Kontext des Vietnamkriegs aufkam: Cordesman 2003, S. 116–132.
6 Zum Phänomenbegriff, mit dem dieser Beitrag arbeitet: Foucault 1971 [frz. 1966], S. 269–307 und S. 367–372.
7 So etwa in der Süddeutschen Zeitung 2011 unter dem Titel: »Mann tötet seine Freundin: Psychiatrie.« Bereits in der ersten Zeile wird aus der »Freundin« die »schwangere Ehefrau« und aus dem Mann im Anschluss ein »Schizophrener«.
8 Auch in antijüdischen Propagandaschriften wird Juden vorgeworfen, schwangere christliche Frauen ermordet zu haben. Hier rangiert der Vorwurf auf derselben Ebene wie der des Brunnenvergiftens, vgl. z. B. Rohrbacher / Schmidt 1991, S. 194–202. Umgekehrt unterstellen auch Juden Kosaken, ihren Frauen die schwangeren Bäuche aufgeschlitzt zu haben: Hannover

schwangeren Frauen, die ermordet werden, platziert – in politischen Situationen, in Kriegssituationen, in katastrophischen Situationen – um das Katastrophische, das Grausame, das Bedrohliche anzurufen, darauf hinzuweisen und so gleichsam real zu machen. In diesem Sinne eignet den Narrativen von der Ermordung schwangerer Frauen ein performatives Potential – denn unabhängig von der Realitätsbindung des Berichteten, wird eine Realität erzeugt, in der das Berichtete zur Wahrscheinlichkeit wird. Dieses allerdings – und das möchte ich in diesem Beitrag zeigen – ist unauflöslich an die »performing emotions« gebunden, die adressiert werden, um dann selbst handlungsmächtig zu werden und Ereignisräume zu generieren, die die Frage nach realen und imaginierten Praktiken unterlaufen. An zwei Beispielen, einem aus dem 17. Jahrhundert und einem aus dem 20. Jahrhundert, möchte ich das verdeutlichen. Ich gehe damit auch forschungsbiographisch etwas weiter zurück, denn es ist mir zu Beginn meiner Auseinandersetzung mit den ›Schwangerenmorden‹ in den späten 1990er Jahren nicht gelungen, Antworten auf die Fragen, die sich durch die Lektüre dieser Texte und ihrer Potenzierung in meiner damaligen Gegenwart, etwa als Berichte aus serbischen Konzentrationslagern[9], gestellt haben, zu finden. In diesem Sinne ist der vorliegende Beitrag auch das Ergebnis eines fortgesetzten Denkexperimentes, das darum ringt, die Emotionen als lebendiges Momentum in die Forschungspraxis einzubeziehen.

2. Wroclaw, 1661

Im Rathaus von Wroclaw hängt ein Stich, der die Hinrichtung einer Räuberbande zeigt. Im Jahre 1661, so ist zu lesen, gelang es der Obrigkeit, die sieben Mitglieder einer Familie und Räuberbande zu stellen, zu verurteilen und ihrer *gerechten Strafe* zuzuführen. Bis heute wird die Erinnerung an diese dadurch gewissermaßen transepochal bedeutsame Heldentat der schlesischen Offiziellen wachgehalten, an prominenter Stelle. Dieser Stich ist einem Druck entnommen, der 1661 in *Breßlau* erschienen ist – auf, wie es heißt, *Unkosten Esaiae Fellgibels Buchhändlers.*[10] In diesem Druck wird ein »wahrhafftiger und gründlicher Be-

---

1653: »Schwangere Frauen schlitzte man und die herausgekommene Frucht zerschlug man in ihrer Gegenwart. Einigen ritzte man den Leib auf und nähete ihnen eine lebendige Katze ein und ließ sie so am Leben, indem man sie wieder zunähete; die Hände schnitt man ihnen ab, daß sie die lebendige Katze nicht herausziehen konnten. Kinder tödtete man an den Brüsten der Mutter, andere spießte man, briet sie am Feuerbund brachte sie den Müttern, die davon essen mußten.« (zitiert nach der deutschen Ausgabe, Hannover 1863, S. 13 f.) Für diesen Hinweis danke ich Annekathrin Helbig.
9 Z. B. »Symbol des Terrors« 1994.
10 Dieser Name ist vermutlich ein Synonym, denn weder als Buchhändler noch als Drucker konnte ich den Namen nachweisen, vgl. Benzing 1963, insbesondere S. 62; auch nicht in

richt von den unerhört begangenen grausamen und schröcklichen Mordthaten/ Ehebruch/ Hurerey/ Blutschande/ Sodomiterey/ Mordbrändt/und Diebstalen/ der einander Nahe verwandten Personen [....]« gegeben.[11] Bei den Personen handelt es sich um Hans Liehmann, dessen Frau Barbara Hahn, den gemeinsamen Sohn Hans d. J., des Weiteren um den Bruder der Ehefrau, dessen Frau und Schwiegereltern. Dem Titelblatt zufolge wurden Hans Liehmann mitsamt Frau und Sohn am 27. April 1661 in Wohlau *scharff executieret*.[12] In diesem Bericht[13] wird auf über 30 Seiten über die Verbrechen dieser Familienbande berichtet. Demnach haben sie über 34 Male gestohlen und geraubt, mit mindestens fünf Frauen habe Hans Liehmann die Ehe gebrochen, 23 Morde werden ihnen zur Last gelegt sowie drei Brandstiftungen. Barbara wird zudem *Unzucht* in einem Fall und *Blutschande* mit ihrem leiblichen Sohn in zwei Fällen attestiert. Hans der Jüngere wiederum zeichnet sich den Darstellungen zufolge auch dadurch aus, dass er zudem »mit einem Pferde/ welches nun mehr schon gestorben/ 2. mal Sodomitischer weise zu schaffen gehabt.«[14] Jeder einzelne Tatvorwurf hätte für die Verhängung der Todesstrafe gegen die drei ausgereicht – die Zahl und Qualität der ihnen zur Last gelegten Verbrechen sowie der Radius, in dem sie verübt wurden (ca. 50 km um Wohlau herum), hätte keinen Zweifel an der Rechtmäßigkeit und Notwendigkeit, diese drei hinzurichten, zugelassen. Die mit der Strafverfolgung beauftragten Gerichte in Wohlau und in Breslau erscheinen als tatkräftige und wehrhafte Institutionen, die in der Lage sind, ihre Untertanen vor Übeltätern dieser Art zu schützen. Doch geht die Intention

---

schlesischen Namenslexika: Sturm 1979. Das Buchhändlerwesen unterlag im 17. Jahrhundert in Breslau strengen Regulierungen und es waren maximal vier Buchhändler zu einer Zeit zugelassen, darunter keiner mit Namen Fellgibel: Schierse 1902. Im wörtlichen Sinne bezeichnet *Fellgibel* denjenigen, der den Giebel eines Hauses abbricht (fällt); vgl. *Art.* »Fallgiebel« 1991 [1862]. Im schlesischen Namenbuch wird *Fellgiebel* geführt als »Fälle den Kopf, vielleicht Übername des Scharfrichters«, Bahlow 1953, S. 124. Es kann demnach davon ausgegangen werden, dass es sich um ein sinnfälliges Synonym handelt, das auf den »Fäller« als Scharfrichter verweist.

11 Wahrhafftiger und gründlicher Bericht 1661.
12 *Scharff* bedeutet in diesem Zusammenhang, dass auf die ‹Gnade› der nachträglichen Verstümmelung verzichtet wurde. Vielmehr wurden die Verstümmelungsstrafen (mit glühenden Zangen kneifen, auf das Rad flechten etc.) vor der eigentlichen Hinrichtung vollzogen. Lediglich Hans d. J. ist davon ausgenommen. Die Köpfe wurden nach der Hinrichtung auf Stangen ausgestellt. Die vier anderen wurden gemäß der Angaben auf dem Titelblatt am 11. Juli 1661 ebenfalls in Wohlau hingerichtet.
13 Dieser Bericht nähert sich stark dem an, was als »nachrichtenmäßige« Flugschriftliteratur klassifiziert wurde: Schöne 1940, S. 27; exakt zu Schlesien und der Funktion von gedruckten Nachrichten: »Alle Amtsstellen von Regierungen und Städten haben [...] ihre Beschlüsse in Form von Flugblättern bzw. Flugschriften drucken lassen, um sie dadurch dem Volk kundzutun [....] wenn sie es für notwendig und zweckmäßig hielten.« (Stasniewski 1982, S. 134 f.).
14 Wahrhafftiger Bericht 1661, S. 8.

dieser Schrift offenbar darüber hinaus, die Hinrichtung der drei respektive sieben Übeltäter zu kommunizieren und so die Schlagkräftigkeit der Obrigkeit zu belegen und – auch durch die beigefügten Stiche – auszumalen.[15] In der bisherigen Forschung wurde die seitenlange Auflistung vor allem additiv verstanden, im Sinne einer Summierung möglichst vieler und grausamer Taten, die die Obrigkeit nun verhinderte, indem sie die mutmaßlichen Verbrecher strafte.

Der vorliegende Beitrag nähert sich diesen Texten hingegen aus einer erzähltheoretischen Perspektive nach Hayden White und Roger Chartier[16] und legt einen Schwerpunkt auf die narrative Performativität.[17] Texte werden aus dieser Perspektive nicht länger als Abbilder von Realität verstanden, über die es dann zu urteilen gilt. Vielmehr wird in Texten – ganz allgemein – über Realität verhandelt, die »sich der Einordnung in konventionalisierte Begriffe von ›Realität‹, ›Wahrheit‹ oder ›Möglichkeit‹ widersetzen«[18]. Der Text selbst wird zu einer Realität, zu einem *Textereignis*[19], einem Produkt der Geschichte und gleichzeitig produzieren diese Texte Geschichte. Sie sind deswegen sogleich konkret und in komplexer Weise diskursiv, denn sie erzeugen Sinnhaftigkeit. Im *Wahrhafftigen Bericht* erschließen sich bald mindestens zwei Aussageebenen, die sich relativ klar voneinander unterscheiden lassen und doch in der Wirkung engstens aufeinander bezogen sind. Die eben aufgezählten Verbrechen richteten sich gegen die Adressaten der Flugschrift – Bauern, Handwerker (Mälzer, Bader, Seifensieder, Müller, Schneider, Leineweber, Fleischer, Gärtner), also Männer und Frauen, die ihr Tagewerk auf dem Lande verrichteten, deren Vieh und Häuser, Ernte und Eigentum durch Leute wie die Liehmanns bedroht war. Hinzukommen einige Verbrechen, die sich gegen die lokalen Obrigkeiten richteten, wenn etwa ein Brand bei den fürstlichen Forstbereitern gelegt wurde, wenn die fürstliche Rentkammer *ausgeraubet* wurde, oder ein Vogt (mit Namen genannt) ermordet wird. Neben diese Bedrohungen werden Szenarien gestellt, die sich gegen die Generativität der Gesellschaft richteten und die Existenz der Gemeinschaft in Frage stellten. Im Mittelpunkt dieses Szenarios stehen Kinder und schwangere Frauen:

> »So hat er [Hans Liehmann, C. J.]/ welches erschröcklich zu hören/ sein eigen Kind/ so bald dasselbe zur Welt gebohren worden/ angegriffen/ und nebens Georg Wampen seinem Schwager/ dasselbe auff den Tisch getragen/ da denn diese beyde Mörder/ dem Kind anfangs das Häuptlein mit einer Axt abgehauen/ hernach ihme den leib auffgeschnitten/ das Herz und Eingeweide herauss genommen/ das Eingeweide sambt dem

---

15 Rudolph 2005, S. 391–408.
16 White 1986 [engl. 1978]; White 1990 [engl. 1987]; Chartier 1989 [frz. 1989].
17 Mein Zugang zur Narratologie und zum Einbezug narrativer Dimensionen in die historische Analyse ist geprägt von Somers 1994.
18 White 1986 [engl. 1978], S. 11.
19 Foucault 1992 [frz. 1971].

Haupte zwar begraben/ aber den Cörper zerstücket/ und nebenst dem Herzen zugekocht/ welches hernachen/ sein gegenwertiges Weib/ sein gegenwertiger Sohn/ und der Georg Wampe gefressen.«[20]

Aus dieser Sequenz erhellt auch, warum Barbara als Ehefrau des Hans Liehmann auf dem Titelblatt als Barbara *Kindesfresserin* bezeichnet wird (siehe Abbildung 1).

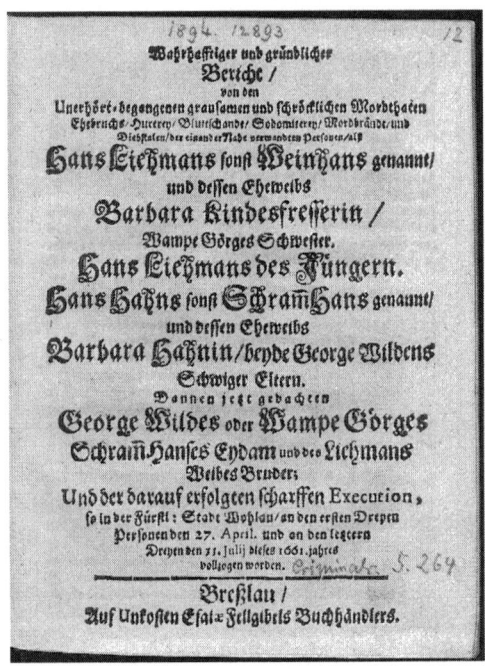

Abbildung 1: Titelblatt Wahrhafter Bericht 1661.

Erst in der diesen Bericht abschließenden Nebenbemerkung wird dieser vermeintliche Irrtum aufgelöst. Dort heißt es: »Auf dem Titul des ersten Bogens/ sol an stat des Namens Kindesfresserin gelesen werden/ Barbara Wildin.«[21] Es ist offensichtlich, dass die Familie Liehmann durch diese Tat – die Ermordung des eigenen Kindes – in das *Außerhalb* einer Gesellschaft oder Gemeinschaft versetzt wird. Dieses *Außerhalb* wird durch die kannibalischen Sequenzen als Erzählraum und als Verweisraum erzeugt und etabliert. Es findet sein Echo etwa in dem Hinweis auf die sodomitischen Praktiken des jungen Liehmann und ebenso in

---

20 Wahrhafftiger Bericht 1661, S. 4.
21 Ebd., letzte Seite. Wilde ist der Name ihrer Herkunftsfamilie.

dem Verweis auf die intimen Kontakte zwischen Sohn und Mutter.[22] Doch, und das ist der entscheidende Twist in diesem Bericht, die Liehmanns sind zugleich außerhalb und im Zentrum der Gemeinschaft, denn sie *fressen* nicht nur ihre eigenen Kinder und deren Herzen, sondern auch die Herzen ungeborener Kinder:

> »Hinter Schwinaren/ haben sie 2. Schwangere Weiber/ welche sie unterschiedlichen Zeiten ertappet/ in die Büsche geführet/ welche sie anfangs mit einer Axt vor den Kopf geschlagen/ daß sie schwach worden/ hernach haben sie dieselben annoch lebendig auffgeschnitten/ und von ihren Leibesfrüchten/ so gleichfals gelebet/ die Herzen gerissen [...] und von dem Kinde das Herze gefressen.«[23]

Dem Bericht zufolge töteten sie auf diese Art insgesamt drei schwangere Frauen und deren ungeborene Kinder und töteten außerdem zwei Mägde, um deren Herzen zu *fressen*. Damit greifen sie das Lebenszentrum der Gemeinschaft an, das *Fressen* der Herzen bekommt eine konkrete und eine symbolische Bedeutung. Die symbolische Signifikanz speist sich insbesondere aus der Bedeutung, die dem Herzen in der christlichen Auslegung zukommt. So ist das Herz im Mittelalter und in der Frühen Neuzeit der Ort, an dem Gott im Menschen seine Wohnung nimmt[24], das Herz ist das Medium, durch das Gott die Menschen bewegt[25] und bildet insofern das Verbindungsglied zwischen der weltlichen und der göttlichen Dimension.[26] Deshalb werden die Liehmanns hier nicht nur zur konkreten Bedrohung für schwangere Frauen und ihre ungeborenen Kinder, sondern sie bedrohen in ihrem Tun das Verhältnis zwischen Menschen und Gott. Sie gefährden durch ihr Handeln die Zugehörigkeit ihrer Gemeinschaft zur Gemeinde Gottes. Für das 17. Jahrhundert ist das ein starker Vorwurf, eine enorme Bedrohung. Vor diesem Hintergrund lässt sich die Botschaft, die dieser Text ausbringen soll, erweitern. Die hier gezeichnete Familie der Liehmanns ist nicht eindeutig positioniert im Verhältnis zu sich selbst und zu der Gemeinschaft, die sie bedroht. Weder sind sie ganz »draußen« noch werden sie als zugehörig beschrieben. Vielmehr wird eine gewisse Spannung zwischen den ebenfalls wortreich ausgemalten konkreten Bedrohungen und der – oben zitierten – an die Lebensadern der Gemeinschaft greifenden Bedrohung, die der

---

22 Die *sodomia* gehört in den größeren Bereich der Ketzerei, Handlungen, die den Abfall vom Glauben dokumentieren. Inzest wird im 17. Jahrhundert ebenfalls noch als ein Verbrechen verstanden, das gegen die Natur und damit Gott gerichtet ist, vgl. Puff 2003; Jarzebowski 2012; Jarzebowski 2006, S. 41–57. Der Mutter-Sohn-Inzest bleibt weitgehend unberücksichtigt in der Historiographie. Zum literarischen Diskurs vgl. Beiträge in: Eming / Jarzebowski / Ulbrich 2004.
23 Wahrhafftiger Bericht 1661, S. 5.
24 Ohly 1977.
25 Vgl. dazu auch den Beitrag von Renate Dürr in diesem Band.
26 Das Gebiet um Wohlau und Wohlau selbst waren im 17. Jahrhundert protestantisch geprägt.

Ankündigung einer Vernichtung nahekommt, erzeugt. Mit dieser Doppelung verbinden sich zwei Aussageebenen: Zum einen verspricht die Obrigkeit schlagkräftigen Schutz vor den konkreten Bedrohungen einer solchen Truppe. Zum zweiten aber verselbstständigt sich die Bedrohung, und wird auf die Menschen der Gemeinschaft selbst zurückgeworfen. Denn bei genauerer Betrachtung zeigt sich, dass die schwangeren und vergewaltigten Frauen, die und deren Kinder den Liehmanns zum Opfer fielen, sich in die Randgebiete begeben hatten: Sie hatten die Dörfer verlassen, wurden im Wald überfallen und kamen in zwei Fällen *von Polen her*. Sie hatten sich, um es zuzuspitzen, zunächst selbst gefährdet, bevor sie dieser Familie zum Opfer fielen. Gefährdet werden so nicht nur die Güter der gegenwärtigen Gesellschaft, der Gefahr preisgegeben wird die Zukunft dieser Gemeinschaft – denn die konkrete Tötung der Kinder und der Verzehr ihrer Herzen[27] geht einher mit der Loslösung aus der Gemeinde Gottes. Während also zum einen Vertrauen erzeugt wird, wird zum anderen über die Drohung der Selbstauslöschung Disziplin eingefordert und zwar ganz wesentlich die Disziplin im Glauben. Das Fürstentum Wohlau war erst 1654 aus einer Erbteilung entstanden. Damit geriet es in konfessionelle Auseinandersetzungen, denn nachdem Schlesien bis 1550 reformiert worden war, unterstellte es sich 1609 dem (katholischen) Habsburger Matthias. Wohlau hatte sich als reformiertes Gebiet behauptet und behielt bis 1662 einen evangelischen Superintendenten, der dann von Herzog Christian entlassen wurde.[28] Insofern stand Wohlau zum Zeitpunkt, zu dem die Quelle publiziert wurde, in handfesten konfessionellen Auseinandersetzungen, in denen lokale kirchliche Autoritäten mit landesherrlichen Obrigkeiten in massive Konflikte verstrickt waren. Der Publikationsort lässt darauf schließen, dass die Urheber des *Wahrhafftigen Berichts* in Breslau und nicht in Wohlau beheimatet waren[29] und damit erschließt sich eine wesentliche Facette im Hintergrund des in diesen grellen Farben des Kannibalismus und des Schwangerenmordes gezeichneten Szenarios. In einem wegweisenden Aufsatz über die »Mordbrenner-Fear« hat Bob Scribner den Begriff des doppelten Krisenmanagements geprägt, das der Autoritäten und das der Marginalisierten: »They confronted each other in a dialectic survival [...] stimulated by an ongoing sense of insecurity within society as a whole.«[30] Die Drastik des *Wahrhafftigen Berichts* verweist somit auch auf einen tiefsitzenden Konflikt in den Selbstverständigungsprozessen einer Gesellschaft, die von massiven sozialen, konfessionellen und spirituellen Erschütterungen geprägt war. Der Bericht über die Liehmanns figuriert damit zwischen Angstnahme und

---

27 Vgl. dazu: Hohkamp / Jancke / Jarzebowski / Ulbrich 2000.
28 Grünhagen 1886, S. 75.
29 Die Entfernung zwischen Breslau und Wohlau betrug etwa 52 Kilometer.
30 Scribner 1988, S. 51.

Angsterzeugung, zwischen Schutzversprechen und Disziplinierung. Die Konkretisierung der Morde, Überfälle, Diebstähle und Brandstiftungen knüpft direkt an die Lebenswelten der Adressaten an. So, wie es dort geschrieben steht, hätte es gewesen sein können. Damit ist der Glaubwürdigkeit der *ungeheuerlichen*, *grausamen* und *erschröcklichen* Taten, die nun folgen, der Boden bereitet.[31] Die Vorwürfe des Kannibalismus treffen die beschriebene Familie (und alle anderen auch) ins Mark (und bleiben dort stecken), die Ermordung der Schwangeren trifft Mägde aus der Gegend und aus Polen[32] und die christliche Gemeinschaft in ihrer Zukünftigkeit.[33] So lässt sich die Familie Liehmann in ihrer selbstzerstörerischen Tendenz zugleich als Gegenbild und Abbild der Gesellschaft verstehen, an die sich dieser Text richtet – Gegenbild, indem sie alles das verkörpert, was eine Gemeinschaft bedroht; Abbild, indem sie von der Gesellschaft, die sie nun bedroht, selbst hervorgebracht wurde. Hierin liegt die performative Dimension dieses Textes begründet, denn als vorgetragener, verlesener *Wahrhafftiger Bericht* ist er dazu gedacht, lenkend auf das Verhalten der Untertanen – schenkt man zeitgenössischen Quellen Glauben: meist Tagelöhner, verarmte Bauernfamilien, Entwurzelte[34] – einzuwirken.[35] Die oben angesprochene Angstnahme korreliert mit einer Angsterzeugung, die sich in die ausgemalte Hinrichtung hinein fortsetzt.[36] Denn schließlich, so lässt sich resümieren, droht dieses Schicksal der Liehmanns – (i) als dysfunktionale, gewissermaßen entgrenzte Familie / Gemeinschaft und (ii) als zum Tode und einer langwierigen Hinrichtung verurteilte Gruppe – all denjenigen, die der Obrigkeit (in diesem Fall die katholische Landesherrschaft) nicht das Vertrauen entgegen bringen, das hier mit drastischen Mitteln der Veranschaulichung gefordert wird. *Performing Emotions* kommt deswegen nicht nur als griffiges Label daher, sondern bezeichnet die mehrfach performative Dimension eines solchen Berichts zwischen Angst, Angsterzeugung und Angstnahme, zwischen Vertrauensforderung und Vertrauenserzeugung, zwischen Drohung und dem Versprechen der wehrhaften (siehe Hinrichtung) Protektion.

---

31 Roger Chartier nennt das die Repräsentationsbeziehung, vgl. Chartier 1989 [frz. 1989], S. 18.
32 Entsprechende Forschungen weisen auf die Gefährdung schwangerer Mägde hin, die in der Regel unehelich schwanger und deswegen oft des Haushaltes, in dem sie arbeiteten, verwiesen wurden: Ogilvie 2003, S. 79–140; Dürr 1995, S. 220–266 (zur durch uneheliche Schwangerschaften bedingten ›Mobilität‹).
33 Vgl. zur Verweltlichung der Zeit und damit einhergehenden Zukunftskonzeptionen, die in greifbare Nähe rücken, Koselleck 1989 [1979], insbesondere S. 31–33.
34 Grünhagen 1886, S. 309–317.
35 Zur Disziplinierungsthese und der Kritik daran: Art. »Sozialdisziplinierung« 2010 (Behrisch).
36 Vgl. zum Verhältnis von Text, Kontext und Herrschaftsdiskurs in der Geschichte der Emotionen aus literaturwissenschaftlicher Sicht: Gerok-Reiter 2010, S. 15–23, insbesondere S. 16–18.

3. Omarska / München / Den Haag, 1992–1996

Am 12. Februar 1994 wurde in München der damals 39-jährige Duško Tadić verhaftet. Er war von ehemaligen Insassen des Lagers Trnopolje als Kommandeur und »Schlächter«[37] erkannt worden. Knapp ein Jahr später wurde er an das sogenannte Kriegsverbrechertribunal in Den Haag überstellt und war dort der erste Häftling. Die Vorwürfe gegen Tadić wogen schwer. Er soll an ethnischen Säuberungen beteiligt gewesen sein, in deren Zuge Zehntausende Männer und Frauen, Zivilist/innen aller Altersstufen ermordet wurden. Die Massengräber dieser Massaker werden bis heute gehoben und ausgewertet.[38] Vor allem aber hatte er, den ersten Zeugenaussagen zufolge, die in Deutschland verzeichnet worden waren, als Kommandant in den serbischen Konzentrationslagern in Bosnien-Herzegowina unvorstellbar gewütet.[39] Zwei Vorwürfe stechen besonders hervor. So soll er zwei Zeugenaussagen zufolge einen Insassen des Lagers gezwungen haben, einem anderen die Hoden abzubeißen. Der Erste habe darüber den *Verstand verloren*, letzterer sei verblutet.[40] Andere Zeugen berichten als Augenzeugen Grausamkeiten gegen Kinder und schwangere Frauen:

> »›Mit eigenen Augen‹ habe er gesehen, berichtet etwa der Zeuge Islam, wie Tadić im Lager Omarska einer Frau deren zweieinhalbjähriges Kind aus der Hand gerissen und gegen einen Lastwagen geschleudert habe – so heftig, daß der Kopf geplatzt sei. Danach seien Tadić und Kumpane in den Lkw gestiegen und hätten das leblose Kind mehrmals überfahren. Zehn Tage später habe Tadić einem Tschetnik befohlen, einer hochschwangeren Frau deren etwa 18 Monate altes Baby ›abzunehmen‹ und es ihm zuzuwerfen. Tadić habe es mit seinem Bajonett ›aufgespießt‹, dann habe er den Unterleib der Mutter aufgeschlitzt, ›vom Schritt aus zum Bauch hinauf‹.«[41]

Tadić hat diese Vorwürfe durchgängig geleugnet, auf einer Verwechslung seiner Person bestanden. Verurteilt wurde er letztlich für Beihilfe zum Mord sowie die Beteiligung an Verbrechen gegen die Menschlichkeit, die im UN-Bericht auf-

---

37 »Fadilas Liste« 1994.
38 »Neues Massengrab mit Leichen von Kosovo-Albanern entdeckt« 2010.
39 »Ankläger wirft Tadić brutale Morde vor« 1996. Genauer zu den Vorwürfen, die sich auf das Lager Omarska beziehen: Document prepared by the Communications Service of the International Criminal Tribunal for the former Yugoslavia. 1. »PRIJEDOR« (IT-94-1), S. 137–148.
40 »Tadić habe dann einem anderen Häftling befohlen, zweien der drei offenbar leblosen Opfer die Hoden abzubeißen; später sei dieser vierte Gefangene blutverschmiert in die gemeinsame Unterkunft zurückgekehrt. ›Er roch nach Erbrochenem‹, erinnert sich der Autoschlosser, ›ich konnte in seinem Mund noch Reste der Hoden sehen, Hautfetzen und Blut‹. Sein Mithäftling habe den ›Verstand verloren‹.« (»Symbol des Terrors« 1994, S. 36).
41 »Symbol des Terrors« 1994, S. 36.

gelistet und gewichtet werden.⁴² Tadić wurde 1997 zu 20 Jahren Haft verurteilt. Nach einigem Hin und Her wurde ihm die Zeit der Untersuchungshaft angerechnet. Seine Verteidigung setzte durch, dass Tadić seine Haftstrafe seit Oktober 2000 in Deutschland verbüßte. Am 17. Juli 2008 wurde Tadić vorzeitig entlassen.⁴³

Der aus dem Nachrichtenmagazin *Der Spiegel* zitierte Bericht über Duško Tadić ist der erste mir bekannte Artikel, in dem diese oben zitierten Vorwürfe benannt und beschrieben werden. Diese Darstellung bezieht sich auf die Befragungen am Bundesgerichtshof in Karlsruhe, an den der verhaftete Tadić zunächst überstellt worden war. Dort wurden die fünf Zeugen, die Tadić in München erkannt hatten, befragt. In der Anklageschrift des UN-Tribunals tauchen diese Vorwürfe bereits nicht mehr auf und sind deswegen auch kein Gegenstand der Verhandlung. Das UN-Tribunal gewährte Zeugen und Zeuginnen, die gegen die als Kriegverbrecher/innen Verdächtigten auszusagen bereit waren, vollständige Anonymität. Offenbar kannten noch nicht einmal die Richter selbst die Identität der Zeugen, deren Aussagen sie zu bewerten hatten. Bereits 1997 hat der Hauptzeuge, Dragan Opačić, insbesondere dieser beiden Vorwürfe eingestanden, als *Propagandaagent* im Auftrag Sarajevos unterwegs gewesen zu sein, um antiserbische Ressentiments zu schüren und zu bekräftigen.⁴⁴ Damit sind die Vorwürfe hinfällig geworden und über einige Zeit saßen Dragan Opačić und Duško Tadić nur wenige Gefängnistüren voneinander entfernt im Den Haager Tribunalgefängnis. Das Interessante ist entsprechend der Umstand, dass sich Opačić dieser Vorwürfe bedient hat, um einen »Handlanger, einen zweifellos willigen Vollstrecker«⁴⁵ zu kriminalisieren, zu diabolisieren und Tadić mit den ihm attestierten Taten zum Symbol für ein dämonisch-grausames System und die sie tragende Gruppe (hier: Serben) wurde. Die Vorwürfe eröffnen einen Möglichkeitsraum des Vorstellbaren und bedienen ihn sogleich, bezeichnenderweise zunächst äußerst erfolgreich, denn seine Vorwürfe haben maßgeblich zur Stigmatisierung der serbischen Kriegspartei beigetragen – ohne dass – in Anbetracht der nachgewiesenen und nachweisbaren Verbrechen gegen die Menschlichkeit – die unmittelbare Notwendigkeit dazu bestanden hätte. Die Bebilderung der Grausamkeit, die behauptete unmittelbare Augenzeugenschaft dieser Konkretisierung des Unvorstellbaren, entwirft zugleich einen Erfahrungsraum als Potentialität, der, indem er viele Adressaten hat, zukunftsgestaltend wirksam werden soll. Das trifft zum einen die individuelle Ebene, insofern Tadić auf möglichst lange Zeit hinter Gittern landen sollte. Das trifft zum

---

42 Vgl. Document prepared by the Communications Service of the International Criminal Tribunal for the former Yugoslavia. 1. »Prijedor« (IT-94-1), S. 270–286.
43 Vgl. Case Information Sheet – »Prijedor (IT-94-1), S. 5 f.
44 »Täuschen und Vertuschen« 2001, hier S. 244.
45 »Spiel mit der Wahrheit« 1997, hier S. 150.

anderen die politische Ebene, indem politische, nationale und internationale Handlungsspielräume abgesteckt werden sollen, über symbolische Anrufungen (Kannibalismus, Schwangerenmord) und damit verbunden Interessenpolitik in der Neuordnung des politischen Systems im ehemaligen Jugoslawien.

4. Brüche und Neuordnungen

Legt man diese beiden Beispiele nebeneinander, so ergeben sich einige eher verwirrende und einige sehr klare Ansatzpunkte der Betrachtung. Hier von Vergleich zu sprechen, würde den Rahmen sprengen, denn offenkundig ist bereits geworden, dass diese Beispiele in vielerlei Hinsichten sehr weit auseinander liegen und insbesondere die Distanzen in der Zeit und in den jeweiligen Gesellschaftstypen jeden so angelegten Vergleich auf der Oberfläche belassen müssten. Das wiederum würde weder der Situation 1661 noch der der 1990er Jahre auch nur annähernd gerecht werden. Eine augenscheinliche Ähnlichkeit, die in einen Vergleich führen könnte (und der Erweiterung der Beispiele und ihrer historisch-politischen Verortung bedürfte) bildet der Umstand, dass beide Gesellschaften in gravierenden Umbruchsprozessen begriffen waren, die jeweils die Grenze der Existentialität – der individuell-menschlichen sowie die der Gesellschaft als sozialer, kultureller, politisch-religiöser Gemeinschaft – erreicht und überschritten haben. Verwirrender gestaltet sich der Zusammenhang zwischen tiefgreifenden, historischen Umbruchsprozessen und symbolischer Ordnung. Um es nur an einem Beispiel zu verdeutlichen: 1661 machte sich der Vorwurf des Kannibalismus an dem *Fressen der Herzen* und dem *Zukochen des Cörpers* fest. Das *Herz* verweist, wie oben dargelegt, auf die Beziehung zwischen Menschen und Gott. Diese Beziehung zu bedrohen bzw. sie zu zerstören, bedeutet das Ende der Gemeinschaft. In diesem Zusammenhang ist darauf hingewiesen worden, dass der Repräsentation zerstückelter Körper im Aufbau neuer sozialer Ordnungen eine besondere Bedeutung zukommt. Der zerstückelte Körper stehe »am Ursprung des Reichs und des Friedens [...] als Objekt der Gewalt bei der Errichtung einer kollektiven Ordnung.«[46] Caroll Smith-Rosenberg differenziert diese allgemeine und in ihrer Allgemeinheit unmittelbar einleuchtende Beobachtung, indem sie den politischen Körper mit individuellen Körpern verbindet und die performative Dimension sexualisierter, sexualisierender Einschreibungen in die Zerstückelung von Körpern produktiv macht für die Analyse:

---

46 Ravoux-Rallo / Roche 1989, hier S. 125.

»In Zeiten sozialer Transformation, wenn gesellschaftliche Formen aufbrechen [...] tauchen administrative Sexualität und der physische Körper als in besonderer Weise sinnträchtige politische Symbole auf. Gerade diejenigen Aspekte der menschlichen Sexualität, die als der Ordnung am weitesten entgegen gesetzt angesehen werden, werden beschworen, um die gesellschaftliche Zersplitterung, den Umsturz der Hierarchien, den Wandel in seiner Unkontrollierbarkeit zu repräsentieren. Diejenigen, die Angst vor dem Wandel haben, definieren dann innerhalb des diskursiven Bereichs die gesellschaftlichen Unruhestifter als sexuelle Abweichler und Abweichlerinnen, als gefährliche Infektion im Körper als Politikum. So projizieren die Ängstlichen ihre eigenen Wünsche nach sozialer Kontrolle auf die Körper derjenigen, die sie selbst zuvor als gesellschaftliche Außenseiter gestempelt haben.«[47]

Die Liehmanns agieren als zerstörerische Bedrohung zugleich aus dem Inneren der bedrohten Gesellschaft heraus, weshalb dieser Bericht mehrfachgebundene Botschaften transportiert. In den Vorwürfen gegen Tadić sind die Freund-Feind-Linien klar verteilt, das Bild, das sie zeichnen, ist mehr oder weniger eindeutig. Doch gilt es zu berücksichtigen, dass es auch in der Version der Zeitungen eine narrative Verdichtung gibt. So werden, den in den Artikeln zitierten »Augenzeugen« zufolge, zunächst Angehörige derselben Gruppe aufeinander gehetzt, die kannibalistische Gewalt richtet sich hier auf die *Hoden* und damit auf die regenerative Sexualität respektive deren Verunmöglichung und somit Vernichtung von individueller und gesellschaftlicher Fertilität. Das Verdichtungsmoment wird am deutlichsten, wenn man sich vergegenwärtigt, dass dieses vermeintlich beobachtete Geschehen sich gegen denjenigen richtet, der die beiden Männer aufeinander gehetzt hatte und nicht gegen die beiden Männer selbst.[48] Das Thema der Generativität wird im *Wahrhafftigen Bericht* ebenfalls verhandelt, wenngleich weniger demonstrativ bzw. plakativ. Hier begehen Mutter und Sohn angeblich Inzest (*Blutschande*) und regenerieren somit sich selbst in einer selbstzerstörerischen Dynamik, die durch die *Kinderfresserei* im Text konkretisiert und auf dem Titelblatt zugleich emblematisiert wird. Selbst die sodomitische Einlassung des jungen Liehmann gewinnt in diesem Kontext an Bedeutung – kreuzt doch der Geschlechtsverkehr mit Pferden und Kühen zunächst die epochen- und kulturübergreifend relevante symbolische Grenze zwischen Mensch und Tier. Gemäß frühneuzeitlichen Körpervorstellungen bildet die männliche und weibliche Samenflüssigkeit in der Vermischung einen Körpersaft, über den nicht nur Neigungen und Charaktereigenschaften vererbt werden,

---

47 Smith-Rosenberg 1994, hier S. 313 f.
48 Der Aspekt, dass hier Männer Männer entmannen, bedürfte einer gesonderten Untersuchung, denn bisher werden hier vor allem heteronormative Deutungsmuster angewandt, vgl. Ravoux-Rallo / Roche 1989, S. 127.

sondern auch Krankheiten und Entstellungen.[49] Wenn der junge Liehmann sich also mit einem Tier *vermischet* – so bedeutet das, dass seine Körpersäfte »infiziert« sind und in der nachfolgenden *Vermischung* mit seiner Mutter finden demnach Inzest und Sodomie zu derselben Zeit statt.[50] Die Liehmanns werden durch das, was als ihre Taten geschildert wird, in den Bereich der Unordnung, des – wörtlich – Ver-rückten, des nicht Gottgemäßen, des nicht Naturgemäßen verwiesen. In beiden Darstellungen, der der Liehmanns und der des Tadić, tritt das Moment des Unvorstellbaren deutlich hervor. In beiden Texten wird das Unglaubliche, das Unfassbare, dass diesen Darstellungen eignen muss, um wirksam zu sein, aufgefangen. Das wiederum erhöht die Wirksamkeit ein weiteres Mal, denn es lässt sich als Angebot zur Identifizierung mit der wenn nicht fassungslosen, so doch zumindest strapazierten Leser/innen- und Hörer/innenschaft verstehen. Im Fall der Familie Liehmann macht, um es zuzuspitzen, die Hinrichtung dem Übel ein Ende. Diese Hinrichtung greift das Moment des Über-die-Grenze-Gehens ebenfalls auf, wenn die Verstümmelungsstrafen am lebenden Körper vollzogen werden sollen. Nur so – in dem Ansatz einer Spiegelung der zu sühnenden Grausamkeiten – kann die weltliche Gerechtigkeit wiederhergestellt werden.[51] Im Fall von Tadić liegen die Dinge wiederum anders, denn es geht um die reale Bestrafung eines Verantwortlichen als symbolische Handlung. Tadić war der erste Kriegsverbrecher, der verhaftet worden war und hier wurde die Marke gesetzt. Der, um einen strapazierten Begriff zu gebrauchen, diskursive Raum[52], in welchem diese Beschuldigungen gegen den serbischen Kriegsverbrecher ihre Wirkung entfalten (sollen), ist von den Erfahrungen und Befürchtungen derjenigen, die diese Beschuldigungen vorbringen, dem in der psychoanalytischen Literatur so genannten *Real-Raum*, sicherlich ebenso wenig zu trennen wie der lebensweltliche Bezugsraum von dem *Wahrhafftigen Bericht*. Texte wie diese erzeugen – im Sinne des *performing* – zugleich Erfahrungsräume und Erfahrungshorizonte im Feld der emotionalen, weil angsterzeugenden Potentialität, die auch das reale Feld verändern bzw. gestaltend eingreifen sollen. Diese narrativ erzeugten Erfahrungsräume erhalten ihre erste Realisierung in der individuellen oder auch kollektiven Vergegenwärtigung ihrer Möglichkeit und sie machen vor den Rezipient/innen auch in retrospektiver

---

49 Pomata 1995, S. 59–85; Art.: »Milch« 2008, insb.: Sp. 495 (Milchtabus); Eckart 2005; Art.: »Blut (Kultur und Gesellschaft)« 2005.
50 Vgl. zur Engführung von Inzest und Sodomie als widernatürlichen Praktiken Jarzebowski 2006, S. 41–57.
51 Evans 2001.
52 Ich verstehe »diskursiver Raum« hier im Sinne Foucaults als einen Ort der Machterzeugung und Sicherung von Deutungsansprüchen.

Perspektive und auch emotional keinen Halt, weshalb die Historisierung und Kontextualisierung umso wichtiger erscheint.[53]

5. Resümee und Perspektiven

In der Formulierung *Performing Emotions* ist eine grundlegende Ambivalenz enthalten, denn *performing* weist in zwei Richtungen. Zum einen werden Emotionen gestaltet, ausgedrückt, inszeniert, ausgestellt und eingesetzt. Zum anderen aber werden Emotionen in dieser Fassung als gestalterisches Prinzip greifbar. Die Formulierung *Performing Emotions* verweist deswegen auf die gestalteten und die gestaltenden Emotionen. In diesem Beitrag standen Emotionen in ihrer gestalterischen Dimension, in ihrer tätigen Wirkung im Vordergrund. Somit habe ich Emotionen vor allem als Modus der Beziehungsgestaltung, um es ganz allgemein zu sagen, begriffen und untersucht. Im Vordergrund standen dabei die Beziehungen zwischen Text und Kontext und die zwischen den Urhebern und den Adressaten der Texte, Berichte und Darstellungen. Die narrative Dimension der Performativität, die den Text selbst zum Medium der diskursiven Realitätserzeugung werden lässt, hat sich als äußerst komplex herausgestellt, denn es ist deutlich geworden, dass diese Narrationen, indem sie berichtet, erzählt, verlesen, gelesen, gehört werden, etwas verändern – in der Realität und Realitätswahrnehmung derjenigen, die sie lesen und hören. Das war die Intention der Urheber – wobei auch hier klar geworden ist, dass es sich dabei nicht nur um benennbare Personen, sondern auch Interessensgruppen handelte. Für beide Beispiele ist deutlich geworden, dass sie dazu gedacht waren, Emotionen zu schüren und gleichzeitig Einstellungen, Überzeugungen und gegebenenfalls Parteilichkeiten zu steuern, zu verändern, zu manipulieren. Das Tadić-Beispiel hat gezeigt, dass dieses Prinzip der *Performing Emotions* zunächst bei den Karlsruher Richtern funktioniert hat, die den Aussagen des Zeugen unbesehen Glauben schenkten und diese Beschuldigungen sogar öffentlich machten.[54] Das Beispiel der Liehmanns hat seine eigene Glaubwürdig-

---

53 So lässt sich Opačićs Aussage auch als der Versuch verstehen, die Deutungshoheit über die erlebte Realität zu erlangen bzw. zu behaupten. Dann wäre seine Aussage weniger eine Lüge, als eine Möglichkeit, sich auszudrücken über Erlebtes oder von anderen Erlebtes, für das Worte fehlten.

54 Wenn wir diese Situation des scheibchenweisen Rückbaus dieser fassungslos machenden Beschuldigungen zurückbeziehen auf die Erfahrungen der tausenden Frauen und Männer, die in diesen Lagern interniert gewesen waren, dann stellt sich sehr schnell das Unbehagen darüber ein, dass ihr ebenso fassungslos machendes Leid weniger grell, dafür umso anhaltender und zerstörerischer daher kommt. Allein die Tatsache, dass gegen Tadić (und andere) die Vorwürfe der Vergewaltigung fallen gelassen wurden, weil sich keine Zeugin fand, die in Den Haag aussagen wollte oder konnte, deutet das Ausmaß der hochgradig schwierigen

keitsgeschichte, nicht nur im Rathaus des heutigen Wrocław, sondern auch in der Historiographie. So wird dieser *Wahrhafftige Bericht* mehrfach als Beleg für die Gräueltaten, die in Schlesien nach dem Dreißigjährigen Krieg begangen wurden, verwendet.[55]

Der transepochale Ansatz in diesem Beitrag unterstreicht die unhintergehbare Notwendigkeit, narrative Strategien und Praktiken der Emblematisierung zunächst in ihren historischen Kontext zu verweisen und in ihrem jeweiligen Entstehungs- und Wirkungszusammenhang zu situieren. Das gilt insbesondere für die Rückbindung der Arten und Weisen, auf die die symbolische Ordnung angerufen wurde.[56] Diese ist eher als Reservoir von Versatzstücken erkennbar geworden, die jeweils spezifisch aufeinander bezogen werden konnten, so dass sich statt von symbolischer Ordnung eher von einem Pool (*pooling*) sprechen lässt, der laufenden und absichtsvollen (Neu-)Organisation von symbolischem Gehalt, Wirkungszusammenhang und Aneignungspraktiken. So lassen sich diese beiden Texte respektive Narrationen aus dem 17. und dem späten 20. Jahrhundert im Sinne der *anachronicity*[57] eben gerade nicht in eine zeitliche Abfolge stellen und verlören in einer erzwungenen Chronologisierung an ihrer historischen und politischen Dynamik. Vielmehr verweisen sie auf menschliche und gesellschaftliche, auf individuelle und kollektive Grenzerfahrungen, die – jedoch nicht im Sinne einer Verarbeitung des Geschilderten – narrativiert und als Narration realisiert und belebt, d. h. mit politischer und gesellschaftlicher Wirkungsmacht ausgestattet werden. Sie werden somit selbst zu einem Element der *performing emotions*.

Schließen möchte ich mit zwei Perspektiven für eine transepochale Emotionengeschichte. Das Interesse dieses Beitrags richtete sich nicht so sehr auf gegebene Inhalte von einzelnen Emotionen wie Hass, Liebe, Mitleid oder Angst, wobei beide hier vorgestellten Texte im gesellschaftlich weitgespannten Spannungsfeld der Angsterzeugung anzusiedeln sind. Das Interesse dieses Beitrags richtete sich indes verstärkt auf die performative Bedeutung von Emotionen in narrativen Kontexten, die das Verhältnis von Urhebern und Adressierten sowie gegebenenfalls der Historiker/innen, die sich mit solchen Texten befassen, einschließt und insbesondere den historischen und politischen Kontext analy-

---

Beziehung zwischen Erfahrung und Sprache und damit Realitätsbildung jenseits von Texten an.
55 Juhnke 1965, S. 161 f.; Danker 1987, S. 624 f., als Hinweis auf Räuberbanden in Schlesien; vgl. auch Art. »Dieb, Diebstahl« 1927, S. 233 f. – hier werden die Liehmanns als Beleg für den Anstieg abergläubischer Praktiken in Schlesien im 17. Jahrhundert gewertet.
56 Vgl. dazu auch Chartier 1989 [frz. 1989], S. 59–72.
57 Dieses Konzept wurde für die Geschichtswissenschaft erstmals vorgestellt von Arni 2007. Für die literaturwissenschaftliche und neuerdings auch kunsthistorische Perspektive vor allem im anglophonen Raum: Tambling 2010; Nagel / Wood 2010.

tisch produktiv macht. Emotionen also stärker als Modus und die Emotionengeschichte stärker in ihrer methodischen Relevanz zu betrachten und weniger als Definitionsversuch eines Gegenstandsbereichs könnte eine Perspektive und ein Argument für die Nützlichkeit transepochaler Untersuchungen sein. Zum Zweiten verspricht eine Perspektive, die sich weniger auf den Gegenstandsbereich als vielmehr auf die methodischen Prämissen und Erkenntnisinteressen richtet, eine stärkere Offenheit für interdisziplinäre Inspirationen als Surplus historischer Untersuchungen. In diesem Beitrag lag der Schwerpunkt auf Emotionen und Narrationen von Zerstückelungen, Schwangerenmorden, Kannibalismus und mithin: Gewalt. Das erscheint mir vor dem Hintergrund der ersten Konzeptionalisierungsvorschläge für den Einbezug von Emotionen in die Geschichtsschreibung auch deshalb eine lohnenswerte Perspektive zu sein.[58] Unterstützt wird dieses Argument unter anderem von Beispielen aus der politischen Praxis, wie ich sie eingangs zitiert habe. Texte (und auch Bilder[59]) unterschiedlichster Art werden als *Kampfzonen*[60] begreifbar, in denen über Deutungen von Realität und damit Realitäten und Realitätsbildung in politischen Räumen gerungen wird. Emotionen sind deshalb weder für die Frühe Neuzeit noch für die Moderne ein Nischen- oder Modethema und auch keine Verjüngungskur für traditionelles Denken. Emotionen erlauben es vielmehr, Funktionsweisen gesellschaftlichen Zusammenlebens aufzudecken. Sie erlauben es vor allem, das beziehungsstiftende Moment in der Geschichte und in der Geschichtsschreibung neu zu denken.

Quellen

Art. »Fellgiebel«, in: Wörterbuch der Gebrüder Grimm, Bd. 3, Leipzig 1991 [1862], Sp. 1499.
»Ankläger wirft Tadić brutale Morde vor«, in: *Süddeutsche Zeitung* 08.05.1996, S. 8.
»Fadilas Liste«, in: *Die Zeit* (9) 1994, S. 15–19.
»Mann tötet seine Freundin: Psychiatrie«, in: *Süddeutschen Zeitung* (287) 2011, S. 10.
»Neues Massengrab mit Leichen von Kosovo-Albanern entdeckt«, in: *Der Standard* 2010, verfügbar unter: www.derstandard.at/1271376323066/Neues-Massengrab-mit-Leichen-von-Kosovo-Albanern-entdeckt [29.05.2012].
»Spiel mit der Wahrheit«, in: *Der Spiegel* (20) 1997, S. 150–151.
»Symbol des Terrors«, in: *Der Spiegel* (45) 1994, S. 35 f.
»Täuschen und Vertuschen«, in: *Der Spiegel* (12) 2001, S. 238–244.
Case Information Sheet – »Prijedor (IT-94-1) (hrsg. von United Nations. International

---

58 Vgl. Febvre 1941.
59 Vgl. zur Bedeutung von Totenfotografien Sykora 2010, S. 41–49.
60 Chartier 1989 [frz. 1989], S. 11.

Criminal Tribunal of Former Yugoslavia (ICTY)), verfügbar unter: http://www.icty.org/x/cases/tadic/cis/en/cis_tadic_en.pdf [31.05.2012].
Document prepared by the Communications Service of the International Criminal Tribunal for the former Yugoslavia. 1. »Prijedor« (IT-94-1) (hrsg. von United Nations. International Criminal Tribunal of Former Yugoslavia (ICTY)), verfügbar unter: http://www.icty.org/x/cases/tadic/tjug/en/tad-tsj70507JT2-e.pdf [31.05.2012].
Hannover, Nathan: Yeven Mezulah, Hannover 1863 (deutschen Ausgabe) [Venedig 1653].
Lederer, Edith M.: Afghanistan Child Victims On The Rise: U.N Report, 2011, verfügbar unter: http://www.rawa.org/temp/runews/2011/02/14/afghanistan-child-victims-on-the-rise-u-n-report.html [07.06.2012].
Nissenbaum, Dion / Khan, Habib: Petraeus Apologizes For Deaths Of Nine Afghan Children, 2011, verfügbar unter: http://www.huffingtonpost.com/2011/03/02/petraeus-apologizes-for-deaths-afghan-children_n_830630.html [24.05.2012].
Salarzai, Khan Wali: Police chief confirms 9 children killed in ISAF raid, 2011, verfügbar unter: www.rawa.org/temp/runews/rawanews.php?id=2166 [24.05.2012].
Shaughnessy, Larry: Tension between Petraeus, Afghans over airstrike, children, 2011, verfügbar unter: http://articles.cnn.com/2011-02-22/world/us.afghan.strikes_1_afghan-children-afghan-officials-airstrike?_s=PM:WORLD [24.05.2012].
Wahrhafftiger und gründlicher Bericht von den unerhört begangenen grausamen und schröcklichen Mordthaten/ Ehebruch/ Hurerey/ Blutschande/ Sodomiterey/ Mordbrändt/und Diebstalen [...] Breßlau 1661. (Dieser Bericht findet sich in der Staatsbibliothek Preußischer Kulturbesitz Berlin unter der Signatur Fy 10 270 R).

Literatur

Arni, Caroline: »Zeitlichkeit, Anachronismus und Anachronien. Gegenwart und Transformationen der Geschlechtergeschichte aus geschichtstheoretischer Perspektive«, in: L'Homme. Zeitschrift für feministische Geschichtswissenschaft (18) 2007, S. 53–76.
Art. »Sozialdisziplinierung«, in: Enzyklopädie der Neuzeit, Bd. 12, Stuttgart 2010, Sp. 220–229 (Lars Behrisch).
Art. »Blut (Kultur und Gesellschaft)«, in: Enzyklopädie der Neuzeit, Bd. 2, Stuttgart 2005, Sp. 309–312 (Claudia Jarzebowski).
Art. »Milch«, in: Enzyklopädie der Neuzeit, Bd. 8, Stuttgart 2008, Sp. 490–496 (Barbara Orland).
Art. »Blut (Medizin)«, in: Enzyklopädie der Neuzeit, Bd. 2, Stuttgart 2005, Sp. 304–309 (Wolfgang Eckart).
Art. »Dieb, Diebstahl«, in: Handwörterbuch des deutschen Aberglaubens, Bd. 2, Berlin 1927 Sp. 197–240.
Bahlow, Hans (Hg.): Schlesisches Namensbuch, Kitzingen / Main 1953.
Benzing, Josef: Die Buchdrucker des. 16. und 17. Jahrhunderts im deutschen Sprachgebiet, Wiesbaden 1963.
Chartier, Roger: Die unvollendete Vergangenheit. Geschichte und die Macht der Weltauslegung, Berlin 1989 [frz.: Au bord de la falaise. L'histoire entre certitudes et inquiétude, Paris 1989].

Cordesman, Anthony: The Iraq War. Strategy, Tactics, and Military Lessons, Washington 2003.

Danker, Uwe: Räuberbanden im Alten Reich um 1700. Ein Beitrag zur Geschichte von Herrschaft und Kriminalität in der Frühen Neuzeit, Frankfurt a. M. 1988.

Dürr, Renate: Mägde in der Stadt. Das Beispiel Schwäbisch Hall in der Frühen Neuzeit, Frankfurt a. M. 1995.

Eming, Jutta / Jarzebowski, Claudia / Ulbrich, Claudia (Hg.): Historische Inzestdiskurse. Interdisziplinäre Zugänge, Königstein i. T. 2004.

Evans, Richard J.: Rituale der Vergeltung. Die Todesstrafe in der deutschen Geschichte, 1532–1987, Berlin 2001.

Febvre, Lucien: »La sensibilité et l'histoire: comment reconstituer la vie affective d'autrefois?«, in: *Annales d'histoire sociale* (3) 1941, S. 5–20.

Foucault, Michel: Die Ordnung der Dinge, Frankfurt a. M. 1971 [frz.: Les mots et les choses, Paris 1966].

Foucault, Michel: Die Ordnung des Diskurses, München 1992 [frz.: L'ordre du discours, Paris 1971].

Gerok-Reiter, Annette: »angest / vorhte – literarisch. Möglichkeiten und Grenzen der Emotionsforschung zwischen Text und Kontext«, in: *Zeitschrift für Kulturwissenschaften* (2) 2010, S. 15–23.

Grünhagen, Hans: Geschichte Schlesiens, Bd. 2, Gotha 1886.

Hohkamp, Michaela / Jancke, Gabriele / Jarzebowski, Claudia / Ulbrich, Claudia: »Verzehren, regieren und bestatten. Vorstellungen vom menschlichen Herzen in der europäischen Geschichte. Eine Annäherung«, in: fundiert. Wissenschaftsmagazin der Freien Universität Berlin, Berlin 2000, S. 28–38, verfügbar auch unter: www.fu-berlin.de/presse/publikationen/fundiert/archiv/2000_01/00_01_hohkamp_jancke_jarzebowski_ulbrich/index.html [24.05.2012].

Jarzebowski, Claudia: »The Meaning of Love. Emotion and Kinship in 16th Century's Incest Discourses«, in: Lindeman, Mary / Luebke, David (Hg.): Mixed Matches. Transgressive Unions in Early Modern Germany, Oxford 2012.

Jarzebowski, Claudia: Inzest. Verwandtschaft und Sexualität im 18. Jahrhundert, Köln / Weimar / Wien 2006.

Juhnke, Richard: Wohlau. Geschichte des Fürstentums und der Kreise, Würzburg 1965.

Koselleck, Reinhart: »Vergangene Zukunft der Frühen Neuzeit«, in: Koselleck, Reinhart: Vergangene Zukunft. Zur Semantik geschichtlicher Zeiten, Frankfurt a. M. 1989 [1979], S. 17–36.

Nagel, Alexander / Wood, Christopher S.: Anachronic Renaissance, New York 2010.

Ogilvie, Sheilagh: A Bitter Living. Women, Markets, and Social Capital in Early Modern Germany, Oxford 2003.

Ohly, Friedrich: »Cor amantis non augustum. Vom Wohnen im Herzen«, in: Ohly, Friedrich: Schriften zur mittelalterlichen Bedeutungsforschung, Darmstadt 1977, S. 128–155.

Pomata, Gianna: »Vollkommen oder verdorben? Der männliche Samen im frühneuzeitlichen Europa«, in: *L'Homme. Zeitschrift für Feministische Geschichtswissenschaft* (2) 1995, S. 59–85.

Puff, Helmut: Sodomy in Reformation Germany and Switzerland, 1400–1600, Chicago / London 2003.

Ravoux-Rallo, Elisabeth / Roche, Anne: »Körper, Rest, Text«, in: Corbin, Alain / Farge, Colette / Perrot, Michelle (Hg.): Geschlecht und Geschichte. Ist eine weibliche Geschichtsschreibung möglich?, Frankfurt a. M. 1989, S. 121-133.

Rohrbacher, Stefan / Schmidt, Michael: Judenbilder. Kulturgeschichte antijüdischer Mythen und antisemitischer Vorurteile, Reinbek 1991.

Rudolph, Harriet: »Pain in the Reality, yet a Delight in the Representation – Mediale Gewaltimaginationen am Beginn der Neuzeit«, in: Ulbrich, Claudia / Jarzebowski, Claudia (Hg.): Gewalt in der Frühen Neuzeit, Berlin 2005, S. 391-408.

Schierse, Bruno: Das Breslauer Zeitungswesen vor 1742, Breslau 1902

Schöne, Walther: Die deutsche Zeitung im ersten Jahrhundert ihres Bestehens 1609-1700, Bd. 3, Leipzig 1940.

Scribner, Bob: »The Mordbrenner-Fear in Sixteenth Century Germany«, in: Evans, Richard (Hg.): The German Underworld. Deviants and Outcasts in German History, London 1988, S. 29-57.

Smith-Rosenberg, Carroll: »Körper-Politik oder der Körper als Politikum«, in: Conrad, Christoph / Kessel, Martina (Hg.): Geschichte schreiben in der Postmoderne, Stuttgart 1994, S. 310-353.

Somers, Margaret R.: »The Narrative Construction of Identity. A Relational and Network Approach«, in: *Theory and Society* (23) 1994, S. 605-649.

Stasniewski, Bernhard (Hg.): Schlesische Religionsakten von 1517-1675, Köln / Wien 1982.

Sturm, Heribert (Hg.): Biographisches Lexikon zur Geschichte der böhmischen Länder, München / Wien 1979.

Sykora, Katharina: »Empathie und Schock: Effekte von Totenfotografien«, in: *Zeitschrift für Kulturwissenschaften* (2) 2010, S. 40-49.

Tambling, Jeremy: On Anachronism, Manchester / New York 2010.

White, Hayden: Auch Klio dichtet oder die Fiktion des Faktischen, Stuttgart 1986 [engl. Tropic of Discourse. Essays in Cultural Criticism, Baltimore 1978].

White, Hayden: Die Bedeutung der Form. Erzählstrukturen in der Geschichtsschreibung, Frankfurt a. M. 1990 [engl.: The Content of the Form. Narrative Discourse and Historical Representation, Baltimore 1987].

Abbildung

Abbildung 1: Titelblatt aus: Wahrhafftiger und gründlicher Bericht von den unerhört begangenen grausamen und schröcklichen Mordthaten/ Ehebruch/ Hurerey/ Blutschande/ Sodomiterey/ Mordbrändt/und Diebstalen [...] Breßlau 1661. (Das Titelblatt ist online verfügbar unter: http://digital.staatsbibliothek-berlin.de/dms/werkansicht/ ?PPN=PPN585530904&LOGID=LOG_0005). © Staatsbibliothek zu Berlin.

Sinnlichkeit und Materialität

Doris Kolesch

Flanieren im Park.
Zur emotionalen und politischen Bedeutung von Bewegung im 17. Jahrhundert

Theater ist ein Phänomen, welches sich in unterschiedlichsten Ausprägungen und Erscheinungsformen durch die abendländische Geschichte zieht. Gleichwohl wird der Begriff Theater zumeist ahistorisch verwendet, indem ein bestimmtes Theaterkonzept – mit Lessing könnten wir präzisieren: *Das Theater des Herrn Diderot*[1] – dominant für unser Verständnis von Theater insgesamt geworden ist. Bezeichnenderweise wird damit eine historische Ausnahme, welche für einen begrenzten Zeitraum in unserer Kultur maßstabbildend war, nämlich das europäische bürgerliche Theater des 18. und 19. Jahrhunderts, mit Theater schlechthin gleichgesetzt. Doch weder die Entgrenzungen von Theater seit dem ausgehenden 19. Jahrhundert noch die unterschiedlichen antiken, mittelalterlichen und frühneuzeitlichen Theaterformen – ganz zu schweigen von außereuropäischen Spielarten – lassen sich mit *diesem* Begriff von Theater adäquat fassen. Weitaus genauer erlaubt hier der Begriff der Theatralität die jeweilige Verschränkung von Prozessen der Darstellung, der Inkorporation, der Inszenierung und der Wahrnehmung zu beschreiben und damit auch jeweilige Theatralitätsgefüge zu identifizieren, also das Verhältnis von außerkünstlerischem, gleichwohl theatralem Alltag und als besonders gerahmtem »Kunst«-Theater zu einer bestimmten Zeit.

Vor diesem Hintergrund lädt der vorliegende Beitrag zu einem Ausflug in den Park von Versailles ein. Damit bewege ich mich als Theaterwissenschaftlerin bewusst außerhalb des institutionalisierten Theaters, und in einem Feld von Theatralität, indem ich die Spaziergänge im Park von Versailles zur Zeit von Ludwig dem XIV. ins Auge fasse. Meine Überlegungen sind Teil einer umfassenderen Beschäftigung mit der höfischen Gesellschaft unter Louis XIV, dem sogenannten Sonnenkönig.[2] Mich hat interessiert, was die höfische Gesellschaft zusammenhielt und was den Adel dazu bewegte, sich um Ludwig in Versailles zu

---

1 Diderot / Lessing 1986.
2 Kolesch 2006.

sammeln. Meine These hierzu ist, dass es die Wirkmächtigkeit kollektiv geteilter Emotionen war, dass also Gefühlen eine enorme soziale Bindekraft zukam.

Zwischen 1689 und 1705 verfasst der französische König Ludwig XIV. eigenhändig sechs verschiedene Versionen und Manuskripte der *Manière de montrer les Jardins de Versailles*, mithin Anleitungen, wie die Gärten von Versailles gezeigt und präsentiert werden sollen.[3] Während Louis XIV. die Beschreibung des Schlosses von Versailles André Félibien und Madeleine de Scudéry[4], zwei damals berühmten und angesehenen Schriftstellern, überlässt, legt er selbst die Routen der verschiedenen Promenaden fest und kümmert sich um deren schriftliche Fixierung. Die dadurch manifestierte Relevanz der Spaziergänge wurde erstaunlicherweise von der Forschung bislang übersehen, so dass sie kaum eine Rolle in der wissenschaftlichen Beschäftigung mit dem höfischen Leben zu spielen scheinen. Selbst einschlägige Publikationen über die Gärten von Versailles verzichten darauf, die Dokumente in die Untersuchung der Parkanlagen einfließen zu lassen oder beschränken sich auf eine allegorische Lektüre der in den Gärten vorzufindenden Wasserspiele, Statuen und Pflanzengestaltungen.[5] Ich wähle im Folgenden eine andere Perspektive und untersuche die Bedeutung der Spaziergänge für die Formierung der höfischen Gemeinschaft und insbesondere für die Inszenierung von Emotionen. Dabei steht der Zusammenhang von Körperbewegung und Gefühlserregung, von physischer Motion und psychophysischer Emotion im Vordergrund. Anders formuliert, geht es um die Verbindung von Topographie und Choreographie und um die dadurch erzeugten affektiven Besetzungen, Werthaltungen und Ansichten.

Der vom König vorgeschriebene (Spazier-)Gang ist Teil des offiziellen Besuchsprogramms, das ausländische Gesandte und Gäste erwartet. Doch auch ohne offizielle Anlässe begibt sich der König, wenn er sich in Versailles aufhält, fast täglich mit einem ausgewählten Gefolge in die Gärten. Angesichts einer Weglänge von etwa acht Kilometern verzeichnet das Inventar des königlichen Mobiliars seit 1679 »fünfzehn Rollstühle, die mit Seidendamast unterschiedlicher Farben ausgeschlagen sind«[6], in denen der König und seine Begleitung »spazierenfahren« (siehe Abbildung 1).

---

3 Louis XIV 1992.
4 Siehe zu Madeleine de Scudéry auch den Beitrag von Stephanie Bung in diesem Band: »*Mimicry* und Emotionen. Zur sozialen Handlungslogik französischer Gelegenheitsdichtung des 17. Jahrhunderts«.
5 Simone Hoog hat 1992 die Manuskripte in einem reich bebilderten Buch publiziert und mit einem Kommentar versehen, der primär die allegorischen Aspekte sowohl der Gartengestaltung als auch der diversen Spaziergänge betont. Diese plausible und im Kontext der Zeit unabdingbare Lesart lässt jedoch theatrale und performative Dimensionen der Promenaden und ihre Funktion im höfischen Affekthaushalt außer acht (vgl. Louis XIV 1992).
6 »[Q]uinze chaises roulantes garnies de damas de divers couleurs«, Louis XIV 1992, S. 10.

Abbildung 1: *Besuch der Gärten mit Ludwig XIV.* von P. D. Martin (Anfang 18. Jahrhundert). Im Vordergrund Louis XIV. in einem der erwähnten Rollstühle.

Die Mobilität des promenierenden oder spazierenfahrenden Körpers unterstreicht und erhöht die Dynamik des Blicks, den die Alleen von Versailles den zeitgenössischen Betrachtern und Betrachterinnen bieten.

»Für einen Menschen von heute, dessen Auge längst das eines *Road movie*-Betrachters ist, der an plane Autobahnen, schnurgerade sich zum Horizont dahinstreckende Highways und Asphaltbänder gewöhnt ist, [...] für einen solchen Zeitgenossen mag es einigermaßen schwierig sein, sich die Dynamik des Anblicks vorzustellen, wie ihn die Alleen von Versailles auf einen Betrachter des 17. Jahrhunderts ausgeübt haben mögen. Und doch sind diese Alleen, in symbolischer Form, Antizipationen reiner Bewegung, automobilisierte Blicke, genuine Vorläufer jener Straßen, auf denen nun wirklich Automobile verkehren.«[7]

In der *Manière de montrer les Jardins de Versailles* erscheinen die Gärten von Versailles als riesiges, unüberschaubares Labyrinth, zu dem der König allein den Schlüssel, oder mehr noch: den Ariadnefaden besitzt (siehe Abbildung 2).

Die spektakulären Feste und *Divertissements*, für die der Sonnenkönig berühmt geworden ist, bieten eine Kombination aller nur denkbaren erlaubten

---

Übersetzungen der *Manière de montrer les Jardins de Versailles* wie auch des Berichts von André Félibien über das Divertissement vom 18. Juli 1668 im Folgenden von der Autorin, D. K.
7 Burckhardt 1997, S. 192.

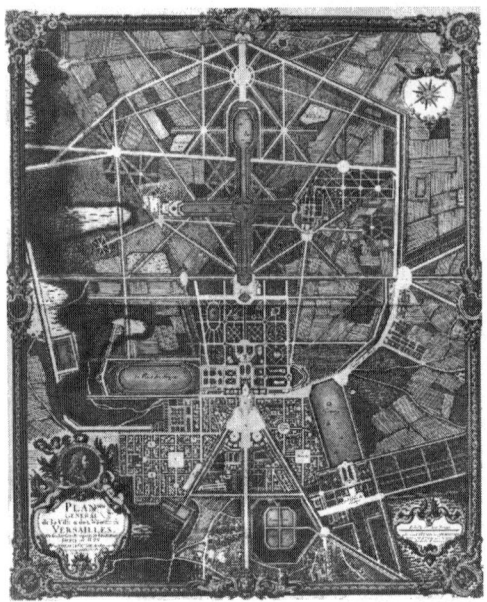

Abbildung 2: Plan von Versailles von Pierre Le Pautre, Ende 17. Jahrhundert.

Vergnügen, die den Mitgliedern der Hofgesellschaft vom König offeriert werden. Damit wird der Eindruck eines einzigartigen, überwältigenden Vergnügens erzeugt, das ohne königliche Hilfe so unerreichbar wie undenkbar wäre und das die alltägliche Routine, die beständig drohende Langeweile mit Überraschungen und außergewöhnlichen Genüssen skandiert.

In vergleichbarer Weise organisieren und inszenieren die königlichen Promenaden Zeit- und Bewegungsabläufe ebenso wie vertraut oder auch neu und unvertraut erscheinende Örtlichkeiten. Ludwigs Instruktionen für die Spaziergänge lesen sich wie ein Drehbuch *avant la lettre*, das nicht nur die Bildfolgen und Bildsequenzen festlegt, in die der Park von Versailles zerlegt wird, sondern auch die Schritte, die Körperdrehungen, Haltungen und Blickrichtungen der Spaziergänger/innen. Entsprechend prägt das Zusammenspiel von Notation und Performanz, von schriftlicher Fixierung und körperlicher Bewegung die Spaziergänge in Versailles. Selbst in Abwesenheit weiß der König im Voraus, wie und wo sich die auf seine Route, seine (Weg-)Weisung verpflichteten Promenierenden bewegen.

Während der großen *Divertissements* markieren die Körperbewegungen des Königs jeweils Beginn und Ende der unterschiedlichen Vergnügungen. Jedes Aufstehen, jedes Weitergehen und jede Drehung des Kopfes oder Körpers wird von den Höflingen nachgeahmt und stellt die Passage zu einem neuen Vergnügen, zu erneutem Staunen und neuerlicher Faszination dar. »Der König hatte sich vom Tisch erhoben, um den Damen ein neues Vergnügen zu bieten. Er führte sie, die Säulenhalle, an der die Allee Richtung Schloss führt, durchquerend, in den Ballsaal.«[8]

Die affektive Aufladung der so erzeugten Wahrnehmungs- und Erlebnisweisen korreliert mit einer präzisen Choreographie der Körper. Auch die Spaziergänge im Park von Versailles sind eine rhythmisierte, vom König dirigierte Abfolge prägnanter Augenblicke, bestehend aus inkorporierten Gesten des Innehaltens, Bewunderns, Genießens und Weiterschreitens. Führung und Verführung, (körperliche) Bewegung und (emotionale) Regung, Motion und Emotion sind während der Promenaden nicht voneinander zu trennen.

Der französische Garten, wie er von Le Nôtre in Versailles angelegt wurde, ist noch nicht, der Geschichte der Empfindsamkeit folgend, zum Naturschönen und zum Empfindungsraum geworden – ja er avanciert als »formale«, »geometrische« und »unnatürliche« Anlage gar zum Feind- und Gegenbild der im ausgehenden 18. Jahrhundert dominierenden pittoresken Gartentheorie.[9] Gleichwohl fungiert er, im Rahmen der Spaziergänge und Festinszenierungen des Sonnenkönigs, als wesentliches Element eines Dispositivs von Emotionen. Dieses postuliert nicht, wie die Theorie des pittoresken Gartens, eine Entsprechung von Landschaft und Seelenzuständen, sondern es beruht auf der präzise kalkulierten, strategischen Erzeugung theatraler Situationen und performativer Prozesse, in denen im Zusammenspiel von Körperbewegung, Wahrnehmung, Empfindung, Landschaft und symbolischer Narration Machtverhältnisse ebenso choreographiert werden wie Begehrensstrukturen.

Der Park von Versailles kann als Landschaft und Raum gewordenes perspektivisches Bild beschrieben werden.[10] Die Pläne, Skizzen und Entwürfe André Le Nôtres greifen über auf die Gestaltung der Natur, sie werden Teil der Lebenswirklichkeit. Dazu muss von den konkreten geographischen Gegebenheiten abgesehen und sich über diese hinweggesetzt werden[11], vergleichbar einem Maler, der die Leinwand grundiert, um ihre Textur zum Verschwinden zu bringen. In diesem Kontext ist zu betonen, dass das Schloss und der Garten von Versailles in einer Gegend angesiedelt wurden, die sowohl von den Architekten und Beratern der Könige als auch von Höflingen und kritischen Zeitgenossen als vollkommen ungeeignet eingeschätzt worden war. So vermerkt der Herzog von Saint-Simon, dem wir umfangreiche Memoiren und Aufzeichnungen über die höfische Gesellschaft zur Zeit Ludwigs XIV. verdanken: Versailles »ist ein höchst

---

8 »Le roi s'étant levé de table pour donner un nouveau divertissement aux Dames, et passant le portique où l'allée monte vers le château, les conduisit dans la salle du bal.« (Félibien 1994, S. 75).
9 Vgl. Lefaivre / Tzonis 1992.
10 Zur Geschichte der Gartenkunst und des französischen Parks vgl. Gothein 1977.
11 Vgl. Pérouse de Montclos / Polidori 1996, S. 20–36.

trister und unfruchtbarer Ort, der keinen Ausblick, keine Wälder, kein Wasser und keinen guten Boden bietet, weil dort Treibsand und Sumpf vorherrschen.«[12]

Doch weit mehr als das Bild einer Landschaft entfalten sich die Gärten von Versailles, wie Martin Burckhardt formuliert, als »Verlandschaftlichung des zentralperspektivischen Gerüstes.«[13] Die begehbare, erfahrbare Landschaft wird dem Bildcharakter der imaginierten und geschauten, am besten von einem leicht erhöhten Standpunkt überschauten Landschaft untergeordnet (siehe Abbildung 3).[14]

Abbildung 3: Ansicht des Schlosses von Versailles und seiner Gärten, von Israël Silvestre, um 1687.

Mit dem zentralperspektivischen Gerüst diffundiert eine Bildverarbeitungsmaschine in die Wirklichkeit, die jegliches Gegebene auf die immer gleiche, symmetrische Weise rastert und die durch die korrespondierende Achse von Augenpunkt und Fluchtpunkt charakterisiert ist:

---

12 Zitiert nach: Pérouse de Montclos / Polidori 1996, S. 26.
13 Burckhardt 1997, S. 191.
14 Auch der leicht erhöhte Betrachterstandpunkt ist aus der Malerei übernommen. Illustrierte Veröffentlichungen über Versailles bedienen sich von daher gerne der Vogelschauperspektive, die ebenfalls Israël Silvestre in seinem abgebildeten Stich wählt.

>»Das perspektivische Bild projiziert einen stetigen, homogenen, unendlichen, kurz: einen mathematischen Raum, der mit dem psychophysischen Raum eines menschlichen Betrachters – und seinen Asymmetrien zwischen rechts und links, oben und unten, vorne und hinten – gerade nicht zur Deckung kommt. In der zentralperspektivischen Konstruktion wird die Geometrie zu einer universalen Sprache, die den dargestellten Dingen eine optische Konsistenz und Gleichartigkeit verleiht, welche auf die Unterschiede in der Bedeutung des jeweils Dargestellten, vor allem aber auf die Unterschiede zwischen wirklichen und imaginären Objekten keinen Bezug mehr nimmt.«[15]

Damit wird nicht nur eine pikturale Funktion erfüllt, sondern eine Raumkonzeption materialisiert, die auf Beherrschung des Raumes zielt. In der geplanten und planierten Ebene von Versailles stehen keine Pflanze, kein Weg und keine Skulptur für sich; sie sind Teil einer allegorischen Serie und einer Verkettung, die – gemäß der perspektivischen Verknüpfung – ins Unendliche weist. Der Park von Versailles symbolisiert und führt bei jeder Promenade, bei jedem Blick aus den Fenstern des Spiegelsaals vor, dass Louis XIV. *alles* unter Kontrolle hat, dass er die Natur wachsen und gedeihen lässt, sie dabei aber auch bändigt und formt. Dies ist ein Grund für Saint-Simons Abscheu vor den Gärten als politisch-allegorische Manifestation der königlichen Macht, die den Einfluss und die Position des Adels so beschneidet wie die getrimmten und uniform zugeschnittenen Gewächse in Versailles.

Doch im französischen Park hat sich nicht nur das Bild in die Landschaft eingebildet, auch der Raum hat sich verzeitlicht und dynamisiert. Versailles kann, wie jeder Garten, als ein Zwischen-Reich, eine Figuration zwischen Himmel und Erde, Gott und Mensch, Ordnung und Chaos, Natur und Kultur aufgefasst werden. Zahlreiche Elemente der *Jardins de Versailles* oszillieren zwischen Stationärem und Transitorischem, versuchen das Unbewegte zu mobilisieren. Der französische Park entwirft eine Bilderfolge, eine Aneinanderreihung in sich bewegter *Tableaux*. Die Fluchtpunkte der Alleen, die Aussichtspunkte, Bosketten und Kolonnaden ebenso wie die Thetisgrotte, das Trianon, die Pyramide oder die »Salle du Bal« sind Anlagen, welche die Blicke selbst dynamisieren und immer weitertreiben.

Die Zeitgenossen nehmen diese Prozessualität und Performativität sehr genau wahr. So führt La Fontaine in dem Gedicht *Les Amours de Psyché et de Cupidon* über die Thetisgrotte aus: »le dedans de la grotte est tel que les regards,

---

15 Krämer 1998, S. 26. Zu Le Nôtres Beschäftigung mit der Zentralperspektive, die als Spiegel verstanden wurde, der es erlaubt, die Dinge so darzustellen, wie sie dem Auge erscheinen, vgl. Jeannel 1988, S. 26 f. Zum Zusammenhang von Zentralperspektive und Wahrnehmung vgl. auch Burckhardt 1997, S. 122 ff.; Clausberg 1996; Haß 2005.

incertains de leur choix, courent de toutes parts.«[16] Durch verschiedene gartenbauliche Maßnahmen werden die Perspektiven verlängert und die Bildfolgen, als die der Park inszeniert ist, in sich dynamisiert. Auch die »Allée des Ha!Ha!« beim Großen Trianon exemplifiziert diese Dynamisierung des Blickes und des Raumes.[17]

Mit den Promenaden werden nun ihrerseits die Spaziergänger/innen in und durch diese Bilderfolge bewegt.[18] Der Park von Versailles wird so Inbegriff eines Raum gewordenen Bildes, das sich seinerseits bewegt und in dem man sich selbst bewegt. Die Fortbewegung der Körper im Raum korrespondiert mit der Bewegung und Erregung der Sinne in der Überraschung, im bewundernden oder erstaunten Über-Blick. Die zeitgenössische Bewunderungspoetik verdichtet und habitualisiert sich als psychophysische Innervation der Betrachterkörper. In der *Manière de montrer les Jardins de Versailles* werden Nähe und Distanz, Bewegung und Pause, Erregung und Beruhigung vom königlichen Regisseur inszeniert, dirigiert und rhythmisiert. Trotz des strengen Tonfalls einer königlichen Order, in der die Anweisungen gehalten sind, schreibt sich dem Text die unaufhörliche Bewegung der Körper und Blicke, die fast atemlose, durch keinen Punkt unterbrochene Abfolge des »und dann... und dann... und dann« ein:

> »Man gehe danach an der Pyramide vorbei, wo man einen Augenblick verweile, und dann auf der Marmortreppe, die zwischen Esguiseur-Statue und der Schamhaften Venus liegt, zum Schloss zurückgehe. Am Ende der Stufen angekommen, drehe man sich, um das Parterre du Nord, die Statuen, Vasen, die Säulen, die Pyramide und das, was man vom Neptun-Brunnen erkennen kann, anzuschauen, dann verlasse man den Garten durch das gleiche Tor, durch welches man eingetreten ist.
>
> Will man am gleichen Tag die Menagerie und das Trianon sehen, sollte man, nach einer kleinen Pause am Apollon-Becken, die Boote zur Menagerie besteigen.«[19]

---

16 La Fontaine 1958, S. 130. »Das Innere der Grotte ist derart, dass die Blicke, unsicher in ihrer Wahl, in alle Richtungen umherwandern.« (Übersetzung von Jonna Behrends).

17 Ein »Ha!Ha!« ist eine Öffnung in der Umfassungsmauer, die jedoch nicht als Durchgang gedacht ist, sondern einzig die Funktion hat, die Perspektive zu eröffnen oder zu verlängern.

18 Rudolf zur Lippe verabsolutiert das optische Phänomen der Perspektive im Hofritual, wenn er schreibt: »Der Ort des idealen Betrachters ist *ein Punkt*, und zwar der seines Auges; die übrige Physis kann nur sekundär ins Spiel kommen.« (Lippe 1981, S. 26) Diese Behauptung mag theoretisch schlüssig erscheinen, wird von den konkreten Verfahren und Praktiken höfischer Spektakel jedoch Lügen gestraft, da Ortsveränderungen, Körperbewegungen und Haltungen diese Veranstaltungen überhaupt erst mitkonstituieren. Die sinnliche Dimension des sich zeigenden, re-präsentierenden Körpers wird von zur Lippes wichtiger Studie leider vollkommen vernachlässigt, weil er – in der Nachfolge von Elias, Hauser und der kritischen Theorie Horkheimers und Adornos – den Kunst- und Kulturprozess eindimensional als Prozess fortschreitender Rationalisierung auffasst.

19 »On passera après à la Pyramide, où l'on s'arrestera un moment, et après on remontera au chasteau par le degré de marbre qui est entre l'Esguiseur et la Vénus honteuse, on se tournera

Dass dem Park ein dynamisierter Blick eingepflanzt und eine körperliche Fort-Bewegung gleichsam eingewachsen sind, verdeutlicht Félibiens Beschreibung einer Theaterkulisse. Auf dem großen Fest vom 18. Juli 1668 begibt sich die Gesellschaft nach einem prunkvollen Abendessen, das entlang der fünf Alleen kunstvoll präsentiert wurde, in den eigens von Carlo Vigarani erbauten Theatersaal (siehe Abbildung 4).[20]

»Als Ihre Majestäten diesen Ort, dessen Größe und Pracht den ganzen Hof erstaunte, erreicht und als Sie ihren Platz unter dem hohen Baldachin in der Mitte des Parterres eingenommen hatten, wurde der Vorhang, welcher die Theaterdekoration verbarg, gehoben. Und nun sahen sich alle Augen getäuscht, man glaubte wirklich einen Garten von außerordentlicher Schönheit vor sich zu haben.«[21]

Im Folgenden schildert Félibien diese Gartenkulisse so detailliert, als handele es sich um einen realen Garten, um ein verkleinertes Doppel des Parks von Versailles. Das vorsichtige »man glaubte zu sehen« weicht einer textuellen Inszenierung, die die Dynamisierung der Blicke und die Bewegung der Blickführung von einem Aussichtspunkt zum nächsten wie bei einem Spaziergang vorführt und die Theaterzuschauer gleichsam körperlich in den Theatergarten hineinholt: »Am Eingang des Gartens entdeckte man zwei Palisaden [...] Etwas weiter entfernt erschienen zwei weiße Marmorterrassen [...]«. Inszenierung der Wirklichkeit, Theaterinszenierung und textuelle Inszenierung greifen ineinander. Als würde das Publikum leibhaftig (noch, oder wieder) im Park promenieren, setzt Félibien fort: »Man begab sich auf diese Terrassen [...]«. Der Autor betont dabei mehrfach, wie unzulänglich die verbale Sprache für die Beschrei-

    sur le haut du degré pour voir le parterre du Nort, les statües, les vases, les couronnes, la Pyramide et ce qu'on peut voir de Neptune, et après on sortira du jardin par la mesme porte par où l'on est entré.
    Quand on voudra voir le mesme jour la Ménagerie et Trianon, après avoir fait la pause auprès d'Apollon, on ira s'embarquer pour aller à la Ménagerie.« (Louis XIV 1992, S. 56 f.).

20 Zu diesem Theatersaal schreibt Martin Meade: »Construction spectaculaire, la salle de mille deux cents places était décorée des tapisseries de la couronne, puissamment architecturées de part et d'autre des colonnes torses de plâtre et de bois imitant la marbre et le lapis. Entre les colonnes, une scène d'environ douze mètres de longueur accueillait plus de trois cent bougies dans des lustres de cristal.« (Félibien 1994, S. 22). »Als spektakuläre Konstruktion war der 200 Plätze umfassende Saal mit Tapisserien der Krone ausgestattet und architektonisch wirksam strukturiert durch gedrehte Gipssäulen und Marmor sowie Lapis imitierendes Holz zu beiden Seiten. Zwischen den Säulen bot eine Bühne von etwa zwölf Metern Länge mehr als 300 Kerzen in Kristallkronleuchtern Raum.« (Übersetzung von Jonna Behrends).

21 »Lorsque Leurs Majestés furent arrivées dans ce lieu dont la grandeur et la magnificence surprit toute la cour, et quand Elles eurent pris leur place sur le haut dais qui était au milieu du parterre, on leva la toile qui cachait la décoration du théâtre. Et alors, les yeux se trouvant tout à fait trompés, l'on crut voir effectivement un jardin d'une beauté extraordinaire.« (Félibien 1994, S. 43).

Abbildung 4: Gartentheater für Molières *Princesse d'Elide* 1664, von Israël Silvestre.

bung solch ephemerer Eindrücke und komplexer Erlebnisse sei. Diese Klage kontrastiert mit dem suggestiven Gestus seines Textes, der die Schilderung der Theaterszenerie mit dem Blick auf ein Wasserspiel enden lässt, das auch in zahlreichen realen Festen, häufig verbunden mit einem Feuerwerk, den Abschluss eines *Divertissements* darstellt: »Das Ende des nahegelegenen Kanals war gesäumt von zwölf Springbrunnen, die ebenso viele Feuerwerksleuchter bildeten.«[22]

Der Park von Versailles bildet nicht bloß das Dekor oder den Hintergrund, vor dem höfische Menschen agieren, sondern er ist die Bühne, auf der sie einen Platz

---

22 »A l'entrée de ce jardin, on découvrait deux palissades [...] Un peu plus loin paraissaient deux terrasses revêtues de marbre blanc [...] On montait sur ces terrasses [...] Le bout du canal plus proche était bordé de douze jets d'eau qui formaient autant de chandeliers.« (Félibien 1994, S. 43–44).

und einen Handlungsspielraum zugewiesen bekommen. Insofern ist das Gewahrwerden der schönen Aussicht mehr als nur der Moment einer Bildbetrachtung. Die Betrachter werden ins Bild gesetzt, sie sind Teil der königlichen Inszenierung, und sie werden sich, im Aus-Blick, als diejenigen Betrachter inne, die mit den Augen des Königs sehen. Das Moment der Überraschung, Bezauberung und Überwältigung, das die höfischen *Divertissements* charakterisiert, ist mithin nicht nur auf den Anblick des Neuen, Unbekannten und Unerwarteten zu reduzieren. Es wird auch bewirkt durch die Selbst-Reflexion im vermeintlich Fremden. Nur in der Entäußerung im Anderen, im königlichen Blick kommt der Höfling zu seiner Existenz.

Der Garten von Versailles ist – wie das Parkett des Schlosses – eine Bühne, in der man nicht unbestimmt geht oder herumsteht, sondern auf- und abtritt. Jede Geste wird bewusst, bedacht und unter Beobachtung vollzogen: von den Umstehenden ebenso wie vom jeweiligen Akteur, der jeweiligen Akteurin. Die *Miroirs d'eau*, die riesigen, spiegelnden Wasserflächen des Großen Kanals wie auch der zahlreichen kleineren Wasserbecken sind ein glitzernder, nach außen verlegter Spiegelsaal. Darin entwickelt sich jede Handbewegung, jede Geste und jedes gesprochene Wort zur Szene, in der man sich ins rechte Licht setzen muss.[23] Die eingefassten Spiegel- und Wasserflächen rahmen diese Szenerien und werfen sie in die Umgebung zurück, verdoppeln damit die höfischen Überwachungsstrukturen. Im Spiegel wird der jeweilige Selbstentwurf des Höflings sichtbar und überprüfbar. Der Blick in den Spiegel vollendet die eigene Selbstgenese und kontrolliert zugleich, ob man sich im Rahmen der Etikette bewegt.

»Die Etikette ist eine vertrackte, feintickende Maschinerie, bei der es allein darauf ankommt, das System gegenseitiger Ehrerbietungen einzuhalten, die Abstände und Differenzen auszutarieren – und in diesem Sinn ist sie das sittliche Gerüst, eine Art symbolische Widerspiegelung dessen, was sich in der Topographie des Hofes realisiert.«[24]

Die Etikette formt und formiert den Höfling durch eine präzise Choreographie der sozialen Interaktion. Durch sie versichern sich die Höflinge wechselseitig ihrer jeweiligen Stellung und Machtposition. Das höfische Leben wird arrangiert und choreographiert als ein Gesellschaftstanz[25], in dem der Höfling sein Leben

---

23 Etymologisch ist der ›Wasserspiegel‹, in Anlehnung an den Narzissmythos, eine poetische Umschreibung der Wasserfläche. Diesem ›natürlichen‹ Spiegel kommt in der Anlage des Versailler Parks ein wesentliches inszenatorisches und bildnerisches Moment zu. Nicht nur die Spaziergänger, auch die Bäume, Skulpturen und Öffnungen der Wege werden um die *Miroirs d'eau* in Szene gesetzt, um in der Spiegelung einen besonderen Bildeffekt, eine Steigerung des Bildcharakters entstehen zu lassen.
24 Burckhardt 1997, S. 195.
25 »Le courtisan apprend à se contrôler dans toutes les circonstances, à modeler son visage et ses gestes en fonction de la bienséance. Son maître à danser ne lui enseigne pas seulement

tanzt und sich in die zugleich realen und symbolischen Figurationen einfügt (siehe Abbildung 5).

Abbildung 5: *Ludwig XIV. als Apoll*, anonymer Kostümentwurf, 1654.

Das theatrale Gefüge des Hofes bringt Figurationen hervor, äußerliche, sich plastisch in Raum und Zeit entwerfende (An-)Ordnungen, aus denen sich wiederum Ordnungen der Einbildungskraft, des Denkens und Fühlens generieren. So entstehen Stand- und Gesichtspunkte, Ansichten, Selbst- und Weltbilder wie auch Wertungen.

l'art du ballet, mais aussi le maintien. Il apprend à se déplacer avec légèreté, à traverser les salons de biais ou de côté, à rendre le signe qu'exige l'étiquette, à danser sa vie.« (Apostolidès 1981, S. 52). »Der Höfling lernt, sich in jeder Situation zu beherrschen, sein Gesicht und seine Gesten der Schicklichkeit entsprechend zu gestalten. Sein Tanzmeister lehrt ihn nicht nur die Kunst des Balletts, sondern auch die Haltung. Er lernt, sich mit Leichtigkeit fortzubewegen, die Zimmer auf Umwegen oder seitlich zu verlassen, das Zeichen zurückzugeben, das die Etikette verlangt, sein Leben zu tanzen.« (Übersetzung von Jonna Behrends). Dies trifft auch für den König als ersten Höfling zu: »Als im Jahre 1653 der fünfzehnjährige Ludwig XIV. im ›Ballet de la Nuit‹ den Roi Soleil tanzte, ertanzte er sich die Rolle seines Lebens und seinen Titel vor der Weltgeschichte.« (Alewyn 1989, S. 35).

Saint-Simon, der in diesem Zusammenhang eigens seine Tanzkünste unterstreichen muss, schildert in seinen *Memoiren* den Fall des damals siebzehnjährigen Marquis de Montbron, der neu an den Hof kommt und sich – trotz gegenteiliger Versicherung – als äußerst ungeschickter Tänzer entpuppt. Die daraus resultierende Blamage zerstört jegliche Zukunftsperspektive als Höfling und verhindert eine Existenz am Hof.

»Kaum, dass man ihn des Abends beim Tanz erblickte, drängte man sich in seine Nähe; wer weiter entfernt war, reckte sich in die Höhe, und die Schadenfreude steigerte sich derart, dass man laut in die Hände klatschte. Jeder, selbst der König, lachte ganz ungeniert, ja etliche barsten schier vor Gelächter. Ich glaube kaum, dass irgend jemand jemals eine solche Erniedrigung hat hinnehmen müssen. Er verschwand dann auch sogleich danach und ließ sich lange Zeit nicht wieder blicken.«[26]

Quellen

Diderot, Denis / Lessing, Gotthold Ephraim: Das Theater des Herrn Diderot (aus dem Französischen übersetzt von Gotthold Ephraim Lessing), Stuttgart 1986.

Félibien, André: Relation de la fête de Versailles du dix-huit juillet mille six cent soixante-huit. Les divertissements de Versailles donnés par le Roi à toute sa cour au retour de la conquête de la Franche-Comté en l'année mille six cent soixante-quatorze (hrsg. von Martin Meade), Paris 1994.

La Fontaine, Jean de: Œuvres divers (hrsg. von Pierre Clarac), Paris 1958.

Louis XIV.: Manière de montrer les Jardins de Versailles (hrsg. von Simone Hoog), Paris 1992.

Saint-Simon, Duc de / Rouvroy, Louis de: Die Memoiren des Herzogs von Saint-Simon, 4 Bd. (hrsg. von Sigrid Massenbach), Frankfurt a. M. / Berlin 1991.

Saint-Simon: Mémoires. Additions au Journal de Dangeau, 8 Bd. (hrsg. von Yves Coirault), Paris 1983–1988.

Literatur

Alewyn, Richard: Das große Welttheater. Die Epoche der höfischen Feste, München 1989.

Apostolidès, Jean-Marie: Le roi-machine. Spectacle et politique au temps de Louis XIV, Paris 1981.

Burckhardt, Martin: Metamorphosen von Zeit und Raum. Eine Geschichte der Wahrnehmung, Frankfurt a. M. 1997.

---

26 Saint-Simon 1991, S. 29. »Dès qu'au second bal on le vit pris à danser, voilà les uns en pied, les plus reculés à l'escalade, et la huée si forte qu'elle fut poussée aux battements de mains. Chacun, et le Roi même, riait de tout son cœur, et la plupart en éclats, de telle sorte que je ne crois pas que personne ait jamais rien essuyé de semblable. Aussi disparut-il incontinent après, et ne se remontra-t-il de longtemps.« (Saint-Simon 1983, Bd. I, S. 45).

Clausberg, Karl: »›Wozu hat der Mensch zwei Augen?‹ Der Mythos der Perspektive«, in: Müller-Funk, Wolfgang / Reck, Hans Ulrich (Hg.): Inszenierte Imagination. Beiträge zu einer historischen Anthropologie der Medien, Wien / New York 1996, S. 163–183.

Gothein, Marie-Luise: Geschichte der Gartenkunst, Hildesheim / New York 1977.

Haß, Ulrike: Das Drama des Sehens. Auge, Blick und Bühnenform, München 2005.

Jeannel, Bernard: André Le Nôtre, Basel / Boston / Berlin 1988.

Kolesch, Doris: Theater der Emotionen. Ästhetik und Politik zur Zeit Ludwigs XIV., Frankfurt a. M. / New York 2006.

Krämer, Sybille: »Sinnlichkeit, Denken, Medien. Von der ›Sinnlichkeit als Erkenntnisform‹ zur ›Sinnlichkeit als Performanz‹«, in: Der Sinn der Sinne (hrsg. von der Kunst- und Ausstellungshalle der Bundesrepublik Deutschland), Göttingen 1998, S. 24–39.

Lefaivre, Liane / Tzonis, Alexander: »Geometrie des Gefühls und therapeutische Landschaft«, in: *DAIDALOS. Architektur – Kunst – Kultur* (46) 1992, S. 52–59.

Lippe, Rudolf zur: Naturbeherrschung am Menschen (Bd. 2: Geometrisierung des Menschen und Repräsentation des Privaten im französischen Absolutismus), Frankfurt a. M. 1981.

Pérouse de Montclos, Jean-Marie / Polidori, Robert: Versailles, Köln 1996.

Abbildungen

Abbildung 1: Besuch der Gärten mit Ludwig XIV. von P. D. Martin. © Bridgeman Art Library.

Abbildung 2: Plan von Versailles von Pierre Le Pautre, Ende 17. Jahrhundert. © Bridgeman Art Library.

Abbildung 3: Ansicht des Schlosses von Versailles und seiner Gärten, von Israël Silvestre, um 1687. © Bibliothèque Nationale de France.

Abbildung 4: Gartentheater für Molières Princesse d'Elide 1664, von Israël Silvestre. © Albertina, Wien.

Abbildung 5: Ludwig XIV. als Apoll, anonymer Kostümentwurf, 1654. © Bibliothèque Nationale de France.

Stephanie Bung

Mimicry und Emotionen.
Zur sozialen Handlungslogik französischer Gelegenheitsdichtung des 17. Jahrhunderts

Als literarhistorische Epoche von Bedeutung wurde das 17. Jahrhundert lange mit einem Zeitraum identifiziert, der sich mit der Regierungszeit Ludwig XIV. deckt.[1] Ihre dominante Gattung ist das Drama, was mit Blick auf den artikulierten Formwillen eines Königs, der sich als die Verkörperung absoluter Herrschaft inszenieren lässt, unmittelbar einleuchtet: So wurde Versailles immer wieder als eine Bühne beschrieben und das Theater – die Gründung der *comédie française* erfolgt im Jahr 1680 – als paradigmatischer Ort der Repräsentation von königlicher Macht. Beide ›Bühnen‹ zeichnen sich dadurch aus, dass sie spezifische, durch die Verschränkung von Ästhetik und Politik sowie durch ihren jeweiligen Aufführungscharakter geprägte soziale Räume ausbilden. Darüber hinaus – und dies ist im Zusammenhang mit der Fragestellung des vorliegenden Bandes von besonderer Bedeutung – lassen sie sich mit Doris Kolesch als theatrale Gefüge verstehen, die der Generierung von Emotionen verpflichtet sind, kraft derer die verschiedenen Konstellationen der höfischen Gesellschaft maßgeblich zusammengehalten werden.[2]

Die folgenden Überlegungen greifen diesen rezenten Ansatz der kulturwissenschaftlichen Emotionenforschung auf, wenden sich jedoch einer im Vergleich mit dem Theater eher unscheinbar anmutenden Spielart dieser polymorphen »Gefühlsmaschinerie« (Kolesch) unter Ludwig XIV. zu: Tatsächlich ist die Gelegenheitsdichtung, die sowohl veröffentlichte als auch handschriftlich zirkulierende, häufig anonyme literarische Texte umfasst, jedoch nur auf den ersten Blick ein marginales Phänomen.[3] Versteht man die ab der Mitte des 17.

---

1 Die ›französische Klassik‹ gehört zu jenen historiographischen Paradigmen, die von der Forschung zwar häufig problematisiert werden, aber bis heute kaum etwas von ihrer Wirkmächtigkeit verloren haben. Einen guten Überblick bietet der Aufsatz von Stenzel 2006. Siehe auch den Forschungsband Nies / Stierle 1985.
2 Kolesch 2006.
3 In der Forschung lange Zeit vernachlässigt, nimmt das Interesse an diesem Phänomen – zumindest in Frankreich – mittlerweile zu: Neben der einschlägigen Studie von Génetiot 1997 und den im Folgenden zitierten Arbeiten von Delphine Denis sei an dieser Stelle vor allem auf

Jahrhunderts deutlich ansteigende Zahl dieser sogenannten *recueils galants* – Publikationen wie Handschriften – mit Delphine Denis als Ausdruck von Verwerfungen, die im Zuge der Institutionalisierung von Literatur auftreten und an der Herausbildung eines genuin literarischen Feldes in Frankreich beteiligt sind, so wird deutlich, dass diese zu den unterschiedlichsten galanten Anlässen komponierten Gedichte und Prosastücke durchaus nicht als marginal wahrgenommen wurden.[4] Durch ihre schiere Masse und intertextuelle Struktur markieren sie – insofern dem Theater durchaus vergleichbar – einen weiteren paradigmatischen Schnittpunkt von Politik und Ästhetik im Frankreich des *grand siècle*. Die Gelegenheitsdichtung lässt sich als die textuelle Matrix eines sozialen Raumes verstehen, dessen Relationalität sich maßgeblich über die Aufführung einer ›Als-Ob-Handlung‹ bzw. eines Rollenspiels entfaltet, dem jene kulturanthropologische Konstante zu Grunde liegt, die Roger Caillois als *mimicry* bezeichnet hat.[5]

Dieser Spielbegriff soll im Folgenden für die Analyse einer Konstellation von Texten und Personen fruchtbar gemacht werden, die ein frühes Beispiel jener theatralen Gefüge darstellt, deren dominanter Kohäsionsfaktor emotionaler Art zu sein scheint: Es handelt sich um den sogenannten literarischen ›Salon‹ der Madeleine de Scudéry, der um die Mitte des 17. Jahrhunderts seinen gesellschaftlichen Höhepunkt erreicht und hier als eine literarische Praxis verstanden werden soll, von der sowohl handschriftliche als auch gedruckte Texte Zeugnis ablegen. Im Fokus der Untersuchung stehen dabei Probleme der Referentialität, wobei die Frage nach dem *Ausdrucks*charakter von Gefühlen mit derjenigen nach der *Abbildungs*funktion von Gelegenheitsdichtung korreliert. Mit Kolesch wird dabei insbesondere die Vorstellung zu problematisieren sein, dass Emotionen sich durch ihren ›Ausdruck‹ – verstanden als »körperlich-mediale Darstellung oder gar veräußernde Abbildung eines vorgängigen, immateriellen und individuellen Gefühls«[6] – zu erkennen geben. Analog wird hier die These vertreten, dass die Gelegenheitstexte nicht etwa Gefühlen ›Ausdruck‹ verleihen, die dem Schreiben vorgängig sind, sondern sie im Zuge reziproker Rezeptions- und Produktionsprozesse hervorbringen. In einem ersten Schritt wird es jedoch zunächst darum gehen, den Charakter dieser Gefühle näher zu bestimmen und in den kulturpolitischen Kontext der Zeit einzuordnen.

---

die umfangreiche und mit einem rund 300 Seiten starken Anhang unveröffentlichter Texte ergänzte Untersuchung von Sophie Tonolo hingewiesen, Tonolo 2005.
4 Vgl. Denis 2001b, S. 339 sowie Denis 2006, S. 117–130. Zur Bedeutung der *galanterie* in diesem Prozess siehe auch Steigerwald 2011.
5 Vgl. Caillois 1958, S. 39–45.
6 Kolesch 2006, S. 41.

1. ›Freundschaft‹ und *sociabilité* im Frankreich des 17. Jahrhunderts

Wenn Emotionen als das ›Bindegewebe‹ der höfischen Gesellschaft bezeichnet werden können,[7] dann ist die Rede von ›Freundschaft‹ – die Einforderung oder Beschwörung affektiver Beziehungen – eine ihrer mächtigsten sprachlichen Verkörperungsformen. Während die theoretische Auseinandersetzung mit dem Konzept der *philia*, auf welche die gelehrten Angehörigen der sogenannten *république des lettres* im Zuge der Antikenrezeption rekurrieren, bislang überwiegend unter philologischen Gesichtspunkten untersucht wurde,[8] stellt man aus einer genuin geschichtswissenschaftlichen Perspektive eher die Frage nach der handlungsorientierten Funktion von Freundschaftsbekundungen, wie sie beispielsweise in Adelsmemoiren oder -korrespondenzen des 17. Jahrhunderts massiv auftreten.[9] Angesichts der disziplinären Organisation dieses Forschungsgebietes könnte man den Eindruck gewinnen, es handle sich bei der *amitié savante* und jener *amitié*, die mit einer Positionierung im machtpolitischen Raum verknüpft ist, um zwei unabhängig voneinander zu betrachtende Diskursformationen. In der Praxis sind sie hingegen in vielerlei Hinsicht verschränkt, vor allem im Zusammenhang mit Klientelverbindungen oder Patronagebeziehungen.[10] Ein anschauliches Beispiel ist der Gründungsmythos der Académie française, deren Geschichte der *homme de lettre* Paul Pellisson mit der Beschreibung eines *locus amœnus*, oder vielmehr mit einer regelrechten Hymne an die Freundschaft beginnen lässt.

> »De sorte que, quand ils [die Akademiemitglieder, S. B.] parlent encore aujourd'hui de ce temps-là, et de ce premier âge de l'Académie, ils en parlent comme d'un âge d'or durant lequel avec toute l'innocence et toute liberté des premiers siècles, sans bruit et sans pompe et sans autres lois que celles de l'amitié, ils goûtaient ensemble tout ce que la société des esprits et la vie raisonnable ont de plus doux et de plus charmant.«[11]

---

7 Vgl. ebd., S. 15.
8 Vgl. Salazar 1996, S. 11–35; siehe auch die Beiträge des Themenhefts »L'amitié«, in: *XVIIe Siècle* (205) 1999.
9 Vgl. Constant 1999; Kühner 2009. Die im Rahmen des Freiburger Graduiertenkollegs »Freunde, Gönner, Getreue« entstandene Dissertation »Freundschaft im französischen Adel im 16. und 17. Jahrhundert« von Christian Kühner wird derzeit zur Publikation vorbereitet.
10 Im Frankreich des 17. Jahrhunderts siehe z. B. das Patronagenetzwerk der Familie Condé, vgl. Béguin 1999.
11 Pellisson-Fontanier 1672, S. 7. »Dergestalt, dass sie [die Akademiemitglieder], wenn sie noch heute von jenen Zeiten und den Anfängen der Akademie sprechen, von ihnen wie von einem ›goldenen Zeitalter‹ sprechen, in dessen Verlauf sie in aller Unschuld und Freiheit der frühen Jahrhunderte gemeinsam alles, was die Gesellschaft des Geistes und des vernünftigen Lebens an Süße und Charme zu bieten hatte, genossen, ohne Krach und ohne Pracht und ohne eine andere Regel als diejenige der Freundschaft.« [Die Übersetzungen der französischen Zitate stammen, soweit nicht anders angegeben, von der Autorin S. B.].

Wie Christian Jouhaud dargelegt hat, markiert die Rede von der Freundschaft hier den Übergang von der individuellen zu einer institutionellen Patronagebeziehung, durch die innerhalb einer korporativ organisierten Gesellschaft den *hommes de lettres* ein Status und ihrer Akademie Sichtbarkeit und Bedeutung verliehen wird.[12]

Um der facettenreichen Bedeutung frühneuzeitlicher ›Freundschaft‹ im Schnittpunkt von Literatur- und Geschichtswissenschaft besser gerecht zu werden, bietet sich die Annäherung über den Begriff der *sociabilité* an.[13] Neben den Akademien geraten dadurch vor allem die ›Salons‹ des 17. Jahrhunderts in den Blick, ein Phänomen, das bis heute sein Faszinationspotential nicht verloren hat, auch wenn – oder vielleicht gerade weil – es einer dezidierten Aufarbeitung des Salonbegriffs bedarf, um ihm die Kontur eines wissenschaftlich analysierbaren Gegenstandes zu verleihen.[14] So wirft die Tatsache, dass der französische Ausdruck *salon* im Sinne eines sozialen Gefüges erst im 19. Jahrhundert verwendet wird, die von der Salongeschichtsschreibung unbeantwortete Frage auf, welche konkreten, über den Einzelfall hinausreichenden Konstellationen der Frühen Neuzeit mit diesem Begriff bezeichnet werden sollen.[15] Die Zeitgenossen haben ihre eigene Terminologie, um auf gesellig-gesellschaftliche Ereignisse Bezug zu nehmen – in Briefen, Anekdoten und Gelegenheitsversen werden sie mit räumlichen Ausdrücken wie *ruelle*, *maison*, *société*, *cercle* oder *cabinet* evoziert –, und es steht zu bezweifeln, ob die Einheitsübersetzung ›Salon‹ zu einem differenzierten Verständnis der sozialen *Praxis* beiträgt, die mit diesen Orten jeweils verbunden ist. Dennoch hat der Salonbegriff, so unscharf und historisch aufgeladen er auch sein mag, einen entscheidenden Vorteil: Seit seiner Verbreitung durch Schriftsteller wie Sainte-Beuve oder die Brüder Goncourt impliziert er eine gemischtgeschlechtliche Konstellation. Dieses genderspezifische Charakteristikum gilt zum Beispiel nicht für die *amitié savante* und trifft auf die allgemeine Adelssoziabilität nur insofern zu, als sich letztere im Unterschied zu den sozial heterogenen Gruppen (z. B. die Akademien) durch einen dynastischen Kohäsionsfaktor auszeichnet.[16] Zur Bezeichnung einer im Hinblick auf Herkunft *und* Gender heterogenen Gruppe, die sich weder durch eine rein professionelle noch durch eine rein dynastische Kohäsion konstituiert, hat

---

12 Vgl. Jouhaud 2000, S. 13 f.
13 Hier sei auf die Arbeiten der Forschergruppe GRIHL (*groupe de recherche interdisciplinaire de l'histoire du littéraire*) hingewiesen, die von dem Historiker Christian Jouhaud und dem Literaturwissenschaftler Alain Viala an der EHESS Paris gegründet wurde sowie insbesondere auf die im Rahmen dieser Arbeiten entstandene Studie von Nicolas Schapira, siehe Schapira 2003.
14 Vgl. hierzu Bung 2013 (i. Dr.).
15 Eine Ausnahme, die sich jedoch ausschließlich auf das 18. Jahrhundert bezieht, bildet die Studie des französischen Historikers Antoine Lilti, siehe Lilti 2005.
16 Vgl. hierzu Bung 2011, S. 355.

der Salonbegriff zumindest unter heuristischen Gesichtspunkten eine gewisse Berechtigung. Man sollte allerdings nicht aus den Augen verlieren – auch wenn die traditionelle Salongeschichtsschreibung das Gegenteil suggeriert[17] –, dass derartige Konstellationen im literarischen Feld des 17. Jahrhunderts eher die Ausnahme als die Regel sind.

Im Folgenden wird daher auch von dem Gebrauch des Salonbegriffs abgesehen, da im Fall des Kreises um Madeleine de Scudéry eine endogene Bezeichnung zur Verfügung steht: Bei der ›*cabale du samedy*‹, wie Tallemant des Réaux schreibt,[18] handelt es sich um eine Gruppe, die durch die oben beschriebenen Merkmale gekennzeichnet ist, deren Mitglieder sich über Gelegenheitsdichtung ihrer Zusammengehörigkeit versichern und im Interesse eines ständig sich erneuernden Gruppenbewusstseins ihre Zusammenkünfte mit dem Wochentag bezeichnen, an dem letztere in der Regel stattfinden. Zu den Schriftstellern des *samedy* gehören der bereits erwähnte *homme de lettres* Paul Pellisson sowie Valentin Conrart, ein weiteres prominentes Gründungsmitglied der Académie française und ihr ständiger Sekretär, weiterhin die galanten Dichter Jean-François Sarasin, Antoine Godeau und ein gewisser Samuel Isarn, der nur im Zusammenhang mit den Gelegenheitstexten dieses Kreises in Erscheinung tritt. Die weiblichen Mitglieder des *samedy* entstammen alle einem Familienverband reicher Kaufleute aus dem Marais-Viertel: Es handelt sich um Jeanne Aragonnais, Ehefrau des *trésorier des gardes françaises* (Schatzmeister der Leibgarde zu Fuß) Antoine Aragonnais sowie um ihre Tochter Marie d'Aligre, ihre Schwester Marion Le Gendre und ihre Halbschwester Marguerite Cornuel.[19] Madeleine de Scudéry selbst nimmt innerhalb dieser Gruppe eine Doppelrolle ein: So ist sie einerseits ein weibliches Gruppenmitglied und in dieser Eigenschaft ›Objekt‹ galanter Gelegenheitsverse, die die ›*cabale du samedy*‹ konstituieren. Andererseits tritt sie dort jedoch auch als *femme de lettres* auf und ist somit ›Subjekt‹ dieser Verse, was mitunter *gender trouble* auslöst.[20] Gemeinsam mit ihrem Bruder, George de Scudéry, hatte sie zuvor *Artamène ou le Grand Cyrus* geschrieben, den großen Schlüsselroman der Fronde in zehn

---

17 Etwa wenn es in der einschlägigen Studie von Maurice Magendie lapidar heißt, dass sich in der ersten Hälfte des Jahrhunderts die Salons ›vermehren‹. »Dans la première partie du siècle, les salons se multiplient […].« (Magendie 1993, S. 141).
18 Tallemant des Réaux 1961, S. 690.
19 Vgl. Niderst 1976; Niderst [u. a.] 2002.
20 So antwortet beispielsweise Sarasin auf das zuvor artikulierte Missvergnügen Madeleine de Scudérys, als einzige der anwesenden Damen nicht mit einem Madrigal bedacht worden zu sein, mit den (wenig galanten) Versen: »Vous qui faites des vers si doux, / En souhaiteriez-vous des nôtres? / Non, vous n'en aurez pas de nous, / C'est vous qui les faites aux autres.« (Scudéry / Pellisson 2002, S. 180). »Ihr, die Ihr so angenehme Verse macht, / Ihr wünscht von den unsrigen zu haben? / Nein, Ihr werdet von uns nichts bekommen, / Ihr seid es, die sie für die anderen macht.«

Bänden, und zum Zeitpunkt der ›Samstage‹ beginnt sie mit ihrem neuen *roman à fleuve*, der ebenfalls zehnbändigen *Clélie, histoire romaine*.[21]

Der erste Band der *Clélie* erscheint im Jahre 1654 und enthält eine graphische Beigabe: Es handelt sich um die sogenannte *carte de tendre*, eine Allegorie der Freundschaft in Form einer Landkarte, auf der verschiedene affektive Beziehungs- und Handlungsmuster verzeichnet sind. Zu sehen sind zunächst eine Landschaft mit Flüssen, Bergen, Seen und Meeren, Ortschaften und Städte, sodann einige Figuren, die im Begriff sind, das Land zu durchwandern und sogar ein Maßstab, der die Entfernung von einem Ort zum anderen in *lieux d'amitié* umrechnet. Diese ›Freundschaftsmeilen‹ – ebenso wie die Namen der Städte (z. B. *Tendre sur Inclination*), Dörfer (z. B. *Billet doux*) und Gewässer (z. B. *Mer de l'inimité*) – signalisieren bereits den allegorischen Charakter der Karte. Ziel der wie auf einem Spielbrett angeordneten Figuren scheint es zu sein, eine der drei Städte mit dem Namen *Tendre* zu erreichen, wobei es sich vor den feindlichen Gewässern sowie den in ihrer Nähe gelegenen Dörfern (z. B. *Perfidie, Orgueil, Méchanceté*) in Acht zu nehmen und den Ortschaften mit den freundlichen Namen (z. B. *Sincerité, Obéissance, Respect, Bonté, Constante amitié*) zu folgen gilt. Die Karte bildet demnach keine natürliche Landschaft ab, sondern verweist auf einen sozialen Raum, der sich über eine Ursache-Wirkung-Relation konstituiert: Je mehr sich das Verhalten von X gegenüber Y durch Aufrichtigkeit, Gehorsam, Respekt und Güte auszeichnet, desto eher wird X eine Form der Zuneigung von Y erwarten dürfen, die in der Literatur, die diese Landkarte einhegt, als *amitié tendre* bezeichnet wird. Eine mögliche Interpretation der *carte de tendre* besteht also darin, sie als eine Handlungsanweisung zu lesen, die es zu befolgen gilt, wenn man bestimmte Emotionen bei seinem Gegenüber hervorrufen will. Auf diese Lesart wurde in der Forschung verschiedentlich hingewiesen, ist die Karte doch im Rahmen dessen, was sich mit Joan DeJean als *salon-writing* bezeichnen lässt,[22] bereits gut erforscht.[23] Im Folgenden soll es daher auch vor allem darum gehen, sie innerhalb des dichten Gewebes der weitaus weniger bekannten Gelegenheitsliteratur zu situieren. Dabei wird erstmals ein besonderer Akzent auf die materielle Verfasstheit dieses Intertextes gelegt, durch die sich im Hinblick auf die Fragestellung dieses Bandes höchst interessante Rückschlüsse auf das Emotionen generierende Potential dieser Literatur ziehen lassen.

---

21 Die Forschungsliteratur zu Madeleine de Scudéry ist umfangreich, daher sei an dieser Stelle auf folgende Werke verwiesen, in denen sich weiterführende bibliographische Hinweise finden lassen: Denis / Spica 2002; Morlet-Chantalat 1997; Kroll 1996.
22 DeJean 1991, S. 95.
23 Um nur einige Arbeiten hervorzuheben: Kolesch 2001 und 2003; Denis 2004.

2. Die *carte de tendre*: Zum Verhältnis von Karte und Text

Die naheliegendste Möglichkeit, die allegorische Landkarte zu kontextualisieren, ist der Roman *Clélie*, in dessen ersten Band Madeleine de Scudéry die graphische Darstellung und Verräumlichung der *amitié tendre* einbinden lässt. Die Figur der Clélie hält ihre zahlreichen Verehrer mit einem Konzept der ›zärtlichen Freundschaft‹, die der leidenschaftlichen Liebe vorzuziehen sei, auf Distanz, verspricht ihnen jedoch nach längerer Diskussion, eine Wegbeschreibung zu ihrem Herzen anzufertigen. Diese Wegbeschreibung, die sich zur Überraschung der männlichen Figuren als eine sorgsam gezeichnete Landkarte entpuppt, steht mithin in der Tradition der mittelalterlichen Liebeskasuistik und gilt in der Forschung als einer der wichtigsten Belege für die Ehefeindlichkeit der sogenannten *précieuses*.[24] Eingebettet in die Handlung des Romans kommt die *carte de tendre* auch tatsächlich der Verräumlichung eines Geschlechterverhältnisses gleich, das zwischen den galanten Ansprüchen der männlichen und der Verweigerungshaltung der weiblichen Figuren oszilliert. Vor dem Hintergrund dieser Handlungslogik wird auch verständlich, warum sich Clélie – erfolglos – gegen die Veröffentlichung dieser Karte sträubt:

> »Clélie priait pourtant instamment celui pour qui elle l'avait faite, de ne la montrer qu'à cinq ou six personnes qu'elle aimait assez pour la leur faire voir; car comme ce n'était qu'un simple enjouement de son esprit, elle ne voulait pas que de sottes gens, qui ne sauraient pas le commencement de la chose, et qui ne seraient pas capable d'entendre cette nouvelle galanterie, allassent en parler selon leur caprice, ou la grossièreté de leur esprit. Elle ne put pourtant être obéie, parce qu'il y eut une certaine constellation qui fit que quoiqu'on ne voulût montrer cette carte qu'à peu de personnes, elle fit pourtant un si grand bruit par le monde, qu'on ne parlait que de la Carte de Tendre. Tout ce qu'il y avait de gens d'esprit à Capoue, écrivirent quelque chose à la louange de cette Carte, soit en vers, soit en prose; car elle servit de sujet à un poème fort ingénieux, à d'autres vers fort galants, à de fort belles lettres, à de fort agréables billets, et à des conversations si divertissantes, que Clélie soutenait qu'elles valaient mille fois mieux que sa carte; et l'on ne voyait alors personne à qui l'on ne demandât s'il voulait aller à Tendre.«[25]

---

24 Vgl. Maître 1999; Duchêne 2001.
25 Scudéry 2001, S. 185. »Cloelia bat denjenigen, für den sie sie [die Karte] angefertigt hatte, sehr darum, sie niemanden zu zeigen, mit Ausnahme der fünf oder sechs Personen, die sie gern genug hatte, um sie sie sehen zu lassen; denn da es sich nur um eine schlichte Spielerei ihrer Erfindung handelte, wollte sie nicht, dass einfältige Menschen, die nicht wussten, wie die Sache zustande gekommen war und unfähig waren, diese neuartige Galanterie zu verstehen, darüber redeten wie es ihren Launen oder der Grobschlächtigkeit ihres Geistes entsprach. Es kam jedoch anders, da gewisse Umstände es mit sich brachten, dass diese Karte, obwohl man sie nur wenigen Menschen zeigen wollte, so großes Aufsehen in angesehenen Kreisen erregte, dass man nur noch von der Carte de Tendre sprach. Alle klugen Menschen in Capua schrieben etwas zum Lobe dieser Karte, in Versen oder in Prosa; denn sie war Gegenstand eines sehr geistreichen Gedichtes, verschiedener, sehr galanter Verse, sehr schöner Briefe,

Auf der Ebene der Fiktion wird so der historisch nachweisbare Erfolg der ›echten‹, d. h. materiell existierenden allegorischen Landkarte als das Ergebnis einer Indiskretion dargestellt.[26] Dadurch erweisen sich Clélies Skrupel und Ängste im Nachhinein zwar als gegenstandslos, jedoch nicht als unbegründet: Die ›neue Galanterie‹, die sich auf das Konzept der *amitié tendre* bezieht, hier jedoch synekdochisch die *carte de tendre* bezeichnet, ist gerade aufgrund des in ihr abgebildeten Geschlechterverhältnisses nicht gegen Spott und Häme gefeit. Doch das Zitat, das hier aus diesem Grund in seiner vollen Länge wiedergegeben wurde, zeigt noch etwas anderes: Aufgrund ihres Erfolges ist die Karte mehr oder noch etwas anderes als eine reine Abbildung. Sie generiert Gespräche und vor allem Texte verschiedenster Art: längere und kurze Gedichte, galante Gelegenheitsverse, Briefe und *billets doux*, also genau jene Textsorten, die auf der Karte in Form von Ortschaften verzeichnet sind und freundschaftliche Gefühle erzeugen sollen. Was in der Romanhandlung als die zufällige Erfolgsgeschichte der *carte de tendre* präsentiert wird, lässt anhand überlieferter Gelegenheitstexte, die im Umfeld der Karte entstanden sind und auf sie Bezug nehmen,[27] eine Handlungslogik erkennen, die im Gegensatz zu derjenigen der Romanfiguren als durchaus strategisch erscheint. Im Folgenden soll dies am Beispiel einer Handschrift gezeigt werden, die im Rahmen der Samstagstreffen (*samedy*) entstanden ist und Texte versammelt, die mit der Entstehung der *carte de tendre* in Zusammenhang gebracht werden können.

Die Handschrift, die 2002 unter dem Titel *Chroniques du Samedi* von Delphine Denis, Myriam Maître und Alain Niderst ediert wurde,[28] enthält sorgfältig

---

sehr vergnüglicher billets und so unterhaltsamer Gespräche, dass Cloelia behauptete, diese seien tausendmal mehr wert als ihre Karte; und man begegnete niemanden mehr, den man nicht fragte, ob er nach Tendre unterwegs sei.«

26 Zu diesem Erfolg vgl. Kolesch: »Neben zahlreichen Kommentaren und Gedichten auf die *Carte de Tendre* erscheinen zwischen 1654 und 1670 mehr als 15 Imitationen und Parodien, darunter die *Carte du Royaume de la Coquetterie* (1654), die *Carte du Royaume d'Amour* (1659) von Tristan l'Hermite, die *Carte géographique de la Cour* (1668) oder die *Carte du Pays de Braquerie* (1670) von Bussy-Rabutin.« (Kolesch 2003, S. 166).

27 Aus dem Umkreis des *samedy* handelt es sich dabei um die folgenden Texte: »Discours géographique, pour l'utilité de ceux qui veulent apprendre la Carte pour aller de Particulier à Tendre«, »Eglogue. Atis, Amarillis«, »La Reconnaissance, à ceux qui vont à Tendre par Inclination ou par Estime«, »Caprice contre l'Estime, à Sapho«, »Gazette de Tendre«, »Relation de ce qui s'est depuis peu passé à Tendre, avec le discours que fit la souveraine de ce lieu aux habitants de l'ancienne ville«, »Ouvrez-nous les portes de Tendre«. (Vgl. Scudéry / Pellisson 2002, S. 285–329).

28 Scudéry / Pellisson 2002. Die Handschrift MS 15156, die sich in der Bibliothèque de l'Arsenal von Paris befindet, ist im Original titellos. Der Titel *Chroniques du Samedi* wurde von den Herausgebern in der Annahme gewählt, es handle sich bei der Handschrift um jene Sammlung, die bei Tallemant des Réaux erwähnt wird: »Pellisson fait un recueil où il met toutes leurs lettres et tous les vers sans rien corriger. [...] Cela s'appelle *les Chroniques du Samedy*.« (Vgl. Tallemant des Réaux, 1961, S. 691). »Pellisson hat eine Sammlung, in die er

kalligraphierte Abschriften von Briefen, die sich die Mitglieder der ›*cabale du samedy*‹ gegenseitig geschrieben haben. Die Entstehungszeit dieser Briefe lässt sich auf die Monate zwischen 1653 und 1654 eingrenzen, also genau auf jenen Zeitraum, in dem auch die *carte de tendre* angefertigt wurde. Tatsächlich ›erzählen‹ die Briefe von der Entstehung der Karte und diese Erzählung verläuft mitunter parallel zu derjenigen des Romans *Clélie*. An die Stelle des Herminius, der im Roman als Empfänger der Karte bezeichnet wird, tritt in den Briefen Paul Pellisson, der von Madeleine de Scudéry eine allegorische Wegbeschreibung erhält. Die Briefe lesen sich wie eine Initiationsreise Pellissons, der verschiedene Prüfungen bestehen muss, um in den engeren Freundeskreis des *samedy* aufgenommen zu werden, d.h. um Aufnahme in *Tendre* zu finden. Durch dieses Ineinandergreifen von Romanhandlung und Briefsammlung, das sich über die *carte de tendre* artikuliert, werden Fragen der Referentialität aufgeworfen, von denen hier nur auf zwei näher eingegangen werden kann.

Die erste Frage betrifft den Status der Texte. Auch wenn man nicht an der ›Echtheit‹ der Briefe zweifeln will, angesichts ihrer sorgfältigen Zusammenstellung durch die Hand Pellissons, der von Madeleine de Scudéry aufgefordert wurde, die Briefe zu sammeln, zu ordnen, abschreiben zu lassen und gegebenenfalls zu kommentieren,[29] ist die ästhetische Überformung ihrer *Konstellation* nicht zu leugnen. Mehr noch, man gewinnt den Eindruck, eine – nicht näher spezifizierte – Leserschaft solle von einem direkten Abbildungsverhältnis zwischen den Ereignissen, die in den Briefen geschildert werden, und der in der Handschrift reproduzierten Korrespondenz ausgehen. Der Verdacht liegt nahe, dass hier ein *effet de réel* erzeugt wird, der wiederum an die sorgfältige Gestaltung der *carte de tendre* und an die Passagen des Romans denken lässt, die ihrerseits eine Transposition der in der Korrespondenz evozierten Ereignisse darzustellen scheinen.

Diese spezifische Verfassheit der Handschrift wirft wiederum die Frage nach dem Verhältnis von Textualität und Emotionen auf. Einige der Briefe scheinen in einem Zustand höchster Erregung oder gar Verzweiflung geschrieben zu sein, beispielsweise wenn Pellisson glaubt, aufgrund eines Missverständnisses die Gunst seiner Freundin (Madeleine de Scudéry) endgültig verloren zu haben.

---

alle ihre Briefe und alle ihre Verse aufnimmt, ohne irgendetwas zu korrigieren. [...] Das nennt sich die *Chroniques du Samedy*.« Dies ist jedoch höchst unwahrscheinlich, da *in der Handschrift selbst* ein Textfragment mit der Bemerkung überschrieben wurde: »La Journée des Madrigaux. Fragment tiré des Chroniques du Samedi« (Scudéry / Pellisson 2002, S. 166). Da die Handschrift MS 15156 in der Forschung jedoch mittlerweile unter diesem Titel bekannt ist, wird er – auch mangels Alternativen und aus Gründen der Handlichkeit – im Folgenden beibehalten.

29 Einige der Briefe enthalten Anspielungen auf diese Form der Zusammenarbeit, vgl. Scudéry / Pellisson 2002, S. 131, S. 132, S. 159, S. 218.

Ebenso wie es jedoch zu kurz greift, von einer einfachen Text-Text-Relation auszugehen – Authentizität auf der Seite der Briefe, Fiktionalität auf der Seite des Romans –, wäre es wenig zielführend, diese Passagen als *Ausdruck* von Emotionen zu lesen. Dies soll abschließend anhand der spezifischen Adressierung der Briefe und vor allem der materiellen Verfasstheit der Handschrift aufgezeigt werden.

3. Gelegenheitsdichtung und Maskenspiel

Die Abschrift der Briefe in den *Chroniques du Samedi* zeugt von einer sozialen Praxis französischer *sociabilité* des 17. Jahrhunderts, die sich anhand von Gelegenheitsliteratur erschließen lässt. Es handelt sich um das Phänomen der ›galanten Onomastik‹, das Delphine Denis als einen Prozess der *figuration* beschreibt.[30] Die Phantasienamen, mit denen sich die Mitglieder einer sozialen Gruppe in den Texten gegenseitig bezeichnen, begreift Denis als halbdurchlässige Masken, die Rang und Namen der historischen Persönlichkeiten, die sich dahinter verbergen, zwar nicht unkenntlich machen, aber vorübergehend suspendieren. Die onomastische Maske kann als die idealisierte *persona* einer Person verstanden werden, die für eine begrenzte Dauer und in einem bestimmten gesellschaftlichen Rahmen zur ›Aufführung‹ gebracht wird und sich in Texten artikuliert, denen sie dadurch einen fiktionalen Status verleiht.[31] Der Text wird so zur ›Bühne‹ eines gesellschaftlichen Maskenspiels, das sich als raumzeitlich begrenzte *mimicry* im Sinne Roger Caillois' begreifen lässt,[32] und zum konstitutiven Bestandteil eines relationalen Raumes, der nicht unabhängig von diesem galanten Spiel zu denken ist. Vor diesem Hintergrund muss er als eine schriftliche Aussage gelesen werden, die nicht allein daraufhin befragt werden kann, welche vorgängigen Ereignisse sie sprachlich ›abbildet‹. Vielmehr erzeugen diese Texte erst die Realität, über die sie zugleich Auskunft erteilen.

Im Falle der galanten Korrespondenz, die in den *Chroniques du Samedi* ausgestellt wird, lässt sich diese spielerische, selbstreferentielle Dimension bereits an der Adressierung der Briefe erkennen: In deren Abschrift entfällt die übliche Anrede, dafür wird der Textkörper des jeweiligen Briefes jedoch mit einer Art ›Titel‹ versehen, der die galanten Namen von Sender und Empfänger enthält. Den Mitgliedern des *samedy*, die mit diesen onomastischen Masken

---

30 Denis 2001b, S. 127–235. Denis bezieht sich nicht, was durchaus nahegelegen hätte, auf den Begriff der ›Figuration‹ bei Norbert Elias, sondern auf Erving Goffmans Begriff des *facework*, der im Französischen mit dem Ausdruck *figuration* wiedergegeben wird, vgl. Denis 2001b, S. 129.
31 Ebd., S. 189–235, insb. S. 199.
32 Vgl. Caillois 1958, S. 39–45.

vertraut sind, fällt die Ersetzung eines Titels wie »Sapho à Acante« durch »Madeleine de Scudéry an Paul Pellisson« nicht schwer. Für diejenigen Leser, die an diesem Maskenspiel nicht unmittelbar teilnehmen, wird der Korrespondenz ein Namensschlüssel hinzugefügt, der wie andere Formen des Kommentars auf den Seiten der Handschrift selbst zu finden ist. Dieses Verfahren lässt zunächst zwei Schlussfolgerungen zu: Erstens fungieren die galanten Namen als Distinktionsmerkmale, denn es wird zwischen den Lesern, die eines Schlüssels nicht bedürfen, und den anderen unterschieden. Da die Existenz dieser anderen Leser offensichtlich in Rechnung gestellt wird, ist es zweitens bemerkenswert, dass sich die Verfasser der *Chronique du Samedi* schließlich dagegen entscheiden, die nach außen hin gewährleistete Anonymität dieser galanten Maskerade zu wahren. Um diesen Entscheidungsprozess besser nachvollziehen zu können, gilt es jedoch zunächst, die Handschrift in ihrer Materialität näher zu betrachten.[33]

Die Identität der Person, die mit der Abschrift der Briefe beauftragt wurde, ist nicht zu ermitteln. Vermutlich handelt es sich um den Sekretär von Paul Pellisson,[34] da sich die Schrift jedoch weit von einer persönlichen Handschrift entfernt, könnte mit der gebotenen Sorgfalt jede beliebige Person aus dem Umkreis des *homme de lettres* den Haupttext der Sammlung geschrieben haben. Anders verhält es sich mit den Kommentaren zu den Briefen sowie deren ›Adressierung‹. Diese Handschrift lässt sich mit ziemlicher Sicherheit Pellisson zuordnen, mit einigen wenigen Ausnahmen, die von der Hand Madeleine de Scudérys zu stammen scheinen. Auch die Farbe und Intensität der Tinte verrät, dass der Textkörper der Briefe auf der einen, Kommentare und Überschriften auf der anderen Seite zumindest zu verschiedenen Zeiten und auf unterschiedliche Weise, wahrscheinlich sogar von verschiedenen Personen ausgeführt wurden. Diese Beobachtung ist insofern interessant, als in den Überschriften *immer* die galanten Namen, in den Kommentaren sowohl die galanten als auch die historisch verbürgten Namen, in der kalligraphierten Abschrift der inhaltlichen Korrespondenz zunächst jedoch *gar keine* Namen genannt werden. Offenbar hatte diejenige Person, von der die inhaltliche Abschrift der Briefe stammt, Weisung erhalten, an der Stelle der vorhandenen Namen Raum für nachträgliche Hinzufügungen auszusparen. Tatsächlich fertigte der Kopist der Briefe nämlich Lückentexte an, die erst später von derselben Hand, von der die Überschriften und Kommentare stammen, durch historisch verbürgte Namen ergänzt wurden.

Dieser Sachverhalt wurde von der Forschung bislang nicht zur Kenntnis ge-

---

33 Die folgende Darstellung fasst die Ergebnisse meiner eigenen Untersuchungen zusammen, die ich an der Handschrift MS 15156 in der Bibliothèque de l'Arsenal von Paris durchgeführt habe.
34 Vgl. Niderst [u. a.] 2002, S. 8.

nommen. Dies ist umso erstaunlicher, als er von größtem Interesse sowohl für den Entstehungs- als auch für den Rezeptionszusammenhang der *Chroniques du Samedi* ist. So belegen diese materiellen Spuren beispielsweise, dass zwischen der Abschrift der Briefe und der Fertigstellung der Handschrift zumindest soviel Zeit vergangen sein muss, dass eine Entscheidung fallen konnte, ob und welche ›realen‹ Namen in diesem handschriftlichen *recueil galant* erscheinen würden. Erst als diese Entscheidung gefallen war, wurden diese Namen nachträglich eingefügt. Vergleicht man die *Chroniques du Samedi* mit anderen Sammlungen von Gelegenheitsliteratur, so ist die Entscheidung gegen die Anonymisierung eher untypisch: Für die wenigsten Texte, in denen galante Namen enthalten sind, verfügen wir heute über einen Schlüssel. In anderen Fällen sind statt der Namen nur Initialen oder die berühmten drei Sternchen überliefert. Ein besonders merkwürdiger *recueil galant* – der sogenannte *Recueil d'Octavie* – enthält ähnlich wie die *Chroniques du Samedi* eine Reihe von sowohl in Versen als auch in Prosa verfassten Episteln, die auf die Existenz einer salonspezifischen Konstellation hinweisen könnten.[35] Im Unterschied zu den Gelegenheitstexten, die von der Gruppe des *samedy* überliefert sind, bleiben diese galanten Namen jedoch ohne Auflösung, so dass über einen ›Salon‹ der Octavie sowie über die Handlungslogik dieser Publikation nur spekuliert werden kann. Demgegenüber stellen die *Chroniques du Samedi* eine Form der *recueils galants* dar, die der handschriftlichen Zirkulation vorbehalten blieb,[36] auch wenn die zunächst unentschiedene Haltung im Hinblick auf die Namenspolitik vermuten lässt, dass man zu einem bestimmten Zeitpunkt über eine Publikation des Briefwechsels zumindest nachgedacht hatte. Die Handschrift darf also auch unter diesem Gesichtspunkt als ein frühes Beispiel für die Mode der *recueils galants* betrachtet werden, die in der zweiten Hälfte des 17. Jahrhunderts das frühe literarische Feld mitgestalten.

Grundsätzlich bleibt festzuhalten, dass der Umgang mit den Namen in dieser Handschrift zur Konsolidierung der Gruppe beiträgt, und zwar in doppelter Hinsicht:

> »Le nom galant atteste la cohésion du réseau amical, opérant dans deux directions complémentaires: vers l'intérieur du groupe d'une part, puisqu'il n'a de légitimité qu'en son sein; à l'extérieur d'autre part, dans la mesure où il contribue à publier le prix auquel s'estime le cercle, les figurations qu'il privilégie, les valeurs culturelles auxquelles il adhère.«[37]

---

35 Anonym 1658.
36 Mitte des 17. Jahrhunderts darf die handschriftliche Zirkulation als eine noch immer übliche Form der Veröffentlichung betrachtet werden, die jedoch im Vergleich mit der gedruckten Publikation das Werk einem weniger anonymen Publikum überantwortet.
37 Denis 2001a, S. 114. »Der galante Name legt von der Kohäsion des freundschaftlichen Netzwerks Zeugnis ab und wirkt dabei in zwei Richtungen: einerseits nach innen, da er nur im

Die Publikation der eigenen Werte (z. B. des Freundschaftsbegriffs) kann den Wert der Gruppe steigern und nach außen sichtbar werden lassen. Aber auch dem internen Gebrauch der *Chroniques du Samedi* liegt eine bestimmte Handlungslogik zu Grunde, die sich in einem Brief der Sammlung folgendermaßen zu erkennen gibt. ›Acante‹ schreibt hier an ›Sapho‹:

> »Oui, ma reine, ma bonne reine, je vous obéis et je le ferai toute ma vie. Voici une bagatelle que j'ai faite, elle ne vaut rien. M. Conrart y voudrait changer quelque chose, et moi je le voudrais plus que lui. Mais comme je ne cherche point d'autre gloire que celle de la prompte obéissance, je vous envoie cet ouvrage tout mauvais qu'il est, me réservant à le corriger à l'avenir si je puis. […] M. Isarn en prépare un plus grand. Mais je ne sais si tout cela pourra être fait pour Samedi et s'il ne faudra point un délai de huitaine comme pour les Madrigaux.«[38]

In dieser Passage treffen verschiedene Aussagemodi zusammen: Zunächst fällt auf, dass Pellisson auf die *carte de tendre* Bezug nimmt, wenn er Madeleine de Scudéry in ihrer Rolle als ›Sapho, reine de Tendre‹[39] anspricht und auf dem (imaginären) Spielbrett der Karte seine eigene Figur in der Ortschaft *Obéissance* ansiedelt. Zugleich geht aus diesem Zitat jedoch hervor, dass die Mitglieder des *samedy* (hier: Conrart, Isarn und Pellisson) untereinander Texte diskutieren (hier: *une bagatelle, un ouvrage plus grand, les Madrigaux*), die sie geschrieben haben, bevor sie sie wiederum Pellisson anvertrauen. Letzterer scheint sie dann regelmäßig für zukünftige Samstagstreffen aufzubereiten. Es darf also auch von der kollektiven *Rezeption* dieser Texte während dieser Treffen ausgegangen werden, von einer gemeinsamen Lektüre, die ebenso wie das Verfassen der Gelegenheitsliteratur der ›cabale du samedy‹ als konstitutiver Bestandteil dieses relationalen Raumes betrachtet werden darf. Produktion und Rezeption greifen ineinander zur Generierung jener Gruppendynamik, die sowohl in den *Chroniques du Samedi* als auch in den Romanen Madeleine de Scudérys als eine spezifische Form der Freundschaft konzeptualisiert wird, deren Verräumli-

---

Herzen der Gruppe Legitimität beanspruchen kann; andererseits nach außen, und zwar in dem Maße, in dem er dazu beiträgt, den Wert zu veröffentlichen, den sich die Gruppe selbst gibt, sowie ihre bevorzugten Figurationen und die kulturellen Werte, die sie vertreten.«

38 Scudéry / Pellisson 2002, S. 217–218. »Ja, meine Königin, meine gute Königin, ich gehorche Euch und werde Euch immer gehorchen. Hier ist eine Bagatelle, die ich gemacht habe, sie taugt nichts. M. Conrart möchte etwas daran ändern, und ich möchte dies noch viel mehr als er. Aber da ich mich keiner anderen Tugend rühmen will, als derjenigen des prompten Gehorsams, sende ich Euch das Werk so schlecht wie es ist und behalte mir vor, in Zukunft zu verbessern, wenn ich kann. […] M. Isarn bereitet ein noch größeres [Werk] vor. Aber ich weiß nicht, ob sich all das bis zum Samstag machen lässt, oder ob es nicht einer Fristverlängerung von acht Tagen bedarf, wie für die *Madrigaux*.«

39 So der Titel des grundlegenden Aufsatzes von Myriam Maître zu verschiedenen Gelegenheitstexten, die neben den *Chroniques du Samedi* im Umkreis der *carte de tendre* entstanden sind, vgl. Maître 2002.

chung die *carte de tendre* darstellt. An dieser Stelle gilt es daher abschließend noch einmal auf die Emotionen zurückzukommen, die im Zuge dieser Verräumlichung thematisiert und / oder hervorgerufen werden.

Die *Chroniques du Samedi* enthalten Briefe, in denen die bereits erwähnte Aufnahme Pellissons alias ›Acante‹ in den Zirkel des *samedy* als eine Art ›Initiationsreise‹ durch das imaginäre Land von *Tendre* geschildert wird. Im Zuge dieser Initiation werden ihm eine Reihe von Aufgaben gestellt, die zu lösen ihm zuweilen Schwierigkeiten bereiten. So ahnt er zwar, dass man ihm mit einem Brief von Madeleine de Scudéry (alias ›Sapho‹), in dem sie ihm ihre Freundschaft entzieht, einen Streich spielen will, doch es gelingt ihm nicht schnell genug, die Lösung des Rätsels – der Brief enthält ein Acrostichon, in dem sich das ›Spiel‹ als solches zu erkennen gibt – zu finden. Die folgende Passage stammt aus einem Brief, den Pellisson / Acante zu einem Zeitpunkt schreibt, als er schon fast daran glaubt, die Gunst seiner Freundin verloren zu haben.

> »Vous m'avez tellement embarassé l'esprit que je veux bien mourir tout présentement si je sais ce que je vous dois dire dans la réponse que je commence à vous faire. Tout ce que je sais, c'est qu'il n'y eut jamais un homme ni plus innocent ni plus malheureux que moi, de quelque façon que vous le preniez, soit que vous pensiez en effet avoir sujet de vous plaindre, soit que vous pensiez qu'il n'importe guère de se jouer de moi si cruellement et si longtemps.«[40]

Diese Schilderung des eigenen Gemütszustandes zeichnet sich durch hyperbolische Formulierungen aus, in denen das ›Ich‹ offensichtlich seine rhetorischen Fertigkeiten zur Darstellung bringt. Doch lässt sich anhand dieser Zeilen nicht feststellen, wer hier spricht: Handelt es sich ›noch‹ um Acante, der nur so tut, als habe er die Lösung des Rätsels nicht gefunden, gerade weil seine eigentliche Aufgabe darin besteht, bestimmte Gefühle angesichts des scheinbaren Gunstentzuges seiner Dame zu mimen? Oder handelt es sich ›schon‹ um Pellisson, dem das Spiel aus der Hand gleitet, so dass ein wirklicher, durch den emotionalen Tonfall dieser Zeilen angezeigter Gesichtsverlust droht? Handelt es sich hier um ›gespielte‹ oder um ›echte‹ Gefühle?

Diese Frage ist möglicherweise falsch gestellt. Zumindest trägt eine hypothetische Antwort nichts zum Verständnis der sozialen Funktion bei, die sich der französischen Gelegenheitsliteratur des 17. Jahrhunderts zuschreiben lässt. Der Vergleich dieser Literatur mit dem Schauspieler, der durch seinen Körpereinsatz

---

[40] Scudéry / Pellisson 2002, S. 122. »Ihr habt meinen Geist so sehr verwirrt, dass ich auf der Stelle tot umfallen will, wenn ich weiß, was ich Euch in dieser Antwort, die ich zu schreiben beginne, sagen soll. Alles, was ich weiß ist, dass es niemals einen Menschen gegeben hat, der zugleich unschuldiger und unglücklicher war, als ich es bin, und dies, von welcher Seite auch immer man es betrachtet, sei es, dass Ihr wirklich glaubt, einen Grund zu haben, unzufrieden mit mir zu sein, sei es, weil Ihr der Ansicht seid, es hätte keine Bedeutung, sich so grausam und so lange Zeit über mich lustig zu machen.«

bestimmte Gefühle in seine Seele ›einprägt‹,[41] ist dabei weniger abwegig, als er auf den ersten Blick erscheinen mag. Da die Texte als integraler Bestandteil eines Spiels gelesen werden müssen, das als onomastisches Maskenspiel auch strukturelle Ähnlichkeiten mit dem Theaterspiel aufweist, liegt dieser Analogieschluss durchaus nahe. Versteht man außerdem den Akt des Schreibens als eine Handlung, die mittels eines bestimmten ›Stils‹ – im Rückgriff auf die Etymologie zu verstehen als die Verlängerung der Hand durch das Schreibwerkzeug – ihre Spuren hinterlässt, so ließe sich die Parallelität von galanter *persona* und Schauspieler noch weiter ausführen. In beiden Fällen handelt es sich um eine Choreographie, die sich in jene »Gefühlsmaschinerie« des 17. Jahrhunderts einspeisen lässt, die die höfische Gesellschaft unter Ludwig XIV. Doris Kolesch zufolge perfektioniert. Auch der Kreis um Madeleine de Scudéry ist Teil eines solchen theatralen Gefüges. Er lässt sich als ein Binnengefüge fassen, dessen affektiver Zusammenhalt maßgeblich durch Gelegenheitsliteratur erzeugt wird. Wenn die Maske des galanten Namens dazu dient, freundschaftliche Gefühle hervorzutreiben, derer man sich im Zuge einer kollektiven Lektüre der Texte immer wieder versichert, so ist es in letzter Konsequenz unerheblich, wer sich hinter dieser Maske verbirgt, solange er oder sie sich darauf einlässt, im Rahmen einer bestimmten *sociabilité* bestimmte Gefühle zu verkörpern. Indem sie deren Textkörper gestaltet, trägt diese Person auf diese Weise zu einer sozialen Praxis bei, die mit Kolesch als die »performative Konstitution von – historisch wandelbarer – Gefühlskultur« verstanden werden kann.[42]

4. Fazit

Die *carte de tendre*, eine allegorische Landkarte der Freundschaft, die selbst in einen literarischen Text – den Roman *Clélie* von Madeleine de Scudéry – eingebunden wurde, generiert ihrerseits Texte, die der Gelegenheitsdichtung zugerechnet werden. Das Verhältnis von Karte, Roman und Gelegenheitstext entspricht dabei in mehrfacher Hinsicht *keinem* reinen Abbildungsverhältnis: Weder dient die Karte in erster Linie der Illustration der Romanhandlung noch

---

41 Dieses Bild der ›Einprägung‹ geht, wie Doris Kolesch gezeigt hat, auf den Theaterkritiker Pierre Nicole zurück. Nicole verwendet in seiner Kritik das Bild der Falte (*pli*), das Kolesch aufgreift und vor dem Hintergrund moderner Theoriebildung zur Emotionalität in eine komplexe, wenngleich an dieser Stelle noch als stimulierende Hypothese formulierte Denkfigur überführt, die »kein Anfang auszumachen ist, sondern nur eine doppelte Verwiesenheit des Anfangs, in der die Genese und Existenz der Leidenschaften in der Seele nicht von der Entstehung und Existenz körperlicher Regungen getrennt werden kann, in der Affekt und Zeichen, in der – semiotisch gesprochen – Signifikat und Signifikant unablösbar sind.« (Kolesch 2006, S. 164).
42 Kolesch 2006, S. 156.

verzeichnet sie affektive Beziehungsmuster, deren ›Authentizität‹ die *Chroniques du Samedi* bezeugen. Ebenso wie die *carte de tendre* sind die Briefe vielmehr Teil eines Spiels. Die Frage, ob die historischen Personen, die sich hinter der Maske des galanten Namens verbergen, wirklich gefühlt haben, was sie aufschrieben, lässt sich nicht beantworten. Da jedoch die *carte de tendre* mit Gefühlen experimentiert, die nicht zuletzt das Geschlechterverhältnis verhandelbar erscheinen lassen, eignet auch den Texten, die durch die Karte hervorgerufen werden, ein subversives gesellschaftliches Potential, das kaum sichtbar wird, wenn man sie als medialen ›Ausdruck‹ individueller, vorgängig existierender Gefühlen betrachtet.

Quellen

Anonym: Œuvres diverses tant en vers qu'en proses, dédiées à Madame de Mattignon. Par Octavie, Paris 1658.

Pellisson-Fontanier, Paul: Relation contenant l'histoire de l'Académie françoise jusqu'en 1652. Augmentée de divers ouvrages du mesme auteur, Paris 1672.

Scudéry, Madeleine de: Clélie. Histoire romaine. Première partie 1654 (hrsg. von Chantal Morlet-Chantalat), Paris 2001.

Scudéry, Madeleine de / Pellisson, Paul et leurs amis: Chroniques du Samedi. Suivies de pièces diverses (1653–1654) (hrsg. von Alain Niderst, Delphine Denis, Myriam Maître), Paris 2002.

Tallemant des Réaux, Gédéon: Historiettes (hrsg. von Antoine Adam), Bd. 2, Paris 1961.

Literatur

Béguin, Katia: Les Princes de Condé. Rebelles, courtisans et mécènes dans la France du Grand Siècle, Seyssel 1999.

Bung, Stephanie: »Une Guirlande pour Julie. Le manuscrit prestigieux face au ›salon‹ de la Marquise de Rambouillet«, in: *Papers on French Seventeenth Century Literature*, XXXVIII (75) 2011, S. 347–360.

Bung, Stephanie: Spiele und Ziele. Französische Salonkulturen des 17. Jahrhunderts zwischen Elitendistinktion und Belles Lettres, Tübingen 2003 (i. Dr.).

Caillois, Roger: Les Jeux et les hommes: le masque et le vertige, Paris 1958.

Constant, Jean-Marie: »L'amitié, le moteur de la mobilisation politique dans la noblesse de la première moitié du XVIIe siècle«, in: *XVIIe Siècle* (205) 1999, S. 593–608.

DeJean, Joan: Tender Geographies. Women and the Origins of the Novel in France, Columbia 1991.

Denis, Delphine: »Les Samedis de Sapho. Figurations littéraires de la collectivité«, in: Marchal, Roger (Hg.): Vie des salons et activités littéraires, de Marguerite de Valois à Mme de Staël, Nancy 2001a, S. 107–115.

Denis, Delphine: Le Parnasse galant. Institution d'une catégorie littéraire au XVIIe siècle, Paris 2001b.
Denis, Delphine: »Les inventions de Tendre«, in: *Intermédialités. Histoire et théorie des arts, des lettres et des techniques* (4) 2004, S. 45–66.
Denis, Delphine: »Classicisme, préciosité et galanterie«, in: Darmon, Jean-Charles / Delon, Michel (Hg.): Histoire de la France littéraire. Classicismes XVIIe-XVIIIe siècles, Paris 2006, S. 117–130.
Denis, Delphine / Spica, Anne-Elisabeth (Hg.): Madeleine de Scudéry. Une femme de lettres au XVIIe siècle, Paris 2002.
Duchêne, Roger: Les Précieuses, ou comment l'esprit vint aux femmes, Paris 2001.
Génetiot, Alain: Poétique du loisir mondain. De Voiture à La Fontaine, Paris 1997.
Jouhaud, Christian: Les Pouvoirs de la littérature. Histoire d'un paradoxe, Paris 2000.
Kolesch, Doris: »Performanzen im Reich der Liebe. Die ›Carte de Tendre‹ (1654)«, in: Fischer-Lichte, Erika (Hg.): Theatralität und die Krise der Repräsentation, Stuttgart / Weimar 2001, S. 62–82.
Kolesch, Doris: »Kartographie der Emotionen«, in: Schramm, Helmar / Schwarte, Ludger / Lazardzig, Jan (Hg.): Kunstkammer – Laboratorium – Bühne. Schauplätze des Wissens im 17. Jahrhundert, Berlin / New York 2003, S. 161–175.
Kolesch, Doris: Theater der Emotionen. Ästhetik und Politik zur Zeit Ludwig XIV., Frankfurt a. M. 2006.
Kroll, Renate: Femme poète. Madeleine de Scudéry und die ›poésie précieuse‹, Tübingen 1996.
Kühner, Christian: »Freundschaft im französischen Adel im 17. Jahrhundert«, 2009, verfügbar unter: http://www.perspectivia.net/content/publikationen/discussions/2-2009/kuehner_freundschaft [15.1.2012].
Lilti, Antoine: Le monde des salons. Sociabilité et mondanité à Paris au XVIIIe siècle, Paris 2005.
Magendie, Maurice: La Politesse mondaine et les théories de l'honnêteté, en France, au XVIIe siècle, de 1600 à 1660, Genève 1993 [1925].
Maître, Myriam: Les précieuses. Naissance des femmes de lettres en France au XVIIe siècle, Paris 1999.
Maître, Myriam: »Sapho, Reine de Tendre. Entre monarchie absolue et royauté littéraire«, in: Denis, Delphine / Spica, Anne-Elisabeth (Hg.): Madeleine de Scudéry. Une femme de lettres au XVIIe siècle, Paris 1999, S. 179–193.
Morlet-Chantalat, Chantal: Bibliographie des écrivains français. Madeleine de Scudéry, Paris 1997.
Niderst, Alain / Denis, Delphine / Maître, Myriam: »Introduction«, in: Scudéry, Madeleine de / Pellisson, Paul et leurs amis: Chroniques du Samedi. Suivies de pièces diverses (1653–1654) (hrsg. von Alain Niderst, Delphine Denis, Myriam Maître), Paris 2002, S. 7–45.
Niderst, Alain: Madeleine de Scudéry, Paul Pellisson et leur monde, Paris 1976.
Nies, Fritz / Stierle, Karlheinz (Hg.): Französische Klassik, München 1985.
Salazar, Philippe-Joseph: »Philia. Connaissance et amitié«, in: Lagarde, François (Hg.): L'ésprit en France au XVIIe siècle. Actes du 28e congrès annuel de la North American Society for Seventeenth Century French Literature, Austin (Texas) 1996, S. 11–35.

Schapira, Nicolas: Un professionnel des lettres au XVIIe siècle. Valentin Conrart, une histoire sociale, Seyssel 2003.

Steigerwald, Jörn: Galanterie. Die Fabrikation einer natürlichen Ethik der höfischen Gesellschaft (1650–1710), Heidelberg 2011.

Stenzel, Hartmut: »Le ›classicisme‹ français et les autres pays européens«, in: Darmon, Jean-Charles / Delon, Michel (Hg.): Histoire de la France littéraire. Classicismes XVIIe-XVIIIe siècles, Paris 2006, S. 39–78.

Tonolo, Sophie: Divertissement et profondeur. L'épître en vers et la société mondaine en France de Tristan à Boileau, Paris 2005.

bestimmte Gefühle in seine Seele ›einprägt‹,[41] ist dabei weniger abwegig, als er auf den ersten Blick erscheinen mag. Da die Texte als integraler Bestandteil eines Spiels gelesen werden müssen, das als onomastisches Maskenspiel auch strukturelle Ähnlichkeiten mit dem Theaterspiel aufweist, liegt dieser Analogieschluss durchaus nahe. Versteht man außerdem den Akt des Schreibens als eine Handlung, die mittels eines bestimmten ›Stils‹ – im Rückgriff auf die Etymologie zu verstehen als die Verlängerung der Hand durch das Schreibwerkzeug – ihre Spuren hinterlässt, so ließe sich die Parallelität von galanter *persona* und Schauspieler noch weiter ausführen. In beiden Fällen handelt es sich um eine Choreographie, die sich in jene »Gefühlsmaschinerie« des 17. Jahrhunderts einspeisen lässt, die die höfische Gesellschaft unter Ludwig XIV. Doris Kolesch zufolge perfektioniert. Auch der Kreis um Madeleine de Scudéry ist Teil eines solchen theatralen Gefüges. Er lässt sich als ein Binnengefüge fassen, dessen affektiver Zusammenhalt maßgeblich durch Gelegenheitsliteratur erzeugt wird. Wenn die Maske des galanten Namens dazu dient, freundschaftliche Gefühle hervorzutreiben, derer man sich im Zuge einer kollektiven Lektüre der Texte immer wieder versichert, so ist es in letzter Konsequenz unerheblich, wer sich hinter dieser Maske verbirgt, solange er oder sie sich darauf einlässt, im Rahmen einer bestimmten *sociabilité* bestimmte Gefühle zu verkörpern. Indem sie deren Textkörper gestaltet, trägt diese Person auf diese Weise zu einer sozialen Praxis bei, die mit Kolesch als die »performative Konstitution von – historisch wandelbarer – Gefühlskultur« verstanden werden kann.[42]

4. Fazit

Die *carte de tendre*, eine allegorische Landkarte der Freundschaft, die selbst in einen literarischen Text – den Roman *Clélie* von Madeleine de Scudéry – eingebunden wurde, generiert ihrerseits Texte, die der Gelegenheitsdichtung zugerechnet werden. Das Verhältnis von Karte, Roman und Gelegenheitstext entspricht dabei in mehrfacher Hinsicht *keinem* reinen Abbildungsverhältnis: Weder dient die Karte in erster Linie der Illustration der Romanhandlung noch

---

41 Dieses Bild der ›Einprägung‹ geht, wie Doris Kolesch gezeigt hat, auf den Theaterkritiker Pierre Nicole zurück. Nicole verwendet in seiner Kritik das Bild der Falte (*pli*), das Kolesch aufgreift und vor dem Hintergrund moderner Theoriebildung zur Emotionalität in eine komplexe, wenngleich an dieser Stelle noch als stimulierende Hypothese formulierte Denkfigur überführt, in der »kein Anfang auszumachen ist, sondern nur eine doppelte Verwiesenheit des Anfangs, in der die Genese und Existenz der Leidenschaften in der Seele nicht von der Entstehung und Existenz körperlicher Regungen getrennt werden kann, in der Affekt und Zeichen, in der – semiotisch gesprochen – Signifikat und Signifikant unablösbar sind.« (Kolesch 2006, S. 164).
42 Kolesch 2006, S. 156.

verzeichnet sie affektive Beziehungsmuster, deren ›Authentizität‹ die *Chroniques du Samedi* bezeugen. Ebenso wie die *carte de tendre* sind die Briefe vielmehr Teil eines Spiels. Die Frage, ob die historischen Personen, die sich hinter der Maske des galanten Namens verbergen, wirklich gefühlt haben, was sie aufschrieben, lässt sich nicht beantworten. Da jedoch die *carte de tendre* mit Gefühlen experimentiert, die nicht zuletzt das Geschlechterverhältnis verhandelbar erscheinen lassen, eignet auch den Texten, die durch die Karte hervorgerufen werden, ein subversives gesellschaftliches Potential, das kaum sichtbar wird, wenn man sie als medialen ›Ausdruck‹ individueller, vorgängig existierender Gefühlen betrachtet.

Quellen

Anonym: Œuvres diverses tant en vers qu'en proses, dédiées à Madame de Mattignon. Par Octavie, Paris 1658.
Pellisson-Fontanier, Paul: Relation contenant l'histoire de l'Académie françoise jusqu'en 1652. Augmentée de divers ouvrages du mesme auteur, Paris 1672.
Scudéry, Madeleine de: Clélie. Histoire romaine. Première partie 1654 (hrsg. von Chantal Morlet-Chantalat), Paris 2001.
Scudéry, Madeleine de / Pellisson, Paul et leurs amis: Chroniques du Samedi. Suivies de pièces diverses (1653–1654) (hrsg. von Alain Niderst, Delphine Denis, Myriam Maître), Paris 2002.
Tallemant des Réaux, Gédéon: Historiettes (hrsg. von Antoine Adam), Bd. 2, Paris 1961.

Literatur

Béguin, Katia: Les Princes de Condé. Rebelles, courtisans et mécènes dans la France du Grand Siècle, Seyssel 1999.
Bung, Stephanie: »Une Guirlande pour Julie. Le manuscrit prestigieux face au ›salon‹ de la Marquise de Rambouillet«, in: *Papers on French Seventeenth Century Literature*, XXXVIII (75) 2011, S. 347–360.
Bung, Stephanie: Spiele und Ziele. Französische Salonkulturen des 17. Jahrhunderts zwischen Elitendistinktion und Belles Lettres, Tübingen 2003 (i. Dr.).
Caillois, Roger: Les Jeux et les hommes: le masque et le vertige, Paris 1958.
Constant, Jean-Marie: »L'amitié, le moteur de la mobilisation politique dans la noblesse de la première moitié du XVIIe siècle«, in: *XVIIe Siècle* (205) 1999, S. 593–608.
DeJean, Joan: Tender Geographies. Women and the Origins of the Novel in France, Columbia 1991.
Denis, Delphine: »Les Samedis de Sapho. Figurations littéraires de la collectivité«, in: Marchal, Roger (Hg.): Vie des salons et activités littéraires, de Marguerite de Valois à Mme de Staël, Nancy 2001a, S. 107–115.

Elke Anna Werner

Visualität und Ambiguität der Emotionen.
Perspektiven der kunst- und bildwissenschaftlichen Forschung

Im Zuge des aktuell gestiegenen Interesses am Thema der Emotionen, es ist sogar von einem »Affektboom« in den Wissenschaften die Rede,[1] haben sich auch die Kunst- und Bildwissenschaften diesem Forschungsfeld verstärkt zugewandt. Thematische Schwerpunkte und methodische Ansätze, Forschungstand und leitende Fragestellungen sind dabei durch den Gegenstand der Disziplin, d. h. die spezifische Medialität und materielle Präsenz von Bildern im Allgemeinen und von Kunstwerken im Besonderen, aber auch im Hinblick auf die eigene Fachgeschichte anders gelagert als in den benachbarten geistes- und kulturwissenschaftlichen oder in den naturwissenschaftlichen Disziplinen. So zeichnet sich die jüngere kunst- und bildwissenschaftliche Emotionsforschung durch einen Rekurs auf ihre eigenen disziplinären Traditionen aus, die einerseits mit dem Namen Aby Warburg verknüpft sind und andererseits mit der Geschichte der Affekttheorie und dem Wandel der visuellen Ausdrucksformen. Das Verhältnis von Politik und Visualisierung von Emotionen wurde dabei als ein wichtiges Forschungsfeld erkannt, bisher jedoch allenfalls exemplarisch ohne systematische Fundierung untersucht.[2]

Vor diesem Hintergrund möchte der folgende Beitrag zunächst einen knappen Überblick über aktuelle Positionen der kunst- und bildwissenschaftlichen Emotionsforschung geben. Dabei geht es gerade auch um Ansätze, die sich im Bereich der politischen Kunst mit der Bedeutung von Emotionalität und der Darstellung bzw. Erzeugung von Affekten beschäftigen. Angesichts der Fülle neuerer Literatur wird keine Vollständigkeit bei der Kartierung des For-

---

[1] Hammer-Tugendhat / Lutter 2010, S. 7.
[2] Einschlägig, wenn auch nur mit wenigen Fallbeispielen Warnke 2004; für die aktuelle Bildpolitik und ihre Steuerung von Emotionen vgl. Holert 2008. In den kunsthistorischen Lexika fehlen entsprechende Einträge oder decken nur Teilbereiche ab; vgl. in: Metzler Lexikon Kunstwissenschaft den Art. »Gefühl und Einfühlung«; in: Handbuch der Politischen Ikonographie, der Art. »Affekte« mit einem engen Fokus auf die Ikonographie des Schreis in der modernen Kunst; zu ersten Annäherungen von Geschichtswissenschaften zum Thema vgl. Frevert / Schmidt 2011 mit Fokus auf zeitgenössische Bilder und Medien.

schungsfeldes angestrebt. Der zeitliche Schwerpunkt liegt auf der Kunst der Frühen Neuzeit. Dies sollte aber nicht in erster Linie als chronologische Eingrenzung betrachtet werden, sondern im Sinne eines spezifischen Zugangs zum Thema, der bestimmt ist durch Fragestellungen und Methoden, die für die Kunst der Frühen Neuzeit von besonderer Relevanz sind, wie etwa die visuelle Rhetorik der Affekte oder Begriff und Konzept der *Pathosformel*. Auf die grundsätzliche Frage: »Wo steht die Emotionsgeschichte – heute?«[3] und im Hinblick auf eine historische Semantik der Gefühle möchte dieser Beitrag also mit einer Positionsbestimmung aus kunsthistorischer Perspektive antworten. In einem ersten Schritt werden die Ansätze der kunsthistorischen Emotionsforschung im Feld der aktuellen kulturwissenschaftlichen Emotionsdiskurse verortet. Im Anschluss daran sollen als genuin kunsthistorische Forschungsbereiche Untersuchungen zur Affektrhetorik und zur visuellen Kodifizierung emotionaler Ausdrucksformen vorgestellt werden. In einem weiteren Schritt werden die Relevanz und das Potential des kunsthistorischen Konzepts der *Pathosformel* sowie neuere Ansätze zur emotionalen Wirkmacht von Bilder diskutiert. Abschließend werden dann anhand eines Fallbeispiels, des Gemäldes »Die Folgen des Krieges« von Peter Paul Rubens (1637/38, Florenz, Palazzo Pitti)[4], exemplarisch die Potentiale und Grenzen der vorgestellten kunsthistorischen Methoden erörtert. Dieses Gemälde und seine Verortung im politischen Kontext des Dreißigjährigen Krieges eröffnen zudem eine Perspektive auf die Relevanz von Emotionen im Bereich des Politischen, in einer Zeit, die von einem langandauernden militärischen Konflikt und zugleich von gesteigerten diplomatischen Aktivitäten geprägt war. In Bezug auf die medialen Dimensionen von Emotionen und ihre Semantisierung wird für diesen spezifischen Kontext versuchsweise die Kategorie der Ambiguität eingeführt, als ästhetisches Paradigma, das die Normativität von emotionalen Ausdrucksformen im Dienste der politischen Diplomatie unterläuft.

1. Kunstgeschichtliche Emotionsforschung im kulturwissenschaftlichen Kontext

Die aktuellen Forschungen zu Emotionen, Affekten und Gefühlen zeichnen sich durch eine kontrovers geführte Debatte aus, in deren Zentrum die Frage steht, ob Emotionen als kulturell bedingt oder als anthropologisch konstant zu verstehen sind. Während die neueren Theorien der Neurowissenschaften Emotionen als eine grundlegende Eigenschaft des Menschen verstehen, die alle Menschen und

---

3 Vgl. Hitzer 32.11.2011.
4 Werner 2004; Werner 2009.

Menschen aller Zeiten miteinander verbindet, betonen die Kulturwissenschaften die kulturelle Bedingtheit von Emotionen, die in Abhängigkeit von den Normen und Werten einer Gesellschaft also historisch und geografisch, sozial und genderspezifisch differenziert betrachtet werden müssen.[5] Dieser, in den verschiedenen Disziplinen auf unterschiedlichen Ebenen geführte Diskurs ist auch von der kunst- und bildwissenschaftlichen Forschung aufgegriffen worden. Sie hat sich dabei sowohl auf die Untersuchungsmethoden der Neurowissenschaften als auch auf die anderer geisteswissenschaftlicher Disziplinen eingelassen, ohne von vornherein einen dieser Ansätze zu favorisieren.[6] Inzwischen zeigt sich jedoch eine gewisse Ernüchterung hinsichtlich der inter- und transdisziplinären Offenheit, deren Problematik sich vor allem in der Terminologie und den unterschiedlichen methodischen Prämissen manifestiert.

Als ein besonderes Problem dieses interdisziplinären Forschungsfeldes wurde die fehlende Einheitlichkeit von Begriffen erkannt.[7] Zwar mangelt es nicht an Versuchen, das außerordentlich breite Begriffsspektrum – von *Pathos*, *Affekt* und *Gefühl* über *Passion*, *Leidenschaft*, *Geste* und *Gebaren* bis zu *Ausdruck*, *Emotionen* und *Stimmungen* – mittels Definitionen zu strukturieren, doch neigen die Einzeldisziplinen dazu, die jeweiligen Begriffe ohne Berücksichtigung ihres historischen Gebrauchs immer wieder neu zu definieren. Die Vereinheitlichung der Terminologie, resümierte Klaus Herding, der im Rahmen des Frankfurter Graduiertenkollegs »Psychische Energien bildender Kunst« (1996–2004) an der Konzeption eines neuen interdisziplinären Zugangs zur historischen Emotionsforschung arbeitete, »setzt wahrscheinlich noch eine ganze Generation weiterer emotionstheoretischer Bemühungen voraus.«[8] Das griechische *páthos*, verstanden als passives Reagieren des Körpers im Sinne von ›Erleiden‹, entspricht wortgeschichtlich dem lateinischen Begriff *affectus* und ist zudem etymologisch eng verbunden mit dem deutschen Begriff *Leidenschaft*, der in unterschiedlichen historischen Kontexten jedoch unterschiedliche Bedeutungen und Wertungen erfuhr.[9] So hob bereits Platon die Leidenschaft erregende Wirkung der Kunst hervor, allerdings im negativen Sinne, indem sie mit ihren Täuschungsstrategien die Betrachter fehlleite. Descartes hingegen definierte unter der Voraussetzung der Trennung von Körper und Geist die Lei-

---

5 Ausführlich zu dieser Debatte Hammer-Tugendhat / Lutter 2010, S. 7 ff.
6 Hier ist besonders das von Klaus Herding am Kunsthistorischen Institut in Frankfurt geleitete Graduierten-Kolleg »Psychische Energien bildender Kunst« (1996–2004) zu nennen, vgl. Herding 2004; Herding / Krause-Wahl 2007; weiterhin intensiv auf diesem Feld arbeitet David Freedberg, vgl. etwa Freedberg 2007.
7 Herding 2004, S. 4 f.; ebenso Harbsmeier / Möckel 2009, S. 10 f., die grundsätzlich die terminologischen und methodischen Schwierigkeiten bei der Erfassung von Phänomenen des Emotionalen diskutieren.
8 Herding 2004, S. 5.
9 Zu den Schwierigkeiten einer konsistenten Begriffsbildung Franke 2004.

denschaften (*passions*) als »Wahrnehmungen, Empfindungen oder Emotionen der Seele, die ihr in besonderer Weise zugehören.«[10] Und der Neurophysiologe Antonio Damasio unterscheidet heute zwischen Emotionen (*emotions*) und Gefühlen (*feelings*): Emotionen seien körperliche Impulse von Aktion und Reaktion, während Gefühle allein dem Menschen zukommende, tiefergehende Verarbeitungen von Emotionen seien. Während hier zwei Begriffe in ein hierarchisches, wenn auch nicht unumstrittenes Verhältnis zueinander gesetzt werden, widmen sich die meisten Beiträge zur Emotionsgeschichte oder -theorie nur einem Begriff, ohne ihn gegenüber anderen Begriffen abzugrenzen.[11] Die mangelnde systematische Auseinandersetzung auf der terminologischen Ebene in den Kunst- und Bildwissenschaften zeigt sich auch in den fehlenden oder den Gesamtkomplex nur teilweise abdeckenden neueren Lexikon- und Handbucheinträgen.[12] Die im folgenden verwendeten Begriffe sind vor dem Hintergrund dieses Forschungsstandes als neutrale Arbeitsbegriffe zu verstehen, mit denen verschiedene Felder und Ebenen von Emotionalität erfasst werden sollen.

Zur mangelnden Systematik dieses Forschungsfeldes innerhalb der Kunstgeschichte trägt zudem die Vielzahl methodischer Ansätze bei, die gerade in jüngster Zeit im Anschluss an kulturwissenschaftliche Fragestellungen noch zugenommen hat. Einige der wichtigsten Ansätze sollen im Folgenden skizziert werden. Die antiken Texte zu Emotionen, von der Rhetorik über die Naturwissenschaften bis hin zur Philosophie, bildeten eine wichtige Grundlage für den künstlerischen und kunsttheoretischen Umgang mit emotionalen Phänomenen in der Neuzeit und sind daher auch für die heutige Forschung nach wie vor grundlegend. Besonders die Rhetorik war für die bildliche Darstellung von Emotionen prägend. Aristoteles entwickelte in seiner *Rhetorik* eine systematische Erklärung für das Zustandekommen verschiedener Empfindungen und Gefühlsäußerungen, die er als Movens für menschliches Handeln und körperliche Veränderungen verstand.[13] Cicero zufolge vermag ein Redner das Publikum für seine Ansichten zu gewinnen, wenn er durch die Steuerung der Affekte »das Herz sowohl zum Zorn, Hass oder Schmerz antreiben, wie auch von diesen Regungen in eine Stimmung der Milde und des Mitleides zurückversetzen kann.«[14] Affekte können in diesem Sinne als Gemütsäußerungen aufgefasst werden, die den Menschen je nach Situation zu unterschiedlichen Urteilen und Entscheidungen und zum Handeln führen.

An diese theoretischen Grundlegungen einer Affektrhetorik in Verbindung

---

10 Descartes (1649) 1996, Artikel 27.
11 So auch neueste Arbeiten, die im Umkreis der Kunst- und Bildwissenschaften entstanden sind, z. B. aus phänomenologischer Perspektive: Waldenfels 2008; Scherer 2008.
12 Art. »Gefühl und Einfühlung« 2011 [2003]; Art. »Affekte« 2011.
13 Harbsmeier / Möckel 2009, S. 32 ff.
14 Zitiert nach Franke 2004, S. 168.

mit einer systematischen Erfassung der Affekte, wie sie die antike Temperamentenlehre und die Lehre der Stoa mit ihrer Unterscheidung von vier Hauptleidenschaften (Schmerz, Furcht, Freude und Sehnsucht) vorgaben, knüpften die Affekttheorien und das künstlerische Repertoire bildlicher Emotionsdarstellungen zu Beginn der Frühen Neuzeit an. Einen zentralen Referenzpunkt bildet der italienische Künstler und Theoretiker Leon Battista Alberti, mit dessen Traktat *De Pictura* (1435) die Orientierung der Kunstliteratur an Aufbau und Begrifflichkeit der antiken Rhetorik-Traktate einsetzte.[15] Seine Ausführungen zur Darstellung von Affekten wurde von der Forschung auch als theoretische Begründung für die neue Lebendigkeit und Ausdrucksstärke der Kunst des 15. und 16. Jahrhunderts verstanden. Dabei blieb er noch weitgehend dem begrenzten Kanon der antiken Physio- und Pathognomik verhaftet und differenzierte die vier Hauptaffekte nur dahingehend, dass er die emotionsbedingten Veränderungen im Gesicht, konkret von Mund, Kinn, Augen, Wangen und Stirn benannte. Alberti selbst sah die Idee, Körperbewegungen als Ausdruck von Gemütsbewegungen zu verstehen, in der zeitgenössischen Kunst bereits vorgeprägt, etwa in Giottos Mosaik der »Navicella«, das für seine Visualisierung vielfältiger Affekte berühmt war. Er ging jedoch in seiner Bestimmung der Relation von körperlicher Bewegung und emotionaler Disposition insofern einen bemerkenswerten Schritt weiter, als er auch eine Identität der dargestellten Emotion mit der Betrachterreaktion konstatierte.[16] Um die gleiche affektive Wirkung einer im Kunstwerk visualisierten Körperbewegung auf den Betrachter zu erreichen, empfahl Alberti den Malern eine Bildfigur in ihre Komposition einzufügen, die als Mittler, als eine Art Affektbrücke, zwischen Darstellung und Publikum agieren solle.

In der Nachfolge Albertis wurden von Künstlern wie Leonardo und von Theoretikern wie Rivius, Lomazzo und van Mander die Systematisierung und Differenzierung der Affekte weiter vorangetrieben,[17] bis der französische Hofmaler Charles Le Brun mit seinem Vortrag »Conférence sur l'expression générale et particulière« im Jahr 1668 eine umfassende Systematik der Leidenschaften in die kunsttheoretische Diskussion einbrachte, die er 1698 reich ausgestattet mit Illustrationen veröffentlichte.[18] (Siehe hierzu Abbildung 1).

Diese auf seinen eigenen Zeichnungen basierenden Kupferstiche, die höchst detailliert und zugleich in einem schematischen Darstellungsmodus die emotionalen Veränderungen in einem Gesicht, differenziert nach Geschlecht und

---

15 Michels 1988, besonders S. 9–40; vgl. auch Kirchner 2008, hier S. 191 f.
16 Michels 1988, S. 23 f.
17 Vgl. Herding 2004, S. 10 f.
18 Kirchner 1991. Zur Veröffentlichung des Vortrags in gedruckter Form und den verschiedenen Auflagen vgl. auch Montagu 1994.

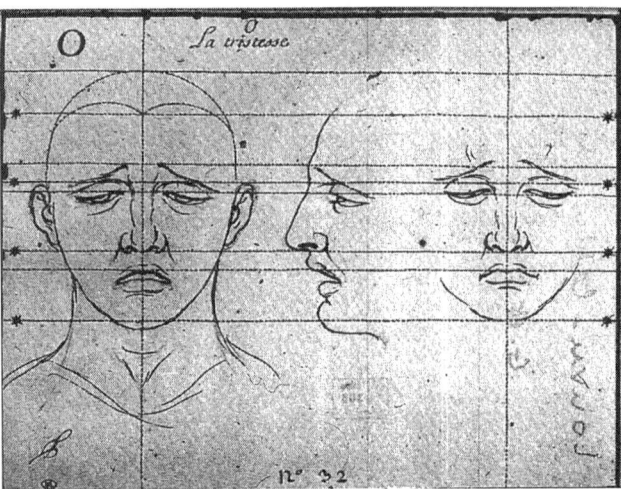

Abbildung 1: Charles Le Brun: La Tristesse, um 1678, Zeichnung, Musée du Louvre.

Alter,[19] kodifizierten, wurden für die Zeitgenossen, aber auch für die kunstgeschichtliche Forschung zum Prüfstein für die Identifizierung und Bewertung von bildlich dargestellten Emotionen.

2. Politische Ikonographie und die semantische Potentialität kodifizierter Ausdrucksformen

Die im 17. Jahrhundert im Umkreis der französischen Akademie entwickelte visuelle Kodifizierung von Emotionen diente Generationen von Künstlern und dient noch heute einer ikonographisch orientierten Kunstgeschichte als maßgebliche Quelle, anhand derer der Versuch unternommen wird, die in einem bestimmten Werk dargestellten Affekte zu identifizieren.[20] Auch die »politische Ikonographie«, ein von dem Hamburger Kunsthistoriker Martin Warnke in den 1980er Jahren entwickelter methodischer Ansatz, stützt sich auf solche Kodifizierungen bildlicher Ausdrucksformen, um die visuellen Strategien politischer Bilder zu analysieren. Diese Methode geht dabei von der Prämisse aus, dass in

---

19 Die Systematik der Ausdrucksformen orientiert sich an den verschiedenen Emotionen; die unterschiedlichen Emotionen werden – wenn auch wohl wiederum nicht systematisch – nach Geschlecht und Alter differenziert, z.B. wird der Ausdruck der einfachen Liebe an einer jungen Frau gezeigt, während der Ausdruck des Erstaunens mit Schrecken am Beispiel eines eher männlichen Gesichtsprototyps visualisiert wird.

20 Vgl. etwa Bleyl 2000; Baader 2002 (mit einer Problematisierung der Identifikation des dargestellten Gesichtsausdrucks).

politischen Bildern und insbesondere in bestimmten Bildmotiven Vorstellungen, Vorurteile, Ideologien und soziale Erinnerungen enthalten sind, die nicht ohne Weiteres verbal kommuniziert werden können und daher ihre Wirkung gerade im Medium des Bildes zu erzielen suchen.[21]

Als exemplarisch für die methodische Vorgehensweise der politischen Ikonographie kann die Neulektüre von Diego Velázquez' berühmtem Gemälde der »Übergabe von Breda« (um 1535) gelten. Eine bisher kaum beachtete Geste eines jungen holländischen Offiziers im Bild machte Michael Diers für einen Deutungsvorschlag fruchtbar, durch den das gesamte Werk eine weitere semantische Ebene erhält.[22] Frühere Interpreten setzten meist an der zentralen Szene in der Mitte des Bildes an, die die Schlüsselübergabe des Kommandanten der unterlegenen holländischen Aufständischen, Maurits von Nassau, an den siegreichen Befehlshaber der spanischen Belagerer, Ambrogio Spinola, zeigt. (Siehe hierzu Abbildung 2).

Abbildung 2: Diego Velázquez: Die Übergabe von Breda (Ausschnitt), um 1635, Madrid, Museo del Prado.

Auf den zeremoniell-symbolischen, zugleich aber auch emotional bewegenden Akt der Schlüsselübergabe reagiert Spinola mit einer Geste der Ehrerbietung

---

21 Es fehlt bisher eine grundlegende und systematische Darstellung dieses Ansatzes, einführend, aber wie üblich bei dieser Methode fallbezogen argumentierend vgl. Warnke 1993; Warnke 2003; zuletzt Warnke / Fleckner / Ziegler 2011.
22 Diers 2004.

gegenüber dem Niederländer, indem er sich seinerseits huldvoll verneigt und darüberhinaus in einer persönlichen Geste, die nicht Bestandteil des diplomatischen Zeremoniells war, seinem Gegenüber die rechte Hand auf die Schulter legt. In Verbindung mit dem freundlich lächelnden Gesicht des Spaniers, das auf dem Gemälde durch den Lichteinfall betont wird, wurde diese Geste als Ausdruck der Wertschätzung des Spaniers gegenüber dem Unterlegenen gedeutet. Die zentrale Szene, begleitet und sowohl mimisch als auch gestisch gespiegelt vom militärischen Gefolge zu beiden Seiten, bietet sich dem Betrachter in dieser Lesart so dar, als ob der Großmut der Spanier mit dem Anspruch einer dokumentarischen Wiedergabe des tatsächlichen Geschehens anschaulich vermittelt werden solle.

Diers macht nun auf einen frontal zum Betrachter stehenden jungen Mann links neben der Hauptszene aufmerksam, der den Kopf leicht gesenkt und die rechte Hand mit erhobenem, leicht gekrümmtem Zeigefinger vor der Brust hält. In dieser Figur erkennt Diers die oben erwähnte Albertische Reflexionsfigur, die das emotionale Verhältnis zwischen Bild und Betrachter steuern und bei diesem eine, dem Thema angemessene Anteilnahme wecken solle. War die Geste des elegant gekleideten jungen Mannes bisher mahnend, belehrend oder auch nur als blickleitend gedeutet worden, schlägt Diers nun vor, den Finger als »einen Finger des Gefühls (zu deuten), der von Nachsinnen, Rührung oder auch von Trauer« spreche.[23] Es handele sich, so Diers, um eine Ausdrucksgebärde aus dem Gestenrepertoire des antiken Theaters, wo sie als emotionaler und zugleich kontrollierter Ausdruck der Trauer und Verzweiflung die Funktion gehabt habe, Gefühle nach außen sichtbar zu machen. Velázquez habe, Diers zufolge, mit der Inszenierung dieser Geste neben der Hauptszene die Schilderung der historischen Begebenheit psychologisierend aufgeladen und diesem eminent politischen Bild eine gesteigerte affizierende Wirkung verliehen. In der Phase des Dreißigjährigen Krieges, als das Gemälde entstand, habe der Künstler darauf abgezielt, politisch-diplomatische Ereignisse mittels Emotionen auch als Akte zutiefst menschlichen Handelns zu präsentieren.

Damit impliziert Diers, dass Velázquez durch das Einfügen dieser Ausdrucksgeste dem Bild und dem dargestellten Ereignis eine weitere semantische Ebene hinzugefügt habe, die einerseits die Folgen diplomatischen (d. h. affektkontrollierten) Handelns für die emotionale Disposition der Betroffenen zeige, sich zugleich aber auch als ein auktorialer Akt des Künstlers, als ein visueller Kommentar des Malers zum politischen Ereignis zu verstehen gebe. Es stellt sich aber die Frage, was Velázquez mit diesem »Finger des Gefühls« eigentlich kommentiert. Das emotionale Empfinden der unterlegenen Niederländer, als deren Repräsentant der junge Adelige eine prominente Position im Bild ein-

---

23 Diers 2004, S. 27.

nimmt? Und was bedeutet dann dieser mögliche Verweis auf die Emotionen des unterlegenen Gegners – einen gezielten Appell an die Humanität des Siegers oder einen allgemeinen Kommentar zu den Folgen des Krieges? Und an wen richtet sich diese visuelle Botschaft? Im Hinblick auf diese offenen Fragen muss auch der ursprüngliche Bestimmungort und Funktionszusammenhang des Bildes berücksichtigt werden: Das im Auftrag des spanischen Königs Philipps IV. entstandene Gemälde hing in einer Schlachtenbild-Galerie im Prunksaal des Schlosses Buen Retiro, wo auf 12 großformatigen Gemälden die jüngsten militärischen Erfolge des Königs präsentiert wurden.[24] Welche Bedeutung kann dem bildlichen Verweis auf die emotionale Befindlichkeit eines unterlegenen Gegners in diesem Kontext zugesprochen werden? Will der Künstler damit den Auftraggeber zur Reflektion über den Krieg anregen oder soll hier ein reflektierter und menschlicher, die Gefühle der Gegner berücksichtigender Auftraggeber präsentiert werden?

Diese Fragen können die Probleme und erkenntnistheoretischen Grenzen dieser ikonographischen Methode nur andeuten. In ihrer Fokussierung auf kodifizierte Ausdrucksformen, die vermeintlich eindeutige und gesicherte Bedeutungen gewährleisten, ist sie wenig flexibel, um auch Abweichungen vom Kanon und mögliche Mischungen emotionaler Ausdrucksformen erfassen zu können. Kaum berücksichtigt wird auch die Frage, ob der angeführte Kanon für das Werk, für den Künstler oder für die Rezipienten überhaupt maßgeblich war. Die vordergründige Absicherung durch historische Quellen wie etwa Le Bruns Ausdruckskodex oder die bildliche Überlieferung antiker Gesten enthebt den Interpreten auch nicht des grundsätzlichen Problems im Umgang mit Bildern und Kunstwerken, dass das eigene Empfinden mit in die Bildanalyse hineinspielt. Wie eine bestimmte Wendung des Kopfes, die Mimik eines Gesichts oder eine Gebärde erfasst und bestimmt werden, hängt nicht zuletzt von der eigenen emotionalen Erfahrung, vom kulturellen, geschlechtlichen Kontext usw. ab. Gerade bei Bildern, darauf hat Herding zu Recht hingewiesen, ist die Versuchung offensichtlich besonders groß, dem visuellen Material mit einer Sprache zu begegnen, in der im Grunde nichts anderes geschieht, als die eigene Befindlichkeit auf den Gegenstand zu projizieren.[25] Ein reflektierter Umgang mit der eigenen gefühlsmäßigen Haltung gegenüber dem Gegenstand stellt daher wohl eine besondere Herausforderung für eine differenzierte und historisch distanzierte Analyse von Emotionen dar.[26]

Sie ist zudem konfrontiert mit der Ambiguität der in Bildern dargestellten

---

24 Zur Rekonstruktion der Galerie vgl. Pfisterer 2002.
25 Herding 2004, S. 20.
26 Zu diesem Problem aus philosophischer Perspektive vgl. Löw-Beer 2004; zu den kunstwissenschaftlichen Reflexionen über Potentiale und Folgen der Einfühlung zuletzt Bredekamp 2010, S. 121–124.

Gesten und anderer Gefühlsäußerungen. Die Eindeutigkeit emotionaler Ausdrucksformen hat Warnke anhand eines zeitgeschichtlichen Beispiels in Frage gestellt.[27] Der von Papst Johannes Paul II. eingeführte Bodenkuss, mit dem er bei seinen Reisen das gastgebende Land begrüßte, wurde üblicherweise als Ausdruck der Freundschaft, Liebe und Ehrerbietung des Papstes gegenüber dem Gastgeber verstanden. Warnke kann aber zeigen, dass der Bodenkuss in der Antike auch ein Zeichen der Inbesitznahme und Unterwerfung eines anderen Landes war. Auf diese Bedeutung der Geste nimmt etwa eine Episode aus dem Leben Julius Caesars Bezug, der bei seiner Ankunft in Afrika den Boden küsste, um so seinen Herrschaftsanspruch zu reklamieren. Warnke erkennt in dieser politischen Bedeutung zumindest einen möglichen Hintersinn, mit dem der Papst dem allgemeinen Verständnis des Bodenkusses eine weitere semantische Dimension, nämlich die Erneuerung des Suprematsanspruchs der katholischen Kirche, hinzugefügt habe. Dieses Beispiel ist somit ein weiterer Beleg dafür, wie besonders unter den Bedingungen ubiquitärer bildlicher Präsenz – der päpstliche Bodenkuss wurde zum zentralen Bestandteil der journalistischen Berichterstattung – Emotionen in tradierten Ausdrucksformen visuell inszeniert werden, ohne dass deren Bedeutung deshalb eindeutig auf eine bestimmte Lesart hin festgelegt wäre.

3. Die emotive Macht der Bilder und ihre handlungsstiftende Funktion

Die Wirkmacht bildlich dargestellter Emotionen auf den Betrachter und dessen Reaktion darauf, die bereits Alberti zufolge gezielt vom Künstler angestrebt werden sollte, ist in einem anderen Bereich der neueren kunst- und bildwissenschaftlichen Emotionsforschung selbst zum Forschungsgegenstand geworden. Sie knüpft an kulturwissenschaftliche und kunstpsychologische Forschungen vom Beginn des 20. Jahrhunderts an, die sich besonders mit dem Namen Aby Warburg und seinem Kreis verbinden. Warburg formulierte in Analogie zu Sigmund Freuds Psychoanalyse eine Bildtheorie, die dem Bild besondere psychische Energien zuschrieb, die Warburg aus der Rezeption antiker Bewegungs- und Ausdrucksformen und deren bewusster oder unbewusster Steigerung in der jeweiligen Aneignung dieser Formen in der neuzeitlichen Kunst ableitete.[28] Für diese affektive Steigerung tradierter Ausdrucksformen prägte er den Begriff *Pathosformel*, in der er die Entäußerung nicht zu bewältigender, zerstörerischer Energien des Psychischen und Sozialen in visueller

---

27 Warnke 2004, S. VIIIf.
28 Vgl. etwa Settis 1997.

Form erkannte, die auf diese Weise im Kunstwerk beherrschbar gemacht würden.

Dieser, von der bild- und kulturwissenschaftlichen Forschung vielfach aufgegriffene Terminus wurde zuletzt von Bredekamp in seiner »Theorie des Bildakts« verhandelt.[29] In der Debatte, ob Bildern eine autonome Aktivität zuzuschreiben sei oder ob sie erst durch die handlungsstiftende Rezeption des Betrachters oder der Betrachterin zur Entfaltung ihrer Wirkmacht kämen, formuliert Bredekamp seine Position im Anschluss an die Sprechakt-Theorie von Peirce und Austin folgendermaßen:

> »Reziprok zum Sprechakt liegt die Problemstellung des Bildakts darin, welche Kraft das Bild dazu befähigt, bei Betrachtung oder Berührung aus der Latenz in die Außenwirkung des Fühlens, Denkens und Handelns zu springen. Im Sinne dieser Frage soll unter dem Bildakt eine Wirkung auf das Empfinden, Denken und Handeln verstanden werden, die aus der Kraft des Bildes und der Wechselwirkung mit dem betrachtenden, berührenden und auch hörenden Gegenüber entsteht.«[30]

Dabei unterscheidet er zwischen drei verschiedenen Wirkmöglichkeiten: dem schematischen, dem substitutiven und dem intrinsischen Bildakt. Während der intrinsische Bildakt im Sinne von Warburgs Pathosformel seine spezifische, aus dem Inneren des Werks kommende Wirkung aus der gestalteten Form gewinne, entstehe der substitutive Bildakt durch den »wechselseitigen Austausch von Körper und Bild in Religion, Naturforschung, Medien, Recht, Politik, Krieg und Bildersturm.«[31]

Wie die Wirkmacht des Bildes im Bereich des Politischen durch den wechselseitigen Tausch von Körper und Bild zu denken sei, erläutert Bredekamp an Beispielen aus verschiedenen Epochen.[32] Dabei wird deutlich, wie sich sein methodischer Ansatz von der politischen Ikonographie unterscheidet, die in der Regel eng auf die Identifizierung eines bestimmten politisch relevanten Motivs und der Herleitung seiner Bedeutung aus der Bildtradition fokussiert ist, aber auch von mediengeschichtlichen Ansätzen, die vor allem auf die (auch politische) Macht der Bilder aufgrund ihrer multimedialen Omnipräsenz verweisen, ohne jedoch die bildeigenen Strukturen und ihre Wirkung auf die Rezipienten zu berücksichtigen. Bredekamp hingegen erläutert die Autorität von Bildern in Bezug auf die Substitution von Körper und Bild am Beispiel von Hoheitszeichen, wie etwa Siegeln und Fahnen, die in einer elementaren Form als visuelle Zeichen für den politischen Körper einer Gemeinschaft stehen und diesen als Bild selbständig vertreten und somit auch für ihn agieren können. Die Herrscher-

---

29 Bredekamp 2010, S. 293–306.
30 Ebd., S. 52.
31 Ebd., S. 53.
32 Ebd., S. 192–230.

porträts auf Münzen soll(t)en als authentische Abbilder einer politischen Autorität verstanden werden, die als Stellvertreter des Regenten den Wert der Münze beglaubigen.

Auch Hobbes' Leviathan als Metapher des Staatskörpers, dem Abraham Bosse auf dem Titelblatt des gleichnamigen Buches die monumentale Körperform eines Herrschers gab, ist nach Bredekamp ein Beispiel für die emotive, d. h. auf die emotionale Wahrnehmung des Betrachters zielende Wirksamkeit von Bildern im politischen Kontext.[33] (Siehe hierzu Abbildung 3).

Abbildung 3: Abraham Bosse: Leviathan (Ausschnitt), Frontispiz von: Thomas Hobbes: Leviathan, 1651.

Die Gliedmaßen der Figur sind über und über mit kleinfigurigen Menschen angefüllt, die sich schutzsuchend in den Leib des Fürsten geflüchtet haben – ein Urbild der Erschaffung des Staates. Hobbes selbst reflektierte, wie Bredekamp zeigt, das handlungsstiftende Potential der Bilder in seinen Schriften und fügte die Bilder offenbar gezielt seinen Texten hinzu, weniger als Illustrationen denn in der Absicht, sein Verständnis des Staates durch wirkmächtige Bilder zu befördern und zu stützen. Schwert und Zepter als Symbole der politischen Gewalt, die strenge Frontalität und auch die monumentale Größe der Figur verbinden sich zu einer formalen Konfiguration, deren Qualität darin besteht, dass sie dem Betrachter Schrecken einflößen kann. Dieser durch das Bild vermittelte Schrecken hatte, wie Bredekamp in Bezug auf Hobbes ausführt, die Funktion, die natürlichen Leidenschaften des Menschen zugunsten der zivilisatorischen Errungenschaften des Staates zu unterbinden und dessen rationale Ordnungsstruktur zu legitimieren und zu sichern. Bredekamp versteht den durch das Titelbild von Hobbes Leviathan vermittelten Schrecken als Bildakt, im Sinne eines performativen Ereignisses, dessen Substitution des politischen Körpers durch das Bild zur Aufrechterhaltung politischer Ordnung beitragen sollte.

---

33 Ebd., S. 193–195; Bredekamp 2003.

Die Produktion handlungsaktiver oder auch handlungsinitiierender Bilder in der Absicht, sie für die Durchsetzung politischer Intentionen zu instrumentalisieren, hat zwar ihre theoretische Ausformung in der Frühen Neuzeit erhalten, als politisch-ästhetisches Prinzip ist sie aber bis heute relevant. Als aktuelles Beispiel wird immer wieder auf die Attentate vom 11. September 2001 verwiesen, die von den Attentätern um ihrer medialen Wirksamkeit willen ausgeführt worden seien.[34] Der Angriff auf die New Yorker Zwillingstürme habe Bilder des Schreckens von einer eigenen ikonischen Qualität geschaffen, die zeitgleich weltweit verbreitet worden seien.[35] Die mediale Präsenz dieser Katastrophenbilder habe bei der US-Regierung und in anderen Staaten politische Handlungen in Gang gesetzt, die kaum noch sprachlich diskursiv, sondern wesentlich mit der durch die Bilder aktivierten Angst der Bevölkerung legitimiert worden seien.

Bilder, deren Sujets und Darstellungsformen Angst oder Freude, Sorge oder Zufriedenheit bei den Betrachtern hervorrufen – diese und viele andere Beispiele zeigen, dass die Eigenschaft von Bildern, Emotionen beim Betrachter auszulösen, schon seit langem eine wichtige Rolle in der Politik spielt. Diese Funktion des Bildes scheint wesentlich in einer engen Wechselbeziehung zur spezifischen Medialität des Bildes zu stehen. Die neue massenmediale Verfügbarkeit von Bildern jedenfalls hat auch neue Formen der Bilderzeugung und ihre politische Instrumentalisierung zur Folge: Ereignisse, wie der Angriff auf die Zwillingstürme oder die Hinrichtung von Gefangenen, werden als reale Ereignisse inszeniert, um sie im Bild zu dokumentieren und mit diesen Bildern als Waffe politisch zu agieren.[36] Um diese Funktion zu erfüllen, ist jedoch Eindeutigkeit erforderlich, d. h. die Bilder müssen vorhersehbar bestimmte Emotionen hervorrufen, um dadurch die gewünschten Handlungen zu generieren.

4. Die Ambiguität der Emotionen und die *Dissimulatio* der Malerei

Das Problem der Eindeutigkeit oder Ambiguität affektiver Ausdrucksformen in Bildern und deren Wirkung auf den Betrachter soll abschließend an einem prominenten historischen Beispiel einer politischen Allegorie erörtert werden. In den Jahren 1637/38 schuf der Hofkünstler der habsburgischen Statthalter in den Niederlanden, der in Antwerpen lebende Maler Peter Paul Rubens, eine politische Allegorie von großer emotionaler Ausdruckskraft, die heute unter

---

34 Bredekamp 2010, S. 228 f.
35 Zum Verhältnis von Geschichte, Politik und Visualität in Bezug auf den 11. September vgl. Holert 2008, S. 13–17 und Haustein 2008.
36 Vgl. Holert 2008, 1. Kap. mit weiteren Beispielen.

dem (nicht zeitgenössischen) Titel »Die Folgen des Krieges« im Palazzo Pitti in Florenz aufbewahrt wird.[37] (Siehe hierzu Abbildung 4).

Abbildung 4: Peter Paul Rubens: Die Folgen des Krieges (Ausschnitt), 1637/38, Florenz, Palazzo Pitti.

Das Gemälde war sehr wahrscheinlich für den Florentiner Großherzog Ferdinando II. bestimmt, einen Parteigänger des habsburgischen Kaisers, der mit militärischen und diplomatischen Mitteln an den Bemühungen um eine Beendigung des Dreißigjährigen Krieges beteiligt war. Rubens schickte das fertige Gemälde an dessen Hofkünstler Justus Sustermans in Florenz, begleitet von einem Brief, in dem der Künstler das Bild selbst beschrieb:

»Die Hauptfigur ist Mars, welcher den geöffneten Tempel des Janus – der nach römischer Sitte in Friedenszeiten geschlossen blieb – verlassen hat und mit dem Schilde und bluttriefendem Schwerte, den Völkern ein großes Unheil androhend, einherschreitet. Er kümmert sich wenig um Venus, die Gebieterin, die von ihren Amoretten und Liebesgöttern begleitet, sich abmüht, ihn mit Liebkosungen und Umarmungen zurückzuhalten. Auf der anderen Bildseite wird Mars vorwärtsgezogen von der Furie Alekto, die eine Fackel in der Hand hält. Daneben Ungeheuer, welche Pest und Hunger, die untrennbaren Begleiter des Krieges bedeuten.«[38]

Weitere Figuren, Symbole und Attribute, die die Folgen des Krieges veranschaulichen, werden von Rubens erläutert. Schließlich kulminiert der Brief in der Beschreibung der klagenden Europa am linken Bildrand:

»Jene schmerzdunkle Frau aber, schwarzgekleidet und mit zerrissenem Schleier, und all ihrer Edelsteine und ihres Schmuckes beraubt, ist das unglückliche Europa (*infelice Europa*), welches schon so viele Jahre lang Raub, Schmach und Elend erduldet, die für jedweden so tief spürbar sind, dass es nicht nötig ist, sie näher anzugeben. Ihr Symbol ist der Globus, der von einem kleinen Engel oder Genius getragen wird, mit dem Kreuz darüber, das die christliche Welt (*l'orbe christiano*) bedeutet.«[39]

---

37 Werner 2004 mit einem Überblick zum Forschungsstand; zuletzt Warnke 2006, S. 189 f.
38 CDR Bd. 6, S. 207.
39 Ebd., S. 208.

Das großformatige Gemälde galt in der Forschung lange Zeit als das »ewige und unvergeßliche Titelbild des Dreißigjährigen Krieges«[40] (Jacob Burckhardt), als eine zutiefst persönliche Stellungnahme eines politisch engagierten Künstlers, der im Medium des Bildes für eine unverzügliche Beendigung des Krieges plädiere und für den Frieden werbe.[41] Ulrich Heinen hat jüngst eine neue Lesart des Werkes vorgeschlagen, der zufolge das Bild die Notwendigkeit des Krieges als Mittel der Politik rechtfertige.[42] Aufgrund der Affektregie und der positiven Darstellung des Mars sowohl im Bild als auch im Brief verfolge das Bild, so Heinen, die Intention, den Betrachter zum militärischen Handeln aufzufordern. Der mediceische Großherzog als Adressat sollte demnach mit Bild und Text von der Notwendigkeit eines gerechten Krieges überzeugt werden, um ihn dafür zu gewinnen, an der Seite der kaiserlich-habsburgischen Truppen gegen die Allianz aus Franzosen und Protestanten zu kämpfen und durch einen militärischen Sieg den Krieg zu beenden. Damit stellt sich nun grundsätzlich die Frage nach der politischen Botschaft und den visuellen Argumentationsstrukturen dieses Bildes: Mahnt es zur Beilegung der Kämpfe oder zur Ergreifung der Waffen, um mit Gewalt den Sieg herbeizuführen? Gibt das Werk selbst eine eindeutige Lesart vor und auf welcher methodischen Basis wäre sie zu ermitteln? Oder sind unterschiedliche, vielleicht sogar gegensätzliche, vom Künstler implizierte Bedeutungen möglich, die je nach Rezipient differenziert wahrgenommen werden können? Im Zentrum steht dabei die Frage nach der Eindeutigkeit oder Ambiguität von visuell repräsentierten Emotionen: Wie werden politische Botschaften über affektive Ausdrucksformen im Medium des Bildes vermittelt? Können dargestellte Affekte eine bestimmte Wirkung beim Betrachter erzielen? Und nochmals in Bezug auf das Gemälde von Rubens: Wie lässt sich das Verhältnis von im Bild dargestellten Emotionen und deren Wirkung auf den Betrachter methodisch fassen?

Ambiguität sowohl im Sinne von Vieldeutigkeit, Uneindeutigkeit oder auch Verweigerung von Bedeutung wurde erst jüngst als ein komplexes Forschungsfeld für die kunsthistorische Forschung reklamiert.[43] Ambiguität hat sich zwar als ein spezifisches Phänomen der Postmoderne und des Poststrukturalismus etabliert, ist zuletzt von der Forschung aber auch verstärkt für die Kunst der Vormoderne in Anspruch genommen worden und hat sich hier als neue, richtungsweisende Perspektive, auch für Kontroversen um die richtige Deutung einzelner Werke gezeigt.[44] Weiterer Aufschluss über möglicherweise ganz unterschiedliche »Kulturen der Ambiguität« als ein vielschichtiges ästhe-

---

40 Burckhardt 1928 [1898], S. 104.
41 Vgl. Werner 2004, S. 304.
42 Heinen 2005.
43 Krieger / Mader 2010; spezifischer zur Ambiguität in der bildenden Kunst vgl. Rosen 2012.
44 Krieger 2010, S. 13–52.

tisches Paradigma ist von differenzierten und kontextorientierten Bildanalysen zu erwarten, die dazu beitragen können, in der historischen wie auch zeitgenössischen Kunst Formen und Strukturen von Verrätselung, Mehrdeutigkeit, Paradoxie, Sinnverweigerung etc. herauszuarbeiten. In diesem Zusammenhang soll im folgenden Rubens' Gemälde auf die Frage nach einer eindeutigen oder ambigen Lesart unter besonderer Berücksichtigung der dargestellten und der potentiell beim Betrachter ausgelösten Emotionen untersucht werden.

Nicht nur die Figuren auf dem Bild zeigen Emotionen wie Wut, Trauer und Verzweiflung in extrem gesteigerter Form, auch die Beschreibung des Bildes durch den Künstler selbst in seinem Brief bedient sich, obwohl der Duktus keineswegs vordergründig affektgeladen zu sein scheint, emotionaler Ausdrucksformen: Das »bluttriefende Schwert« des Mars flößt Schrecken ein, der Zustand der »schmerzdunkle[n] Frau« als Personifikation der »unglücklichen Europa« ist Mitleid erregend. Die Figur der Europa, die entsprechend der Leserichtung des Betrachters von links nach rechts in die Komposition einführt und mit ihrer Klagegeste den emotionalen Einstieg in das Bild eröffnet, kann auf der formalen Ebene als eine rahmende Figur der zentralen Figurengruppe von Mars und Venus im Zentrum des Bildes betrachtet werden. Heinen interpretiert das Motiv der kunstvollen Verschlungenheit von Mars und Venus in der Tradition eines römischen Motivs, mit dem die weltumspannende Macht des römischen Reiches durch die enge Verbindung von Kriegsbereitschaft und Friedenswille begründet wurde.[45] In diesem Verständnis musste der Friede immer wieder mit militärischen Mitteln erkämpft werden, um ihn dauerhaft zu sichern. In dieser Tradition deutet Heinen auch den Kriegsgott Mars auf dem Florentiner Bild als eine Figur, die zwischen Schrecken und Hoffnung changiere, um den Betrachter von der Notwendigkeit des Krieges zu überzeugen und als Voraussetzung dafür, »die Leiden des Krieges in der militärischen Durchsetzung eines Friedensreiches zu beenden.«[46] In einer mit bildlichen Mitteln betriebenen Kriegs- und Friedenspolitik habe Rubens dem brutal losstürmenden Mars mit ästhetischen Mitteln eine so große virile Attraktivität verliehen, dass Venus vor ihm geradezu dahinschmelze.

Zunächst einmal entspricht Heinens Interpretation des Verhältnisses zwischen Mars und Venus nicht der im Brief formulierten Deutung des Künstlers, der betonte, dass Venus verzweifelt, aber vergeblich versuche, ihren Geliebten aufzuhalten. Dennoch scheint das Bild selbst die von Heinen vorgeschlagene Lesart zu ermöglichen oder zumindest nicht auszuschließen, wie im Folgenden eine genauere Betrachtung der mimischen und gestischen Ausdrucksformen des Bildpersonals zeigen soll. So fällt auf, dass der Gesichtsausdruck der Venus wenig

---

45 Heinen 2005, S. 181 f.
46 Ebd., S. 199.

eindeutig ist. Ihr Mund ist leicht zum Sprechen geöffnet, aber die Gesichtszüge sind nicht erkennbar von Schmerz und Verzweiflung verzerrt und auch der Versuch, Mars mit den Armen zu halten, bleibt unentschieden zwischen einem eher lockeren Griff um seinen Arm und einem festeren Griff in seinen roten Umhang. Das Gesicht des Mars hingegen ist so stark verdunkelt, dass sein mimischer Ausdruck in der Rückwendung zu Venus auch nicht klar zu erkennen ist. Dadurch wird die Bildmitte gewissermaßen zu einer semantischen Leerstelle, die erst durch die rahmende Hinzufügung der Personifikation der Europa und der Furie als Pathosfiguren ihre emotionale Indizierung erhält. Sowohl die hasserfüllte und kämpferisch-aggressiv vorwärtsdrängende Furie als auch der Klagegestus der Europa erschließen sich dem Betrachter aus der unmittelbaren Anschauung. Darüber hinaus war die klagende Europa in der politischen Rhetorik und in der Kunst des 16. und 17. Jahrhunderts als ein Topos etabliert, der immer dann bemüht wurde, wenn politische Akteure aufgefordert werden sollten, sich an der Rettung Europas zu beteiligen.[47] Das geforderte Engagement war – wie andere Fälle zeigen – auf die Beendigung der Kampfhandlungen und auf die Verwendung diplomatischer Mittel zur Beilegung eines Konflikts bezogen.

Wie die Rettung Europas durch eine Beendigung des zerstörerischen Krieges herbeizuführen sei, durch diplomatische Aktivitäten oder durch kriegerisches Handeln, lässt sich im Falle dieses für den Florentiner Großherzog Ferdinando II. bestimmten Gemäldes von Rubens aus der Darstellung allein letztlich nicht mit Gewissheit erschließen. Die im Bild eindeutig negativ konnotierten Folgen des Krieges und nicht zuletzt der Brief des Künstlers bieten kaum Argumente für den Einsatz militärischer Mittel. Welche Botschaft aber das Bild dem Betrachter vermittelt, hängt wesentlich von diesem selbst ab. In dieser strukturellen hermeneutischen Offenheit kommt ein ästhetisches Prinzip zum Tragen, das Rubens selbst für die Deutung des Medici-Zyklus mit dem Begriff der *Dissimulatio*, der Verschleierung des wahren Sinnes, belegt hat. Diese Verschleierung war, wie Martin Warnke gezeigt hat, eine genuin künstlerische Qualität der Werke von Rubens, der als Hofkünstler wusste, welche Bedeutung die Ambiguität oder Verunklärung von Sinn in der Politik und im diplomatischen Verkehr haben kann.[48] Seine oft emotional hoch aufgeladenen Werke erweisen sich gerade dadurch als politische Bilder, dass sie mit ihrer materiellen Präsenz und durch ihre affektive Adressierung des Betrachters diesen zur Reflexion über das Dargestellte anregen, um aus diesem performativen Akt heraus eine Entscheidung zum Handeln herbeizuführen. Die beschriebene Ambiguität der bildlich dar-

---

47 Werner 2004; Werner 2009.
48 Zum Begriff der *Dissimulatio* bei Rubens und in der rhetorischen Tradition siehe Warnke 1965, S. 53–58.

gestellten Emotionen, die methodisch kaum zu lösende Interferenz zwischen der Emotionalität des (historischen oder modernen) Betrachters und des Bildes, ist also zugleich ein Potential der Bilder, die die Künstler und ihre Auftraggeber je nach Situation nutzen konnten.

Quellen

CDR – Max Rooses / Charles Ruelens: Correspondance de Rubens et Documents épistolaires concernant sa vie et ses oeuvres publies, Codex Diplomaticus Rubenianus (CDR), 6 Bd., Antwerpen 1887–1909.

Descartes, René: Die Leidenschaften der Seele. Les passions de l'ame. (1649) Französisch-deutsch (hrsg. und übersetzt von Klaus Hammacher), Hamburg 1996.

Literatur

Art. »Affekte«, in: Fleckner, Uwe / Warnke, Martin / Ziegler, Hendrik (Hg.): Handbuch der politischen Ikonographie, München 2011, S. 29–35 (Claudia Schmölders).

Art. »Gefühl und Einfühlung«, in: Pfisterer, Ulrich (Hg.): Metzler Lexikon Kunstwissenschaft, Stuttgart / Weimar 2011 [2003], S. 138–140 (Vera Wolff).

Baader, Hannah: »Das Gesicht als Ort der Gefühle. Zur Büste eines jungen Mannes aus dem Florentiner Bargello von ca. 1460«, in: Kasten, Ingrid / Stedman, Gesa / Zimmermann, Margarete: Kulturen der Gefühle in Mittelalter und Früher Neuzeit (Querelles 7, Jahrbuch für Frauenforschung), Stuttgart / Weimar 2002.

Bleyl, Matthias: »Der Schmerz als Thema in der bildenden Kunst. Darstellungsmöglichkeiten von der Renaissance bis heute«, in: Bergdolt, Klaus / Engelhardt, Dietrich von: Schmerz in Wissenschaft, Kunst und Literatur, Hürtgenwald 2000, S. 70–93.

Bredekamp, Horst: Thomas Hobbes. Der Leviathan. Das Urbild des modernen Staates und seine Gegenbilder. 1651–2001, Berlin 2003.

Bredekamp, Horst: Theorie des Bildakts, Frankfurt 2010.

Burckhardt, Jacob: Erinnerungen aus Rubens (hrsg. von Hans Kauffmann), Leipzig 1928 [1898], S. 104.

Diers, Michael: »Affekt und Effekt – Körpersprache und Bildrhetorik bei Velázquez. Eine Beobachtung am Rande«, in: Warnke, Martin (Hg.): Politische Kunst. Gebärden und Gebaren, Berlin 2004, S. 17–32.

Franke, Ursula: »Spielarten der Emotionen. Versuch einer Begriffsklärung im Blick auf Diskurse der Ästhetik«, in: Herding, Klaus / Stumpfhaus, Bernhard (Hg.): Pathos, Affekt, Gefühl, Berlin / New York 2004, S. 165–188.

Freedberg, David: »Empathy, Motion and Emotion«, in: Herding, Klaus / Krause-Wahl, Antje (Hg.): Wie sich Gefühle Ausdruck verschaffen, Taunusstein 2007, S. 17–52.

Frevert, Ute / Schmidt, Anne: »Geschichte, Emotionen und die Macht der Bilder«, in: Frevert, Ute / Schmidt, Anne (Hg.): Geschichte, Emotionen und visuelle Medien [Themenheft] (Geschichte und Gesellschaft, 37 / 1), Göttingen 2011, S. 5–25.

Hammer-Tugendhat, Daniela / Lutter, Christina: »Emotionen im Kontext. Eine Einleitung«, in: Hammer-Tugendhat, Daniela / Lutter, Christina: Emotionen, Themenheft der Zeitschrift für Kulturwissenschaften (2) 2010, S. 7–14.

Harbsmeier, Martin / Möckel, Sebastian: »Antike Gefühle im Wandel. Eine Einleitung«, in: Harbsmeier, Martin / Möckel, Sebastian (Hg.): Pathos, Affekt, Emotion. Transformationen der Antike, Frankfurt a. M. 2009, S. 9–26.

Haustein, Lydia: Global Icons. Globale Bildinszenierung und kulturelle Identität, Göttingen 2008.

Heinen, Ulrich: »Peter Paul Rubens' Florentiner Kriegsbild und die Macht des Malers«, in: Hofmann, Wilhelm / Mühleisen, Hans-Otto (Hg.): Kunst und Macht. Politik und Herrschaft im Medium der bildenden Kunst, Münster 2005, S. 165–203.

Herding, Klaus / Krause-Wahl, Antje (Hg.): Wie sich Gefühle Ausdruck verschaffen, Taunusstein 2007.

Herding, Klaus: »Emotionsforschungsforschung heute – eine produktive Paradoxie«, in: Herding, Klaus / Stumpfhaus, Bernhard (Hg.): Pathos, Affekt, Gefühl, Berlin / New York 2004, S. 3–46.

Hitzer, Bettina: »Emotionsgeschichte – ein Anfang mit Folgen«, in: H-Soz-u-Kult, 32.11. 2011, verfügbar unter: http://hsozkult.geschichte.hu-berlin.de/forum/2011–11–001 [28.08.2012].

Holert, Tom: Regieren im Bildraum, Berlin 2008.

Kirchner, Thomas: L'Expression des passions. Ausdruck als Darstellungsproblem in der französischen Kunst und Kunsttheorie des 17. und 18. Jahrhunderts, Mainz 1991.

Kirchner, Thomas: »›… le chef d'œuvre d'un muet…‹ – der Blick der bildenden Kunst auf die Affekte«, in: Herding, Klaus / Krause-Wahl, Antje (Hg.): Wie sich Gefühle Ausdruck verschaffen. Emotionen in Nahsicht, Taunusstein 2008, S. 189–210.

Krieger, Verena: »›At War with the Obvious‹ – Kulturen der Ambiguität. Historische, psychologische und ästhetische Dimensionen des Mehrdeutigen«, in: Krieger, Verena / Mader, Rachel (Hg.): Ambiguität in der Kunst. Typen und Funktionen eines ästhetischen Paradigmas, Wien 2010, S. 13–52.

Krieger, Verena / Mader, Rachel (Hg.): Ambiguität in der Kunst. Typen und Funktionen eines ästhetischen Paradigmas, Wien 2010.

Löw-Beer, Martin: »Einfühlung, Mitgefühl und Mitleid«, in: Herding, Klaus / Stumpfhaus, Bernhard (Hg.): Pathos, Affekt, Gefühl, Berlin / New York 2004, S. 104–121.

Michels, Norbert: Bewegung zwischen Ethos und Pathos. Zur Wirkungsästhetik italienischer Kunsttheorie des 15. und 16. Jahrhunderts, Münster 1988.

Montagu, Jennifer: The Expression of the Passions. The Origin and Influence of Charles Le Brun's Conferérence sur l'expression générale et particulière, New Haven / London 1994.

Pfisterer, Ulrich: »Malerei als Herrschafts-Metapher und das Bildprogramm des Salòn de Reinos«, in: *Marburger Jahrbuch für Kunstwissenschaft* (29) 2002, S. 199–252.

Rosen, Valeska von: Erosionen der Rhetorik? Strategien der Ambiguität in den Künsten der Frühen Neuzeit, Wiesbaden 2012.

Scherer, Klaus R.: »Gefrorene Gefühle. Zur Emotionsdarstellung in der bildenden Kunst«, in: Boehm, Gottfried / Mersmann, Birgit / Spies, Christian (Hg.): Movens Bild. Zwischen Evidenz und Affekt, Paderborn 2008, S. 249–274.

Settis, Salvatore: »Pathos und Ethos, Morphologie und Funktion«, in: Vorträge aus dem Warburg-Haus, Bd. 1, Berlin 1997, S. 31–74.
Waldenfels, Bernard: »Von der Wirkmacht und Wirkkraft der Bilder«, in: Boehm, Gottfried / Mersmann, Birgit / Spies, Christian (Hg.): Movens Bild. Zwischen Evidenz und Affekt, Paderborn 2008, S. 47–64.
Warnke, Martin: Kommentare zu Rubens, Berlin 1965.
Warnke, Martin: »Einführung«, in: Forschungsstelle Politische Ikonographie (Hg.): Bildindex zur Politischen Ikonographie, Hamburg 1993, S. 5–12.
Warnke, Martin: »Politische Ikonografie«, in: Kunsthistorische Arbeitsblätter (2) 2003, S. 5–16.
Warnke, Martin: »Vorwort«, in: Warnke, Martin (Hg.): Politische Kunst. Gebärden und Gebaren, Berlin 2004, S. VII–XI.
Warnke, Martin: Rubens, Köln 2006.
Warnke, Martin / Fleckner, Uwe / Ziegler, Hendrik: »Vorwort«, in: Warnke, Martin / Fleckner, Uwe / Ziegler, Hendrik (Hg.): Handbuch der politischen Ikonographie, München 2011, S. 7–13.
Werner, Elke Anna: »Peter Paul Rubens und der Mythos des christlichen Europa«, in: Werner, Elke Anna / Bußmann, Klaus (Hg.): Europa im 17. Jahrhundert. Ein politischer Mythos und seine Bilder, Stuttgart 2004, S. 303–322.
Werner, Elke Anna: »Triumphierende Europa / Klagende Europa. Zur visuellen Konstruktion europäischer Selbstbilder in der Frühen Neuzeit«, in: Renger, Almuth / Ißler, Roland: Europa – Stier und Sternenkranz. Von der Union mit Zeus zum Staatenverbund, Göttingen 2009, S. 241–260.

Abbildungen

Abbildung 1: Charles Le Brun: La Tristesse, um 1678, Zeichnung, Musée du Louvre, aus: Montagu, Jennifer: The Expression of the Passions, New Haven / London 1994, S. 136.
Abbildung 2: Diego Velázquez: Die Übergabe von Breda (Ausschnitt), um 1635, Madrid, Museo del Prado, aus: Wolf, Norbert: Velázquez, Köln 2011, S. 35.
Abbildung 3: Abraham Bosse: Leviathan (Ausschnitt), Frontispiz von: Thomas Hobbes, Leviathan, 1651, aus: Bredekamp, Horst: Thomas Hobbes. Der Leviathan. Das Urbild des modernen Staates und seine Gegenbilder, 1651–2001, Berlin 2003, S. 12, Abbildung 2.
Abbildung 4: Peter Paul Rubens: Die Folgen des Krieges (Ausschnitt), 1637 / 38, Florenz, Palazzo Pitti, aus: Warnke, Martin: Rubens, Köln 2006, Abbildung XVIII.

Catherine Viollet

»J'étois assez dissimulée ...«.
Zur Rolle von Emotionen in den *Memoiren* der Zarin Katharina II. von Russland

Sophie Auguste Friederike von Anhalt-Zerbst, geboren am 21. April 1729 in Stettin (Pommern), heiratete am 21. August 1745, im Alter von sechzehn Jahren, Großherzog Peter. Die Ehe wurde auf Wunsch von dessen Tante Elisabeth geschlossen, der regierenden Kaiserin von Russland. 1762 gelang es ihr mithilfe von Gardeoffizieren, ihren Ehemann, inzwischen Peter III., zu entthronen; er wurde kurze Zeit später ermordet. Unter dem Namen »Katharina die Große« – oder wie Fürst de Ligne scherzhaft sagte – »Katharina der Große« wurde sie als Kaiserin und Herrscherin über das russische Reich bekannt, das sie bis zu ihrem Tod im Jahre 1796, über eine Dauer von 34 Jahren, regierte. Der folgende Artikel nähert sich dem Leben Katharina II. über eine autobiographische Quelle, ihre *Memoiren* und fragt insbesondere danach, welche Bedeutung in diesem Text und seinen verschiedenen Versionen den Emotionen und dem Umgang mit ihnen für die Herausbildung der Herrscherpersönlichkeit zugeschrieben wird. Die Analyse des Textes erfolgt innerhalb der Kategorien der »critique génétique«, die methodisch nicht die Interpretation des abgeschlossenen Texts fokussiert, sondern die Rekonstruktion des Schreibprozesses im Ausgang von den handgeschriebenen Originalmanuskripten.[1]

1. Der Text der *Memoiren*

Die *Memoiren* von Katharina II. zeichnen ein vielschichtiges und dennoch zielgerichtetes Bild, das allerdings zwischen den verschiedenen Textversionen changiert. Sie liegen in Form mehrerer handschriftlicher Manuskriptbände vor, beinhalten über 700 Seiten, sind auf Französisch verfasst und werden im Russischen Staatlichen Archiv Alter Akten (RGADA) in Moskau aufbewahrt. Dieses umfangreiche Manuskriptensemble fasst mehrere Fassungen zusammen, deren

---

1 Vgl. methodisch, mit einem Schwerpunkt auf dem 18. Jahrhundert, insbesondere: Ferrand 2012; Biasi 2011; Lebrave / Grésillon 2000; Ferrer / Contat 1998; Didier / Neefs 1996.

Chronologie ungewiss bleibt.² Die erste Edition von Alexander Herzen erfolgte 1859 in London in russischer Übersetzung, nachdem diese Schriften lange Zeit geheim gehalten worden waren. Eine vollständige (aber nicht genetische) Edition, erstellt von Alexander Pypin auf der Grundlage von Originalmanuskripten in französischer Sprache, datiert von 1907. Die vier Hauptteile, fragmentarisch und von ungleichem Umfang, greifen die Zeit von der Geburt Katharina II. bis ins Jahr 1759 auf. Ein gesonderter Text von einigen Seiten beschreibt die Ereignisse, die unmittelbar zu ihrer Thronbesteigung führten.

Eine erste Abfassung der *Memoiren* erfolgte um 1756³, die Großherzogin war zu diesem Zeitpunkt 27 Jahre alt. Die zwei umfangreichsten Fassungen wurden in den Jahren 1771⁴ und 1791⁵, also mit zwanzig Jahren Unterschied, begonnen. Schließlich kann ein vierter, kürzerer Text auf den Beginn der 1760er Jahre datiert werden.

Bereits vor ihrer Machtübernahme und während der gesamten Dauer ihrer Herrschaft, redigierte, überarbeitete und führte Katharina II. ihre *Memoiren* unter höchster Geheimhaltung weiter. In einem Brief an Friedrich Melchior Grimm 1790 leugnet sie sogar, jemals Memoiren verfasst zu haben.⁶ Jede der Fassungen spiegelt die Schwierigkeiten während der Zeit der Abfassung wider.

---

2 Aufgrund der Komplexität der Verweise auf die verschiedenen Manuskripte (RGADA (Moskau), Fonds Nr. 1, Akten 20 und 21), die nicht fortlaufend nummeriert sind, verweisen die Zitate auf die Edition von A. N. Pypin 1907. Die deutschen Übersetzungen aus dem Manuskript ebenso wie aller anderen französischen Zitate wurden von Jonna Behrends vorgenommen. Bedeutende semantische Abweichungen zur maßgeblichen deutschen Edition *Katharina II. Memoiren* 1986 wurden von der Übersetzerin in eckigen Klammern vermerkt. Den ins Deutsche übertragenen Textpassagen der Memoiren sind die entsprechenden Seitenangaben aus der Edition von Grasshoff beigefügt.
3 *Memoiren I*, höchstwahrscheinlich verfasst für ihren Freund und Mentor, den englischen Botschafter Sir Charles Hanbury-Williams (davon zeugt auch die Korrespondenz). Sie berichten über die Zeit von 1729–1754.
4 *Memoiren II* (Zwischenfassung). Verfasst zwischen 1771 und 1773, als Katharina bereits Kaiserin ist; dieser Text wird 20 Jahre später, 1790–91, wieder aufgenommen und überarbeitet werden. Die Datierung von drei Teilen, die über die Zeit von 1728–1750 berichten, ist problematisch. Teil I trägt ein handschriftliches Datum »Memoires commencés le 21 Avril 1771«, ihren Geburtstag.
5 *Memoiren III*, »Memoires commencés en 1790. Partie I« (»Memoiren begonnen 1790. Teil I«), Titel gefolgt von leeren Seiten; dann »Memoires continués en 1791. Partie II« (»Memoiren fortgeführt 1791. Teil II«). A. N. Pypin vermutet, dass Katharina II. eine erste Fassung der Memoiren 1790–91 überarbeitet hat und danach die Endfassung, *Memoiren IV*, um 1794 abfasst, in die sie die vorhergehenden Fassungen aufnimmt. Diese Endfassung beinhaltet die vollständigste Beschreibung ihrer Kindheit, ihrer Familie, ihrer Anfänge und endet mit dem Zeitpunkt ihrer Vermählung im Jahre 1745. Eine erste Widmung richtet sich an ihre Freundin, die Gräfin Bruce; eine zweite, im Nachhinein hinzugefügt, an den Baron Alexander Tcherkassov. Diese Einteilung »*Memoiren I, II, III, IV*« ist der Edition von Pypin 1907 entnommen. Ausführlicher dazu vgl. Cruse / Hoogenboom 2006, p. ix-lxxii.
6 Katharina an Friedrich Melchior Grimm, 22. Juni 1790.

Die Texte dienten vielfältigen Zielen, die sich im Laufe der Zeit ändern, insbesondere nach der Französischen Revolution. Darüber hinaus deutet die Tatsache, dass die *Memoiren* ihre Biographie – und insbesondere ihre Schwierigkeiten am Hof – schildern, darauf hin, dass sich diese ebenso als Antwort auf Rulhière (*Histoire ou Anecdotes sur la Révolution de Russie*, 1762) und auf Chappe d'Auteroche (*Voyage en Sibérie*, 1768) verstehen, deren kritische Beobachtungen und Urteile über Russland die Zarin zu widerlegen sucht.

Während ihrer letzten zehn Lebensjahre überarbeitete Katharina II. ihre Memoiren und nahm 1794, zum Zeitpunkt des 50. Jahrestages ihrer Ankunft in Russland[7], die letzte Fassung in Angriff, zwei Jahre vor ihrem Tod. Sie spricht manchmal von sich selbst in der dritten Person und nähert sich damit stilistisch den traditionellen historischen Memoiren an, vor allem jenen von Friedrich II.: »La rage de l'histoire a emporté ma plume«[8], schreibt sie an Grimm. Diese Endfassung ist enger mit den inneren Angelegenheiten des Hofes, mit den Interessen und politischen Ambitionen der zukünftigen Kaiserin verknüpft – vor allem mit der Festnahme und dem Exil ihres Verbündeten, dem mit den auswärtigen Angelegenheiten betrauten Reichskanzler Graf Alexei Bestuzhev-Riumin im Jahre 1758. Das Porträt ihres Ehemannes, Peter III., dem Neffen der Kaiserin Elisabeth, erscheint im Laufe der Fassungen zunehmend belastet – zweifellos eine Möglichkeit, die Tatsache, dass er von der Macht entfernt wurde, zu rechtfertigen.

Diese, vom Stil her sehr lebendigen *Memoiren*, beinhalten detaillierte Berichte über die Kindheit von Sophie Auguste von Anhalt-Zerbst im Norden Deutschlands und von ihrer Ankunft am russischen Hof, an die sich zahlreiche Porträts ihres Umfeldes anfügen. Daneben greifen unzählige Anekdoten ihr (schwieriges) Leben am Hof bis 1759 auf: Dort litt sie unter Langeweile, sowie darunter, eingesperrt und isoliert zu sein (tatsächlich war es ihr untersagt, mit ihrer Mutter zu korrespondieren). Isoliert, da sie sorgsam von den Angelegenheiten des Reiches ferngehalten worden sei; die regierende Kaiserin, Elisabeth II., habe sie wenig geschätzt und ihr misstraut – doch der ganze Hof habe aus Misstrauen und Intrigen bestanden; sie habe sich aus ihren Appartements ausschließlich mit der Erlaubnis Elisabeths entfernen dürfen, man habe sie unentwegt überwacht und systematisch alle Personen aus ihrem Umfeld (Hofdamen, Diener) entfernt, zu denen sie Zuneigung gewonnen habe, so wie auch später ihre eigenen Kinder von Geburt an. »J'étois toujours livrée à moi-même et l'ennui et les soupçons m'entouroient«[9] schreibt sie. Den *Memoiren* zufolge

---

7 Sie war 1744 im Alter von 14 Jahren an den Zarenhof gekommen.
8 »Die Wut der Geschichte hat mir die Feder geführt«, Katharina an Friedrich Melchior Grimm, 12. Januar 1794.
9 Pypin, S. 93. »Ich war immer mir selbst ausgeliefert und Langeweile und Verdächtigungen umgaben mich.« (Grasshoff, Bd. II, S. 120).

stellte sich die Beziehung zu ihrem jungen Ehemann Peter III., der ein Jahr älter war als sie, als zunehmend problematisch heraus. Dieser, dem Vernehmen nach, unreife, brutale und dem Alkohol zugeneigte Mann interessierte sich kaum für seine junge Ehefrau und verbrachte seine Tage damit, mit seinen Dienern Soldat und mit Puppen zu spielen, Geige zu üben oder Jagdhunde in seinem Zimmer zu dressieren. In aller Öffentlichkeit machte er anderen Frauen den Hof und, schwerwiegender noch, er interessierte sich nicht im Geringsten für die Angelegenheiten Russlands. Verbundener zeigte er sich seinem Herzogtum Holstein gegenüber. Außerhalb verschiedener verpflichtender Zeremonien (religiösen, protokollarischen oder festlichen Charakters) verbrachte Katharina somit ihre Zeit vor allem allein, während sie sich Wissen aneignete (sie lernte leidenschaftlich russisch), sehr viel las und mit berechnender Diskretion alles beobachtete, was um sie herum geschah.

2. Zur Rolle der Emotionen in den *Memoiren*

2.1. Das Selbstporträt als Kind

Katharina II. berichtet in ihren *Memoiren* von zahlreichen, häufig heiklen Situationen, in denen Emotionen – manchmal positive, aber zumeist negative – auftreten. Wenn von der Darstellung der Kindheit die Rede ist, könnte man aus moderner Perspektive annehmen, dass sich die Emotionen auf spontane Art und Weise äußern. Das Selbstporträt Katharina II. als Kind, das man in den *Memoiren* vorfindet, zeugt aber von einer bereits komplexen Persönlichkeit:

> »J'appris dans mon enfance l'histoire, la géographie, à lire et à écrire en allemand et en françois, un peu à dessiner, un peu de musique, à danser et toute sorte d'ouvrage. On m'informoit dans la religion luthérienne; j'étois horriblement questionneuse, assez entêtée, fort insinuante; j'avois un bon cœur, j'étois fort sensible, *je pleurois très aisément,* j'étois extrêmement volage. Je n'aimois point les poupées, mais bien toute sorte d'exercices; *il n'y avoit point de garçon plus hardi que moi*; je me piquois de l'être et souvent je cachois, quand j'avois peur; la honte produisoit ce mouvement; j'étois assez *dissimulée…*«[10]

---

10 Pypin, S. 473 (Hervorhebungen durch die Autorin, C. V.). »Ich lernte in meiner Kindheit Geschichte, Geographie, deutsch und französisch zu lesen und zu schreiben, ein wenig zu zeichnen, ein wenig Musik, zu tanzen und jegliche Arten von Handarbeiten. Man unterwies mich in der lutherischen Religion; ich war schrecklich neugierig, recht stur, und äußerst schmeichlerisch; ich hatte ein gutes Herz, ich war sehr empfindlich, *ich weinte sehr leicht*, ich war extrem wankelmütig [beweglich]. Ich mochte keine Puppen, aber dafür alle Arten von Übungen; *es gab keinen kühneren Jungen als mich*; ich war stolz darauf und häufig verbarg ich, wenn ich Angst hatte; die Scham verursachte diese Reaktion; ich war recht heuchlerisch…« (Grasshoff, Bd. II, S. 288 f.).

Es ist amüsant zu sehen, dass sich die Autorin von ihrer Kindheit an auf ambivalente Art und Weise beschreibt: ein sensibles Kind, das viel weint, aber im Gegenzug »n'aime point les poupées« (»keine Puppen mag«), mit ihrer physischen Kühnheit prahlt – ein Verhalten, das man eher vom anderen Geschlecht erwarten würde – und bewusst ihre Angst verbirgt. Handelt es sich um eine frühzeitige Lehre der »Dissimulation« oder eher bereits um den Versuch, diese oder jene Emotion zu beherrschen? Einige Gefühle der jungen (und mutmaßlich naiven) Sophie Auguste bleiben indessen besonders lebhaft:

> »À trois ans [à Hambourg, C. V.] [...] on me mena à l'opéra allemand. [...] Là je vis une actrice habillée de velours bleu, brodé en or; elle tenoit un mouchoir blanc dans ses mains; lorsque je vis qu'elle s'en essuyoit les yeux, je me mis à pleurer et à crier de si bonne foi qu'on fut obligé de me renvoyer à la maison. Cette scène s'est gravée si fortement dans mon esprit que je m'en souviens encore à l'heure qu'il est.«[11]

Von klein auf stellte die künftige Zarin, ihren Selbstbeschreibungen zufolge, eine bemerkenswerte, geistige Neugier und einen gewissen intellektuellen Anspruch unter Beweis, was insbesondere Konflikte mit dem Pfarrer hervorgerufen habe, der mit ihrer religiösen Unterweisung beauftragt war:

> »La seconde dispute [avec le pasteur, C. V.] roula sur ce qui avoit précédé le monde. Il me disoit le chaos et moi je voulois savoir ce que c'étoit que le chaos; jamais je n'étois contente de ce qu'il me disois et enfin nous nous fâchames tous les deux [...]. Le troisième démêlé que nous eumes avec mr. le pasteur fut sur la circoncision: je voulois savoir absolument ce que c'étoit, et il ne voulut point me l'expliquer. [...] J'avoüe que j'ai conservé toute ma vie cette humeur de ne céder qu'à la raison et à la douceur; j'ai toujours résisté à toute résistance.«[12]

Sehr früh lernte die junge Sophie Auguste ihrer Schilderung nach nicht nur ihre Angst zu verbergen, sondern auch zu schweigen bzw. manche Informationen unter dem Siegel der Verschwiegenheit zu halten, selbst wenn sie darunter litt und es gegen ihre Gefühle und Hoffnungen ging, wie beispielsweise als ihre

---

11 Pypin, S. 6. »Im Alter von drei Jahren [in Hamburg, C. V.] [...] nahm man mich in die deutsche Oper mit. [...] Dort sah ich eine Schauspielerin, gekleidet in blauen, goldbestickten Samt; sie hielt ein weißes Taschentuch in ihren Händen; als ich sah, dass sie sich damit die Augen trocknete, fing ich so aufrichtig an zu weinen und schreien, dass man sich genötigt sah, mich nach Hause zu schicken. Diese Szene hat sich so stark in meinen Geist [Gedächtnis] eingeprägt, dass ich mich daran heute noch erinnere.« (Grasshoff, Bd. II, S. 6 f.).

12 Pypin, S. 10–11. »Der zweite Streit [mit dem Pastor, C. V.] drehte sich darum, was der Welt vorausgegangen war. Er sagte mir ›das Chaos‹, und ich wollte wissen, was dieses Chaos gewesen sei; nie war ich zufrieden mit dem, was er mir sagte und schließlich wurden wir alle beide wütend [...]. Die dritte Auseinandersetzung, die ich mit dem Herrn Pastor hatte, drehte sich um die Beschneidung: Ich wollte unbedingt wissen, was das sei und er wollte es mir nicht erklären. [...] Ich gebe zu, dass ich mein ganzes Leben diese Laune behalten habe, nur der Vernunft und der Sanftmut [Freundlichkeit] nachzugeben; jedem Widerstand habe ich Widerstand entgegengesetzt.« (Grasshoff, Bd. II, S. 11).

Eltern den Brief von Elisabeth aus Russland erhielten, in dem die junge Sophie Auguste eingeladen wird, sich am russischen Hof vorzustellen:

> »J'aimois excessivement mademoiselle Babet [sa gouvernante Elisabeth Cardel, huguenotte française, C. V.] et n'avois rien de caché pour elle [...]. Mon père et ma mère m'avoient recommandé le plus profond silence sur le voyage de Russie. Babet [...] me questionna sur ce voyage et sur la lettre reçue à table; je lui dis, que je ne pouvois rien lui en dire [...] et je vis que cela la fâchoit. J'en souffrois, mais mes principes furent plus forts que mon amitié dans ce moment-là.«[13] (Siehe zu diesem Zitat auch Abbildung 1).

Kurze Zeit nach ihrer Ankunft in Russland, vor ihrer Vermählung (sie ist noch keine fünfzehn Jahre alt), erkrankte die junge Sophie Auguste, inzwischen Katharina ernsthaft und gesundete schließlich unerwarteter Weise. Mit einer seltsam anmutenden Distanz bewertet sie die Situation, nicht ohne ein ganz und gar adliges Pflichtbewusstsein zu präsentieren, das ihren ebenso entschiedenen wie frühen Ambitionen Raum lässt:

> »Le Grand Duc avoit marqué beaucoup d'attention pour moi pendant ma maladie; [...] je ne peux pas dire qu'il me plut, ni qu'il me déplut; je ne savois qu'obéir et c'étoit à ma mère de me marier, mais au vrai je crois que la couronne de Russie me plaisoit plus que sa personne.«[14]

2.2. Emotionen und Gender

Einige Emotionen, einige Gefühle, die Katharina II. in ihren *Memoiren* zum Ausdruck bringt, stehen in direktem Zusammenhang mit Fragen von *Gender*, ob es sich dabei um die Zuneigung zu Personen ihres weiblichen Umfeldes handelt, oder auch um Situationen, in denen sie davon berichtet, ein als männlich kodiertes Verhalten – und manchmal Kleidung – angenommen bzw. angelegt zu haben. Diese höchst ambivalente Beziehung zu beiden Geschlechtern war zweifellos nicht unbeteiligt an ihren Ambitionen und ihrem Erfolg als Herrscherin.

---

13 Pypin, S. 32–33. »Ich liebte Fräulein Babet [ihre Gouvernante Elisabeth Cardel, eine französische Hugenottin, C. V.] über alle Maßen und hatte nichts vor ihr zu verbergen [...]. Mein Vater und meine Mutter hatten mir größtmögliche Verschwiegenheit über die Reise nach Russland empfohlen. Babet [...] fragte mich bei Tisch über diese Reise und den erhaltenen Brief aus; ich sagte ihr, dass ich ihr darüber nichts sagen könne [...] und ich sah, dass sie das verärgerte. Ich litt darunter, aber meine Prinzipien waren in diesem Moment stärker als meine Freundschaft.« (Bd. II, S. 41 f.).

14 Pypin, S. 45. »Der Großfürst hatte mir während meiner Krankheit viel Aufmerksamkeit zukommen lassen; [...] ich kann nicht sagen, dass er mir gefiel, weder dass er mir missfiel; ich wusste lediglich zu gehorchen und es war an meiner Mutter, mich zu vermählen, aber um die Wahrheit zu sagen glaube ich, dass mir die Krone Russlands mehr gefiel als seine Person.« (Grasshoff, Bd. II, S. 57 f.).

»J'étois assez dissimulée ...«

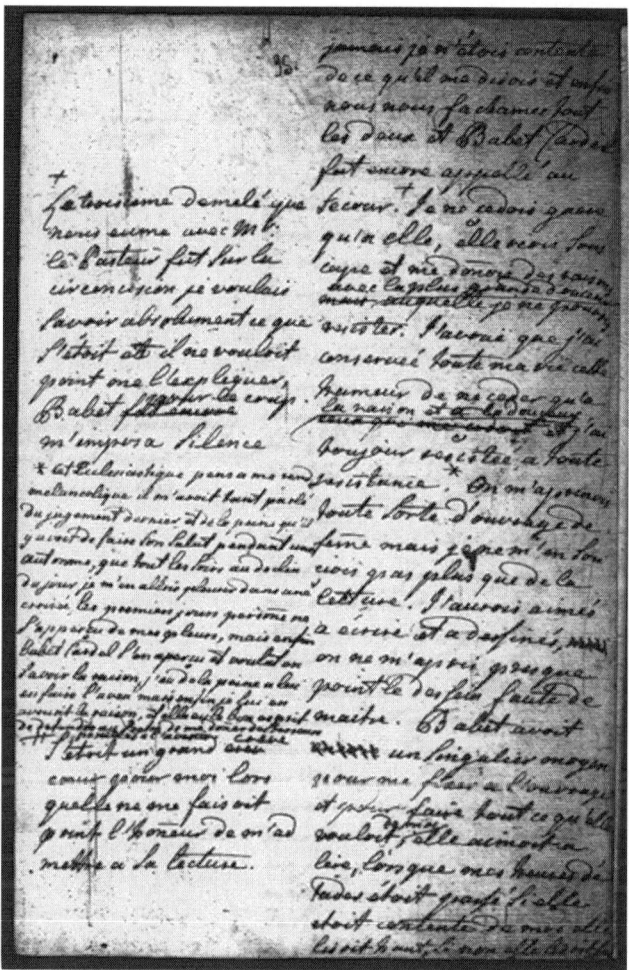

Abbildung 1: Catherine II, *Mémoires*. Moskau, RGADA, Fonds Nr. 1, Aktenzeichen Nr. 21, f° 9v.

Als Jugendliche äußert Sophie Auguste ihre Bewunderung einer Frau gegenüber, die sie durch ihre Lebendigkeit und vor allem durch ihre geistige Unabhängigkeit beeindruckt hätte – ein Vorbild, mit dem sich das junge Mädchen in einem solchen Maße identifizierte, dass man im weiteren Verlauf Gelegenheiten der Begegnung verhinderte:

> »Mad[ame, C. V.] [la comtesse, C. V.] de Bentik vint à cheval au-devant de nous; *je n'avois jamais vuë de femmes à cheval*; je fus enchantée de la voir: elle montoit comme un écuyer. Arrivés à Varel, je m'attachois à elle. [...] J'avois 14 ans, elle montoit à cheval,

> dansoit quand la fantaisie lui en prenoit, chantoit, rioit, sautoit comme une enfant, quoiqu'elle eut bien trente ans alors; elle étoit déjà séparée de son mari.«[15]

Später beschreibt Katharina eine leidenschaftliche Liebe zum Reiten und wie sie diese Erfahrung für sich selbst und nicht ohne eine bemerkenswerte Erfindungsgabe genutzt hätte, derart, dass Kaiserin Elisabeth darüber gewacht habe, dass sie – den Anstandsregeln entsprechend – im Damensitz aufstieg:

> »Ce fut pendant ce temps-là que je m'inventois des selles, sur lesquelles je pouvois m'asseoir comme je voulois; elles avoient le crochet anglois et on pouvoit passer la jambe pour être assis en homme; outre cela le crochet se dévissoit et un autre étrier se baissoit et se relevoit à volonté et selon que je jugeois à propos. Si on demandoit aux écuyers, comment je montais, ils disoient: sur une selle de femme, selon la volonté de l'Impératrice; ils ne mentoient pas: je passois ma jambe jamais autrement que quand j'étois sûre de n'être pas trahie. [...] À dire la vérité, [...] j'aimois passionnément à monter à cheval; plus cet exercice étoit violent et plus il m'étoit cher.«[16]

Es war im Übrigen nicht ungewöhnlich, dass sich Frauen als Männer verkleideten.[17] Die Zarin Elisabeth selbst, zu Pferd auf jenem Reitsattelmodell, das sie Katharina zu verwenden vorschrieb, veranstaltete jeden Dienstag die sogenannten *bals travestis* am Hof. Diesen Brauch beschreibt Katharina mit viel Humor; sie zeigt sich empfänglich sowohl für die Lächerlichkeit der Einen oder Anderen als auch für das imposante Aussehen der Zarin in Männerkleidern. Im Folgenden seien die zwei leicht unterschiedlichen Fassungen dieses Berichtes in den *Memoiren* zitiert. Die Episode ereignete sich, als Katharina im Alter von fünfzehn Jahren an den Hof kommt:

> »L'Impératrice avoit réglé qu'à ces mascarades [tous les mardis, C. V.], [...] tous les hommes seroient habillés en femmes et toutes les femmes en hommes; il est vrai qu'il n'y avoit rien de plus hideux et de plus plaisant en même tems que la plupart des hommes ainsi fagottés, et rien de plus mesquin que les figures des femmes habillées en

---

15 Pypin, S. 25–26 (Hervorhebungen C. V.). »Frau [Gräfin, C. V.] von Bentik kam uns zu Pferd entgegen; ich hatte noch nie Frauen zu Pferde gesehen; ich war entzückt, sie zu sehen. Sie stieg wie ein Stallmeister auf. In Varel angekommen, band ich mich an sie. [...] Ich war 14 Jahre alt, sie ritt, tanzte, wenn die Phantasie mit ihr durchging, sang, lachte, sprang wie ein Kind, obwohl sie gut dreißig Jahre alt war; sie war bereits von ihrem Ehemann getrennt.« (Grasshoff, Bd. II, S. 32).
16 Pypin, S. 293. »Während dieser Zeit erfand ich mir Sättel, auf die ich mich setzen konnte, wie ich wollte; sie hatten englische Haken und man konnte ein Bein überschlagen, um im Herrensitz zu sitzen; darüber hinaus ließ sich der Haken aber abschrauben und ein anderer Steigbügel ließ sich hinab- und wieder heraufziehen, ganz nach meinen Willen und Urteil. Wenn man die Stallmeister fragte, wie ich aufstieg, sagten sie: ›Auf einen Damensattel, nach dem Willen der Kaiserin‹; sie logen nicht: Ich schlug mein Bein nur über, wenn ich sicher war, nicht verraten zu werden. [...] Um die Wahrheit zu sagen, [...] liebte ich das Reiten leidenschaftlich; je wilder diese Übung war, desto lieber war sie mir.« (Grasshoff, Bd. II, S. 137).
17 Vgl. *Clio. Histoire, femmes et sociétés* »Femmes travesties: un ›mauvais‹ genre?« (10) 1999; Dachkova 2001; Dourova 1995; Jurgenson 1995.

hommes; il n'y avoit de parfaitement bien que l'Impératrice elle même, à qui l'habit d'homme alloit au mieux: elle étoit d'une grande beauté dans cet habillement. Dans ces mascarades les hommes en général étoient d'une humeur de chien et les femmes couroient les plus grands risques d'etre renversées continuellement par ces colosses monstrueux, qui étoient très maladroits à diriger leurs immenses paniers et vous accrochoient sans cesse. [...] Il m'est arrivé un jour à un de ces bals de faire une chute très plaisante. Monsieur Sievers, alors chambellan et qui étoit assez grand de figure et avoit un panier que l'Impératrice lui avoit donné, dansoit avec moi la polonoise et derrière nous dansoit la comtesse Hendricof: celle-ci fut renversée par le panier de Sievers, qui s'étoit levé de mon coté; lui s'embarrassa dans la longueur de ses habits ainsi agités et nous voilà tous les trois par terre, et moi précisément sous sa jupe; j'étouffois de rire et tâchois de me relever, mais on fut obligé de venir nous relever, tant nous avions de peine à en venir à bout, étant tous trois embarrassés dans les habits de Mr. Sievers de telle façon, que l'un ne pouvoit se relever sans faire cheoir de nouveau les deux autres.«[18]

Vergleicht man die beiden Fassungen miteinander, fällt auf, dass die eben zitierte erste Fassung, ausgeschmückt mit einem belustigenden Zwischenfall, durch ihre Lebhaftigkeit und das amüsante Arrangement hervorsticht. Die spätere, zweite Fassung erscheint hingegen mit größerer Distanz geschrieben:

»L'Impératrice s'était pluë l'année 1744, à Moscow, de faire paroitre aux bals masqués de la cour tous les hommes en habit de femmes, toutes les femmes en habit d'hommes, sans masques sur le visage; c'étoit précisément un jour de cour métamorphosé. Les hommes étoient en grandes jupes de baleine avec des habits de femmes et coeffés comme les dames l'étoient les jours de cour et les femmes en habit d'hommes comme ceux-ci paroîssoient à de pareils jours. Les hommes n'aimoient pas beaucoup ces jours de métamorphose; la plupart étoient de la plus mauvaise humeur du monde, parce qu'ils sentoient qu'ils étoient hideux dans leurs parures; les femmes la plupart paroïssoient de

---

18 Pypin, S. 55–56. »Die Kaiserin hatte festgelegt, dass auf ihren Maskenfesten [jeden Dienstag, C. V.] alle Männer als Frauen und alle Frauen als Männer verkleidet zu sein hätten; es ist wahr, dass es nichts scheußlicheres und gleichzeitig lustigeres gab als die Mehrheit der auf diese Art ausstaffierten Männer und nichts schäbigeres als die Gestalten der als Männer verkleideten Frauen; wirklich gut sah nur die Kaiserin selbst aus, der die Männerkleidung am besten stand: Sie war in diesen Kleidern von großer Schönheit. Bei diesen Maskenspielen waren die Männer im Allgemeinen in einer Hundslaune und die Frauen waren permanent größten Risiken ausgesetzt, von diesen grässlichen Kolossen umgeworfen zu werden, die sehr ungeschickt im Umgang mit ihren riesigen Reifröcken waren und einen ständig anstießen. [...] Mir ist es eines Tages auf einem dieser Bälle passiert, einen sehr lustigen Sturz hinzulegen. Herr Sivers, der Kammerherr und von recht großer Gestalt war und einen Reifrock trug, den die Kaiserin ihm gegeben hatte, tanzte mit mir die Polonaise und hinter uns tanzte die Gräfin Hendricof: Diese wurde von Sievers Reifrock umgeworfen, der sich auf meiner Seite erhoben hatte; er verwickelte sich in der Länge seiner in Unordnung geratenen Kleider und da lagen wir nun alle drei am Boden und ich genauer unter seinem Rock; ich erstickte vor Lachen und versuchte, mich zu erheben, aber man war genötigt, uns aufhelfen zu kommen, solche Schwierigkeiten hatten wir, an unser Ziel zu gelangen, da wir alle drei derart in den Kleidern von Herrn Sievers verwickelt waren, dass sich Einer nicht erheben konnte, ohne die zwei Anderen erneut zu Fall zu bringen.« (Grasshoff, Bd. II, S. 71 f.).

petits garçons mesquins, et les plus âgées avoient les jambes grosses et courtes, ce qui ne les embellissoit guère. Il n'y avoit de réellement bien et parfaitement bien en homme que l'Impératrice elle-même, comme elle étoit très grande et un peu puissante; l'habit d'homme lui seyoit à merveille [...]. Elle dansoit en perfection et avoit une grâce particulière à tout ce qu'elle faisoit, égale habillée en homme, tout comme en femme.«[19]

Später zögerte Katharina nicht, ihren eigenen *Memoiren* (und denen ihrer Angehörigen) zufolge, sich selbst als Mann zu verkleiden[20], um inkognito den Palast zu verlassen (was ihr prinzipiell verboten war), um der Einsamkeit zu entkommen und Bekannte zu treffen; sie besaß im Übrigen mehrere männliche Kleider. Folgendes sei ihr von einem ihrer Freunde, Léon Narishkin, geraten worden:

»Pour plus de sûreté habillez vous en homme et nous irons chez Anna Nikitchina ensemble. L'avanture commençoit à me tenter; j'étois toujours seule dans ma chambre avec mes livres sans aucune compagnie.«[21]

Eine andere Passage zeigt, dass für Katharina II. Frauen und Männer bezüglich ihrer Vorzüge vergleichbar waren:

»La princesse Marie Jacovlevna [...] étoit une amie sûre, sensée, ferme, sage et prudente. Je n'ai point connu jamais de femme qui rassembla un plus grand nombre de mérites, et si elle avoit été un homme, ç'auroit été un homme dont on auroit parlé avec éloge.«[22]

---

19 Pypin, S. 296–297. »Im Jahre 1744 in Moskau hatte die Kaiserin daran Gefallen gefunden, auf den Maskenbällen des Hofes alle Männer in Frauenkleidern und alle Frauen in Männerkleidern erscheinen zu lassen, ohne Masken auf den Gesichtern; es war genauer ein Hoftag der Verwandlung. Die Männer trugen Reifröcke mit Frauenkleidern und waren frisiert, wie die Frauen es an Hoftagen waren und die Frauen trugen die Kleider der Männer, wie jene an solchen Tagen erschienen. Die Männer schätzen diese Tage der Verwandlung nicht sehr; die Mehrzahl hatte die schlechteste Laune der Welt, weil sie spürten, dass sie in ihrem Putz scheußlich waren; die Mehrheit der Frauen sah aus wie kleine schäbige Jungen, und die Älteren hatten dicke und kurze Beine, was sie kaum verschönte. Es war niemand wirklich und vollkommen schön, außer der Kaiserin selbst, da sie sehr groß und ein wenig kräftig war; die Männerkleider standen ihr wunderbar [...]. Sie tanzte in vollendeter Weise und besaß bei allem, was sie tat, eine besondere Anmut, gleich, ob in Männer-, oder in Frauenkleidern.« (Grasshoff, Bd. I, S. 140).
20 Zur Praxis des Crossdressings im Ancien Régime vgl. insbesondere den Artikel und die Bibliographie von Pellegrin 1999.
21 Pypin, S. 360. »›Für mehr Sicherheit kleiden Sie sich als Mann und wir werden zusammen zu Anna Nikitchina gehen.‹ Das Abenteuer begann mich zu reizen; ich war immer allein in meinem Zimmer mit meinen Büchern ohne jegliche Gesellschaft.« (Grasshoff, Bd. I, S. 229).
22 Pypin, S. 163. »Die Prinzessin Marie Jacovlevna [...] war eine zuverlässige, verständige, standhafte und umsichtige Freundin. Ich habe niemals eine andere Frau gekannt, die eine größere Anzahl von Vorzügen vereinte und wäre sie ein Mann gewesen, wäre es ein Mann gewesen, von dem man mit Lob spräche.« (Grasshoff, Bd. II, S. 211 f.).

Sie selbst charakterisiert sich als »un franc et loyal chevalier, dont l'esprit étoit infiniment plus mâle que femele; mais je n'étois avec cela rien moins qu'hommasse, et on trouvoit en moi joint à l'esprit et le caractère d'un homme, les agrémens d'une femme très aimable«[23] – was ihre *Memoiren* (und ihre zahlreichen Liebesbeziehungen) mühelos belegen.

2.3. Die Beherrschung der Emotionen: eine politische Strategie?

Wenn man zur Rolle der Emotionen im alltäglichen Leben zurückkehrt und zur Art und Weise, wie sich Katharina mit ihnen arrangiert, kommt beinahe allen zitierten Begebenheiten ein und dieselbe Bedeutung zu: Es geht um Selbstbeherrschung um jeden Preis, um die von klein auf erlernte »Dissimulation«[24]:

> »Plus le jour de mes noces approchait et plus je devenois triste, et très souvent il m'arrivoit de pleurer sans savoir pourquoy; *je cachois cependant autant que je pouvois ces pleurs*, mais mes femmes, dont j'étois toujours entourée, ne laissoient pas que de s'en apercevoir et tâchoient de me dissiper.«[25]

Der wachsenden Enttäuschung, die ihr privates Leben kennzeichnet, setzt sie auf narrativer Ebene klarsichtige Reflexionen entgegen, indem sie sich dafür entscheidet, ihre Emotionen und Gefühle zu »zügeln« und sorgsam ihre Schlussfolgerungen für sich behält. Hierbei handelt es sich nicht allein um einen den Umständen geschuldeten, selbstauferlegten Befehl, sondern wahrhaftig um eine Verhaltensregel:

> »J'aurois bien aimé mon nouvel époux pour peu qu'il eut voulu ou pu être aimable; mais je fis une cruelle réflexion pour lui les premiers jours même de mon mariage. Je me dis: si tu aimeras cet homme-là, tu sera la plus malheureuse créature qu'il y aye sur la terre; par le caractère, dont tu es, tu voudra du retour; cet homme-là ne te regarde quasi pas, il ne parle que de poupées ou peu s'en faut, et il fait plus d'attention à toute autre femme qu'à toi; tu es trop *fière* pour en faire du bruit, ainsi donc *bride en main s'il vous plaît* en fait de tendresse vis-à-vis de ce monsieur; pensez à vous même, madame. Cette pre-

---

23 Pypin, S. 418–419. »ein aufrichtiger und loyaler Ritter, dessen Geist unendlich mehr männlich als weiblich war; aber damit war ich alles andere als vermännlicht und in mir fand man, verbunden mit dem Geist und dem Charakter eines Mannes, die Reize einer sehr liebenswerten Frau.« (Grasshoff, Bd. II, S. 203).
24 Zum körperlichen Ausdruck von Emotionen im 18. Jahrhundert besonders Vincent-Buffault 1986; Bologne 1986; Coudreuse 1999; Coudreuse 2001; Lotterie 1998. Zur »Dissimulation« in der Bildsprache, vgl. den Artikel von Elke Werner im vorliegenden Band.
25 Pypin, S. 67 (Hervorhebungen C. V.). »Je näher der Tag meiner Vermählung rückte, desto trauriger wurde ich und sehr häufig musste ich weinen, ohne zu wissen, warum; ich *verbarg diese Tränen allerdings so gut es ging,* aber meine Frauen, von denen ich ständig umgeben war, mussten sie natürlich bemerken und bemühten sich, mich abzulenken.« (Grasshoff, Bd. II, S. 88).

mière empreinte, donnée dans un cœur de cire, me resta et cette réflexion n'est jamais sortie de ma caboche [...].«²⁶

Die Erwähnung ihres Stolzes verknüpft mit Selbstbeherrschung, ist keine leere Worthülse; Ziel war es, niemals Mitleid zu erregen, entsprechend der ganz und gar aristokratischen Forderung nach Zurückhaltung, nach Diskretion bezüglich des Ausdruckes von Emotionen. Katharina II. macht daraus ein Lebensmotto:

> »J'ai toute ma vie aimé à cacher mes pleurs et cela par un motif de fierté; je n'ai jamais aimé à faire pitié; si j'avois pu gagner sur moi de montrer souvent l'état pitoyable, où j'étois, je l'aurais adouci; mais mon âme étoit trop fière pour exciter en ma faveur la sensibilité de qui que cela fut.« (Pypin, S. 85)²⁷

Ihre Verweigerung, Objekt des Mitleids zu werden, die als Wesensmerkmal edler Seelen angesehene Verweigerung des Pathos und ihr behauptetes Gehemmtsein, ihr mutmaßliches Schamgefühl in Bezug auf Tränen können als »aktive« Verweigerung verstanden werden, vor allem um ihre soziale Position zu sichern. »Celui qui souffre, en faisant de sa douleur un spectacle pathétique, s'expose à se perdre lui-même dans cette exhibition: il devient en effet un *objet* de pitié pour l'autre.«²⁸ Ihre Einstellung steht im Übrigen nicht hinter derjenigen eines La Rochefoucauld zurück, der Mitleid als »une passion qui n'est bonne à rien audedans d'une âme bien faite, qui ne sert qu'à affaiblir le cœur et qu'on doit laisser au peuple qui, n'exécutant jamais rien par raison, a besoin de passion pour le porter à faire les choses«²⁹ versteht. Als grundsätzliches Distinktionsmerkmal

---

26 Pypin, S. 74–75 (Hervorhebungen C. V.). »Ich hätte meinen neuen Ehemann gern liebt, hätte er nur liebenswürdig sein wollen oder können; aber ich stellte wegen ihm noch in den ersten Tagen meiner Ehe schmerzliche Überlegungen an. Ich sagte mir: ›Wenn du diesen Mann liebst, wirst du die unglücklichste Kreatur auf Erden sein; von deiner Wesensart her wirst du Erwiderung verlangen; dieser Mann schaut dich kaum an, er spricht nur von Puppen und es fehlt wenig, dass er jeder anderen Frau mehr Aufmerksamkeit schenkt als dir; du bist zu *stolz*, um darum Aufhebens zu machen, also *zügeln Sie sich bitte* in Hinblick auf Zärtlichkeiten gegenüber diesem Herren; denken Sie an sich selbst, Madame.‹ Diese erste, in ein Herz aus Wachs gedrückte Prägung ist mir geblieben und diese Überlegung ging mir niemals aus dem Kopf.« (Grasshoff, Bd. II, S. 93 f.).
27 »Ich habe mein ganzes Leben lang gerne meine Tränen verborgen und dies aus dem Beweggrund des Stolzes; ich habe es nie geschätzt, Mitleid zu erregen; wenn ich es hätte über mich bringen können, oft meinen bemitleidenswerten Zustand, in dem ich mich befand, zu zeigen, hätte ich ihn gelindert; aber mein Gemüt [Herz] war zu stolz, um für mich wessen Mitgefühl auch immer zu erregen.« (Grasshoff, Bd. II, S. 109).
28 Coudreuse 2001, S. 140. »Indem derjenige, der leidet, aus seinem Schmerz ein pathetisches Spektakel macht, setzt er sich der Gefahr aus, sich in dieser Zurschaustellung selbst zu verlieren: er wird tatsächlich ein *Objekt* des Mitleids für den Anderen.«
29 »Portrait de Monsieur de La Rochefoucauld par lui-même«, 1659, in: *Moralistes du XVIIe siècle*, Laffont, coll. »Bouquins«, 1992, S. 230–231, zitiert nach Coudreuse 2001, S. 149: »[...] eine Leidenschaft, die in einer guten Seele zu nichts gut ist, die zu nichts nützt als das Herz zu schwächen und die man dem Volk überlassen sollte, das niemals irgendwas mit Vernunft ausführt und das die Leidenschaft benötigt, um die Dinge anzugehen.«

des aristokratischen Habitus, wird jede Form der Selbstbeherrschung von Katharina II. zweifellos hoch geschätzt, denn diese diente unmittelbar ihrem Ehrgeiz.

Beim Tod ihres Vaters hingegen verteidigt und fordert sie ihr Recht auf Emotionen und Tränen mit Überzeugung ein – ein Recht, ihrer Trauer, die sie als legitim und unveräußerlich ansieht, Ausdruck zu verleihen, das ihr jedoch von der Kaiserin abgesprochen wird:

> »[…] on m'annonça la mort de mon père. Je pleurois beaucoup et j'étois dans une si profonde tristesse, que j'en tombois malade. On donna quelques jours à mes larmes; je fus saignée, l'Impératrice vint me voir; lorsque je me portois mieux, [on] vint me dire, que l'Impératrice me faisoit ordonner de cesser de pleurer, que mon père n'étoit pas un roy et que la perte n'étoit pas grande. Je lui répondis: ›il est vrai que mon père n'est pas un roy, mais c'est mon père; j'espère bien que ce ne sera pas un crime de le pleurer‹. Elle me tint quantité de propos désagréables; je me tus et la laissai dire, mais jamais je n'ai pu oublier ce trait; […] cette inhumanité me confondoit et j'avouë que je ne puis encore y penser sans que je m'en sente le cœur révolté.«[30]

Mithilfe von Alter und Reife, so behauptet Katharina, lernte sie es, ihre Launen und Emotionen nach und nach immer besser zu beherrschen. Diese Beherrschung sei eine Frage der Selbstachtung, insbesondere weil sich diese Beherrschung auf die ehrgeizige Aussicht stützte zu regieren:

> »[…] ajoutez à cela un pressentiment innée de mon état futur [son futur règne], qui ne laissoit pas que de me donner du courage à soutenir tout ce que j'avois à souffrir et à essuyer de désagrémens journellement de plus d'un coté. Déjà alors je pleurois beaucoup moins souvent, quand j'étois seule, que les premières années. J'avois euë toujours un très grand soin de cacher ces pleurs que je me reprochois comme une foiblesse; je les cachois encore parce que j'ai toujours regardé comme une bassesse que d'exciter la pitié des autres […]: je m'estimois trop pour me croire digne d'un pareil sort.«[31]

---

30 Pypin, S. 98. »[…] Man teilte mir den Tod meines Vaters mit. Ich weinte viel und befand mich in einer solch tiefen Trauer, dass ich darüber krank wurde. Man gestand meinen Tränen einige Tage zu; ich wurde zur Ader gelassen, die Kaiserin besuchte mich; als es mir besser ging, kam [man], mir zu sagen, dass die Kaiserin mir befahl, mit dem Weinen aufzuhören, dass mein Vater kein König gewesen wäre und dass der Verlust nicht groß sei. Ich antwortete ihr: ›Es ist wahr, dass mein Vater kein König ist, aber er ist mein Vater; ich hoffe sehr, dass es kein Verbrechen ist, um ihn zu trauern.‹ Sie hielt mir eine Menge unangenehmer Dinge vor; ich schwieg und ließ sie reden, aber niemals habe ich diesen Charakterzug vergessen; […] diese Unmenschlichkeit verwirrte mich und ich gestehe, dass ich bis heute nicht daran denken kann, ohne dass sich mein Herz darüber empört.« (Grasshoff, Bd. II, S. 126).

31 Pypin, S. 174. »Hinzu kam eine angeborene Vorahnung meiner zukünftigen Bestimmung, die mir immer den Mut gab, all das auszuhalten, worunter ich zu leiden hatte und die täglichen Unannehmlichkeiten von mehr als einer Seite hinzunehmen. Damals schon weinte ich sehr viel seltener, wenn ich allein war, als in den ersten Jahren. Ich habe immer sehr große Sorge getragen, diese Tränen zu verbergen, die ich mir als Schwäche vorwarf; ich verberge sie immer noch, weil ich es stets als Erbärmlichkeit angesehen habe, das Mitleid Anderer zu

Sie habe demnach beständig darauf geachtet, »immer einen ausgeglichenen Gesichtsausdruck«[32] zu haben, sei bei Streitigkeiten oder Konflikten darauf bedacht gewesen, »sich in Nichts einzumischen«[33], habe »Zuvorkommenheit, Aufmerksamkeit und Höflichkeit gegenüber Jedermann«[34] bezeugt, um »die Zuneigung der Öffentlichkeit zu gewinnen«[35] wonach sie mit Eifer strebte.

Und dennoch ist das Leben der Großherzogin im Allgemeinen nicht besonders heiter – insbesondere nicht die Beziehung zu ihrem Ehemann, Peter III., wovon zahlreiche Passagen wie die Folgende zeugen:

> »Dès qu'il [le grand-duc, C. V.] fut couché ce soir-là, quoiqu'il sut que j'étois malade, il me réveilla pour me parler de la princesse de Courlande, des charmes de sa personne et de l'agrément de sa conversation. [...] Je lui répondis quelques paroles où il entroit de l'humeur, et fis semblant de me rendormir. L'un et l'autre le piqua; il me donna quelques coups de coude très rudes dans le coté et me tourna le dos, après quoi il s'endormit. Ce traitement nouveau me fut très sensible; j'en pleurois toute la nuit, mais je n'eus garde d'en dire mot à personne.«[36]

Wenn der Großherzog sie vernachlässigte – was meistens der Fall gewesen sei –, hätten ihr »Stolz und ihre Selbstachtung ganz tief geseufzt«[37], aber sie wäre sich »erniedrigt«[38] vorgekommen, hätte sie sich beschwert und sei zu stolz gewesen, um das Risiko einzugehen, Mitleid mit ihrem Schicksal zu erregen. »Währenddessen vergoss ich Tränen, wenn ich allein war, trocknete sie ganz sanft und ging mit meinen Frauen herumtollen.«[39] Dieser Kummer darüber, vernachlässigt zu werden, war das Gefühl, dass sie »unendlich mehr unterdrückte als die Anderen«[40], da ihr die Vorstellung, unglücklich zu sein und, zweifellos noch mehr, dass ihr Glück von irgendwem abhängt, ihrer Selbstbeschreibung zufolge un-

---

erregen [...]: Ich schätzte mich zu sehr, um zu glauben, ich hätte ein solches Schicksal verdient.« (Grasshoff, Bd. II, S. 228).
32 »toujours l'air serein« (Pypin, S. 220).
33 »ne se mêler de rien« (ebd.).
34 »prévenance, attention et politesse pour tout le monde« (ebd.).
35 »gagner l'affection du public« (ebd.).
36 Pypin, S. 179. »Sobald er [der Großfürst, C. V.] sich an diesem Abend schlafen legte, obwohl er wusste, dass ich krank war, weckte er mich, um mir von der Prinzessin von Kurland zu erzählen, vom Charme ihrer Person und dem Reiz ihrer Konversation. [...] Ich antwortete ihm einige Worte, die schlecht gestimmt klangen und tat, als würde ich wieder einschlafen. Dies und das verärgerten ihn. Er verpasste mir einige sehr grobe Stöße mit dem Ellenbogen in die Seite und drehte mir den Rücken zu, danach schlief er wieder ein. Dieses neue Verhalten ging mir sehr nah; ich weinte darüber die ganze Nacht, aber ich hütete mich, jemandem davon ein Wort zu sagen.« (Grasshoff, Bd. II, S. 234).
37 »vanité et son amour-propre gémirent tout bas« (Pypin, S. 224).
38 »avilie« (ebd.).
39 »Cependant, quand j'étois seule, je répandois des larmes, tous doucement je les essuyois et allois folâtrer avec mes femmes.« (ebd.).
40 Grasshoff, Bd. I, S. 305. Vgl. für das Original: »réprime infiniment plus que les autres« (Pypin, S. 224).

erträglich war: »La fierté de mon âme et sa trempe me rendoit insupportable l'idée d'être malheureuse«.⁴¹

Und als sie 1754 ihr erstes Kind zur Welt brachte (den zukünftigen Paul I.), ließ Elisabeth ihr dieses schnellstmöglich wegnehmen und in ihre eigenen Appartements bringen; die junge Mutter befand sich, wie sie beschreibt, in tiefer Einsamkeit:

> »Je restois sur le lit de misère [...] et je ne revis personne jusqu'à trois heures sonnées [...]. Quand [la comtesse Schouvallow, C. V.] me vit encore couchée à la même place, où elle m'avoit laissé, elle se récria, disant, qu'il y avoit de quoi me tuer. Ceci étoit fort consolant pour moi, qui fondois déjà en larmes depuis le moment que j'étois accouchée, et surtout de l'abandon, dans lequel j'étois mal et incommodément couchée après un travail rude et douloureux entre des portes et des fenêtres, qui fermoient mal, personne n'osant me porter dans mon lit, qui étoit à deux pas, et n'ayant pas la force de m'y traîner.«⁴²

Kurze Zeit später verschlechterte sich die Beziehung von Katharina zu Peter III., der seine erotischen Eroberungen öffentlich bekanntmachte, dermaßen, dass sie gefürchtet habe, er könne versuchen, sich ihrer zu entledigen, indem er sie in ein Kloster sperre. Peter III. zweifelte an seiner Vaterschaft und brachte seine Klage in der Öffentlichkeit vor. Dies war für Katharina das Signal zu handeln.

> »Ce propos du Grand Duc, tenu si imprudemment, me fâcha beaucoup et je vis dès alors, que trois routes également scabreuses se trouvoient à mon choix. Primo, de partager la fortune de S. A. I. [Son Altesse Impériale] telle qu'elle pourroit se trouver; secundo, d'être exposée à toute heure à tout ce qu'il lui plairoit de disposer pour ou contre moi; tertio, de prendre une route indépendante de tout événement. Mais pour parler plus clair, il s'agissoit de périr avec lui, ou par lui, ou bien aussi de se sauver moi, mes enfans et peut être l'Etat du naufrage, dont toutes les facultés morales et physiques de ce prince faisoient prévoir le danger. Ce dernier parti me parut le plus sûr.«⁴³

---

41 Pypin, S. 418–419. »Der Stolz meiner Seele und ihre Härte machten mir die Idee, unglücklich zu sein, unerträglich.« (Grasshoff, Bd. I, S. 205).
42 Pypin, S. 341–342. »Ich blieb auf dem Geburtslager [...] und sah niemanden wieder bis es drei Uhr schlug [...]. Als [die Gräfin von Schouvallow, C. V.] mich immer noch am selben Platz liegen sah, an dem sie mich zurückgelassen hatte, schrie sie laut auf und sagte, dass es mich wohl umbringen würde. Dies war sehr tröstend für mich, die ich schon seit dem Moment in Tränen ausgebrochen war, in dem ich niedergekommen war und vor allem über die Verlassenheit, in der ich nach einem harten und schmerzvollen Tag schlecht und unbequem lag zwischen Türen und Fenstern, die schlecht schlossen, während es niemand wagte, mich in mein Bett zu tragen, das zwei Schritte entfernt war und ich keine Kraft hatte, mich dorthin zu schleppen.« (Grasshoff, Bd. I, S. 202).
43 Pypin, S. 399. »Diese so leichtsinnig vorgetragenen Worte des Großfürsten verärgerten mich sehr und von da an begriff ich, dass ich drei ähnlich heikle Wege zur Auswahl hatte. Erstens, das Schicksal seiner Kaiserlichen Hoheit zu teilen, so wie es sich vorfinden könnte; zweitens, zu jeder Stunde all dem ausgeliefert zu sein, was er für oder gegen mich zu verfügen beliebt; drittens, einen von allen Umständen unabhängigen Weg einzuschlagen. Aber um deutlicher

Sie entschied sich also, alles auf eine Karte zu setzen und ersuchte eine Unterredung mit Elisabeth, um letztere darum zu bitten, sie zu ihrer Mutter zurückzuschicken, weil, so sagt sie, »je suis lasse et ennuyée du rôle que je joue, seule et délaissée dans ma chambre, haïs par le Grand Duc et point aimée de l'Impératrice, je ne désire que mon repos et ne veux plus être à charge de personne, ni rendre malheureux quiconque m'approche«.[44] Peter III. war bei der Unterredung zugegen, verhielt sich aber ihren Worten zufolge auf so ungeschickte und unangenehme Weise, dass Katharina II. das Herz der Zarin erweichte und sich gegen ihn durchsetzte.

Die *Memoiren* zeigen deutlich, dass die zukünftige Katharina II. ihre Befähigung zur weitgehenden Kontrolle ihrer Gefühle bereits in ihre Kindheit verlegt, von einigen spontanen Gefühlsausbrüchen abgesehen. Sehr schnell strebt sie auch narrativ danach, ihre Gefühle zu beherrschen. Von ihrer Ankunft am russischen Hof an habe sie ihr Wunsch, Zarin zu werden, dahin geführt, ihre Gefühle und Gefühlsausdrücke immer rigoroser zu beherrschen, bis daraus eine wahrhafte Strategie erwuchs: »Voici le raisonnement ou plutôt la conclusion, que j'ai fait dès que j'ai vu que j'étois fixée en Russie et que je n'ai jamais perdu de vue un moment: 1) plaire au Grand Duc; 2) plaire à l'Impératrice; 3) plaire à la nation.«[45] (Siehe hierzu Abbildung 2).

Sie habe sich daher größte Mühe gegeben, nichts zu unterlassen, was der Erreichung dieses Ziels dienlich sein könnte: »complaisance, soumission, respect, désir de plaire, désir de bien faire, attachement sincère.«[46] Dem habe sie all ihre Energie gewidmet: »toute ma vie a été une étude des moyens d'y parvenir.«[47] Die – häufigen – Tränen und die verschiedenen Emotionen habe sie sorgfältig verborgen; obwohl – oder eben, paradoxerweise, weil – sie sich von den Verhaltensweisen ihres Umfeldes am russischen Hof absetzte, wird die gewählte Strategie sichtlich wirkungsvoll gewesen sein auf dem Weg, der Katharina auf

---

zu sein, handelte es sich darum, mit oder durch ihn unterzugehen, oder auch mich selbst, meine Kinder und eventuell das Reich vor dem Schiffbruch zu retten, dessen Gefahr aufgrund aller moralischen und physischen Eigenschaften des Fürsten voraussehbar war. Dieser letztere Weg erschien mir am sichersten.« (Grasshoff, Bd. I, S. 279 f.).

44 Pypin, S. 415. »Ich bin ermüdet und gelangweilt von der Rolle, die ich spiele, allein und vernachlässigt in meinem Zimmer, vom Großfürsten verhasst und von der Kaiserin kein wenig geliebt, ich begehre allein meine Ruhe und will niemandem mehr zur Last fallen, noch irgendwen, der sich mir nähert, unglücklich machen.« (Grasshoff, Bd. I, S. 301 f.).

45 Pypin, S. 57. »Als ich erkannte, dass ich in Russland festsaß [festen Fuß gefasst hatte], stellte ich folgende Überlegung an oder kam vielmehr zu der Schlussfolgerung, die ich nie auch nur einen Moment lang aus dem Blick verloren habe: 1) Dem Großfürsten zu gefallen; 2) der Kaiserin zu gefallen; 3) der Nation zu gefallen.« (Grasshoff, Bd. II, S. 76).

46 Pypin, S. 58. »Gefälligkeit, Fügsamkeit, Respekt, der Wunsch, zu gefallen, der Wunsch, es gut zu machen, aufrichtige Zuneigung.« (Grasshoff, Bd. II, S. 76).

47 Ebd. »mein ganzes Leben war eine Übung der Mittel, dieses zu erreichen.« (Grasshoff, Bd. II, S. 77).

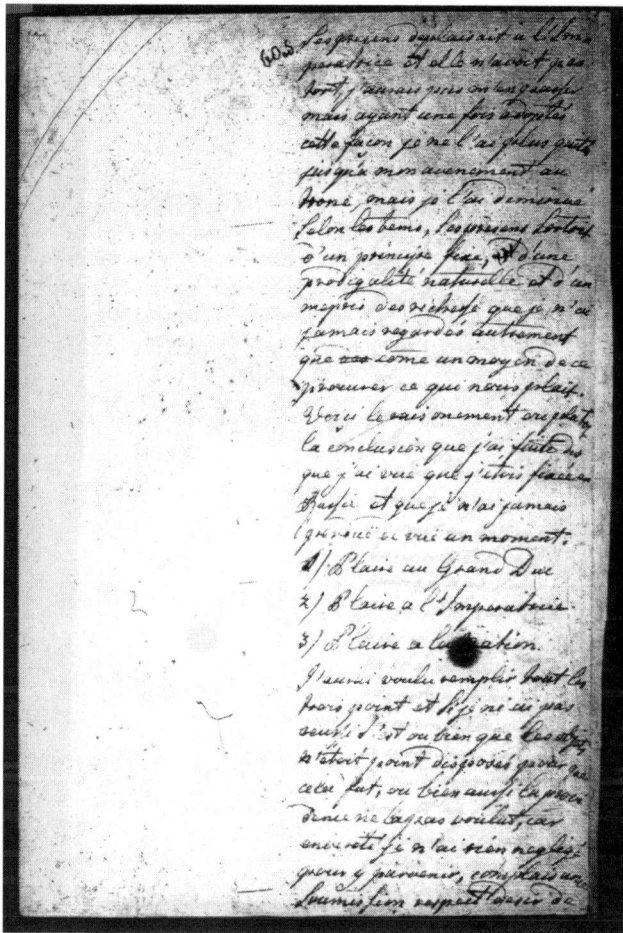

Abbildung 2: Catherine II, *Mémoires*. Moskau, RGADA, Fonds Nr. 1, Aktenzeichen Nr. 21, f° 60v.

den Zarenthron führte. Denn das entscheidende Merkmal der Persönlichkeit Katharina II., die in jeder Lage ihr Verhalten steuerte, war der Ehrgeiz: »j'avois au fond de mon âme *un je ne sais quoi* qui ne m'a jamais laissé douter un seul moment, que tôt ou tard je parviendrai à devenir Impératrice souveraine de la Russie de mon chef.«[48]

(Aus dem Französischen übersetzt von Jonna Behrends.)

---

48 Pypin, S. 227. »Ich hatte in der Tiefe meiner Seele *ein gewisses Etwas*, das mich nicht einen einzigen Moment daran zweifeln ließ, früher oder später aus eigener Kraft souveräne Kaiserin von Russland zu werden.« (Grasshoff, Bd. I, S. 46).

Quellen

Katharina an Friedrich Melchior Grimm, 22. Juni 1790, SIRIO (Sbornik Imperatorskogo russkogo istoricheskogo obshchestva), Bd. 23, Sankt Petersburg 1878, S. 484.
Katharina an Friedrich Melchior Grimm, 12. Januar 1794, SIRIO (Sbornik Imperatorskogo russkogo istoricheskogo obshchestva), Bd. 23, Sankt Petersburg 1878, S. 589.
Katharina II. Memoiren (deutschen Edition) (hrsg. von Annelies Grasshoff), 2 Bd., Leipzig 1986 [neu durchgesehene Fassung].
Sotchinenija Imperatritsy Ekateriny II na osnovanii podlinnyx rukopisei [Œuvres de l'impératrice Catherine II d'après les manuscrits authentiques] (Memoiren von Katharina II.) (hrsg. und ediert von A. N. Pypin), Sankt-Petersburg 1907.
Memoiren von Katharina II. [Zapiski Imperatritsy Ekateriny II], Staatliches Archiv Alter Akten in Moskau (RGADA, Moskau), Fonds Nr. 1, Akten 20 und 21.

Literatur

Biasi, Pierre-Marc de: Génétique des textes, Paris 2011.
Bologne, Jean-Claude: Histoire de la pudeur, Paris 1986.
Clio. Histoire, femmes et sociétés. Femmes travesties: un ›mauvais‹ genre? (10) 1999.
Coudreuse, Anne: Le Goût des larmes au XVIIIe siècle, Paris 1999.
Coudreuse, Anne: Le refus du pathos au XVIIIe siècle, Paris 2001.
Cruse, Mark / Hoogenboom, Hilde (Hg.): The Memoirs of Catherine the Great, New York 2006.
Dachkova, Ekaterina: Mémoires de la princesse Dachkov, dame d'honneur de Catherine II, Paris 2001.
Didier, Béatrice / Neefs, Jacques (Hg.): Éditer des manuscrits, Paris 1996.
Dourova, Nadejda: Cavalière du tsar [Mémoires], Paris 1995.
Ferrand, Nathalie: Genesis n° 34. »Brouillons des Lumières« (textes réunis et présentés par Nathalie Ferrand), Paris 2012.
Ferrer, Daniel / Contat, Michel (Hg.): Pourquoi la critique génétique? Méthodes, théories, Paris 1998.
Jurgenson, Luba: La Dourova, une amazone russe, Paris 1995.
Lebrave, Jean-Louis / Grésillon, Almuth (Hg.): Écrire aux XVIIe et XVIIIe siècles (Genèse de textes littéraires et philosophiques), Paris 2000.
Lotterie, Florence: Littérature et sensibilité, Paris 1998.
Pellegrin, Nicole: »Le genre et l'habit. Figures du transvestisme féminin sous l'Ancien Régime«, in: *CLIO. Histoire, femmes et sociétés [En ligne]* (10) 1999, verfügbar unter: http://clio.revues.org/252; DOI: 10.4000/clio.252 [14.04.2012].
Vincent-Buffault, Anne: Histoire des larmes (XVIIIe-XIXe siècles), Rivages 1986.

Abbildungen

Abbildung 1: Catherine II, Mémoires. Moskau, RGADA, Fonds Nr. 1, Aktenzeichen Nr. 21, f° 9v.
Abbildung 2: Catherine II, Mémoires. Moskau, RGADA, Fonds Nr. 1, Aktenzeichen Nr. 21, f° 60v.

Janina Wellmann

Eine höhere Form der Erkenntnis.
Körper, Rhythmus und Emotion um 1800

Der vorliegende Beitrag befasst sich mit dem Zusammenhang von Emotionen und Rhythmus um 1800. An anderer Stelle habe ich gezeigt, dass Rhythmus als eine epistemische Figur in Wissenschaft und Kultur um 1800 neu konzeptualisiert wurde.[1] Die folgenden Überlegungen setzen dabei an, Rhythmus um 1800 als eine Denkfigur zu betrachten, die es erlaubte, Körper und Emotionen auf eine neuartige Weise zu verknüpfen.

Ich werde argumentieren, dass Gefühle, wie sie am Übergang zum 19. Jahrhundert in den poetologischen, ästhetischen oder musiktheoretischen Diskussionen über den Rhythmus thematisiert wurden, in der Figur des Rhythmus zum einen an die physische Anlage des Menschen gekoppelt wurden. Sie wurden, so meine These, gewissermaßen ›physiologisiert‹.[2] Infolge dieser körperlichen Bedingtheit waren Emotionen auch an das Ausdrucksrepertoire des Körpers gebunden, sie äußerten sich in körperlichen Zuständen, Akten und Handlungen, allen voran in der Art und Weise, wie der eigene Körper bewegt wurde. Zum anderen aber setzte der Rhythmus die emotionale Sphäre in ein beständiges Wechselverhältnis zum Geist des Menschen, seinem Verstand und seinen rationalen Fähigkeiten. Nur einander ergänzend und aufeinander verweisend vervollkommneten sie sich gegenseitig – zu einer höheren Erkenntnis. In der Konzeption des Rhythmus um 1800 erschienen die Gefühle somit als eine relationale Struktur, als ein vielschichtiges, zugleich immer wieder neu zu knüpfendes Beziehungsgefüge zwischen Körper und Geist, Sinn und Sinnlichkeit, zwischen dem Individuum und seiner Umgebung.

Historisch ist die Verbindung von Rhythmus und Emotionen noch kaum untersucht. Im Allgemeinen gilt erst die Zeit um 1900 als die Epoche des

---

1 Wellmann 2010.
2 Caroline Welsh hat in ihren Arbeiten über die Figur der ›Stimmung‹ um 1800 und über die zeitgenössische Diskussion des Übergangs von Körper und Geist sehr schön ein Gefühl in seinem historischen Wandel und in seiner Diffusion zwischen verschiedenen Wissensfeldern, insbesondere wissenschaftlichen und ästhetisch-poetologischen, nachgezeichnet und als Wissensfigur von großer Wirkmächtigkeit herausgearbeitet, vgl. Welsh 2003.

Rhythmus bzw. Rhythmus als Signum der Moderne – einer Zeit, die durch neue Parameter bestimmt wurde und welche die Lebensbedingungen des Menschen in grundlegender Weise neu definierte: Übertragungstechnologien, Transportmittel oder Medien wie Photographie und Film veränderten die Erfahrung von Raum und Zeit in bisher ungekanntem Ausmaß.[3] Um 1900 griff auch die neue Experimentalkultur der Lebenswissenschaften auf den Rhythmus aus: Er wurde Gegenstand der Experimentalpsychologie, allen voran in den Arbeiten Wilhelm Wundts. In der *Völkerpsychologie* erörtert Wundt Rhythmus als subjektive Eigenschaft des Bewusstseins.[4] Wundt entwickelte Techniken, mit denen sich die physiologischen und psychologischen Parameter der Wahrnehmung von Rhythmen beschreiben ließen, so auch den »Taktierapparat«, mit dem gleich lange Taktschläge mit abzustufender Intervalldauer hervorzubringen sind. Trotz des objektiv messbaren Gleichschlages der vom Apparat erzeugten Töne pflegen sich die Taktschläge durch die »oszillierende[n] Zustände[n] der Apperzeption« »vollkommen regelmäßig nach einem bestimmten rhythmischen Schema zu ordnen«.[5] Weiterhin kennzeichnet den Rhythmus laut Wundt eine enge Verknüpfung mit dem Affekt. Der Verlauf eines Rhythmus ist immer »Ausdruck eines Gefühlsverlaufs« und erzeugt entsprechend selbst Gefühle – er ist deshalb »affekterregend«. Allgemein stellte Wundt fest, dass der aufsteigende Takt eine erregende Wirkung habe, während der fallende Takt umgekehrt die Gefühle beruhige.[6]

Auch die Emotionen verwandelten sich in der neuen Rationalität des wissenschaftlichen Experimentierens. Otniel Dror etwa hat für die Zeit des ausgehenden 19. und beginnenden 20. Jahrhunderts einen »epistemischen Bruch« in der Beschäftigung mit Gefühlen diagnostiziert. Er spricht von einer neuen »brain-generated emotion«, was unter anderem zur Folge hatte, »the affectively experiencing subject from the study of ›emotion‹« auszuschließen und an die Stelle des fühlenden Subjekts ein Konzept der Emotion »of a unique a-temporal and de-contextualized characteristic« zu setzen.[7] So beschreibt Dror beispiels-

---

3 Die Fülle der Literatur zum Rhythmus um 1900 ist kaum mehr zu überblicken, erwähnt seien nur Schall 1989; Golston 2007; Primavesi / Mahrenholz 2005.
4 Vgl. Wundt 1900–1920, S. 386.
5 Ebd., S. 387; zum Taktierapparat S. 388 f. Wundts Experimente ermittelten die für eine solche im Bewusstsein vollzogene Rhythmisierung günstigsten Intervalle zwischen 0,2 und 0,3 Sekunden, die Grenzen der Wahrnehmung von Rhythmen bei den Grenzwerten von 0,1 bzw. 4 Sekunden und bezifferten die Zahl von Eindrücken, die das Bewusstsein noch zur Erfahrung einer Einheit zu integrieren in der Lage ist, auf »16 Einzeleindrücke oder 8 Taktglieder«, die unter bestimmten metrischen Bedingungen auf die Maximalzahl von 40 zu steigern sind, vgl. ebd., S. 390–395.
6 Ebd., S. 399–400. Für einen Überblick zur Frühphase der experimentellen Rhythmusforschung vgl. Ruckmich 1913–1918.
7 Dror 2001, S. 643.

weise, wie die ganze Spannbreite der Gefühle von Aufregung, Begeisterung, Spannung und Erregung (excitement) unter eine einzelne, neue Kategorie subsumiert wurde: das Hormon Adrenalin, das gerade entdeckt worden war.[8] So unterschiedliche Erfahrungen wie »the pleasures of consumerism and of watching a nude body, the passion of a kiss, the love between husband and wife [...] the intercollegiate football game, the scholarly exam, and laboratory life« wurden nun allesamt zu verschiedenen Formen der »embodied experience« eines einzelnen Parameters, des Adrenalins.[9]

Ich beginne meine Überlegungen zur Figur des Rhythmus mit einer Diskussion poetologischer Ansätze der Zeit um 1800 und verfolge, wie die Poesie zu einer neuen Form der Erkenntnis aufgewertet wurde. Dem Rhythmus kam hierbei, wie ich argumentiere, eine zentrale Rolle zu: In den poetologischen, ästhetischen und philosophischen Ansätzen dieser Zeit trat an die Stelle einer semantischen Definition neu der Rhythmus als ein physiologisches Konzept, welches Psyche und Physis miteinander korrelierte. Der physisch verankerte Rhythmus konstituierte, wie ich in einem zweiten Teil zeigen werde, eine relationale Ordnungsstruktur. Er setzte in wechselseitigem Verweis die unterschiedlichen Vermögen des Menschen, sein Empfinden und seinen Geist, sinnliche wie epistemische Qualitäten zueinander ins Verhältnis und integrierte sie immer wieder neu zu einem umfassenden Erleben. In einem letzten Teil diskutiere ich die Körperbewegung als zentrale Ausdrucksform des Rhythmus. Im Rhythmus wurde die individuelle E(motion) zu einer geordneten Performanz gebracht, ihr ein maßvoller, wohlorganisierter Ausdruck verliehen; Rhythmus stand aber auch im Zentrum der ästhetisch ausgerichteten Bewegungskultur um 1800. Das Maßvolle, Geordnete, Geregelte der Figur des Rhythmus bestimmte, wie physische und psychische Bewegtheit jeweils zusammenspielten – sei es im einzelnen Menschen oder in den Beziehungen der Menschen untereinander; sei es ästhetisch anmutend wie auf dem Tanzboden oder militärisch gedrillt wie auf dem Schlachtfeld.

1. Rhythmus als physiologisches Prinzip

War Rhythmus vor dem 18. Jahrhundert im Wesentlichen ein Aspekt des Wortes,[10] beginnt die Dichtungstheorie Mitte des 18. Jahrhunderts Rhythmus aus der

---

8 Vgl. Dror 2009.
9 Ebd., S. 849.
10 Zur Geschichte des Rhythmus vgl. Art. »Rhythmus« 1994; Art. »Rhythmus« 2003; Seidel 1975; Seidel 1976; Zollna 1994; Wellmann 2010, insb. die Einleitung; einen historischen Teil enthält auch Meschonnics Rhythmustheorie, vgl. Meschonnic 1982.

alleinigen Bindung an die Sprache zu lösen.[11] Friedrich Gottlieb Klopstock (1724–1803) war einer der ersten und zugleich eine Übergangsfigur, die den Rhythmus aus der exklusiven Bindung an die Sprache löste und ihn statt dessen als ein physisches Prinzip neu dachte: Rhythmus ist in der Lage, direkt die Empfindungen des Menschen anzusprechen, weil er unmittelbar den Körper affiziert. Rhythmus verknüpft physiologische Disposition, Empfindung und Gefühlsausdruck in unmittelbarer Weise.[12]

Klopstock, der nicht von Rhythmus, sondern von »Zeitausdruck« und »Tonverhalt« spricht, prägt zum ersten Mal in seiner Abhandlung *Vom deutschen Hexameter* aus dem Jahr 1779 den Begriff »Mitausdruck«.[13] Im Zentrum dieser Theorie des Rhythmus steht das Postulat, dass das Metrum der Verse die Funktion habe, die Aussage der Poesie zu verstärken, so dass die Worte »durch die Bewegung ... noch mehr und noch lebhafter dasjenige bedeuten, was sie bedeuten sollen«.[14] In der Dichtungstheorie ist Klopstock der erste, der die Aufgabe der Dichtung, den Hörer in seinen Empfindungen zu bewegen, in die *formale* Struktur des Gedichts, also in Rhythmus, Laut und Klang, verlegt. Klopstock spricht in diesem Zusammenhang von der Aufgabe der Poesie, die Menschen zu bewegen und ihre Seele »in Aktion«[15] zu setzen:

> »Das Wesen der Poesie besteht darin, daß sie, durch die Hülfe der Sprache, eine *gewisse Anzahl* von Gegenständen, die wir *kennen*, oder deren Dasein wir *vermuten*, von einer *Seite* zeigt, welche die *vornehmsten* Kräfte unsrer Seele in einem so hohen Grade *beschäftigt*, daß eine auf die andre wirkt, und dadurch die *ganze* Seele in Bewegung setzt.«[16]

Die Funktion der Poesie, den Hörer zu bewegen, ihn empfinden zu lassen, wird an die metrische Ordnung des Gedichts delegiert.[17] Klopstocks »Theorie der wortlosen Wortbewegung«,[18] verweist damit auf jene Ebene der Sprache, die sich nicht in Worten, sehr wohl aber in der Sprachbewegung ausdrücken lässt, und

---

11 Auch in der Musiktheorie beobachten wir die Verankerung des Rhythmus in der Physis. Die Musik wird in den letzten Jahrzehnten des 18. Jahrhunderts zunehmend als Repräsentation des Lebendigen verstanden und Musiktheoretiker wie Johann Nikolaus Forkel oder Heinrich Christoph Koch verstehen den Rhythmus als die Lebenskraft, als die vitale Ordnung der Musik. Aus Platzgründen kann ich leider hier auf die musiktheoretische Diskussion des Rhythmus um 1800 nicht eingehen, vgl. dazu Wellmann 2010.
12 Zu Klopstocks Dichtungstheorie vgl. Menninghaus 1991; Menninghaus 1989; Hellmuth 1973; Schneider 2004; Amtstätter 2005; Große 1977.
13 Vgl. Klopstock 1989 [1779], S. 100; auch Hellmuth 1973, S. 213.
14 Klopstock 1830 [1771], S. 228.
15 Klopstock 1989 [1759], S. 181. Diese und alle folgenden Hervorhebungen in Zitaten im Original.
16 Ebd., S. 180.
17 Siehe dazu und zur Abgrenzung von der rhetorischen Tradition der Poesie Menninghaus 1991, S. 132.
18 Vgl. ebd., S. 130–137.

die für Klopstock einen unmittelbareren, direkteren Einfluss auf den Hörer hat als die Semantik des Wortes.[19]

Klopstocks Oden vom Eislaufen sind ein Beispiel dafür, dass hier der nicht in Worten vermittelbare Ausdruck des körperlichen Bewegens und Empfindens vollständig an den Rhythmus des Verses abgegeben wird. Die Emphase der Empfindungen während des Eislaufens wird hier als »metrischer Tanz«[20] inszeniert – etwa in der Ode *Der Eislauf*, in der es heißt: »Ich erfinde dem schlüpfenden Stahl seinen Tanz«.[21] (Siehe Abbildung 1).

Abbildung 1: Dieser zeitgenössische Stich von Johann Adam Klein aus Zindels *Eislauf oder das Schrittschuhfahren* zeigt den »Eiswalzer«. Jean Paul setzte die Poesie und das Eislaufen gar auf eine Stufe, denn, so die lakonische Feststellung, »die Poesie ist ja doch ein Paar Schlittschuhe, womit man auf dem glatten reinen krystallenen Boden des Ideals leicht fliegt, aber miserabel forthumpelt auf gemeiner Gasse.« Jean Paul in den *Flegeljahren* von 1804, zitiert in: Paul 1827, S. 134 f.

Der Vers bildet hier die konkrete Bewegungsabfolge auf dem Eis als rhythmischen Tanz ab. Emotionale Bewegtheit wird also direkt an die Körperbewegung geknüpft, und zwar über den Rhythmus. Damit ist Rhythmus nicht mehr nur ein Attribut des Wortes. Vielmehr wird zum einen der Rhythmus in der Physis des Menschen verankert, zum anderen werden damit zugleich Gefühle ›physiologisiert‹, da sie nunmehr an den Körper zurückgebunden werden. Rhythmus ist diejenige epistemische Figur, die Körper und Seele, Bewegung und Emotion miteinander korreliert.

Indem Klopstock den Rhythmus lediglich als ›Mitausdruck‹ begreift, ist er

---

19 Vgl. Menninghaus 1989, S. 174.
20 Menninghaus 1991, S. 143.
21 Klopstock 1962 [1771], S. 109.

noch nicht vollständig von der Bedeutung des Wortes befreit. Trotzdem enthält seine Theorie den Keim ihrer eigenen Auflösung in sich. Sie bereitete den Übergang vom Wort zum Körper vor – so etwa bei Hölderlin. Die Poesie gilt Friedrich Hölderlin (1770–1843) als die bessere Philosophie, sie ist die »höhere[n] Aufklärung«.[22] Als Dichter empfindet er sich zugleich als Philosoph, der die Abstraktion des Denkens in der Dichtung überwindet und in das menschliche Erleben zurückführt: Dichtung ist Philosophie und Philosophie ist Dichtung. Sprache, Laut und Denken müssen, so Hölderlin, zusammengebracht werden, für sich allein bleiben sie unvollständig. Auf der Suche nach dem »Prinzip [...], das mir die Trennungen, in denen wir denken und existieren, erklärt, das aber auch vermögend ist, den Widerstreit zwischen dem Subjekt und dem Objekt, zwischen unserem Selbst und der Welt, ja auch zwischen Vernunft und Offenbarung« zu lösen, bedarf es eines »ästhetischen Sinn[s]«.[23]

Hölderlins Dichtungstheorie vom »Wechsel der Töne« knüpft die menschliche Erkenntnis der Welt an eine rhythmisch-musikalische Sprachauffassung und steht damit in der Tradition eines antiken Verständnisses von Sprache als *musiké téchné*. Das Denken und Wahrnehmen der Welt ist nicht abzulösen von der Sprache als Lautereignis: Im Tönen der Sprache, im Akt des Sprechens erst äußert sich sinnlich der Wechsel verschiedener, einander widerstreitender Zustände des menschlichen Seins. Rhythmus, Ton, Sinn und Leiblichkeit bilden eine Einheit und einen eigenen Erfahrungsraum.[24] Hölderlins Theorie vom Wechsel der Töne ist damit zugleich eine Theorie über die geistige wie sinnliche Disposition des Menschen. Aufgrund der Verankerung des Rhythmus im »Leibleben« des Menschen stiftet er nicht nur einen »bloß objektiven«, sondern vielmehr einen »auch gefühlten und fühlbaren Zusammenhang und Identität im Wechsel der Gegensätze«.[25] Der Körper ist es auch, der verhindert, dass das kontinuierliche Wechselspiel der Vermögen, wie Hölderlin es im Wechsel der Töne versteht, sich um seiner selbst willen fortschreibt und so ins Leere läuft, d. h. »seine Identität verlier[t], also nichts Ganzes und Einiges mehr sein [kann], sondern in eine Unendlichkeit isolierter Momente (gleichsam eine Atomenreihe) zerfallen« muss. Im Zusammenspiel der verschiedenen menschlichen Vermögen stiftet der körperlich verankerte Rhythmus »einen Faden« wie eine Erinnerung, »damit der Geist nie im einzelnen Momente, und wieder einem einzelnen Momente, sondern in einem Momente wie im andern fortdauernd, und in den verschiedenen Stimmungen sich gegenwärtig bleibe«.[26]

---

22 Hölderlin 1994c, S. 565.
23 Hölderlin 1992, S. 225. Aufgrund der oftmals unklaren Datierung von Hölderlins Schriften verzichte ich im Folgenden auf Jahresangaben zu einzelnen Schriften.
24 Vgl. Hornbacher 1995; Polledri 2002; Amtstätter 2005.
25 Hölderlin 1994b, S. 537 f.
26 Ebd.

Johann Georg Sulzer (1720 – 1789) geht in seiner einflussreichen *Allgemeinen Theorie der schönen Künste* noch einen Schritt weiter. Darin integriert der Rhythmus nicht nur die verschiedenen Erfahrungen, vielmehr erklärt Sulzer die rhythmische Wiederholung zur Voraussetzung menschlicher Erfahrung überhaupt. Das Moment der Wiederkehr ist eine physiologische Notwendigkeit und als solche umfasst sie Körper und Geist. Sulzer argumentiert, dass Empfindung ohne Wiederholung nicht denkbar ist. »Die Empfindung folgt den Gesetzen der Bewegung«, heißt es dort. So wie ein Kreisel nur durch erneuerten Anschwung in Bewegung bleibt, so kann eine »leidenschaftliche Bewegung« sich nur erhalten, wenn »immer neue und andere Eindrücke dieselbe erneuern«.[27] Durch »Anhäufung der Empfindung« und damit ihrer »Würksamkeit« wird die Empfindung »gestärket«, und zwar so weit, »dass endlich das gesamte System der Nerven in Bewegung kommt«.[28] Geknüpft an den sinnlich-physiologischen Bewegungs- und Wahrnehmungsapparat des Menschen, ermöglicht Rhythmus erst die dauerhafte Ausübung einer Tätigkeit, um so mehr, je einförmiger diese ist, aber eben auch jeder Empfindung, sofern sie nicht nur eine flüchtige sein soll.

Rhythmus ist das Organisationsprinzip der physiologischen Natur des Menschen, der Natur überhaupt. Und die Kunst ist deshalb ein so mächtiges Instrument der Weltwahrnehmung, weil sie demselben »Zeitmaaß«[29] folgt wie die Natur: Die Kunst nimmt im Rhythmus die lebendige Welt auf, folgt ihr und bildet sie fort. Karl Philipp Moritz (1756 – 1793) hat diesen Gedanken in seiner Autonomieästhetik entwickelt. In seinem 1786 erschienenen *Versuch einer deutschen Prosodie* legt Moritz dar, wie die poetische Sprache durch den Rhythmus ihre Autonomie als Kunstwerk erlangt. Die gemeine Rede ist für Moritz bloßes Mittel, Ideen auszudrücken. Sie ist das Ausdrucksmittel des Verstandes, »weil sich unsre Sprache freilich mehr zum Gedanken- als zum Empfindungsausdruck neigt«.[30] Die Rede ist auf ein Ziel gerichtet, dadurch aber »vernachlässigt [sie] gleichsam sich selbst, weil sie ihren Zweck mehr ausser sich, als in sich hat«.[31] Das Denken jedoch wertet, die Bedeutung »zerstört« »Verhältniß, Harmonie und Wohlklang«.[32] Im Gegensatz zur gewöhnlichen Sprache ist die Poesie eine Form von Kunst. Die Poesie folgt der Empfindung, welche an die Stelle der analytischen Bewertung durch den Verstand die Gleichheit setzt, welche »den Eindruck, welchen das Ganze macht, wieder auf das Einzelne« verteilt.[33] Die Empfindung ist dem Verstand überlegen, setzt sie

---

27 Sulzer 1994 [1792], Bd. 4, S. 96.
28 Ebd., S. 100.
29 Moritz 1975 [1786], S. 28.
30 Ebd., S. 6.
31 Ebd., S. 25.
32 Ebd., S. 12.
33 Ebd., S. 24.

doch »den Gedanken schon voraus; oder vielmehr sie ist selbst das Resultat von ihm«.[34] Sie ist gleichermaßen immer einen Schritt voraus, ist sie doch »die durch den *vollen Gedanken* befriedigte Empfindung«.[35] Das rhythmische Empfinden ist im Gegensatz zum Verstandesdenken in ständiger Bewegung, in Entwicklung und Fluss. Dieses »immer wiederkehrende gleiche Zeitmaaß zwingt dem Gedanken gleichsam seine Rechte ab«,[36] dadurch hinüberführend in immer neue Ordnungen und immer im Hinblick auf das *Ganze* der Wahrnehmung.

In gleichem Maße wie auf die Rede übt nun der Rhythmus »seinen unwiderstehlichen Reiz«[37] auch auf den menschlichen Gang. Auch hier ist es die Empfindung, die aus dem zweckgerichteten Fortbewegen die Kunst des Tanzens macht. Erst im Tanz existiert die Bewegung um ihrer selbst willen: »die jedesmalige langsamere oder schnellere Bewegung hängt also bloß von sich selber ab, sie muß sich selber ihre *Gesetze* vorschreiben«.[38] Diese sind der Rhythmus, das »immer in gleicher Ordnung wiederkehrende«,[39] denn er ist »der Natur der menschlichen Seele gemäß«.[40] Die rhythmische Bewegung der Sprache in der Poesie oder auch im Tanz ist somit keine Kunstform, sie ist im Gegenteil nur das letzte Glied in einer Reihe von Bewegungen, deren Ursprung die rhythmische Disposition des menschlichen Körpers ist. So hat Moritz in der Schrift *Die Signatur des Schönen* die Entstehung eines Embryos als Bewegungsvorgang beschrieben: Die Unabhängigkeit des neuen Lebens beginnt mit der selbständigen Bewegung des Körpers des Embryos im Leib der Mutter und setzt sich in ununterbrochener Folge in immer höheren Formen der Bewegung fort. Seine Vollendung findet die physische Körperbewegung schließlich in der Sprachbewegung, genauer in der rhythmischen Sprache der Poesie. So wie der Embryo als eigenständiges Leben immer bedeutender wird, indem er ›redender durch sich selber‹ wird, ›spricht‹ der Körper zeit seines Lebens durch seine Bewegungen. Die anfänglich noch rein physische Bewegungssprache wird im Laufe der Entwicklung zur Sprache selbst. In der Sprache erhält sich somit nicht allein das Moment der Bewegung konstitutiv, Sprache fungiert hier vielmehr ganz grundsätzlich als »Werkzeug«[41] physischer Bewegung.

Auch bei August Wilhelm Schlegel (1767–1845) ist die Sprache ein »gemeinschaftliches Produkt« des »Leiblebens« wie auch der »sich regenden geistigen Fähigkeit«. Folglich ist sie weder allein Ausdruck der Empfindungen, noch

---

34 Ebd., S. 26.
35 Ebd., S. 27.
36 Ebd., S. 28.
37 Ebd., S. 29.
38 Ebd., S. 31.
39 Ebd., S. 32.
40 Ebd., S. 31.
41 Moritz 1962 [1788], S. 98.

der Gedanken, noch ist sie willkürlich erfunden. Sie ist im Gegenteil »eine bildende Darstellung von beiden, d.h. die Sprache ist in ihrem Ursprunge poetisch«.[42] Sprache ist von Anbeginn des Menschseins an Poesie, Poesie und Sprache sind eins. Deshalb ist auch nicht von einer Ursprache, sondern von Urpoesie zu sprechen. Begriff und Empfindung finden hier ihren gemeinsamen Ausdruck und dieser ist die »Mitteilung [...] des gesamten Gemütszustandes [...] vermittels der Sprache«.[43] Schlegel geht es aber nicht allein um eine Grundlegung der Sprachmächtigkeit des Menschen, sondern um nicht weniger als eine allgemeine Geschichte der Künste als »Naturgeschichte«, d.h. um eine »Erklärung des notwendigen Ursprungs der Kunst aus dem eigentümlichen Dasein und den natürlichen Umgebungen des Menschen«.[44]

Als Naturgeschichte verstanden ist nicht nur die Sprache an die anthropologische Verfasstheit des Menschen geknüpft, sondern alle Ausdrucksformen, in denen sich das Innere äußerlich offenbart, »Worte, Töne, Gebärden«.[45] »Poesie, Vokalmusik und mimische Tanzkunst (wo die Gebärden rhythmisch geordnet sind)«[46] sind daher keine »müßige zufällig erfundne Ergötzlichkeit«, sondern entspringen »einer ursprünglichen Hauptanlage des menschlichen Gemüths«.[47] Schlegel spricht von der Einheit des musikalischen, poetischen und körperlichen Ausdrucks auch als »Urkunst«. Diese ist gerade nicht die einfache Summe von Musik, Tanz und Poesie, sondern sie ist einzigartig, da in ihr allein der Grund aller symbolischen Darstellung des Menschen liegt. Alle künstlerischen Ausdrucksformen haben ihr gemeinsames Fundament in der Körperlichkeit des Menschen, genauer in der rhythmischen Konstitution der menschlichen Physis: »der rhythmische Gang der Poesie [ist] dem Menschen nicht weniger natürlich [...] als sie selbst.«[48] Rhythmus ist Fundament nicht nur der Sprache, sondern des Menschseins überhaupt. Rhythmische Ordnung ist also nicht primär eine ordnende Eigenschaft des Verstandes, sondern der natürlichen Körperlichkeit des Menschen.

So wie bei Moritz die gleichordnende Empfindung die Voraussetzung zur Rhythmisierung war, so ist es bei Schlegel die »Absonderung der poetischen Successionen in unserm Innern von anderweitigen Zuständen durch ein äußeres Gesetz der Form nämlich den *Rhythmus*«.[49] Dieser ist eine »Anordnung der

---

42 Schlegel 1989a [1798–1803], § 21, S. 7. Vgl. auch Schlegel 1962 [1795], S. 151–156.
43 Schlegel 1989a [1798–1803], § 22, S. 7.
44 Ebd., § 6, S. 4. Vgl. auch Schlegel 1989b [1798–1803], S. 391 f.
45 Schlegel 1989a [1798–1803], § 8, S. 4.
46 Ebd.
47 Schlegel 1989b [1798–1803], S. 480.
48 Schlegel 1962 [1795], S. 144.
49 Schlegel 1989b [1798–1803], S. 393.

Sukzession unter der Form der Zeit«.[50] Allerdings ist es nicht die Zeit, welche die poetische Sukzession vorgibt, sondern die Zeit beruht umgekehrt auf einer »physiologische[n] Veranlassung« im Regelmaß der organischen Bewegungen: »So könnte man sagen, daß die Zeit organisch bestimmt sei, z. B. bei dem Galoppieren der Pferde«.[51] Der Körper funktioniert, anders formuliert, nicht unter dem Diktat der Zeit, sondern diese unter dem Diktat des Körpers, da

> »de[r] Rhythmus, den man als den geordneten Wechsel in der Succession definiren kann, [...] eine Darstellung des Beharrlichen im Wechsel der Vorstellungen sey, und also die successiven Künste zum Ausdruck unsrer gesamten geistigen und körperlichen Natur, des Lebens und der Persönlichkeit mache.«[52]

Im Rhythmus fügt sich die Sprache dementsprechend nicht in die Zeit, sondern »in die verschiedenartigen Bewegungen« des Körpers.[53] Wie nun der Rhythmus im Reich des Lebendigen der Zeit seine Bewegungen diktiert, so diktiert er in der Welt der Kunst auch der Poesie ihre eigene Zeitfolge. Die »Poesie muß sich ihre Zeitfolge selbst bilden«. Nur dadurch »wird der Hörer aus der Wirklichkeit entrückt, und in eine imaginative Zeitreihe versetzt [...]. Dieses Gesetz ist das Zeitmaß, der Takt, der Rhythmus«.[54] Schlegels naturhistorisches Axiom hatte die Künste zur »Hauptanlage« des Menschen gemacht und im Rhythmus Kunst und Natur, Physis und Bewusstsein, Werden und Vergehen direkt an die Physiologie des Körpers gebunden:

> »Eine rhythmische Reihe drückt also zuvörderst das äußere sinnliche Leben aus: das Zeitmaaß ist der Pulsschlag desselben, der Wechsel die freye Bewegung.«[55]

Einerseits Zeitformen, ausgebildet und verfeinert im Laufe der Kulturgeschichte des Menschen, sind die Künste nicht nur zeitgleich mit dem Menschengeschlecht entstanden, sie werden »auch nicht anders als mit ihm gänzlich aussterben können«.[56] Andererseits aber sind und bleiben die Künste primär Ausdruck der höheren, rhythmischen Natur des Menschen. Als solche sind sie gleichermaßen zeitlos und darin liegt die »unbeschreibliche Gewalt des Rhythmus über die Gemüther«: Er »ist zusammengedrängtes Leben«.[57]

---

50 Schlegel 1989a [1798–1803], § 74, S. 25.
51 Ebd., § 33, S. 11.
52 Schlegel 1989b [1798–1803], S. 430.
53 Schlegel 1989a [1798–1803], § 74, S. 25.
54 Schlegel 1989b [1798–1803], S. 270.
55 Ebd., S. 370 f.
56 Ebd., S. 480.
57 Ebd., S. 372.

2. Die Ordnung des Rhythmus

Die »Zaubermacht«[58] des Rhythmus machten die Dichter und Theoretiker am Ende des 18. Jahrhunderts zum einen an der natürlichen, physiologischen Anlage des Menschen fest, zum anderen an der besonderen Ästhetik des Rhythmischen als einem *geregelten Maß*, als *Ordnungsrelation*.

Wie der Rhythmus die Semantik des Wortes sprengt, an seine Stelle die Relation der Silben setzt und so die Schönheit der Poesie begründet, hat Moritz in seinem *Versuch einer deutschen Prosodie* genau erörtert. Voraussetzung für die Rhythmisierung der Sprache ist der Akt des Empfindens:

> »Alle die bedeutenden Silben, welche der Verstand, nach ihrer stärkern oder schwächern Bedeutung einander untergeordnet hatte, sind nun für die Empfindung gleich geworden und nur in das seiner Natur nach Gleiche suchen wir ein Ebenmaaß zu bringen.«[59]

Erst durch die Gleichordnung seitens der Empfindung kann der Rhythmus eine eigene Gesetzlichkeit in die Rede bringen, das heißt die Rede »in sich selbst zurück« drängen: Die Empfindung »drängt sich sogar in den einzelnen Worten zu einer Art von Melodie, zu einem harmonischen Silbenfall, der die Rede dem Gesange nähert«.[60] Um diese Gleichheit zu erzielen, bricht die Empfindung die Semantik, das Gefüge des Wortes, auf. Die Bausteine der Poesie sind die einzelnen Silben. Durch deren relationale Ordnung zueinander im Rhythmus erhält die Poesie ihren spezifischen Charakter und ihre Autonomie als Kunstwerk. Ohne den Rhythmus, »ohne dieß Zeitmaaß würde es der Empfindung unmöglich seyn, über den Gedanken zu herrschen«.[61] Nur wenn die Empfindung alle Silben der Sprache, aber auch Töne der Musik und Schritte des Tanzes strukturell gleichwertig macht, sind sie allein »um ihrer selbst willen«[62] hervorgebracht. Die Besonderheit des Rhythmus liegt damit in seiner *doppelten* Struktur: Einerseits bildet jedes einzelne Element des Rhythmus eine vollständige, in sich geschlossene Entität. Andererseits wird es erst im Verhältnis zu allen anderen der rhythmischen Reihe bedeutsam. Um eine neue Ordnung zu stiften, muss also jedes der Elemente des Rhythmus zugleich als selbständige Entität und als Glied eines geordneten Ganzen gesehen werden.[63]

Die poetisch-rhythmische Ordnung verschränkt das Einzelne und das Ganze. Dadurch schafft sie Abwechslung. Die aber ist ein wesentliches Element von

---

58 Schlegel 1962 [1795], S. 169.
59 Moritz 1975 [1786], S. 27 f.
60 Ebd., S. 25.
61 Ebd., S. 29.
62 Ebd., S. 32.
63 Ebd., S. 43 f., vgl. auch S. 83.

Schönheit. Schon in der frühen *Untersuchung über den Ursprung der angenehmen und unangenehmen Empfindungen* hatte Sulzer festgestellt, dass Einförmigkeit »Langeweile« bereite, umgekehrt »Mannichfaltigkeit ohne Einheit [...] uns in Verwirrung« stürze.[64] Soll daher etwas als »schön« bezeichnet werden können, muss »die Einheit im Mannichfaltigen [...], oder das Mannichfaltige, auf Einheit zurückgebracht« werden.[65] Die »größte ästhetische Kraft«[66] des Rhythmus rührt von seiner relationalen Struktur. Während etwa die Töne der Musik und Bewegungen des Tanzes »an sich fröhlich, freudig, zärtlich, traurig und schmerzhaft« sein könnten und »ohne allen Einfluß der Kunst Kraft [haben] uns zu rühren«, ist dagegen »die Schönheit, die aus dem Rhythmus entsteht, [...] etwas ganz anders«. Sie liegt allein »in Dingen, die an sich völlig gleichgültig sind; die gar keine natürliche Bedeutung, keinen Ausdruk der Freude, oder des Schmerzens haben«.[67] Der Rhythmus ordnet eine gleichmäßige Abfolge einzelner Glieder in eine je bestimmt geordnete Sukzession. Die zuvor gleichförmigen Glieder werden dadurch strukturell ungleich, das heißt nunmehr charakterisiert durch ihre jeweilige Stellung im Gefüge des Rhythmus. Von diesen rhythmischen Kombinationen der einzelnen Glieder untereinander sind denkbar viele Varianten möglich, wodurch die größtmögliche Vielfalt an Schönheit gewährleistet ist. Genau das ist für Sulzer die erste und wichtigste Eigenschaft des Rhythmus, dass er durch die »periodische Eintheilung einer Reihe gleichartiger Dinge [...] das Einförmige derselben mit Mannichfaltigkeit« verbindet.[68]

Rhythmus stiftet Schönheit als Vielfalt seiner relationalen Beziehungen in ihrer zeitlichen Entfaltung: Er ist eine fortstrebende Bewegung. Jede Sequenz evoziert bereits die Erwartung der nächsten, die Bewegung schreibt sich in prinzipiell unendlich variierter Wiederholung fort. Als derart variable Regel übertrifft der Rhythmus die anderen Vermögen des Menschen und aufgrund seiner besonderen Relevanz erfordert der Rhythmus, so Hölderlin, »sicherer und charakteristischer Prinzipien und Schranken«.[69] Die Philosophie etwa bedarf keines Rhythmus, da sie immer nur ein einzelnes »Vermögen der Seele« behandelt, und um dieses darzustellen, reiche »das bloße Zusammenhängen der *Glieder* dieses Einen Vermögens« und das leiste die Logik. Der Disparates zusammenbringende Rhythmus dagegen macht aus »der Darstellung dieser verschiedenen Vermögen ein Ganzes« und dieses »Zusammenhängen *der selb-*

---

64 Sulzer 1974 [1751–1752], S. 32.
65 Ebd., S. 27.
66 Sulzer 1994 [1792], Bd. 4, S. 91.
67 Ebd.
68 Ebd., S. 96.
69 Hölderlin 1994a [1804], S. 849.

ständigeren Teile der verschiedenen Vermögen« ist »der Rhythmus, im höhern Sinne, oder das kalkulable Gesetz«.[70]

Hölderlin verdeutlicht die verschiedenen Töne der Sprache in Anlehnung an die griechischen Dichtungsgattungen von Epos, Lyrik und Tragödie. In jedem Gedicht herrscht nach Hölderlin ein Grundton vor – das nennt er die naive, heroische oder idealische Grundstimmung des Gedichts, wobei allerdings der Grundton nie in reiner Form vorliegt.[71] Der »Kunstkarakter« der Dichtung entsteht dadurch, dass – gleich einem musikalischen Akkord – eine Grundstimmung in die Spannung verschiedener Töne zergliedert wird, welche im Wechselspiel gleichwohl immer zusammen erklingen.[72] Im Ergebnis ist der »Kunstkarakter« der Dichtung die Einheit des Widersprüchlichen oder die Dichtung als »harmonischentgegengesetzt«. Als Darstellung des »Harmonischentgegengesetzten« erklingt in der Dichtung aber nicht nur das »schöne[s] Leben«. Vielmehr zeigt sich in der Einheit der Gegensätze das »Leben überhaupt«, denn die verschiedenen Zustände im Wechsel mit den jeweils vorhergehenden sind »nur vergleichbar [...] durch die Idee des Lebens überhaupt« – diese gibt der Dichtung »einen Anfang, eine Richtung, eine Bedeutung«.[73]

Kennzeichnend für die Struktur des Rhythmus ist seine unterbrochene Folge. Während die rhythmische Reihe eine kontinuierliche zeitliche Abfolge beschreibt, ist sie zugleich aus disparaten Elementen zusammengesetzt. Der Rhythmus kann also nach jedem Glied der Folge wechseln. Darin liegt der Grund für die Vielfalt und Variabilität seiner Ordnung, darin liegt auch der Grund für die Bedeutung der Zäsur. Die Zäsur oder, bei Hölderlin, »die gegenrhythmische Unterbrechung« ist notwendig, »um nämlich dem reißenden Wechsel der Vorstellungen, auf seinem Summum, so zu begegnen, daß alsdann nicht mehr der Wechsel der Vorstellung, sondern die Vorstellung selber erscheint«.[74] Erst in der Unterbrechung, im Innehalten erhält der ununterbrochene Wechsel der Stimmungen einen Bezug auf sich selbst und tritt die Stimmung hervor. Die Leerstelle ist damit konstitutives Element der rhythmischen Relation: Im Intervall zwischen den Tönen spinnt sich das Geflecht disparater Töne zu einer eigenen Form der Erkenntnis.[75]

---

70 Hölderlin 1994b [1804], S. 913.
71 Hölderlin bestimmt dies näher in Hölderlin 1994a [1804], S. 553–559.
72 Als Beispiel siehe Hölderlins Auseinandersetzung mit dem Homerischen Epos, vgl. Hornbacher 1995, S. 62–76. Der Grundton eines Gedichts kann sich nicht in seiner »reinen« Form äußern, sondern ist an die Fixierung durch die Sprache gebunden. Es existiert nur in die poetische Form gegossen und ist daher auch immer nur im Wechselspiel der »Kunstkaraktere« präsent. Vgl. dazu Hölderlin 1994b [1804], S. 534; zur Auflösung der Spannung zwischen Grundton und »Kunstkarakter« im Geiste siehe Corssen 1951.
73 Hölderlin 1994b [1804], S. 533.
74 Hölderlin 1994a [1804], S. 850.
75 Hölderlin analysiert die Bedeutung der Zäsur an Sophokles' Werken, vgl. ebd.; auch

Die Zäsur, die unterbrochene Folge des Rhythmus ist es auch, die es erlaubt, Natur und Kunst aufeinander zu beziehen: Die Werke der Natur und diejenigen der Kunst sind bei Hölderlin nicht nur eng aufeinander bezogen, Natur und Kunst vervollkommnen sich vielmehr gegenseitig. Das geschieht mit Hilfe des Kunst- und Bildungstriebes. Der ist ein »Trieb des Idealisirens oder Beförderns, Verarbeitens, Entwikelns, Vervollkommnens«,[76] der das »Unbegreifliche«, das »Unfühlbare«, »Unbegrenzte« oder »Aorgische«[77] der gestaltlosen Natur zu Form verarbeitet. Im Kunsttrieb des Menschen wird der Bildungstrieb seines naturhaften Plans enthoben, er tauscht gleichsam das Triebhafte gegen das Gesteuerte ein.[78] Dabei können ihm Fehler unterlaufen. Diese werden jedoch in der wechselseitigen Bezogenheit von Kunst- und Bildungstrieb aufeinander beständig korrigiert. Das geschieht wie im Wechsel der dichterischen Töne durch den Rhythmus, der künstlerischen und naturhaften Trieb in fortgesetztem Bezug und Korrektiv aufeinander immer wieder regelhaft vermittelt. Die triebhafte Natur und der »Kunstkarakter« sind somit in der zugleich festen und offenen Struktur des Rhythmus immer aufeinander bezogen und erst im gemeinsamen Verbund eröffnen sie die ganze Wahrheit des menschlichen Welterfassens. Indem der Dichter in der Poesie dieses Ordnungsgesetz der Natur aufnimmt, macht er die Natur in ihrer ganzen Fülle der Erfahrung des Menschen zugänglich.

3. Die Choreographie von Empfindung und Bewegung

Ich habe davon gesprochen, dass in der Figur des Rhythmus um 1800 Gefühle ›physiologisiert‹, d. h. an die physiologische Disposition des Körpers gekoppelt wurden. Ebenso habe ich das ästhetische Moment des Rhythmus an seiner relationalen Ordnung festgemacht. Rhythmus konstituierte die raum-zeitliche Abfolge von Gefühlsereignissen als geregelte Folge, nicht als vollkommenes Gleich- sondern als Regelmaß, d. h. einerseits sich wiederholend, andererseits offen für Variation. Das physiologische und das ästhetische Moment des Rhythmus kommen in einem dritten zusammen: der Bewegung. In der Körperbewegung trifft die individuelle Habituierung der eigenen Bewegungen, der je persönlichen Art, zu gehen, zu laufen oder die Hände zu bewegen und die sich darin sowie in spezifischen Bewegungen ausdrückende jeweilige Gefühlslage auf gesellschaftliche Konventionen, auf eine Bewegungskultur, die den individuellen

---

Hornbacher 1995, S. 234 – 43; Hölderlins eigene Dichtung, insbesondere sein hymnischer Spätstil folgt diesen Überlegungen, vgl. ebd., S. 284.
76 Hölderlin 1954 [1799], S. 328.
77 Hölderlin 1961b, S. 149 – 162.
78 Hölderlin 1961a, S. 221 f.

Ausdruck der Körperbewegung anleitet, (über)formt und nach sozialen Kriterien ausrichtet. Bewegung ist damit ein ebenso individueller wie sozialer, nicht zuletzt politischer Akt.

Die Zeit um 1800 war die Epoche einer ästhetischen Bewegungskultur. In der rhythmisch ausgeführten Körperbewegung wurden Gefühle nicht nur ›performativ‹, gekoppelt an den Akt der Handlung, an den Bewegungsvollzug, sondern genauer an die schöne, ästhetisch ansprechende, weil maßvoll austarierte Bewegung, in der die inneren und äußeren Regungen des Menschen im Gleichgewicht waren.

Die Bewegungskultur der Frühen Neuzeit war an einem ästhetischen Kalkül ausgerichtet, einem Bewegungsideal, das an der formschönen, der gemäßigten, der eingeübten Beherrschung des eigenen Körpers geschult war. Für diese ästhetische Bewegungskultur war der Rhythmus von zentraler Bedeutung.[79] Im rhythmischen Vollzug war die Bewegung kontrolliert, maßvoll, schön anzuschauen und überdies koordinierbar. Um die Körperbewegung zu ästhetisch gesteigerter Performanz zu bringen, musste der Bewegungsfluss zunächst analysiert, d. h. in seine Bestandteile zergliedert werden. So etwa bewegte sich weniger der *Körper* eines Tänzers über eine Bühne, als sorgsam zu einem Gesamteindruck choreographierte einzelne *Gliedmaßen:*

> »On compte dans les bras trois mouvemens de même que dans les jambs, & qui sont rélatifs l'un à l'autre: Sçavoir, celui du poignet, celui du coude, & celui de l'épaule; mais il faut qu'ils s'accordent avec deux jambs [...] parce que l'on ne doit pas plier le coude, sans que son mouvement soit accompagné de celui du poignet: ainsi du cou-de-pied & du genou, qui ne peut finir son mouvement sans que l'on soit élevé sur la pointe du pied.«[80]

So beschrieb Jean-Pierre Rameau in seinem *Maître à danser,* einem der einflussreichsten Tanzbücher des 18. Jahrhunderts, das Geschehen beim Tanzen. Nirgendwo kam es mehr als hier darauf an, die Bewegungen der einzelnen Glieder zu isolieren und im Rhythmus der Musik zu einem ästhetisch anspruchsvollen Ausdruck zu steigern. (Siehe hierzu Abbildung 2).

Was im Tanz ästhetisch besonders augenfällig wird, die rhythmisch koordinierte und zur Musik dargebrachte Bewegung, galt in der Frühen Neuzeit indes für die Bewegungskultur im Allgemeinen. Bewegung war gleichzusetzen mit

---

79 Vgl. ausführlich dazu Wellmann 2010.
80 Rameau 1967 [1725], S. 200. »Man zählt in den Armen drei Bewegungen wie auch in den Beinen, & die gegenseitig aufeinander bezogen sind: nämlich jene des Handgelenks, jene des Ellbogens, & jene der Schulter; aber es ist nötig, dass sie sich mit zwei Beinen abstimmen [...], da man nicht den Ellbogen knicken darf, ohne dass seine Bewegung begleitet wird von derjenigen des Handgelenks: ebenso bei dem Sprunggelenk & dem Knie, das seine Bewegung nicht beenden kann, ohne dass man auf der Spitze des Fußes steht.« [Diese und folgende Übersetzungen von der Autorin, J. W.].

Abbildung 2: Ineinander gewunden verfolgt die elegante, geschwungene Linie der Spirale das Auseinandergehen von Mann und Frau in der Drehbewegung, das Drehen und Lösen der Hände beim Tanz des Menuett, »la danse la plus usitée«, dem bis ins späte 18. Jahrhundert hinein beliebtesten Gesellschaftstanz in Frankreich. Rameau 1967 [1725], S. 84.

geübter Bewegung. Der Gebrauch des Körpers, seiner Glieder und die Art der Bewegungen war eine zu erlernende Praxis. Das Maß, Maßhalten, Maßvolle bestimmte das Ideal des Hofes, welches die Bewegungskultur der Frühen Neuzeit prägte.[81] Das Bewegungsideal des *galant homme* umfasste den Tanz, Übungen an der Waffe, das Reiten, Voltigieren, Fechten ebenso wie Leibesübungen. Das Exerzitium machte aus der Körperbewegung die Kunst des Bewegens, die es zu wissen, zu erlernen und mit Sorgfalt zu beherrschen galt.[82] Entsprechend erfasste die *Encyclopédie* Mitte des 18. Jahrhunderts in ihrem Eintrag *exercices* alle »mouvemens réglés du corps, sauts & pas mesurés, faits au son des instruments ou de la voix«:[83]

---

81 Vgl. den Beitrag von Doris Kolesch im vorliegenden Band und generell Elias 1969.
82 Vgl. aus der Literatur zur Geschichte des Sports und der historischen Anthropologie u. a. Eichberg 1978; Ueberhorst 1980–1989; Lippe 1983; Nitschke 1989; Mallinckrodt 2008.
83 Art. »Danse«.

»l'exercice du cheval, la danse, l'action de tirer des armes & et de voltiger, tous les exercices militaires, les connoissances nécessaires pour tracer & pour construire des fortifications, le dessein, & généralement tout ce que l'on enseigne & tout ce que l'on devroit enseigner dans ces écoles.«[84]

Das Turnen, Voltigieren oder Reiten, gar Schießen waren nicht weniger als das Tanzen rhythmische Bewegungskünste: Bewegung folgte der Regel der rhythmischen Ausübung, sie war gleichbedeutend mit der Choreographie der erlernten, kontrollierten, minutiös definierten Positionen des Körpers. Das galt für den Körper des Individuums ebenso wie den kollektiven Körper. So war die Instruktion der Bewegung im Militär musisch in dem Sinne, dass sie einer Regel folgen und im Rhythmus der Musik im Gleichklang ausgeführt werden musste. Trommeln, Fanfaren und Flöten waren Zeitgeber und Auslöser für die harmonische Koordination der einzelnen Körperbewegungen des Soldaten – das Halten und Wechseln einzelner Positionen oder die Abfolge verschiedener Handgriffe etwa beim Schultern und Entzünden einer Waffe –, aber auch der Formationen der Soldaten auf dem Schlachtfeld. Wie in den individuell ausgeführten Drills, so war das Wichtigste auch der Evolutionen im Feld die Ordnung und Regelhaftigkeit der Bewegungen. Unzählige Leiber wurden hier im Takt der Musik über das Schlachtfeld manövriert. Bewegungen wurden in den Körpern vieler multipliziert, koordiniert, umgesetzt, um sich gleichsam wie ein potenzierter Gesamtkörper dem Feind mit gesteigerter Effizienz entgegenzuschieben.

Der Rhythmus knüpfte somit nicht nur die Gefühle des einzelnen an einen maßvollen Ausdruck, an Körperbewegungen, deren wohlgeordnete Schönheit Ausdruck der nicht weniger geordneten, zusammengestimmten Empfindungen ihres Urhebers war. Er versetzte auch die Bewegungen, Empfindungen der einzelnen in einen Gleichklang, verband sie in einem kollektiven Miteinander. Die Körperbildung im Drill hatte in ihrer Sozialdisziplinierung und Normierung des einzelnen einen manifest politischen Charakter und ist als Herrschaftsinstrument der klassischen Epoche von Foucault hinlänglich beschrieben worden.[85] Als ein physiologisches Prinzip gedacht, geht das Konzept des Rhythmus um 1800 darüber noch hinaus. Auch dem kollektiven, dem politischen Körper in seiner emotionalen wie physischen Bewegtheit eignet dann ein physiologisches, anthropologisches Moment – nämlich die der körperlichen Anlage des Menschen inhärente Ordnung und Koordination seiner Bewegungen, seien sie nun physiologische wie Puls und Atmung, einfache Körperbewegungen wie das

---

84 Art. »Exercices (Manège)«. »die Übung des Pferdes, den Tanz, die Aktion, die Waffen zu ziehen & zu voltigieren, alle militärischen Übungen, die notwendigen Kenntnisse, um zu zeichnen & um Festungen zu konstruieren, die Zeichnung & im Allgemeinen alles, was man unterrichtet & alles, was man in diesen Schulen unterrichten muss.«
85 Darüber ist oft geschrieben worden, vgl. klassisch Foucault 1977 [1976].

Heben eines Arms oder komplexe wie die tänzerische und militärische Abfolge von Schritten, aber eben auch die Sprachbewegung, in der sich dem Menschen eine umfassende Weltsicht erschließt, weil sie ihn in seinem Empfinden wie in seinem Denken gleichermaßen annimmt.

Deshalb knüpfte August Wilhelm Schlegel in dem Entwurf einer *Naturgeschichte* den Übergang zur Gesellschaftsbildung in der frühen Phase der Menschheit an die rhythmische Kontrolle der Bewegung, genauer an die Herrschaft des Rhythmus über das Leibleben und die Empfindungen der Menschen. Nur der im Rhythmus in eine leibliche wie emotionale Form gegossene Ausdruck konnte die Wildheit des einzelnen in angemessener Weise zügeln. Erst das solcherart in seiner Gefühlswelt maßvoll gewordene Individuum ließ sich in eine Gesellschaft eingliedern. Die Seele des Menschen an sich, davon war Schlegel überzeugt, strebt nämlich nach vollkommener Freiheit. Der Körper aber kann sich der »Heftigkeit« der Seele nicht hingeben. Er braucht, statt dessen »ein Maß, worauf seine innere Einrichtung ihn fühlbar leitete«. Dieses Maß ist der Rhythmus der »Bewegungen und Töne«, der »seine wohltätige Zaubermacht« über die Beziehung von Seele und Körper ausübt.[86] Aber nicht nur über die Beziehung von Seele und Körper, sondern auch über die Beziehungen der Menschen untereinander waltete von Anbeginn der Rhythmus:

> »Er war es, der ausdrückende Gebärden und Töne, in denen sonst nur uneingeschränkte, hartnäckige Willkür geherrscht, an ein friedliches Nebeneinandersein gewöhnte, sie zum Bande der Geselligkeit und zugleich zu ihrem schönsten Sinnbilde umschuf.«[87]

Ein »gemessener Rhythmus« zügelte die Leidenschaften des Menschen, indem er »eine Art von Herrschaft über sie« übernahm.[88] Er war als »geordneter Ausdruck in Worten, Tönen und Gebärden […] der erste Schritt zur Zähmung und menschlichen Bildung«.[89]

4. Schlussbemerkung

Embodiment gilt als neues Schlagwort, wenn nicht epistemische Wende der Kognitionswissenschaften. Damit rücken die Kognitionswissenschaften von

---

86 Schlegel 1962 [1795], S. 169.
87 Ebd., S. 177.
88 Ebd., S. 174.
89 Schlegel 1989a [1798–1803], § 36, S. 12, vgl. auch Schlegel: »Der Mensch prägte ihm aber dadurch den Charakter seiner Freyheit auf, daß er die wilden Ausbrüche an eine selbst gegebne Regel band. Diese war für die Gebehrden, die Töne und die Worte eine und dieselbe: das Zeitmaß, der Takt, der Rhythmus.« (Schlegel 1989b [1798–1803], S. 272).

einem Verständnis menschlicher Intelligenz ab, wonach diese allein und ausschließlich im Gehirn und den Nerven zu lokalisieren sei. Inzwischen hat sich in den Kognitions-, den Neurowissenschaften und der Psychologie die Einsicht durchgesetzt, dass es Kognition ohne Emotion nicht gibt. Jede Äußerung von Intelligenz, kognitiven Fähigkeiten und epistemischen Vermögen bedarf eines Körpers, der Interaktion von Körper und Psyche. Das bedeutet, dass nicht allein psychische Zustände Auswirkungen auf Körperhaltung, Bewegung, Mimik, Gestik, allgemein das Ausdrucksrepertoire des Körpers haben, sondern dass auch umgekehrt die körperlichen Ausdrucksformen Rückwirkungen auf unsere seelischen Zustände haben.[90] Was das traditionelle Paradigma der kognitionswissenschaftlichen Forschung als diametrale Gegensätze separierte, ist in den letzten Jahrzehnten als komplexes, wechselseitiges Beziehungsgefüge erforscht worden: Kognitive Vermögen gehen einher mit der Ausbildung von Körperpraktiken und emotionalem Habitus. Noch dazu sind sie eingebettet in eine je spezifische Umweltbeziehung.[91] Der Begriff des Habitus spielt in diesem Zusammenhang auf die je individuelle Ausprägung eines Sets von kognitiven und emotionalen Fähigkeiten und Praktiken an, welche zugleich »a foundation for habituation to collectively shared patterns of embodied communication« bildet.[92]

Nicht nur in der Dichtungstheorie und der Ästhetik, wie ich sie in diesem Aufsatz besprochen habe, wurde Rhythmus als physiologisches Prinzip diskutiert. Das gleiche galt auch für die Naturforschung. Lange bevor Wilhelm Wundt Rhythmen und Affekte zu Beginn des 20. Jahrhunderts vermaß, hat die Physiologie etwa bei Johann Christian Reil (1759–1813) die Lebenskraft als rhythmisches Prinzip beschrieben, welches zum Beispiel die einzelnen Organe im Körper so organisierte, dass sie sowohl eigenständig als auch miteinander funktionieren konnten. Reil fragte nach dem »innere[n] Prinzip«,[93] aus dem heraus sich der organische Körper selbst erhält und in die Zukunft fortschreibt. Was ist das für ein Prinzip, das der organischen Materie inhärent ist und das eine organische Welt hervorbringt, die »bei ihrer großen Veränderlichkeit zugleich die größte Beständigkeit«[94] zeitigt? Reil fand dieses Prinzip im Wandel der Lebenskraft. Diese ist die Eigenschaft der Form und Mischung der organischen Materie und die Ursache ihrer Wandelbarkeit liegt in dem veränderlichen Verhältnis, das Form und Mischung der Materie eingehen. Reil nennt dieses Ver-

---

90 Aus der Fülle der Literatur zum *embodiment* sei hier lediglich verwiesen auf Gallagher 2005; Clark 1996; Clark 2008; Krois / Rosengren / Steidele / Westerkamp 2007; Gibbs 2006.
91 Vgl. hierzu insbesondere die drei Forschungsbände *Habitus in Habitat I–III*, Flach / Margulies / Söffner 2010; Flach / Söffner 2010; Fingerhut / Flach / Söffner 2011.
92 Zum Begriff des *habitus* vgl. Flach / Margulies / Söffner 2010, Zitat S. 9.
93 Reil 1910 [1795], S. 35; vgl. ausführlich zur Physiologie Wellmann 2010.
94 Reil 1910 [1795], S. 44.

hältnis von Form und Mischung auch die »Stimmung der Lebenskraft«.[95] Diese ist »veränderlich und muß es sein, wenn der Mensch und die Organe, aus welchen er besteht, gesund sein sollen«.[96] Erst der Wandel der Lebenskraft erhält also den Körper am Leben. Er ist es, welcher den Körper »am Rade der Veränderung seinen abgemessenen Bogen vom Punkte des Werdens bis zum Punkte des Sterbens« ablaufen lässt.[97] Und er verläuft in rhythmischen Perioden, denn die Lebenskräfte werden durch »öftere Wiederholungen mehrerer Aktionen zu gleicher Zeit oder in einer bestimmten Folge« zueinander ins Verhältnis gesetzt oder, wie es bei Reil heißt, »untereinander assoziier[t]« und »gestimmt«.[98] »Stimmung« der Lebenskraft bedeutet, dass ihre Wandlungen nach »gewissen Regeln« erfolgen:

> »Diese Regeln werden durch die Ursachen bestimmt, durch welche die Lebenskraft verändert wird. Nach diesen Regeln stehen die Veränderungen der Lebenskraft mit der Zeit in einem gewissen Verhältnis und ereignen sich in bestimmten Perioden, deren Zwischenräume eine mehr oder weniger abgemessene Dauer haben. In der ganzen Natur bemerken wir diesen periodischen Wechsel.«[99]

Zuvorderst unterliegt die Lebenskraft den verschiedenen Lebensaltern des Menschen von seiner Kindheit bis zum hohen Alter. Außerdem richtet sich der »Wechsel der Lebenskraft« »nach den Tages- und Jahreszeiten«.[100] Es folgen »a) die jährlichen Veränderungen der Reizbarkeit, die sich besonders nach den Jahresvierteln, nämlich an den Tag- und Nachtgleichen und den Sonnenwenden richten«,[101] »b) monatliche Änderung der Temperatur der Lebenskraft«,[102] »c) der tägliche Wechsel in der Temperatur der Lebenskraft«, wobei auch dieser »nicht an jedem Tag gleich« ist, sondern seinerseits rhythmisch wechselt.[103] Schließlich schaffen auch »innere, im Körper vorhandene Reize« sowie »Gewohnheiten und Assoziationen« ihre eigene Rhythmik.[104] Der Körper ist durchdrungen vom rhythmischen Walten der Natur: Vom Zahnen des Säuglings bis zum Tripper, über Schwindsucht und Schwangerschaft, Epilepsie und Verstopfung, Fieber und Körpergewicht, bis zum Hypochonder und dem Schmerz der Seele reichten Reils Beispiele für die Ökonomie des gesunden wie auch kranken Körpers.

---

95 Ebd.
96 Ebd., S. 93.
97 Ebd., S. 31.
98 Ebd., S. 69.
99 Ebd., S. 72.
100 Ebd., S. 74 f.
101 Ebd., S. 76.
102 Ebd., S. 77.
103 Ebd.
104 Ebd., S. 79.

Der Organismus, vor diese Herausforderung sah sich die gesamte entstehende Wissenschaft der Physiologie um 1800 gestellt, veränderte sich ununterbrochen. Voraussetzung für diese Wandelbarkeit war die formbare, flüssige Natur des Organischen. Die lebendige Materie wurde als formlose Masse, Zell- oder Schleimstoff oder Grundschleim beschrieben.[105] Wie konnte sich angesichts einer solchen organischen Materie der Organismus formen, organisieren, am Leben erhalten, sich zu seiner Umwelt verhalten, sogar erneuern und reproduzieren? Ohne Ausnahme unterlagen die physiologischen Prozesse dem Gesetz der steten Umbildung. Die entscheidende Frage war, wie sich diese Umbildung organisierte. Rhythmus war hier das Gesetz, nach dem sich nicht nur das Lebendige beständig neu und selbsttätig organisierte, sondern welches auch seine Beziehung zur Umwelt lenkte.

Eine Wissenschaft des Lebens müsse dieser Welt des beständigen Wandels eine Gesetzmäßigkeit zu unterlegen versuchen, das hielt Reinhold Treviranus 1802 in seiner *Biologie oder Philosophie der lebenden Natur* schon für ein »Bedürfnis der Vernunft«[106]. Wie könnte ein solches Gesetz aussehen? Eine Regel, die es erlaubt, den Organismus organisiert und gleichzeitig in ständiger Auflösung begriffen, immer neu und doch erkennbar derselbe, alt und neu zugleich zu denken? Karl Friedrich Burdach schrieb 1835 in der *Physiologie als Erfahrungswissenschaft*:

> »Alle organischen Wesen unterscheiden sich von den unorganischen Dingen durch ein stetiges Fortschreiten, d. h. durch einen bestimmten Verlauf ihres Daseyns, durch eine regelmäßige, in ihnen selbst begründete Umwandlung und durch ein bestimmtes von den äußern Verhältnissen unabhängiges Ziel ihres Daseyns. Sie zeichnen sich also aus durch einen inneren Typus des Wechsels, der durch die Außendinge zwar abgeändert werden kann, aber nicht durch sie gegeben wird, vielmehr ihren Änderungen bis auf einen gewissen Punct widersteht.«[107]

Organisch bedeutete mithin eine kontinuierliche Umbildung nach Maß und Regel, autonom von äußeren Bedingungen, angetrieben allein von den Verhältnissen im Körper. Treviranus ging in seiner Beschreibung der Gesetzmäßigkeit der organischen Bildung einen Schritt weiter, denn er qualifizierte das Gesetz der Umwandlung näher als eine Regel von Wiederholung und Variation und spricht von einer *Spirale* der Bildung, worin »nach gewissen Revolutionen« sich »ein bewegter Körper jedem beliebigen Punkte immer wieder nähert, um sich immer weiter von demselben zu entfernen«.[108] Kielmeyer sprach in den *Ideen zu einer allgemeinen Geschichte und Theorie der Entwicklungserschei-*

---

105 Vgl. Baker 1949.
106 Treviranus 1802–1803, S. 50.
107 Burdach 1835 [1826], S. 6.
108 Treviranus 1802–1803, S. 50.

nungen der Organisationen auch von den »Parabeln«, in denen sich Tiere und Pflanzen bewegen.[109] An anderer Stelle charakterisierte er Entwicklung auch als »regelmäßige Veränderungen«,[110] deren »Gesetz der Veränderungen«[111] er in der »Beständigkeit der Zeitverhältnisse« der einzelnen Veränderungen untereinander erkannte.[112] Bildung, das »Gesetz der Veränderungen«, war also für Kielmeyer das Verhältnis von Zeitlichkeit. Es ging mithin nicht um ›eine‹ Zeit, die den Organismus bestimmt, sondern um das komplexe Gefüge unterschiedlicher Zeiten. Erst wenn der Physiologe die organische Ordnung *von* Zeit, also die verschiedenen Zeitrelationen, in denen die beständigen Umwandlungen in der lebendigen Materie zueinanderstehen, in Betracht nahm, dann wurde der Organismus gleichsam ›lebendig‹. Dass das Lebendige, Organische in all diesem Wandel gleichwohl als Einheit erscheint, ist mithin keine »Eigenschaft der Materie«, sondern verdankt es dem »steten, durch das höchste Naturgesetz unterhaltenen Wechsel«.[113]

Ich habe in den vorangehenden Überlegungen das Konzept des Rhythmus, wie es um 1800 in einer Reihe von Wissensfeldern neu gedacht wurde, als eine epistemologische Figur der *Relation* beschrieben, deren Bedeutung darin lag, die verschiedenen Facetten des menschlichen Seins zu einem Gesamteindruck zu integrieren, zu einem ganzheitlichen Erleben, das sowohl das menschliche Empfinden und Fühlen, Denken und Intellekt, die Innenwelt des Seins, als auch das Äußere seines physischen Ausdrucks, die Bewegungen des Körpers in seiner Umwelt miteinander verkoppelte. Im Rhythmus wurden alle Vermögen, mit denen der Mensch sich seiner selbst und seiner Umwelt gewahr werden konnte, aufeinander bezogen. Entscheidend war, dass der Rhythmus eine Beziehungsordnung beschrieb, genauer eine Relation unter Gleichen: alle Vermögen des Menschen galten prinzipiell gleich viel; Relevanz erlangten sie vor allem durch das *Wie* ihres Zusammenspiels. Diese zentrale Stellung hatte und konnte dem Rhythmus indes nur zukommen, weil er ein physiologisches Prinzip, ein Gesetz der Natur beschrieb.

War die Natur mithin eine, die, wie es in Schillers Horen 1795 hieß, »mit endlichen Mitteln unendliche Zwecke verfolgt«[114] oder in Goethes Worten »immer nur spielt und spielend das mannigfaltige hervorbringt«,[115] dann war der Rhythmus die Regel, nach der sie spielte – gleichwie ob physischer oder psychischer Natur.

---

109 Kielmeyer 1938, S. 109.
110 Ebd., S. 108.
111 Ebd., S. 118.
112 Ebd., S. 117.
113 Naumann 1823, S. 163.
114 Anonym 1795, S. 115 f.
115 Goethe in einem Brief an Frau von Stein vom 10. Juli 1786, in: Goethe 1891, S. 242.

Quellen

Anonym: »Ueber den Geschlechtsunterschied und dessen Einfluß auf die organische Form«, in: Die Horen. Eine Monatsschrift (hrsg. von Friedrich Schiller, 1. Jahrgang, Erstes Stück), 1795, S. 99–132.

Art. »Danse«, in: Diderot, Denis / Alembert, Jean Le Rond de: Encyclopédie ou dictionnaire raisonné des sciences, des arts et des métiers, Nouv. impr. en facs. de la 1. éd. de 1751–1780, Bd. 4, Stuttgart-Bad Cannstatt 1966–1967 [1751–1780], S. 623.

Art. »Exercices (Manège)«, in: Diderot, Denis / Alembert, Jean Le Rond de: Encyclopédie ou dictionnaire raisonné des sciences, des arts et des métiers, Nouv. impr. en facs. de la 1. éd. de 1751–1780, Bd. 6, Stuttgart-Bad Cannstatt 1966–1967 [1751–1780], S. 243.

Burdach, Karl Friedrich: Die Physiologie als Erfahrungswissenschaft, Bd. 1 (zweite berichtigte und vermehrte Auflage), Leipzig [1826] 1835.

Goethe, Johann Wolfgang von: »Goethes Werke. Briefe. 1. Januar 1785–24. Juli 1786«, in: Goethes Werke (= Weimarer Ausgabe) (hrsg. im Auftrag der Großherzogin Sophie von Sachsen), Abt. IV, Bd. 7, Weimar 1891.

Hölderlin, Friedrich: »Anmerkungen zum Oedipus«, in: Hölderlin, Friedrich: Hyperion, Empedokles, Aufsätze, Übersetzungen (Friedrich Hölderlin. Sämtliche Werke und Briefe in drei Bänden, hrsg. von Jochen Schmidt unter Zus.arbeit von Katharina Grätz), Bd. 2, Frankfurt a. M. 1994a [1804], S. 849–857.

Hölderlin, Friedrich: »Anmerkungen zur Antigonä«, in: Hölderlin, Friedrich: Hyperion, Empedokles, Aufsätze, Übersetzungen (Friedrich Hölderlin. Sämtliche Werke und Briefe in drei Bänden, hrsg. von Jochen Schmidt unter Zus.arbeit von Katharina Grätz), Bd. 2, Frankfurt a. M. 1994b [1804], S. 913–921.

Hölderlin, Friedrich: »Brief an den Bruder 4.6.1799 (Brief N° 179)«, in: Hölderlin, Friedrich: Briefe (Stuttgarter Hölderlin-Ausgabe, hrsg. von Adolf Beck), Bd. 6. 1, Stuttgart 1954 [1799], S. 326–332.

Hölderlin, Friedrich: »Der Gesichtspunkt aus dem wir das Altertum anzusehen haben«, in: Hölderlin, Friedrich: Der Tod des Empedokles, Aufsätze (Stuttgarter Hölderlin-Ausgabe, hrsg. von Friedrich Beissner), Bd. 4. 1, Stuttgart 1961a, S. 221–222.

Hölderlin, Friedrich: »Grund zum Empedokles«, in: Hölderlin, Friedrich: Der Tod des Empedokles, Aufsätze (Stuttgarter Hölderlin-Ausgabe, hrsg. von Friedrich Beissner), Bd. 4. 1, Stuttgart 1961b, S. 149–162.

Hölderlin, Friedrich: »Brief Nr. 118 vom 24.2.1796«, in: Hölderlin, Friedrich: Die Briefe, Briefe an Hölderlin, Dokumente (Friedrich Hölderlin. Sämtliche Werke und Briefe in drei Bänden, hrsg. von Jochen Schmidt), Bd. 3, Frankfurt a. M. 1992, S. 224–226.

Hölderlin, Friedrich: »Über den Unterschied der Dichtarten«, in: Hölderlin, Friedrich: Hyperion, Empedokles, Aufsätze, Übersetzungen (Friedrich Hölderlin. Sämtliche Werke und Briefe in drei Bänden, hrsg. von Jochen Schmidt unter Zus.arbeit von Katharina Grätz), Bd. 2, Frankfurt a. M. 1994a, S. 553–559.

Hölderlin, Friedrich: »Über die Verfahrungsweise des poetischen Geistes«, in: Hölderlin, Friedrich: Hyperion, Empedokles, Aufsätze, Übersetzungen (Friedrich Hölderlin. Sämtliche Werke und Briefe in drei Bänden, hrsg. von Jochen Schmidt unter Zus.arbeit von Katharina Grätz), Bd. 2, Frankfurt a. M. 1994b, S. 527–552.

Hölderlin, Friedrich: »Über Religion«, in: Hölderlin, Friedrich: Hyperion, Empedokles,

Aufsätze, Übersetzungen (Friedrich Hölderlin. Sämtliche Werke und Briefe in drei Bänden, hrsg. von Jochen Schmidt unter Zus.arbeit von Katharina Grätz), Bd. 2, Frankfurt a. M. 1994c, S. 562–569.

Kielmeyer, Karl Friedrich: »Ideen zu einer allgemeinen Geschichte und Theorie der Entwicklungserscheinungen der Organisationen«, in: Kielmeyer, Karl Friedrich: Gesammelte Schriften (hrsg. von Fritz-Heinz Holler), Berlin 1938.

Klopstock, Friedrich Gottlieb: »Der Eislauf«, in: Klopstock, Friedrich Gottlieb: Ausgewählte Werke (hrsg. von Karl August Schleiden), München 1962 [1771], S. 109–111.

Klopstock, Friedrich Gottlieb: »Gedanken über die Natur der Poesie«, in: Klopstock, Friedrich Gottlieb: Gedanken über die Natur der Poesie: Dichtungstheoretische Schriften (hrsg. von Winfried Menninghaus), München 1989 [1759].

Klopstock, Friedrich Gottlieb: »Vom deutschen Hexameter«, in: Klopstock, Friedrich Gottlieb: Gedanken über die Natur der Poesie. Dichtungstheoretische Schriften (hrsg. von Winfried Menninghaus), München 1989 [1779], S. 60–156.

Klopstock, Friedrich Gottlieb: »Vom Sylbenmaße«, in: Klopstock, Friedrich Gottlieb: Klopstocks sämmtliche sprachwissenschaftliche und ästhetische Schriften, nebst den übrigen bis jetzt noch ungesammelten Abhandlungen, Gedichten, Briefen etc., Bd. 3. II. Ästhetische Schriften. 1. Metrische Abhandlungen (Klopstocks sämmtliche Werke, hrsg. von Anton Leberecht Back / Albert Richard Constantin Spindler), Bd. 15, Leipzig 1830 [1771].

Moritz, Karl Philipp: »Die Signatur des Schönen. In wie fern Kunstwerke beschrieben werden können?«, in: Schriften zur Ästhetik und Poetik. Kritische Ausgabe (hrsg. von Hans Joachim Schrimpf), Tübingen 1962 [1788], S. 93–103.

Moritz, Karl Philipp: Versuch einer deutschen Prosodie (unveränd. reprograf. Neudr. d. Ausg. Berlin 1786), Darmstadt 1975 [1786].

Naumann, Moritz Ernst Adolph: Ueber die Grenzen zwischen Philosophie und Naturwissenschaften, Leipzig 1823.

Paul, Jean: Sämmtliche Werke XXV. Fünfte Lieferung, Bd. 5, Berlin 1827.

Rameau, Pierre: Le maître à danser. Qui enseigne la maniere de faire tous les differens pas de danse dans toute la régularité de l'art, & de conduire les bras à chaque pas. Enrichi de figures en taille-douce, servant de démonstration pour tous les differens mouvemens qu'il convient faire dans cet exercice, Faksimile der Ausgabe Paris 1725 (Monuments of Music and Music Literature in Facsimile, Second Series – Music Literature), Bd. 45, New York 1967 [1725].

Reil, Johann Christian: Von der Lebenskraft (Klassiker der Medizin), Leipzig 1910 [1795].

Schlegel, August Wilhelm: »Briefe über Poesie, Silbenmaß und Sprache«, in: Kritische Schriften und Briefe I. Sprache und Poetik (hrsg. von Edgar Lohner), Stuttgart 1962 [1795], S. 141–180.

Schlegel, August Wilhelm: »Vorlesungen über Philosophische Kunstlehre (Jena 1798–1799)«, in: Schlegel, August Wilhelm: Vorlesungen über Ästhetik I (1798–1803) (August Wilhelm Schlegel. Kritische Ausgabe der Vorlesungen, mit Kommentar und Nachwort hrsg. von Ernst Behler), Bd. 1, Paderborn / München / Wien / Zürich 1989a, S. 1–177.

Schlegel, August Wilhelm: »Vorlesungen über Schöne Literatur und Kunst (Berlin 1801–1804)«, in: Schlegel, August Wilhelm: Vorlesungen über Ästhetik I (1798–1803) (August Wilhelm Schlegel. Kritische Ausgabe der Vorlesungen, mit Kommentar und

Nachwort hrsg. von Ernst Behler), Bd. 1, Paderborn / München / Wien / Zürich 1989b, S. 179–781.

Sulzer, Johann Georg: »Untersuchung über den Ursprung der angenehmen und unangenehmen Empfindungen«, in: Vermischte philosophische Schriften aus den Jahrbüchern der Akademie der Wissenschaften zu Berlin gesammelt (Nachdruck der Ausgabe Leipzig 1773–1781), Hildesheim / New York 1974 [1751–1752], S. 1–322.

Sulzer, Johann Georg: Allgemeine Theorie der schönen Künste in einzelnen, nach alphabetischer Ordnung der Kunstwörter auf einander folgenden Artikeln abgehandelt (2. unveränd. Nachdr. der Ausg. Leipzig 1792), Hildesheim [u. a.] 1994 [1792].

Treviranus, Gottfried Reinhold: Biologie, oder Philosophie der lebenden Natur für Naturforscher und Ärzte, Bd. 1, Göttingen 1802–1803.

Literatur

Art. »Rhythmus«, in: Die Musik in Geschichte und Gegenwart. Allgemeine Enzyklopädie der Musik begründet von Friedrich Blume (hrsg. von Ludwig Finscher, 2. neubearbeitete Ausgabe), Basel [u. a.] 1994, S. 257–317 (Wilhelm Seidel).

Art. »Rhythmus«, in: Ästhetische Grundbegriffe. Historisches Wörterbuch in sieben Bänden (hrsg. von Karlheinz Barck), Stuttgart 2003, S. 291–314 (Wilhelm Seidel).

Amtstätter, Mark Emanuel: Beseelte Töne. Die Sprache des Körpers und der Dichtung in Klopstocks Eislaufoden, Tübingen 2005.

Baker, John R.: »The Cell-Theory. A Restatement, History, and Critique. Part I«, in: *Quarterly Journal of Microscopic Science* (89 / 1) 1949, S. 103–125.

Clark, Andy: Being There. Putting Brain, Body, and World Together Again, Cambridge Mass. 1996.

Clark, Andy: Supersizing the Mind. Embodiment, Action, and Cognitive Extension, Oxford 2008.

Corssen, Meta: »Der Wechsel der Töne in Hölderlins Lyrik«, in: *Hölderlin-Jahrbuch* 1951, S. 19–49.

Dror, Otniel E.: »A Reflection on Feelings and the History of Science«, in: *Isis* (100 / 4) 2009, S. 848–851.

Dror, Otniel E.: »Techniques of the Brain and the Paradox of Emotions, 1880–1930«, in: *Science in Context* (14 / 4) 2001, S. 643–660.

Eichberg, Henning: Leistung, Spannung, Geschwindigkeit. Sport und Tanz im gesellschaftlichen Wandel des 18. / 19. Jahrhunderts (Stuttgarter Beiträge zur Geschichte und Politik), Bd. 12, Stuttgart 1978.

Elias, Norbert: Über den Prozeß der Zivilisation. Soziogenetische und psychogenetische Untersuchungen, Frankfurt a. M. 1969 [1939].

Fingerhut, Jörg / Flach, Sabine / Söffner, Jan (Hg.): Habitus in Habitat III. Synaesthesia and Kinaesthetics, Bern [u. a.] 2011.

Flach, Sabine / Margulies, Daniel / Söffner, Jan (Hg.): Habitus in Habitat I. Emotion and Motion, Bern [u. a.] 2010.

Flach, Sabine / Söffner, Jan (Hg.): Habitus in Habitat II. Other Sides of Cognition, Bern [u. a.] 2010.

Foucault, Michel: Überwachen und Strafen. Die Geburt des Gefängnisses, Frankfurt a. M. 1977 [1976].
Gallagher, Shaun: How the Body Shapes the Mind, Oxford 2005.
Gibbs, Raymond W.: Embodiment and Cognitive Science, Cambridge 2006.
Golston, Michael: Rhythm and Race in Modernist Poetry and Science, New York 2008.
Große, Wilhelm: Studien zu Klopstocks Ästhetik, München 1977.
Hellmuth, Hans-Heinrich: Metrische Erfindung und metrische Theorie bei Klopstock (Studien und Quellen zur Versgeschichte), Bd. 4, München 1973.
Hornbacher, Annette: Blume des Mundes. Zu Hölderlins poetologisch-poetischem Sprachdenken (Traditionserkenntnis und Zeitkritik), Bd. 6, Würzburg 1995.
Kaiser, Gerhard: »Denken und Empfinden: Ein Beitrag zur Sprache und Poetik Klopstocks«, in: Arnold, Heinz Ludwig von (Hg.): Friedrich Gottlieb Klopstock, München 1981, S. 10–28.
Krois, John Michael / Rosengren, Mats / Steidele, Angela / Westerkam, Dirk (Hg.): Embodiment in Cognition and Culture, Amsterdam 2007.
Lippe, Rudolf zur: Geometrisierung des Menschen, Oldenburg 1983.
Mallinckrodt, Rebekka von (Hg.): Bewegtes Leben. Körpertechniken in der Frühen Neuzeit, Wolfenbüttel 2008.
Menninghaus, Winfried: »Klopstocks Poetik der schnellen ›Bewegung‹«, in: Menninghaus, Winfried (Hg.): Gedanken über die Natur der Poesie. Dichtungstheoretische Schriften, München 1989, S. 259–351.
Menninghaus, Winfried: »Dichtung als Tanz«, in: *Comparatio* (2 / 3) 1991, S. 129–150.
Meschonnic, Henri: Critique de Rythme. Anthropologie Historique du Langage, Paris 1982.
Nitschke, August: Körper in Bewegung. Geste, Tänze und Räume im Wandel der Geschichte, Stuttgart 1989.
Polledri, Elena: »…immer besteht ein Maass«. Der Begriff des Maßes in Hölderlins Werk (Epistemata, Reihe Literaturwissenschaft), Bd. 418, Würzburg 2002.
Primavesi, Patrick / Mahrenholz, Simone (Hg.): Geteilte Zeit. Zur Kritik des Rhythmus in den Künsten (Zeiterfahrung und ästhetische Wahrnehmung), Bd. 1, Schliengen 2005.
Ruckmich, Christian A.: »A Bibliography of Rhythm«, in: *The American Journal of Psychology* (24 / 26 / 29 / 35) 1913–1918.
Schall, Janice Joan: Rhythm and Art in Germany 1900–1930, PhD University of Texas at Austin 1989.
Schneider, Joh. Nikolaus: Ins Ohr geschrieben. Lyrik als akustische Kunst zwischen 1750 und 1800 (Das achtzehnte Jahrhundert. Supplementa), Bd. 9, Göttingen 2004.
Seidel, Wilhelm: Über Rhythmustheorien der Neuzeit (Neue Heidelberger Studien zur Musikwissenschaft), Bd. 7, Bern / München 1975.
Seidel, Wilhelm: Rhythmus. Eine Begriffsbestimmung (Erträge der Forschung), Bd. 46, Darmstadt 1976.
Ueberhorst, Horst (Hg.): Geschichte der Leibesübungen, Berlin [u. a.] 1980–1989.
Wellmann, Janina: Die Form des Werdens. Eine Kulturgeschichte der Embryologie, 1760–1830, Göttingen 2010.
Welsh, Caroline: »Die ›Stimmung‹ im Spannungsfeld zwischen Natur- und Geisteswissenschaften. Ein Blick auf deren Trennungsgeschichte aus der Perspektive einer Denkfigur«, in: *NTM* (17) 2009, S. 135–169.

Welsh, Caroline: Hirnhöhlenpoetiken. Theorien zur Wahrnehmung in Wissenschaft, Ästhetik und Literatur um 1800, Freiburg 2003.
Wundt, Wilhelm: Völkerpsychologie. Eine Untersuchung der Entwicklungsgesetze von Sprache, Mythus und Sitte (2. umgearbeitete Auflage), Bd. 1, 2. Teil, Leipzig 1900 – 1920.
Zollna, Isabel: »Der Rhythmus in der geisteswissenschaftlichen Forschung«, in: *Zeitschrift für Literaturwissenschaft und Linguistik* (24 / 96), 1994, S. 12 – 52.

Abbildungen

Abbildung 1: Johann Adam Klein: Eislauf oder das Schrittschuhfahren, in: Zindel, Christian Siegmund: Der Eislauf oder das Schrittschuhfahren, ein Taschenbuch für Jung und Alt, Nürnberg 1825.
Abbildung 2: Rameau 1967 [1725].

Diskurs und Ordnung

Birgit Aschmann

Von der »niña inocente« zur »ilustre prostituta«.
Techniken der Apologie und Delegitimierung der spanischen
Königin Isabella II. über den Genderdiskurs

»Un heredero, aunque hembra«, was so viel heißt wie: »Ein Erbe, wenn auch Weibchen«: Auf diese Weise wurde in Spanien die Geburt der kleinen María Isabel Luisa am 10. Oktober 1830 begrüßt.[1] Dieser Ausruf verweist sowohl auf die Relevanz der Geschlechtszugehörigkeit der neugeborenen Thronfolgerin, als auch auf die vorherrschenden Emotionen, die sich an diese biologische Gegebenheit knüpften. Der grundsätzlichen Erleichterung, die Erbfolge ermöglicht zu sehen und die monarchistische Kontinuität gewährleistet zu wissen, standen jene gemischten Gefühle gegenüber, die sich aus dem Umstand ergaben, dass das Kind ein Mädchen war. Das »wenn auch« markierte eine unpräzise Differenz zu einem angenommenen Idealzustand, aus der sich eine emotionale Mixtur aus Bedenken, Befürchtungen und Enttäuschungen ergab. Die verschiedenen Bilder, die im Laufe ihres Lebens von Isabella entworfen wurden, orientierten sich fortan durchgängig an diesem »wenn auch«, an dieser Differenz vom vermeintlichen Ideal; nämlich insofern, als die apologetischen Skizzen der frühen Jahre die Bedenken auszulöschen trachteten, während die delegitimierenden Ansätze der späteren Jahre ganz dem Bestreben geschuldet waren, die Bedeutung dieser Differenz hervorzuheben.

Dass grundsätzlich das Geschlecht der Anerkennung einer Monarchin nicht im Weg stehen musste, zeigt das Alternativbeispiel der über 25 Jahre zeitgleich regierenden Queen Victoria (1819–1901). Die Weiblichkeit der Königin erschien schon dem eigenen Gatten nicht etwa als Manko, sondern durchaus als struktureller Vorteil, weil sie den Rollenerwartungen entgegenkam, die an einen konstitutionellen Monarchen gerichtet wurden. »A female souveregn«, so der Prinzgemahl Albert 1850, »has many compensating advantages, and, in the long run, will be found to be even stronger than that of a male souveregn.«[2] Dabei war der Handlungsspielraum Victorias durch gesellschaftliche und verfassungs-

---

1 Vgl. Cambronero: Isabel II, íntima. Apuntes históricos y anecdóticos de su vida y de su época. Barcelona 1908, wiedergegeben von Burdiel 2004a, S. 25.
2 Windsor Castle, 6.4.1850, zitiert in Burdiel 2004b, S. 304.

rechtliche Normen eingeschränkt: Bürgerliche Vorstellungen von der Hierarchie der Geschlechter forderten von der Königin als Gattin ebenso eine grundsätzliche Zurückhaltung, wie die politische Emanzipation des Bürgertums dies von der konstitutionellen Monarchin erwartete. Der Prozess der Entmachtung des Monarchen, der durch die britische Wahlrechtsreform von 1832 forciert wurde, ist als »feminization of the monarchy«[3] bezeichnet worden. Vom Monarchen seien nun Eigenschaften erwartet worden, die als typisch weiblich galten: Passivität, moralische Integrität und Mütterlichkeit. Eine Frau auf dem Thron habe diesen Erwartungen sehr viel leichter gerecht werden können als ein Mann.[4] Dem ist entgegengehalten worden, dass die Monarchie erstens durchaus mächtiger und dass Victoria zweitens keineswegs so prüde und mütterlich gewesen sei wie vielfach angenommen.[5] Aber so umstritten die Dimensionen des politischen Machtverlustes der konstitutionellen Monarchen und Victorias »wahre« moralische Integrität auch sein mögen, entscheidend blieb das hegemoniale Bild, das die bürgerlichen Zeitgenossen von ihr hatten. Die verbreitete Bereitschaft, in Victoria gerade wegen ihrer vermeintlichen Anhänglichkeit an den Gatten, ihrer sexuellen Enthaltsamkeit als Witwe und der allen Kindern gleichermaßen zukommenden Fürsorge den Inbegriff eines idealen konstitutionellen Monarchen zu sehen, trug ohne jeden Zweifel erheblich zu ihrer allgemeinen Popularität bei.[6]

Die Entwicklung in Spanien hätte nicht konträrer verlaufen können. Hier setzte sich schließlich die gegenteilige Ansicht durch, wonach Isabella II. all die, in ihren jungen Jahren in sie gesetzten Hoffnungen enttäuscht und vor allem die kollektiven bürgerlichen Moralvorstellungen brüskiert habe. Die Diagnose ihres vermeintlichen Scheiterns als Gattin und als »Mutter der Nation« wurde dabei zum Eckstein in der Legitimation ihres Sturzes. Ihr Verhalten lieferte immer wieder die Vorlagen für die diskursive Diskreditierung. Um aber die Konjunkturverläufe der hegemonialen Bilder von Isabella in der spanischen Bevölkerung verstehen zu können, sind weitere politische, gesellschaftliche und emotionsgeschichtliche Aspekte in Rechnung zu stellen. Im Folgenden soll es darum gehen, die zentralen Etappen dieses Wechsels von der ursprünglichen argumentativen Apologie bis hin zur Diskreditierung Isabellas nachzuzeichnen, um

---

3 Vgl. Orr 2007. Zu den Thesen, wonach Victoria durch die Übernahme bürgerlicher Rollenerwartungen bezüglich weiblichen Verhaltens zum idealen Symbol der konstitutionellen Monarchie des 19. Jahrhunderts geriet, vgl. schon Homans 1993, S. 2 f. Ebenso siehe Cannadine 2004, S. 303.
4 Ebd.
5 Vgl. u. a. Urbach 2011, S. 80 ff. Zur These, wonach Victoria »alles andere als eine enthusiastische Mutter« gewesen sei, siehe ebd., S. 96.
6 Dass die Vorstellung von Victorias unparteiischer Mütterlichkeit auf der familiären wie der politischen Ebene nur eine »powerful illusion« gewesen sei, betont u. a. Bell 2006, S. 15.

erstens einen Beitrag für die Klärung der Frage zu leisten, wie es im Laufe des 19. Jahrhunderts zu einem Totalverlust des symbolischen Kapitals der spanischen Monarchie kommen konnte. Zweitens illustriert dieses Beispiel die enge Verflechtung von Körper-, Emotions-, Gender- und Politikgeschichte sowie die Notwendigkeit, zum tieferen Verständnis der Zusammenhänge sowohl emotionale Praktiken als auch Diskurse zu berücksichtigen. Grundsätzlich sind bei dem ausgewählten Gegenstand drei emotionale Ebenen zu differenzieren: Neben (erstens) die subjektiven Gefühlserfahrungen tritt (zweitens) der Ausdruck dieser Gefühle in Form von Praktiken bzw. kommunikativen Mechanismen. Drittens kommt die Ebene diskursiver Reflexion hinzu, die ebenso wie auch die zweite Ebene der Praktiken einerseits darstellende, andererseits performative Funktionen ausüben kann. Aus Quellengründen tritt dabei die erste Ebene in den Hintergrund. Da Isabella kein eigenes Archiv unterhalten, kein Tagebuch geschrieben und offenbar mit nur wenigen Persönlichkeiten korrespondiert hat, sind Versuche, ihren emotionalen Kosmos zu enträtseln, weitgehend zum Scheitern verurteilt.[7] Vielmehr geht es vor allem darum, die Versuche bürgerlicher Publizisten zu rekonstruieren, durch ihre Darstellung der Königin allgemeine emotionale Leitlinien für den Umgang mit ihr – und damit auch mit der Monarchie – vorzugeben. Dabei bleibt fraglich, inwieweit diese Multiplikatoren des Isabella-Bildes ihrerseits von gesellschaftlich hegemonialen emotionalen Stilen geleitet wurden oder ob es ihnen hinter dem Emotionen- und Normendiskurs nicht vielmehr um die Durchsetzung recht konkreter, partikularer Interessen im Kampf zwischen »Konstitutionalismus« und »Absolutismus« ging.[8] Entsprechend ist stets der Doppelcharakter von Emotionen in Rechnung zu stellen, die sowohl »Struktur« sein als auch »agency« haben können.[9] Sie

---

[7] Während ihre Mutter infolge ihrer ausgedehnten Korrespondenz und der Angewohnheit, auch umfangreiche persönliche Notizen anzufertigen, eine reichhaltige archivalische Überlieferung hinterließ, finden sich in den Archiven nur verhältnismäßig wenige Schriftstücke aus Isabellas Hand. Diese sind – bis auf wenige Briefe, die sich in der Real Academia de la Historia befinden – archiviert im Nachlass von María Cristina im Archivo Histórico Nacional. In Bezug auf die Zeit, die María Cristina im Exil verbrachte, sind die von Juan Donoso Cortés an den zweiten Gatten María Cristinas, Fernando Múñez, gerichteten Berichte besonders aufschlussreich über die Situation am Hof. Die Briefe, die Isabella II. selbst an ihre Mutter richtete, zeugen insgesamt von einer unreifen, unsicheren Persönlichkeit, deren Kenntnisse von Kultur und politischen Zusammenhängen sich in engen Grenzen hielten. Zur Überlieferungslage vgl. auch Burdiel 2004a, S. 36. Nach einer mehr als zehnjährigen Archivrecherche hat Isabel Burdiel – nach einem rund 50-jährigen allgemeinen historiographischen Desinteresse an der Person der Königin – nunmehr die maßgebliche Biographie vorgelegt. Ein erster Teil, der die Vita Isabellas bis zur »Revolution« 1854 behandelt, wurde bereits 2004 publiziert, sechs Jahre später erschien das umfangreiche Werk, das den Lebensweg der spanischen Königin bis zu ihrem Tod 1904 nachzeichnet, vgl. Burdiel 2011.
[8] Zu den Konzepten »emotionale Stile« bzw. »emotionale Regime« vgl. Reddy 2001; Reddy 2008.
[9] Zur Konzeptionalisierung von Emotionen in Theorie und historischer Praxis ab 1800 der letzten Jahre vgl. Hitzer 2011.

vermögen die Wahrnehmungen und Handlungsmuster von Kollektiven und Individuen vorzustrukturieren, die sich ihrerseits dieser Emotionen zugleich intentional bedienen können, um damit Politik zu machen. Der Paradigmenwechsel im Diskurs über Isabella soll hier als Beispiel einer solchen »Emotionspolitik« betrachtet werden. Konkret geht es erstens um die Darstellung Isabellas als »niña inocente«, als unschuldiges Mädchen (1833 – 1846). Zweitens gilt es, auf die Verheiratung Isabellas und die unmittelbaren Konsequenzen für ihr emotionales und soziales Verhalten einzugehen. Dieser Phase kommt insofern ein besonderes Gewicht zu, als sie der zentrale Referenzpunkt für jene Peripetie ist, jenen Umschlag von einer weitgehend affirmativen zu einer vor allem ablehnenden Haltung gegenüber der Monarchin (1846 / 1847). Dieser Image-Wandel, infolge dessen aus dem »unschuldigen Kind« schließlich die »Hure der Nation« wird, ist Schwerpunkt des dritten und letzten Abschnittes (1850er Jahre bis 1868).

1. »La niña inocente« – Das unschuldige und verletzliche Mädchen

Die Charakterisierung Isabellas als »unschuldiges Mädchen« prägte die liberale Publizistik in den Jahren 1833 – 1846. Damit ist jene Zeitspanne umfasst, die von der Proklamation der 30-Jährigen zur Königin über deren Volljährigkeitserklärung im Alter von 13 Jahren bis zur Verheiratung der 16-Jährigen 1846 reichte. Mit dem Topos der »Unschuld« übernahm der öffentliche Diskurs wertorientierte Argumentationsmuster aus dem religiösen Feld, die sich bezüglich der positiven Deutung der »Unschuld« als eines schützenswerten weiblichen Gutes mit den genderspezifischen Denkmustern der bürgerlichen Gesellschaft deckten.[10] Andere rekurrente Begriffe wie »Ángel«[11] (Engel) bei der Bezeichnung Isabellas bestärkten dieses Zusammengehen religiöser und bürgerlicher Diskursmuster, setzte sich doch in dieser Zeit das Ideal des »Ángel doméstico«, des häuslichen Engels, als feminines Leitbild breiter bürgerlicher Schichten – auch – in Spanien durch.[12] Dabei waren dieser allgemeinen Kon-

---

10 Zur Relevanz der »Unschuld« bzw. der »Reinheit« (pureza) im spanischen Genderdiskurs und der Verbindung der Begrifflichkeit mit der religiöse Sphäre siehe u. a. Jagoe 1998, S. 24 f., S. 32.

11 Als ein Beispiel für die vielen Bezeichnungen als »Ángel« siehe die Apologie Isabellas als »Ángel deseado« im Gedicht von Venancio Huarte in Jaén, zitiert in Vilches 2007, S. 33.

12 Zum Idealbild der bürgerlichen Frau als »häuslichem Engel« in Spanien vgl. das Kapitel »Family Values« in: Charnon-Deutsch 2000, S. 53 ff. Im Fortsetzungsroman von Angela Grassi »Memorias de una casada«, der in der Zeitschrift La Educanda 1865 abgedruckt wurde, präzisierte der Autor in der Ausgabe vom 31. 7. 1865 seine Vorstellungen vom »Ángel«

notation drei weitere Assoziationen eingeschrieben, die sich aus dem ereignisgeschichtlichen Kontext ergaben. Erstens wurde die ›mädchenhafte Unschuld‹ als Symbol eines politischen Neubeginns gelesen, der als Garant von Frieden und Eintracht galt: Als »Iris de paz«[13] (Augapfel des Friedens) und »Símbolo de unión«[14] wurde die kleine Isabella gefeiert. Doch gerade die Intensität, mit der Isabella zugleich als »Iris de esperanza«[15], also als Inkarnation des Prinzips Hoffnung, beschrieben wurde, verrät, wie wenig die mit Isabella verknüpften Friedens- und Einheitserwartungen in der Gegenwart bereits eingelöst waren. Seit ihrer Geburt war Isabella zum Streitobjekt ideologisch verhärteter, politischer Kontrahenten geworden, die sich – zumindest vordergründig – um die Bedeutung ihrer Geschlechtszugehörigkeit stritten. So hatten die Anhänger des strikt absolutistisch gesonnenen Onkels Isabellas, Don Carlos María Isidro, nach dessen Namen sie »Karlisten« hießen, die Legitimität der weiblichen Erbfolge nicht anerkannt. Unmittelbar nach dem Spanischen Erbfolgekrieg 1714 hatte Philipp V., der erste Bourbone in Spanien, das salische Erbfolgerecht eingeführt, welches die Thronfolge ausschließlich den männlichen Mitgliedern der Königsfamilie vorbehielt. Seit 1789 war diese Vorschrift zwar durch eine pragmatische Sanktion von den spanischen Cortes aufgehoben worden, aber die Öffentlichkeit hatte schon deshalb nichts davon erfahren, weil der König seine Zustimmung verweigert hatte. Erst als María Cristina, die vierte Gattin Ferdinands VII., schwanger wurde, gab Ferdinand VII. diese pragmatische Sanktion bekannt, die dem kommenden Kind unabhängig seines Geschlechts den Thronanspruch sichern sollte.[16] Allerdings wurde diese Regelung von Carlos María Isidro nicht anerkannt, der angesichts der langen Kinderlosigkeit seines Bruders längst auf die Thronfolge gesetzt hatte. Indem seine Anhänger die Rechtmäßigkeit der pragmatischen Sanktion in Frage stellten, konnte er den Anspruch auf die Thronfolge auch nach Isabellas Geburt aufrechterhalten. Die Rechtsunsicherheit hatte kurz vor dem Tod Ferdinands VII. noch dadurch zugenommen, dass María Cristina unter dem Druck der karlistischen Kamarilla in einen Verzicht ihrer Tochter eingewilligt hatte, was jedoch nach einer zwischenzeitlichen Erholung des kranken Königs wieder zurückgenommen worden war. Als dieser schließlich am 29. September 1833 starb, verweigerten die Kar-

---

als der vorbildlichen Frau: »limpia, trabajadora, económica y modesta« (»sauber, fleißig, sparsam und bescheiden«), zitiert in ebd., S. 60.
13 Jorge Vilches zufolge war es der bekannteste Topos, der mit Isabella während ihrer Kindheit verknüpft und vor allem in den Jahren 1835–43 von den Progressisten verbreitet wurde, vgl. Vilches 2007, S. 21.
14 So Caballero 30. 7. 1836.
15 Vgl. u. a. die Presse selbst auf Kuba: Diario constitutional, Santiago de Cuba, 19. 11. 1836, wiedergegeben bei Vilches, 2007, S. 20; zur Hoffnung, die sich auf Isabella konzentrierte, siehe auch ebd., S. 18.
16 Zur »pragmatischen Sanktion« vgl. Burdiel 2011, S. 27 f.

listen der 3-jährigen Isabella die Anerkennung als Thronfolgerin und proklamierten ihren Prätendenten zum König. Die Revolte mündete in einen 7-jährigen Krieg, der deshalb die Aufmerksamkeit ganz Europas erhielt, weil er zum Kampf zwischen »Konstitutionalismus« und »Absolutismus« stilisiert wurde: Hinter der Mutter Isabellas scharten sich die Liberalen, während die Ultrakonservativen für den karlistischen Gegenkönig kämpften.[17]

Die Betonung der »Unschuld« der kindlichen Königin galt daher zuallererst dem Bestreben, diesen Makel des Bürgerkriegs vergessen zu machen und mit den emotional positiv besetzten, urchristlichen Konzepten des Friedens, der Eintracht und der Hoffnung zu verknüpfen. Dies war für die religiös geprägte spanische Gesellschaft umso wichtiger, als nicht nur die konservativen Mächte Europas, sondern auch der Vatikan Isabella die Anerkennung als Königin zunächst versagten.[18]

Zweitens konnte die junge Monarchin über den »Unschuldsdiskurs« als inhaltliche Leerstelle, als unbeschriebenes Blatt dargestellt werden was mit der Hoffnung einherging, Isabella umso leichter im Sinne spezifischer Parteiinteressen instrumentalisieren zu können. So wurde Isabella gerade wegen der allgemein vorausgesetzten Machtlosigkeit, bedingt durch Alter und Geschlecht, zur Projektionsfläche politischer Partikularinteressen der durchaus heterogenen Gruppierungen innerhalb des liberalen Lagers, welches sich im Laufe der ersten Hälfte des 19. Jahrhunderts in *Progresistas* und *Moderados* gespalten hatte. Traten die ersteren für die Wiedereinsetzung der äußerst fortschrittlichen Verfassung von 1812 ein, orientierten sich die *Moderados* an konservativeren Kompromissmodellen, welche der Monarchie wieder ein stärkeres Gewicht zubilligten.[19] Beide Gruppierungen, die im Laufe des 19. Jahrhunderts in immer schärferer Opposition zu einander gerieten, beriefen sich auf die junge Königin, auf deren privilegierte Unterstützung sie gleichermaßen meinten, ein Anrecht zu haben. Wenn beispielsweise die *Progresistas* Isabella hochleben ließen, war damit die unausgesprochene Erwartung verbunden, die Königin, bzw. ihre Mutter als die sie vertretende Regentin, werde sich ihrer Anliegen annehmen. Wie schnell die Stimmung kippen konnte, wenn diese Erwartungshaltung enttäuscht wurde, zeigte sich im Sommer 1840. Niemals, so berichteten progressistische Zeitungen, sei eine Königin herzlicher, wärmer, mit mehr Enthusiasmus empfangen worden, als Isabella, die im Juli 1840 nach Barcelona, einer Hochburg der *Progresistas*, kam. An der katalanischen Küste sollte sich die 10-Jährige, die an einer spezifischen Hautkrankheit litt, einer Badekur unterziehen.

---

17 Zum Umfeld, sozialer Herkunft und Ideologie der Karlisten vgl. u. a. Millán 1998, S. 91–108.
18 Zum Verhältnis des Vatikans zu Isabella vgl. das Kapitel »Pío IX e Isabel II.« in: Cárcel Ortí 2002, S. 51–73.
19 Vgl. u. a. Romeo Mateo 1998.

In Begleitung ihrer Mutter zog sie – kurz nach dem Friedensschluss mit den Karlisten – im Triumph in Barcelona ein. Trunken sei das Volk vor Liebe und Begeisterung für seine Königin, berichteten die Zeitungen.[20] Als sich jedoch nur wenige Tage später herumsprach, dass die Regentin nicht von der Verabschiedung eines Gemeindegesetzes lassen wollte, welches die Machtposition des linken Flügels der Liberalen erheblich beschnitten hätte, machten die Anhänglichkeitsdemonstrationen einer Hassrhetorik Platz. Der Unmut dieser Progressisten mündete in gewaltsame Ausschreitungen, die derart gefährlich zu werden drohten, dass der Regentin nur die Flucht ins Exil und die Übertragung der Regentschaft für die Tochter an den progressistischen General Espartero als Ausweg blieb.[21] Die emotionale Disposition, d.h. die schwärmerische Verehrung der kindlichen Königin, ging also fest mit spezifischen politischen Erwartungen einher. Zu den liberalen Kernbestandteilen zählte die Festlegung Isabellas auf eine Verfassung. »Viva Isabel II. constitucional«, lauteten Hochrufe schon während des progressistischen Aufstandes 1836, der aus Furcht vor einem restaurativen Schwenk der Regentin ausgebrochen war,[22] und Bildnisse verpflichteten Isabellas Monarchie auf die Konstitution von 1837. Diese Vereinnahmungen gingen umso leichter vonstatten, als von dem »unschuldigen Kind«[23] kein Widerspruch zu erwarten war. Doch da die *Moderados* mit divergierenden, wenn nicht gar inkompatiblen Vorstellungen das »unschuldige Kind« nicht minder für sich beanspruchten, schlummerten in der schwärmerischen Verehrung als »Símbolo de unión« Inkohärenzen, die früher oder später zu Enttäuschungen und Kollisionen führen mussten.

Ein drittes Element des »Unschuld«-Topos barg die Logik, wonach die Unschuld ein empfindliches, flüchtiges Gut war, weshalb sie des besonderen Schutzes bedürfe. Tatsächlich lässt sich beobachten, wie mit dem Vorwurf ge-

---

20 Vgl. die Berichterstattung v. a. der progressistischen Zeitungen El Guardia Nacional und Eco del Comercio im Juli 1840, wiedergegeben bei Vilches 2007, S. 26. Die Zeitung Eco del Comercio schrieb am 11. Juli 1840 vom »gran pueblo ebrio de amor y de entusiasmo por sus reinas«. Mit den »Königinnen« waren Isabella und ihre Mutter gemeint.
21 Zu den Ereignissen in Barcelona und Valencia, wohin die Regentin mit ihren Töchtern zunächst auswich, vgl. u.a. Burdiel 2011, S. 58–74; Burdiel 2004a, S. 100–128. Der Sturz von María Cristina wurde bezeichnenderweise von einer Diffamierungskampagne begleitet, die in der Argumentation vieles von dem vorwegnahm, was Isabella II. später über sich ergehen lassen musste. Die Kritik machte sich fest an María Cristinas Privatleben, v.a. ihrer heimlichen morganatischen Beziehung zu Fernando Muñoz. Ihre Regierungsfähigkeit wurde durch die Unterstellung einer zügellosen Leidenschaftlichkeit in Frage gestellt: Sie wurde als laszive, unkontrollierte Frau dargestellt, gefangen von einer verzehrenden, unnatürlichen Leidenschaft. Zugleich galt sie als habgierig und brutal, vgl. ebd., S. 119.
22 Vgl. Vilches 2007, S. 23.
23 Zu den häufigsten Epitheta, die Isabella in diesen Jahren zugeschrieben wurden, gehörten »niña inocente«, »huérfana inocente« oder »reina inocente«. Damit wurde insbesondere die Verletzlichkeit und Schutzbedürftigkeit Isabellas inszeniert, vgl. u.a. Vilches 2007, S. 32.

genüber anderen, dem unschuldigen Mädchen zu nahezutreten, ebenso Politik gemacht wurde wie mit der Selbststilisierung zur unverzichtbaren Schutzmacht. Wie sehr der Körper der Königin zum Symbol der Macht geworden war, ergab sich schon daraus, dass sie selbst im Kreise der Verwandtschaft als »prenda«, als Pfand, bezeichnet wurde, über welches zu verfügen die eigene Machtstellung bedingte.[24] Nirgends verdichtete sich dies derart wie im Skandal vom November 1843, als der progressistische Regierungschef Salustiano de Olózaga die Unerfahrenheit der jüngst für volljährig erklärten Königin nutzen wollte, um eine Regierungsumbildung im eigenen Interesse voranzutreiben. Als dies die konservative Kamarilla am Hofe erfuhr, gelang es ihr, den Spieß umzudrehen, indem nunmehr der Regierungschef mittels des Vorwurfs, der Königin körperlich zu nahe gekommen zu sein, zum Objekt einer Skandalisierung wurde. Angesichts der öffentlichen Empörung, die sich umso leichter erregen ließ, als Isabel durch die bisherigen Formen der Apologie als ebenso unschuldig wie verletzlich dargestellt worden war, musste der Politiker Olózaga um sein Leben fürchten und das Land verlassen. Doch war der Erfolg der Kontrahenten insofern ein Pyrrhussieg, als die öffentliche Austragung der Debatte um die vermeintlichen Schändlichkeiten dem Ansehen der Königin nur schaden konnte. Dass eine Woche lang im Kongress über die Glaubwürdigkeit der Monarchin diskutiert wurde, die als Opfer die fragwürdigen Handgreiflichkeiten des Politikers bezeugen sollte, konnte ihrem Prestige nur abträglich sein, zumal sie nun eindeutig innerhalb des zerklüfteten liberalen Lagers für die konservative Linie, die *Moderados*, Partei beziehen musste. Damit hatte sich zugleich erstmals die Vorstellung, Isabella könnte über den Parteien stehend vermitteln, als genau die Fiktion erwiesen, die sie von Beginn an gewesen war.[25]

Dass dies das Isabella-Bild innerhalb der spanischen Gesellschaft vorerst jedoch nicht nachhaltig veränderte, lag an dem Umstand, dass die Vorgänge sich gut in das Konzept des »unschuldigen Mädchens« fügten, welches ohnmächtig den Rankünen der Politiker ausgesetzt sei. Gerade in Anbetracht der damit verbundenen Schwäche und Schutzbedürftigkeit schien die Frage allerdings umso drängender, welcher Gatte an ihrer Seite nach den gängigen Vorstellungen der Geschlechterkomplementarität diese Schutzfunktion übernehmen und

---

24 So der neue Ehemann von Isabellas Mutter, Fernando Muñoz in seiner Korrespondenz mit Juan Donoso Cortés. Letzterer gehörte damals dem Lager der *Moderados* an und war in den frühen 1840er Jahren als Privatsekretär Isabellas tätig. In der Zeit, in welcher die Mutter Isabellas, María Cristina, mit ihrer Familie im französischen Exil lebte, spielte der Briefwechsel mit Donoso Cortés eine entscheidende Rolle bei der Informationsübermittlung zwischen dem spanischen Hof und der Königinmutter, siehe Burdiel 2004a, S. 167.
25 Zum »incidente Olózaga« vgl. Burdiel 2011, S. 119–150; Burdiel 2004a; S. 225–236; Vilches 2007, S. 34–49.

Stabilität gewährleisten könnte.[26] Bei Queen Victoria ging dieses Kalkül offenbar geradezu mustergültig auf: Basierend auf einer affektiven Zuneigung ordnete sich die Königin – nach nur anfänglichen Reibereien – der als überlegen anerkannten Autorität und Kompetenz ihres Mannes unter, der fortan in privaten wie politischen Fragen die Leitlinien vorgab.[27] Ihre eigene Popularität wuchs umso mehr, je intensiver sie den Rollenerwartungen entsprach, die die bürgerliche Gesellschaft an Frauen in ihren Rollen als Gattin und Mutter richtete. »*No Sovereign was more loved than I am*«, berichtete Victoria in ihren Briefen, »*and that*, from our *happy domestic home* – which gives such a good example«.[28] Als der spanische Romancier Benito Pérez Galdós nach Isabellas Tod im April 1904 deren Herrschaft bilanzierte, zeigte er sich überzeugt, dass ihr Scheitern zu vermeiden gewesen wäre, hätte ihr – neben einem Staatsmann von Format – ein Ehemann zur Seite gestanden, der nach Kriterien der Vernunft ausgewählt worden und dem sie in wechselseitiger Zuneigung verbunden gewesen wäre. Dann hätte auch aus ihr eine »reina burguesa y correctísima« werden können.[29] Dass es ganz anders kam, dürfte in weiten Teilen tatsächlich mit dem Scheitern der Beziehung zwischen Isabella und dem ihr als Ehemann zugewiesenen Francisco de Asís zu tun gehabt haben.

2. Die Heirat und ihre Folgen

Die Geschichte ihrer Beziehung ist schnell erzählt: Nachdem sich die internationalen Mächte, konkret Frankreich und Großbritannien, darauf verständigt hatten, dass ausschließlich ein spanischer Bourbone als Heiratskandidat in Frage käme, einigten sich die führenden Liberalen und die Mutter der Braut auf deren Cousin Francisco de Asís, einen Sohn des jüngsten Bruders von Ferdinand VII.[30] Im Oktober 1846 wurde die Ehe geschlossen, doch nur wenige Monate nach der Hochzeit kam es zum Eklat, als Isabella nunmehr die Zeit ostentativ mit einem Liebhaber verbrachte.[31] Das Zerwürfnis wurde vollends dadurch öffent-

---

26 Siehe Burdiel 2004a, S. 251.
27 Vgl. u. a. Feuchtwanger 2010, S. 5. Nach Charles Grevilla (1845) sei klar, dass in Wirklichkeit Albert die Funktionen des Souveräns ausübe, auch wenn Victoria den Titel trage, Burdiel 1998, S. 194. Siehe auch Bagehot 1971, S. 99.
28 Vgl. Schreiben von Victoria an ihren Onkel Leopold, König von Belgien, vom 29.10.1844, in: The Letters of Queen Victoria 1911, S. 27 (Hervorhebungen im Dokument).
29 Pérez Galdós 1951, S. 1418, das Zitat siehe S. 1420.
30 Zur Anbahnung der Ehe sowie den persönlichen, internationalen und nationalen Dimensionen vgl. das Kapitel »Aquel desacierto insigne: Historia de un matrimonio«, in Brudiel 2011, S. 159–181; übereinstimmend Brudiel 2004a, S. 251–294; Vilches 2007, S. 51–92.
31 Zur Krise der jungen Ehe, die als »Palastfrage« (cuestión de Palacio) in die Archive einging,

lich, dass Francisco sich weigerte, seine Gattin im darauffolgenden Jahr in den Sommerpalast zu begleiten. Nachdem der Liebhaber mit einer Beförderung und einer stattlichen Summe Geldes bestochen werden konnte, kam es zur Versöhnung der Eheleute, die jedoch schon deshalb vordergründig blieb, weil sich Isabellas Neigung, emotionale und sexuelle Bestätigung außerhalb der Ehe zu suchen, habituell verstetigte.[32]

Die Auswirkungen dieser Hochzeit waren wegen ihrer diplomatischen Rückwirkungen für die internationale Geschichte Europas bedeutsam, schließlich zerbrach an ihnen die Entente cordiale zwischen England und Frankreich von 1834.[33] Vor allem aber trug das Verhalten der Eheleute in entscheidendem Ausmaß unmittelbar und anhaltend zu einer Destabilisierung der politischen Macht innerhalb Spaniens und langfristig zu einem Legitimationsverlust der Regierungsform bei. Zu diesen Zersetzungserscheinungen konnte es nicht zuletzt deshalb kommen, weil es innergesellschaftlich keinen Konsens bei der Beurteilung ihres Verhaltens gab, bis sich schließlich – multifaktoriell bedingt – doch eine gruppenübergreifende Ablehnung durchsetzen konnte. Gerade weil dieses Emotionsmanagement so kontrovers beurteilt wurde, sollen kurz die zugrunde liegenden Verhaltensweisen skizziert und deren mögliche Ursachen reflektiert werden. Zunächst erstaunt die Heftigkeit, mit der Isabella dem Gatten, den zu heiraten sie trotz ersten Zögerns schließlich zugestimmt hatte, den Rücken kehrte. Zugleich unterstrich das gesamte Verhalten Isabellas einen emotionalen Ausnahmezustand.[34] Vieles deutet darauf hin, dass sich die 16-Jährige nach der passiven Fügung in das ihr zugewiesene Eheschicksal plötzlich reaktiv ihrer Individualität, ihrer Körperlichkeit und ihrer Macht besann.[35] Gefühle, so schrieb Ute Frevert jüngst, dokumentieren »eine spezifische Qualität des Individuums, sich seiner Existenz zu versichern [...] und sich mit seiner Umwelt auseinanderzusetzen.«[36] In der emotionalen Reaktion und im körperlichen Verhalten Isabellas manifestierte sich hier eine Identitätsfindung in dezidierter Abkehr von dem, was aktuell von ihr erwartet wurde. Das devote

---

vgl. u. a. Burdiel 2004a, S. 298–334. Vilches berichtet diese Episode unter dem Titel: »El escándalo«, vgl. Vilches 2007, S. 93–132.
32 Vgl. u. a. Burdiel 1998, S. 207.
33 Zu den internationalen Auswirkungen der »Spanischen Heiraten« vgl. das diesbezügliche Kapitel in Baumgart 1999, S. 302–305.
34 Ein Symbol für diesen Ausnahmezustand war die zwischenzeitliche Weigerung, »normal« mit ihrem Privatsekretär Juan Donoso Cortés, dem Vertrauten ihrer Mutter und v. a. deren Gatten, zu kommunizieren. Donoso Cortés schrieb entnervt von einer Begegnungen mit der Königin, in welcher sie ausschließlich singend auf seine Fragen geantwortet habe, so Schreiben von Donoso Cortés an Fernando Muñoz, 21.3.1847, wiedergegeben in Burdiel 2004a, S. 304.
35 Siehe u. a. Burdiel 2004a, S. 300 f.
36 Frevert 2011, S. 13.

Verhalten gegenüber der Mutter, die sie für das Ehearrangement verantwortlich machte, war einem blanken Hass gewichen und der Tagesrhythmus durch neue Prioritäten für Vergnügungen derart durcheinander geraten, dass für die politischen Absprachen mit den Ministern kaum Zeit noch blieb.[37] Wie sehr die politischen Pflichten hinter ihren privaten Neigungen zurücktraten, zeigte sich, als Isabella bereit war, im Interesse ihres neuen Liebhabers, des progressistischen Generals Francisco Serrano, die Regierung umzubilden. So entließ sie aus einer Laune heraus am 27. März 1847 ihre Minister, um die Regierung nunmehr Vertretern der *Progresistas* zu übertragen, ohne dass sich diese auf einer parlamentarische Mehrheit hätten stützen können.[38] Jetzt rächte es sich, dass der konservative Flügel der Liberalen 1845 eine neue Verfassung durchgesetzt hatte, welche der Königin erhebliche Vorrechte einräumte.[39] Nun aber war die gedachte Ordnung auf den Kopf gestellt: Isabella, über deren Körper bislang die anderen verfügt hatten, zeigte demonstrativ, dass sie jetzt selbst bestimmen wollte, wem er gehörte. War ihr Körper für andere ein Instrument der Politik gewesen, so macht sie die Politik nunmehr zum Instrument ihres Körpers. Zu der Zurückhaltung, die gemäß bürgerlicher Leitbilder einerseits von der Ehefrau und andererseits von einer konstitutionellen Monarchin erwartet wurde, stand dies in diametralem Kontrast.

Dass sich Isabella über die massiven Bedenken brüskierter Politiker und Familienmitglieder ungeniert hinweg setzte, mag erstens damit zu tun gehabt haben, dass sich ihr »emotionaler Stil« und entsprechend ihre politischen und privaten Verhaltensmuster eher an einem absolutistischen bzw. aristokratischen Modell orientierten. Hinzukam, dass sich gerade in ihrem engeren Familienumfeld die Frauen mehrfach ganz freizügig so verhielten, wie es ihren emotionalen bzw. sexuellen Wünschen entsprach. Isabellas Mutter hatte rechtliche Vorgaben missachtet, um dauerhaft mit einem ehemaligen Unteroffizier der königlichen Garde zusammenleben zu können, der die Regentin emotional und politisch beeinflusste.[40] Die Tante Luisa Carlota, eine Schwester María Cristinas, hatte aus ihren außerehelichen Verbindungen ebenso wenig einen Hehl gemacht wie aus ihrer Verachtung für den eigenen Gatten. Zu guter Letzt waren die Erinnerungen an das Verhältnis der Großmutter, María Luisa von Parma, Gattin

---

37 Vgl. Burdiel 1998, S. 204; Vilches 2007, S. 95.
38 Siehe Burdiel 2004a, S. 304 f.; Burdiel 2011, S. 195. Wie wenig diese Maßnahme auf rationale Strategien zurückzuführen war, belegt der emotionale Ausnahmezustand, in welchem sie sich laut Donoso Cortés wenige Stunden zuvor befunden hatte, vgl. ebd. Politisch führte die willkürliche Maßnahme Isabellas zu einer Destabilisierung der Lage, insoweit als die *Progesistas* keine Mehrheiten im Parlament gewinnen konnten; zudem hatte Isabella die *Moderados* brüskiert, die fortan noch weniger loyal zu ihr standen.
39 Zur Verfassungsentwicklung in der isabellinischen Ära vgl. Herrero y Rodríguez de Miñon 2004.
40 Siehe Burdiel 2011, S. 53.

von Karl IV. mit dem Ersten Minister Manuel Godoy Teil des kollektiven Gedächtnisses der Zeitgenossen.⁴¹ Es liegt nahe anzunehmen, dass Isabella angesichts dieser Vorbilder nicht das Gefühl dafür entwickelte, ihr Verhalten sei allzu deviant. Zweitens wurde sie darin zunächst von auswärtigen und spanischen Ratgebern bestärkt, die Anhänger der linksliberalen Progressisten waren, aus deren Lager der neue Liebhaber stammte, und die nun berechtigterweise davon ausgingen, aus den Leidenschaften der Königin politischen Profit schlagen zu können.⁴² Dabei war das Verhalten des britischen Botschafters seinerseits in besonderer Weise von Emotionen gelenkt, fühlten sich doch gerade die Briten durch das gesamte Hochzeitsarrangement zutiefst provoziert, schließlich war die Schwester Isabellas ganz gegen vorangegangene Vereinbarungen vorzeitig einem Sohn des französischen Königs angetraut worden.⁴³ Ursprünglich war vereinbart worden, dass Luisa Fernanda erst dann den Herzog von Montpensier heiraten sollte, wenn durch die erste Mutterschaft Isabellas die Möglichkeit weitgehend ausgeschlossen wäre, dass die Thronfolge an die Nachkommen von Louis Philippe d'Orléans gehen könnte. Unmittelbar nachdem die Pläne von der absprachewidrigen Doppelhochzeit beider Schwestern publik geworden waren, hatte eine Pressekampagne der Briten eingesetzt, die die »Spanischen Heiraten« nicht zuletzt durch eine Diskreditierung des künftigen Königsgemahls torpedieren wollte.⁴⁴ Dieser Kampagne lagen sowohl verletzter Stolz als auch politisches Kalkül zugrunde. Wenn schon die Schwester Isabellas einen Franzosen heiraten sollte, forderten die Briten zumindest einen anglophilen Partner für die

---

41 Schon die Beziehungen zwischen Maria Luisa von Parma und Manuel Godoy waren zu ihren Lebzeiten Zielscheibe einer Kritik gewesen, die sich in Form politischer Pornographie artikulierte. Zum ehelichen Verhalten der älteren Schwester der Mutter von Isabella II., Luisa Carlota, vgl. Burdiel 2011, S. 27. Im Übrigen zeigen die Reaktionen von Francisco de Asís, wie sehr ihm das abschreckende Beispiel des betrogenen Großvaters als Menetekel vor Augen stand, so z. B. wenn er im August 1847 gegenüber einem Vertrauten den Liebhaber seiner Frau mit Manuel Godoy verglich: »¡Serrano! Sabes lo que es? Un Godoy fracasado.«; zitiert in Burdiel 1998, S. 207.
42 Zur Reaktion der spanischen Progressisten auf die Ankündigung der Heirat siehe u. a. Vilches 2007, S. 83.
43 Zu den Vorwürfen der Briten vgl. u. a. die in *The Times* abgedruckten Briefe von Lord Palmerston an die französische Regierung vom 22. 9. 1846 sowie die französischen Reaktionen in: *The Times* 14. 1. 1847; 15. 1. 1847.
44 Die *Times* berichteten erstmals am 5. 9. 1846 von der geplanten Doppelhochzeit. Zeitgleich begann sie, den Bräutigam der Königin dadurch zu diskreditieren, dass sie keinen Zweifel an dem Widerwillen gelten lassen wollte, den die Braut gegenüber ihrem Zukünftigen empfinde, vgl. *The Times* 5. 9. 1846. Hinsichtlich der Hochzeit bemerkte der britische Korrespondent – nicht ohne Genugtuung: »There were no signs of enthusiasm«, obwohl der Bevölkerung angeordnet worden sei, soviel Begeisterung als möglich zu demonstrieren. *The Times* 19. 10. 1846. Zur Artikelserie, die der britische Botschafter Henry Lytton Bulwer gemeinsam mit dem späteren Liebhaber Isabellas, General Serrano, über die Defizite Francisco de Asís verbreitete, siehe Vilches 2007, S. 84 f.

Königin. Nach der Trauung, an welcher der britische Botschafter ostentativ nicht teilgenommen hatte, setzten die englischen Diplomaten daher weniger auf den konservativen Francisco de Asís, als vielmehr auf den anglophilen progressistischen Liebhaber Isabellas. Entsprechend bestärkte der britische Botschafter Bulwer die Königin in ihren Passionen für den »schönen General«, wie Isabella ihren Favoriten nannte.[45] Auch wurde die britische Presse zum süffisanten Resonanzraum jener Gerüchte, die in den Straßen Madrids die vermeintlichen Gründe für die Abneigung Isabellas gegenüber ihrem Gatten kolportierten, was auf einen dritten Grund für das Verhalten Isabellas hinweist. Schon vor der Ehe waren Zweifel an dessen Männlichkeit bzw. Vermutungen über seine homosexuellen Neigungen laut geworden.[46] Zudem wurden Coplas gesungen, die das von der Norm abweichende Urinalverhalten des Königsgemahls karikierten.[47] Auf diese Weise wurden die physischen Defizite Franciscos, der offenbar an einer Hypospadie, einer angeborenen Harnröhrenanomalie litt, zum Stadtgespräch.[48] Dies dürfte neben den politischen Präferenzen für den Progressismus ein weiter Grund dafür gewesen sein, dass die Bevölkerung Madrids auf den Ehebruch Isabellas überaus verständnisvoll reagierte. Die Akklamationen auf den Straßen, die sie gemeinsam mit dem Liebhaber General Serrano, der in seiner Attraktivität das genaue Gegenbild Franciscos war, hochleben ließen, verdeutlichten die anhaltende Popularität der Königin.[49] Dass diese Popularität zu seinen Lasten ging, dürfte eines der entscheidenden Motive dafür gewesen sein, dass der mehrfach enttäuschte Francisco zur Gegenoffensive ansetzte. An der Liebe der Gattin war ihm nicht gelegen, zumal er offenherzig zugab, auch seinerseits nichts für sie zu empfinden. Dass sie sich aber weigerte, »ihre Rolle zu spielen«[50] und

---

45 Der britische Botschafter Bulwer und der spanische Finanzminister Salamanca schürten offenbar intentional den Hass der Eheleute aufeinander und rieten der Königin zur Scheidung, vgl. Vilches 2007, S. 107 f., S. 112. Insbesondere Salamanca versuchte, aus den sexuellen Neigungen der Königin Kapital zu schlagen; entsprechend animierte er sie zu weiteren Abenteuern, schürte ihre Libido durch die Zusendung obszöner Zeitschriften und arrangierte Treffen mit potentiellen Sexualpartnern, ebd., S. 119.
46 Selbst Isabellas Mutter machte sich Gedanken über die Physis ihres künftigen Schwiegersohnes, dessen Defizite in der Öffentlichkeit diskutiert wurden, vgl. Burdiel 2011, S. 173 f.
47 Lieder und Bilder spielten schon deshalb innerhalb der spanischen Gesellschaft eine große Rolle bei der Beeinflussung der Öffentlichkeit, weil der hohe Grad des Analphabetismus die alternative Zurkenntnisnahme gedruckten Materials erschwerte. Um 1900 waren nur 45 Prozent der Spanier des Lesens und Schreibens kundig, vgl. zur gesellschaftlichen Entwicklung u. a. Santos 1999.
48 Vgl. Burdiel 1998, S. 203; Vilches 2007, S. 79 f.
49 Burdiel 1998, S. 205. Dass, wie Vilches nahelegt, die Akklamationen nur von den progresistas gekauft worden waren, will in Anbetracht der Massen, die sich enthusiasmiert zeigten, nicht überzeugen, vgl. Vilches 2007, S. 115.
50 Francisco äußerte gegenüber einem Vertrauten: »He querido siempre salvar las apariencias (…) pero Isabelita es menos flexible que yo, o más violenta, y no ha querido desempañar su papel, hacer el sacrificio que pedía el bien de la nación.« Zitiert ebd., S. 203.

»die Formen zu wahren«,[51] empfand er explizit als »grausam« und »schikanös«.[52] Er hatte die demütigende Präsenz des Liebhabers zu erdulden, musste seine Hoffnungen auf die Übernahme politischer Macht aufgeben und durfte nicht einmal »Herr im eigenen Hause sein«.[53] Seine heftigen Reaktionen sind somit durch schwere Enttäuschungen und Kränkungsgefühle zu erklären, die auch späterhin besonders intensiv wurden, wenn sich die Zurücksetzung seiner Männlichkeit allzu offensichtlich manifestierte – so weckten nicht zuletzt die Schwangerschaften Isabellas seinen, wie der französische Botschafter berichtete, »Racheinstinkt«.[54] Mit allen Mitteln legte er, der sich öffentlich als Mann und Gatte bloßgestellt sah, es nun darauf an, seiner eigenen Frau zu schaden.[55] So nahm er auf dem Höhepunkt der Ehekrise 1847 Kontakt mit dem Kriegsgegner, den Karlisten auf, und beteuerte den Rechtsanspruch des Kontrahenten auf den Thron.[56] Seine Versuche, das Verhalten der eigenen Gattin zu skandalisieren, trafen kurzfristig auf keine Resonanz, sie waren aber langfristig desaströs sowohl für Isabella als auch die Monarchie. In einer Zeit, in der sich europaweit bürgerliche Normvorstellungen über eheliches Verhalten und Hierarchien der Geschlechter durchsetzten und zudem immer wieder Korrelationen zwischen dem Familienglück der Monarchen und dem Wohl der Nation konstruiert wurden, entwickelte sich das Image der zerrütteten Ehe bald zu *dem* Handicap der Königin. Zumal sich nach und nach diejenigen von Isabella abwandten, die es aus Gründen politischer Opportunität zunächst für nützlich gehalten hatten, sie zu unterstützen.

---

51 Vgl. ebd, S. 207.
52 »No era necesario vejarme«, klagte Francisco, vgl. ebd., S. 207.
53 »Quiero ser el amo de mi casa«, beteuerte Francisco, vgl. ebd., S. 203.
54 So der französische Botschafter Turgot an Walewski, 29.7.1857: »El nuevo embarazo de la Reina viene a reanimar, si esto es posible, los instintos vengativos del Rey.«, zitiert in Burdiel 1998, S. 209.
55 Dem Urteil des französischen Botschafters Turgot zufolge, war ihr eigener Ehemann derjenige, der Isabella am meisten schaden und sie als erster vom Thron stürzen wolle: »El resentimiento por las injurias cuyo precio ha aceptado y la falta de valor para vengarse predomina en este príncipe. […] Quiere, pues, destruir lo que es, en la quimérica esperanza de que obtendrá de los príncipes carlistas restaurados … una regencia de hecho, y de nombre, y la aplastante humillación de su mujer.« (Telegramm von Turgot an Walewski vom 29.7.1857, zitiert in Burdiel 1998, S. 209).
56 Der Brief vom 19.6.1847 von Francisco de Asís an den Cousin und karlistischen Prätendenten Montemolín ist in großen Teilen wiedergegeben in Burdiel 2004a, S. 320 f.

3. Delegitimierung Isabellas über den Genderdiskurs

Zunächst gingen die Briten zu ihr auf Distanz, nachdem der progressistische Liebhaber Isabellas entfernt und durch einen konservativen ersetzt worden war.[57] In der diplomatischen Berichterstattung überwog plötzlich eine überaus negative Beschreibung Isabellas. Ihr Charakter, so der damalige britische Botschafter Otway am 16. Juli 1854 an seinen Minister, sei eine Mischung aus »Extravaganz und Wahnsinn, kapriziösen Phantasien, perversen Absichten und grundsätzlich schlechten Neigungen«.[58] Die Sexualität spielte dabei im Delegitimierungsdiskurs der nächsten Jahre eine zunehmend große Rolle. Dass aber die britischen Diplomaten sich erst dann an der sexuellen Praxis der Königin zu stoßen begannen, nachdem sich diese für sie nicht mehr nutzen ließ, nährt die Vermutung, dass es nicht allein die Hegemonie bürgerlicher Familienbilder war, die das Verhalten der Königin zunehmend in Kritik geraten ließ. Vor allem boten sie eine Ebene symbolischer Kommunikation, hinter der sich politische Interessen vortrefflich verbergen ließen. Erneut wurde der Körper Isabellas zur Projektionsfläche politischer Vorstellungen. Nachdem sie mehr und mehr die liberalen Projekte zu verraten schien, wurde ihr in einer Druckgraphik aus den späten 1850er Jahren der Verfall der konstitutionellen Monarchie in die Gesichtszüge geschrieben.[59] Seit dem Ende des 18. Jahrhunderts hatte sich die Auffassung etabliert, wonach das Gesicht als »image of the soul«, als authentischster Ausdruck von Ideen und Emotionen, gelte.[60] So diente das Bild dazu, eine Monarchin zu decouvrieren, deren Ideen und Emotionen mit den Konzepten des Liberalismus nicht in Einklang zu bringen waren. Auszeichnungen hätte – so legte die Zeichnung nahe – sie sich nur erworben durch Bereicherungen, Undankbarkeit, Ignoranz (verdeutlicht durch Bücher auf dem Scheiterhaufen) und Grausamkeit: Auf dem Orden wird eine Hinrichtung mit der

---

57 Nach massivem Druck, der von Seiten der Militärs, welche den *Moderados* zuzurechnen waren, auf Serrano ausgeübt worden war, hatte dieser eingewilligt, sich – befördert – nach Granda versetzen zu lassen. Isabella ließ zwar nicht davon ab, sich weiterhin mit Liebhabern zu umgeben, wählte diese allerdings fortan ausnahmslos aus dem Lager der *Moderados*, vgl. u. a. Burdiel 1998, S. 207 f.

58 »Un carácter tan peculiar que es casi imposible de definir y que tan sólo puede ser comprendido imaginando un compuesto simultáneo de extravagancia y locura, de fantasias caprichosas, de intenciones perversas y de inclinaciones generalmente malas.« (PRO, FO 72 / 844, Nr. 48, zitiert in Burdiel 1998, S. 187).

59 Die Druckgraphik in Form damals gängiger Visitenkarten fand Isabel Burdiel unter Zeichnungen aus der Hand der jugendlichen Isabella, die ihre Mutter María Cristina sammelte, und welche jetzt im Archivo Histórico Nacional zu finden sind; abgedruckt in Burdiel 2004a, S. 11; zum Fundort vgl. ebd., S. 13.

60 Zu den Zitaten vom Ende des 18. Jahrhunderts aus der Enzyklopaedia Britannica vgl. Schmidt 2011, S. 71.

spanischen Garrote dargestellt.[61] Der exekutierte liberale General Zurbano liegt mit seinen Söhnen ihr auf der Brust und klagt damit ebenso wie die zahlreichen Totenschädel das inhumane Regiment einer Königin an, die über Leichen gehe – wie sie auch die Gefühle anderer missachte: An den Zacken der Krone sind vier durchbohrte Herzen aufgespießt. Die Buchstaben darüber verweisen auf die bisherigen Liebhaber der Königin. Der schlaffe, gleichgültige Gesichtsausdruck kritisiert eine vermeintliche Kaltherzigkeit, die jedes menschliche Mitgefühl vermissen lasse – und das, wo gerade die Fähigkeit zum Mitleiden und Mitfühlen seit dem 18. Jahrhundert zur allgemeinen bürgerlichen Kardinaltugend avanciert war, die in besonderem Maße von Frauen und insbesondere von Müttern eingefordert wurde.[62] Das Gesicht selbst, und damit Spiegel von Geist und Seele, ist vollkommen von Klerikalen beherrscht (Papst, Mönchen und Nonnen), und über allem thront die umstrittenste Nonne Spaniens: Sor Patrocinio, das personifizierte Feindbild der spanischen Progressisten.[63] Es war nicht zuletzt Isabellas Hinwendung zu den Klerikalen aus der Kamarilla ihres Mannes, die in der Mitte der 1850er Jahre die Abkehr der Liberalen von Isabella bewirkte. Dabei hatte Sor Patrocinio offensichtlich eine Schlüsselrolle gespielt, die als einzige eine zumindest vordergründige Versöhnung zwischen Francisco de Asís und Isabella vermitteln konnte. Auf diese war Isabella angewiesen, als 1857 ihr Sohn Alfons geboren wurde, dessen Thronanrecht davon abhing, ob Francisco die Rolle des Vaters annahm, auch wenn es ein öffentliches Geheimnis war, dass Alfons von einem der Liebhaber Isabellas gezeugt worden war. Diese moralischen Fehltritte waren die Liberalen offenbar durchaus bereit, zu vergeben – die Hinwendung Isabellas zur klerikalen Kamarilla nicht. Insgesamt verdeutlicht dieses Bild, wie wenig Isabella diesen Liberalen noch als Repräsentantin einer zukunftsfähigen konstitutionellen Monarchie galt, und wie viel mehr sie in deren Augen das Scheitern des Projektes verkörperte. Sie galt als »groteske Inkarnation einer grotesken konstitutionellen Monarchie.«[64]

Politische Fehlentscheidungen in den 1860er Jahren zehrten das letzte Ver-

---

61 Undankbarkeit und Grausamkeit gehörten neben der Unmoral zu den offenbar obligatorischen Bestandteilen des Diskreditierungsdiskurses, vgl. u. a. Vilches 2007, S. 266, S. 321, S. 336.
62 Siehe Frevert 2011, S. 20.
63 Zur Ordensschwester, die in den 1830er Jahren die Madrider Gesellschaft im Zug eines Prozesses, der die Authentizität ihrer Stigmata prüfen sollte, in Anhänger und Gegner spaltete, vgl. das Kapitel: *Sor Patrocinio. La Monja de las Llagas (1811–1891)*, in: Moreiro 2008, S. 185–239. Der progressistischen Regierung war ihre Spiritualität nicht zuletzt deshalb zum politischen Problem geworden, weil sie in ihren Visionen Siege der Karlisten vorherzusehen schien und der Regentin die Legitimität absprach, vgl. u. a. ebd., S. 207. Diese Diskreditierung María Cristinas weckte das Interesse von deren Schwester, Luisa Carlota, welche die Ordensfrau mit der geistigen Betreuung ihrer Söhne betraute. Dieserart wurde Sor Patrocinio früh zur Vertrauensperson von Francisco de Asís.
64 Zitiert in: Burdiel 2004a, S. 17.

trauensreservoir der Liberalen in die Monarchin auf. Doch in breiten Bevölkerungskreisen wurde Isabella nach wie vor geschätzt. Auf Phasen dominierender Diskreditierung waren immer wieder solche der Wertschätzung gefolgt, welche sich aus dem positiven Parallelbild speiste, das seit ihrer Geburt existierte.[65] Der missglückte Attentatsversuch des Priesters Merino, ausgerechnet in dem Moment, in dem die junge Mutter mit ihrer neugeborenen Tochter erstmals in der Öffentlichkeit erschien, hatte 1852 eine neue Welle der Sympathie für die junge Königin ausgelöst.[66] Diese ebbte allerdings im Rahmen der schweren politischen Krise 1854–58, die Isabella beinahe den Thron gekostet hätte, schnell wieder ab. 1854 hatten die Progresistas mit Gewalt die Macht ergriffen. Dass sich Isabella trotz einer dezidiert kritischen Haltung der nunmehr Regierenden zur Monarchin auf dem Thron halten konnte, war wohl nur dem Umstand geschuldet, dass die Progressisten, die sich von ihrer »monarchistischen Illusion« letztlich nicht befreien konnten, keine bessere Alternative für den spanischen Thron zur Hand hatten.[67] Einer republikanischen Lösung standen sie skeptisch gegenüber, weil sie eine soziale und politische Radikalisierung befürchteten. Schließlich war ihnen selbst an einer Demokratisierung nicht gelegen, welche auch den Unterschichten Partizipationsmöglichkeiten eingeräumt hätte. So war es die Unentschlossenheit des progressistischen Lagers, welcher Isabella den Machterhalt verdankte. Als nach zwei Jahren der progressistische Regierungschef infolge des Vertrauensentzugs der Königin zurücktrat und einem restaurativen Regime unter dem General der Moderados, Ramón Narváes Platz machte, hielten die Progressisten erneut still aus Furcht vor den unberechenbaren Folgen einer politisch-sozialen Radikalisierung der Massen. Unter der Regierung O'Donnell (1858–63) trugen wiederum wirtschaftliches Wachstum und außenpolitische Erfolge maßgeblich zur Konsolidierung der innenpolitischen Lage und der Wahrnehmung Isabellas bei.[68] Um ihre durch die Eheskandale und die Krise der 1850er Jahre beschädigte Reputation zu verbessern, hatte der Ministerpräsident eine gezielte Imagekampagne angeregt. Im Rahmen

---

65 Zur These der überdauernden Koexistenz beider – konträrer – Bilder von Isabella in der spanischen Gesellschaft, siehe Vilches 2007, S. 9.
66 Ebd., S. 149–154; Burdiel 2011, S. 239 f. Die unklaren Motive des Franziskaners Martín Merino stimulierten Spekulationen, die schließlich die Urheberschaft bei Francisco de Asís selbst vermuteten. In Abschnitten, die Tagebuchaufzeichnungen gleichen, berichtet Pérez Galdós über das Attentat vom 2. 2. 1852 und die anschließenden Sympathiebekundungen, die sich zur »idolatría« steigerten, in: La revolución de julio, in Galdós 1970, S. 9–12, Zitat S. 11.
67 Vgl. Burdiel 2011, S. 299. Zur Krise der Jahre 1854–1858, vgl. den zweiten Teil des Buches *Revolución y reacción: La crisis de los años cincuenta (1854–1858)*, ebd., S. 297–575.
68 Vgl. u. a. Sánchez Jiménez 1991, S. 436–441. Zu den außenpolitischen Erfolgen zählte der Marokko-Krieg von 1859, der Isabella kurzfristig erneut als Symbol aller Spanier in den Vordergrund treten ließ. Die Popularität kam in diversen Vergleichen mit Isabella I. von Kastilien zum Ausdruck, vgl. u. a. Vilches 2007, S. 201–204; Riego 1999, S. 11.

diverser Reisen in die Peripherien des Landes kam Isabella nun ostentativ den »Zeigepflichten« einer Monarchin nach.[69] Die Monarchie wurde durch freigebige Spenden an karitative Einrichtungen als soziale Institution, sie selbst als »Mutter der Nation« inszeniert. Zu den Ritualen der Reisen zählte, dass sich Isabella mit dem in regionale Trachten gekleideten Thronfolger Alfons auf dem Arm auf den Balkonen der Rathäuser präsentierte, begleitet von Francisco de Asís und ihrer älteren Tochter. Mit diesem Symbol unterstrich Isabella gleichzeitig die gesicherte monarchistische Tradition, ihre Volkstümlichkeit, ihre Verbundenheit mit den regionalen Bräuchen und den Anschein familiärer Harmonie. Analog zu Victoria sollte die Betonung innerfamiliärer Mutterliebe die mütterliche Fürsorge für die heterogenen Landesteile spiegeln. Offenbar trugen diese Reisen erheblich dazu bei, Isabellas Popularität zu stärken. Doch als bei der letzten Reise einige Untertanen zu Tode kamen, die beim Andrang auf den Eisenbahngleisen überrollt worden waren, erhielt dieses Bild der fürsorglichen Mutter einen Sprung.[70] Aus der Perspektive der Liberalen zersprang es vollends, als Isabella im Jahre 1866 insgesamt 87 Militärs, die sich an einem blutig niedergeschlagenen antimonarchischen Putsch beteiligt hatten, erbarmungslos exekutieren ließ.[71] Auch diejenigen Politiker und Militärs, die Isabella bisher loyal unterstützt hatten, wandten sich nun von ihr ab. Aber weiterhin koexistierte in breiten Kreisen das Bild der volkstümlichen Königin, der »reina castiza«.[72] Deshalb bedurfte es nun forcierter publizistischer Anstrengungen, diese Popularität durch Gegenpropaganda zu durchkreuzen. Es war insofern ein Kampf um Emotionen, als die Sympathien, die Isabella noch in weiten Teilen der Bevölkerung genoss, durch negative Gefühle ersetzt werden sollten. Dazu griffen die Liberalen zum drastischen Mittel politischer Pornographie, welche die Regierungsunfähigkeit Isabellas durch die Unterstellung einer deviant-maßlosen Sexualität nahelegte.[73] Der Höhepunkt dieser Strategie war um die Revolution 1868 erreicht, die im Sturz Isabellas mündete. Dass ausgerechnet die von den

---

69 Indem während dieser Reisen zugleich Infrastrukturprojekte unterstützt, z. B. neue Eisenbahntrassen eröffnet und diese Ereignisse mit modernsten Mitteln der Fotografie reproduziert wurden, präsentierte sich die Monarchin als Verkörperung einer Institution, die Tradition mit Fortschritt verband, vgl. u. a. Riego 1999. Zu den »Zeigepflichten« europäischer Monarchen in der zweiten Hälfte des 19. Jahrhunderts vgl. Geisthövel 2003, S. 64; ähnlich Geisthövel 2005, S. 167 f.
70 Auf der Fahrt in die Extremadura und weiter nach Portugal starben durch das Unglück 5 Menschen, 26 weitere wurden verletzt. Die Königin wurde bis zur Ankunft in Lissabon in Unkenntnis über die Tragödie gelassen. Erst auf der Rückreise besuchte sie die Verletzten und Angehörigen der Verstorbenen, vgl. Reigo 1999, S. 10; Burdiel 2011, S. 791.
71 Siehe Vilches 2007, S. 238 f.; Burdiel 2011, S. 784 f.
72 Zur »reina castiza« vgl. u. a. Burdiel 1998, S. 197; Vilches 2007, S. 336.
73 Dabei gehört es offenbar seit der Frühen Neuzeit zu den europäischen visuellen Traditionen der Diskreditierung von Frauen, sie in ihrem Status als Geschlechtswesen anzugreifen, vgl. Alfing 1993, S. 179.

Moderados, dem konservativen Zweig der Liberalen, protegierten Brüder Gustavo Adolfo und Valeriano Béquer Zeichnungen vorlegten, die Isabella definitiv moralisch diskreditieren sollten, zeigt, wie einhellig Isabella inzwischen von allen politischen Fraktionen fallen gelassen worden war. Die Aquarelle der Brüder Béquer akzentuierten das Bild einer willenlosen, lasziven *femme fatale,* die ausschließlich von ihrem »furor uterino« getrieben war.[74] Ein ungezügeltes Triebleben aber war aus der Perspektive des Bürgertums das »ganz Andere«, das Unterschichten oder den Habitus von Nichteuropäern kennzeichnete.[75] Stärker konnte emotionales Fehlverhalten bzw. der Kontrast zum emotionalen Ideal nicht mehr betont werden. Im westeuropäischen Bürgertum hatte sich längst ein Standard, ein »emotionales Regime« etabliert, an dem das emotionale Verhalten von Frauen gemessen wurde. Dem Brockhaus von 1852 zufolge hatten sie »Repräsentanten der Sitte, der Liebe, der Scham«[76] zu sein, und es hatte durchaus mit Victorias nationaler und internationaler Akzeptanz zu tun, dass sie genau diese Prinzipien zu verkörpern schien.[77] Umso mehr sticht die abweichende Darstellung Isabellas hervor. Sie war, stand unmittelbar vor ihrem Sturz in der Presse zu lesen, »die ekelhafteste aller Prostituierten«.[78] So war es nicht zuletzt Ekel, den die Zeichner evozieren wollten, indem sie Isabella als Tänzerin mit bereitwillig geöffneten Beinen darstellten, die zum Blick nach ihren Genitalien einluden.[79] Wie sehr die Ordnung der Geschlechter durcheinander geraten war, illustriert nicht zuletzt der erigierte Penis, der auf dem Stab aufgespießt war, den sie anstelle des Zepters in der Hand hält. Dabei kennzeichnet der geflügelte Phallus gemäß antiker Bildlichkeit den Ort eindeutig als Bordell.[80] Zugleich enthebt die an die Vegetation eines Urwaldes erinnernde Darstellung des Hintergrundes die Szene dem Bereich von Kultur und Zivilisation und ordnet Isa-

---

74 Die 89 Aquarelle, welche Isabella II. sowie die Personen ihres Umfeldes in eindeutig kompromittierenden, pornographischen Positionen darstellten, entstanden 1868 / 1869, wurden erstmals 1991 unter dem Pseudonym SEM vom Verlag El Museo Universal veröffentlicht und befinden sich heute in den Beständen der Biblioteca Nacional in Madrid, vgl. SEM 1991. Die Zeichnungen gelten als »Ausnahmewerk in jeder Hinsicht«. Nirgendwo auf der Welt gab es in diesen Zeiten eine vergleichbare Formensprache der Kritik, vgl. ebd., S. 6. Zur Protektion der Brüder durch die *Moderados* vgl. Pageard 1991, S. 19. Vermutlich verbergen sich hinter dem Pseudonym SEM weitere Künstler, die ebenfalls an der diskreditierenden Bildproduktion beteiligt waren, vgl. ebd, S. 17.
75 Siehe Frevert 2011, S. 14.
76 Vgl. Brockhaus 1852, zitiert in Frevert 2011, S. 36.
77 Tetzeli von Rosador 2001, S. 289.
78 »La más asquerosa de las prostitutas«, vgl. der Artikel »Dinastías incrustadas por el viente de Isabel de Borbón« El Centinela del Pueblo, 23.7.1868, zitiert in: Charnon-Deutsch 2000, S. 112.
79 Aquarell Nr. 93 [die Nummerierung entspricht derjenigen, welche die Künstler vorgenommen und auf ihren Werken hinterlassen haben; sie geht bis Nr. 107. Offenbar sind in der Sammlung einige Zeichnungen verloren gegangen], abgedruckt in SEM 1991, S. 371.
80 Zum geflügelten Phallus als Hinweis auf ein Bordell, vgl. Weeber 2005, S. 39.

bella dadurch dem Triebhaften ungezügelter Natur zu, wodurch verbreitete Topoi des europäischen Genderdiskurses des 19. Jahrhunderts reproduziert wurden.[81] Dadurch, dass auf den Bildern die königlichen Insignien zu erkennen sind, die durch das sexuelle Verhalten als entwürdigt dargestellt werden, ist der Diskurs keiner ausschließlich um das normgerechte emotionale und sexuelle Verhalten von Frauen, sondern auch einer um die Monarchie. »When royal bodies become the focus of such interest«, diagnostizierte Lynn Hunt, »we can be sure that something is at issue in the larger body politic«.[82] Insofern sind die Aquarelle der Brüder Béquer aussagekräftig, auch wenn über ihren Verbreitungsgrad kurz nach der Entstehung nur spekuliert werden kann – wobei ähnliche Abbildungen und prosaische Beschreibungen damals zu Hauf kursierten.[83] Durchgängig zeichneten sie eine Monarchin, die sittlich-moralisch-emotional das für schicklich Gehaltene weit hinter sich gelassen hatte. Wer sich aber – so insinuierten die Karikaturen – wahllos den Untertanen als Geschlechtspartnerin anbot, konnte nicht mehr als »Mutter« verehrt werden.[84] So wie Gefühle noch heute als »gleichsam authentische Signifikanten einer Person« gelten und daher vermeintlich erlauben, auf den »wahren« Charakter rückzuschließen,[85] galt der Charakter des Monarchen damals zugleich als Ausdruck des Zustandes der Nation. Damit hatte der Diskurs schließlich einen erklärenden Charakter innerhalb des Niedergangsnarrativs der spanischen Nation: Wenn es so um die Königin bestellt war, hatte es mit der spanischen Monarchie auch nur bergab gehen können.[86] Darüber hinaus wirkte diese Deskription jedoch performativ, indem sie durch die Darstellung des Prestigeverlustes diesen massiv beschleunigte. Eine Königin, deren Wahrnehmung als »Prostituierte« im Bürgertum hegemonialen Status erlangte, war nicht länger haltbar. Zu guter Letzt kam diesem Diskurs insofern eine ebenso mobilisierende wie legitimierende Funktion zu, als er über die Skandalisierung des Verhaltens Isabellas den Beziehungsbruch rechtfertigte, der mit dem Sturz 1868 vollzogen wurde.

Zusammenfassend sei festgehalten, dass die geschlechtliche Identität für die Wahrnehmung Isabellas von zentraler Bedeutung war. Dass sie die – gemessen am vorherrschenden bürgerlichen Familien-, Ehe- und Sexualitätsleitbild zum einen und den Erwartungen an eine konstitutionelle Monarchin zum anderen –

---

81 Zur Zuordnung von Frauen zur Natur und Pflanzenwelt, vgl. u. a. Charnon-Deutsch 2000, S. 15 ff.
82 Hunt 1991, S. 108.
83 Siehe u. a. Burdiel 2011, S. 793.
84 Entsprechend dichtete Manuel del Palacio in der Satirezeitschrift Gil Blas am 8. 10. 1868: »De los españoles madre/la llamaron con placer,/mas – fue su madre? – No padre/fue tan sólo su mujer.«
85 Siehe Frevert 2009, S. 186 f.
86 Zum Niedergangsnarrativ in Spanien vgl. u. a. das Kapitel »The Myth of Perpetual Decline«, in: Kamen 2008, S. 172–205.

»falschen« Emotionen repräsentierte, machte sie schließlich untragbar. Das Stigma »Heredero aunque hembra« wurde Isabella nicht mehr los. Dabei will retrospektiv bezeichnend scheinen, dass der zoologische Begriff, der ihr zur Geburt zugewiesen wurde, sich am Ende in Diskursen niederschlug, die sie über die Zuschreibung zügelloser Triebhaftigkeit in den Bereich des Animalischen verwiesen. Indem sie aber als Signifikant, als zeichenhafter Ausdruck der Monarchie betrachtet wurde, führte die öffentliche Festschreibung des Bildnisses als »ilustre prostituta« zwangsläufig zur Diskreditierung der Regierungsform. Eine entehrte Königin entehrte die Monarchie. Isabella und ihr Hof galten nunmehr als Symbol für das ehrlose Spanien: »España sin honra«.[87] Und mit dem Manifest »España con honra« brachten die putschenden Generäle im September 1868 auf den Punkt, inwiefern sie sich von Isabella absetzen wollten.[88] Scham sollte durch Stolz ersetzt werden; dafür bedurfte es des Sturzes der beschämenden Monarchin. Die negativen Gefühle, die mit Isabella verbunden wurden, waren die emotionale Legitimationsressource der jetzigen Putschisten, von deren Wirksamkeit sie schon deshalb ausgehen konnten, weil dieses Wahrnehmungsmuster seit langer Zeit in der spanischen Gesellschaft angelegt war und weil die führenden Generäle wie Serrano oder Olózaga von der Berechtigung dieser Wahrnehmung wegen der eigenen Gefühlserfahrungen vollständig überzeugt gewesen sein dürften.

So kommt den Emotionen bei der Erklärung des Niedergangs der isabellinischen Monarchie insgesamt eine entscheidende Bedeutung bei. Sie manifestierten sich in Praktiken, die zum Objekt von Diskursen wurden, welche auf die Wahrnehmungen anderer Kreise zurückwirkten. Die Intensität der Bemühungen, über die Gefühle Isabellas und die Gefühle der Bevölkerung gegenüber Isabella Politik zu betreiben, berechtigt die Kennzeichnung dieser Politik als »Emotionspolitik«. Ohne angemessene Berücksichtigung des komplexen Zusammenspiels all dieser Ebenen, auf denen Emotionen wirksam wurden, bleibt die Geschichte der spanischen Monarchie im 19. Jahrhundert im Allgemeinen und der Niedergang der isabellinischen Herrschaft im Besonderen jedenfalls weitgehend unverständlich.

---

87 »Somos la *España sin honra*«, ließ Pérez Galdos diejenigen Protagonisten seines um Isabellas Sturz kreisenden Epiosodio Nacional ausrufen, die mit der Königin ins Ausland gingen, vgl. Pérez Galdós 1970, S. 781. »España sin honra« betitelte Isabel Burdiel ihr letztes Kapitel über die »Agonie« der Königsherrschaft Isabellas 1866–1868.
88 Zum Manifest »España con honra« der putschenden Militärs, vgl. Burdiel 2011, S. 808.

Quellen

Bagehot, Walter: Die englische Verfassung (hrsg. von Klaus Streifthau), Berlin 1971.
Caballero, Fermín, in: *Eco del Comercio* 30.7.1836.
Pérez Galdós, Benito: »La Reina Isabel«, in: Pérez Galdós, Benito: Obras Completas (hrsg. von Federico Carlos Sainz de Robles), Bd. 6, Madrid 1951, S. 1414–1420.
SEM: Los borbones en pelota [Valeriano Béquer und Gustavo Adolfo Béquer] (hrsg. von Robert Pageard / Lee Fontanella / María Dolores Cabra Loredo), Madrid 1991.
Victoria, Queen of Great Britain: The Letters of Queen Victoria. A Selection from Her Majesty's Correspondence between the Years 1837 and 1861 (hrsg. von Arthur C. Benson / Viscount Esher), 2. Bd., London 1911.

Literatur

Alfing, Sabine: »Weibliche Lebenswelten und die Normen der Ehre«, in: Alfing, Sabine / Schwedensack, Christine (Hg.): Frauenalltag im frühneuzeitlichen Münster, Bielefeld 1993, S. 17–185.
Baumgart, Winfried: Europäisches Konzert und nationale Bewegung. Internationale Beziehungen 1830–1878 (Handbuch der Geschichte der Internationalen Beziehungen), Bd. 6, Paderborn 1999.
Bell, Duncan: »The Idea of a Patriot Queen? The Monarchy, the Constitution, and the Iconographic Order of Greater Britain, 1860–1900«, in: *The Journal of Imperial and Commonwealth History* (34 / 1) 2006, S. 3–21.
Burdiel, Isabel: »Isabel II: un perfil inacabado«, in: Burdiel, Isabel (Hg.): La política en el reinado de Isabel II, Madrid 1998, S. 187–216.
Burdiel, Isabel: Isabel II. No se puede reinar inocentemente, Madrid 2004a.
Burdiel, Isabel: »The Queen, the Woman and the Middle Class. The Symbolic Failure of Isabel II of Spain«, in: *Social History* (29) 2004b, S. 301–319.
Burdiel, Isabel: Isabel II. Una biografía (1830–1904), Madrid 2011 [2010].
Cannadine, David: »From Biography to History. Writing the Modern British Monarchy«, in: *Historical Research* (77) 2004, S. 289–312.
Cárcel Ortí, Vicente: Historia de la Iglesia en la España contemporánea (siglos XIX y XX), Madrid 2002.
Charnon-Deutsch, Lou: Fictions of the Feminine in the Nineteenth-Century Spanish Press, Pennsylvania 2000.
Feuchtwanger, Edgar: Englands deutsches Königshaus. Von Coburg nach Windsor, Berlin 2010.
Frevert, Ute: »Gefühle definieren. Begriffe und Debatten aus drei Jahrhunderten«, in: Frevert, Ute [u. a.] (Hg.): Gefühlswissen. Eine lexikalische Spurensuche in der Moderne, Frankfurt a. M. [u. a.] 2011, S. 9–39.
Frevert, Ute: »Was haben Gefühle in der Geschichte zu suchen?«, in: *Geschichte und Gesellschaft* (35) 2009, S. 183–208.
Geisthövel, Alexa: »Den Monarchen im Blick. Wilhelm I. in der illustrierten Familien-

presse«, in: Knoch, Habbo / Morat, Daniel (Hg.): Kommunikation als Beobachtung. Medienwandel und Gesellschaftsbilder 1880–1960, München 2003, S. 59–80.

Geisthövel, Alexa: »Wilhelm I. am ›historischen Eckfenster‹. Zur Sichtbarkeit des Monarchen in der zweiten Hälfte des 19. Jahrhunderts«, in: Andres, Jan / Geisthövel, Alexa / Schwengelbeck, Matthias (Hg.): Die Sinnlichkeit der Macht. Herrschaft und Repräsentation seit der Frühen Neuzeit, Frankfurt a. M. 2005, S. 163–185.

Herrero y Rodríguez de Miñón, Miguel: »El significado constitucional del reinado de Isabel II«, in: Herrero y Rodríguez de Miñón, Miguel / Velarde Fuertes, Juan (Hg.): Isabel II. Conmemoración del primer centenario de su fallecimiento, Madrid 2004, S. 17–34.

Hitzer, Bettina: »Emotionsgeschichte – ein Anfang mit Folgen«, in: H-Soz-u-Kult, 23. 11. 2011, verfügbar unter: http://hsozkult.geschichte.hu-berlin.de/forum/2011–11–001 [12. 06. 2012].

Homans, Margaret: »›To the Queen's Private Apartements‹. Royal Family Portraiture and the Construction of Victoria's Sovereign Obedience«, in: *Victorian Studies* (37) 1993, S. 1–40.

Hunt, Lynn: Eroticism and the Body Politic, Baltimore / London 1991.

Jagoe, Catherine: »La misión de la mujer«, in: Jagoe, Catherine / Blanco, Alda / Enríquez de Salamanca, Cristina: La mujer en los discursos de género. Textos y contextos en el siglo XIX, Barcelona 1998, S. 21–53.

Kamen, Henry: »The Myth of Perpetual Decline«, in: Kamen, Henry: Imagining Spain. Historical Myths & National Identity, New Haven / London 2008, S. 172–205.

Millán, Jesús: »Una reconsideración del carlismo«, in: Burdiel, Isabel (Hg.): La política en el reinado de Isabel II, Madrid 1998, S. 91–108.

Moreiro, Julián: Españoles excesivos, Madrid 2008.

Orr, Clarissa Campbell: »The Feminization of the Monarchy 1780–1910. Royal Masculinity and Female Empowerment«, in: Olechnowicz, Andrzej (Hg.): The Monarchy and the British Nation, 1780 to the Present, Cambridge 2007, S. 76–107.

Pageard, Robert: Reflexiones sobre las acuarelas secretas de SEM, in: Pageard, Robert / Fontanella, Lee / Cabra Loredo, Maria Dolores: Los Borbones en pelota, Madrid 1991, S. 17–20.

Pérez Galdós, Benito: »La de los tristes destinos«, in: Pérez Galdós, Benito: Obras completas, Episodios Nacionales, Bd. 3, Madrid 1970, S. 655–781.

Reddy, William: The Navigation of Feeling. A Framework for the History of Emotions, Cambridge 2001.

Reddy, William: Emotional Styles and Modern Forms of Life, in: Karafyllis, Nicole / Ulshöfer, Gotlind (Hg.): Sexualized Brains, Cambridge, Mass. 2008, S. 81–100.

Riego, Bernardo: »Imágenes fotográficas y estrategias de opinión pública: los viajes de la Reina Isabel II por España (1858–1866)«, in: *Reales Sitios – Madrid* (36 / 139) 1999, S. 2–15.

Romeo Mateo, María Cruz: »Lenguaje y política del nuevo liberalism. Moderados y progresistas, 1834–1845«, in: Burdiel, Isabel (Hg.): La política en el reinado de Isabel II., Madrid 1998, S. 37–62.

Sánchez Jiménez, José: La España contemporánea, Madrid 1991.

Santos, Juliá: Un siglo de España. Política y sociedad, Madrid 1999.

Schmidt, Anne: »Gefühle zeigen, Gefühle deuten«, in: Frevert, Ute [u. a.] (Hg.): Gefühlswissen. Eine lexikalische Spurensuche in der Moderne, Frankfurt a. M. [u. a.] 2011, S. 65–92.

Tetzeli von Rosador, Kurt: »Victorias Disziplinierung des Herzen«, in: Tezeli von Rosador, Kurt / Mersmann, Arndt: Victoria. Ein biographisches Lesebuch, München 2001, S. 281–301.

Urbach, Karina: Queen Victoria. Eine Biografie, München 2011.

Vilches, Jorge: Isabel II. Imágenes de una reina, Madrid 2007.

Weeber, Karl-Wilhelm: »Hier wohnt das Glück«, in: *Abenteuer Archäologie* (1) 2005, S. 35–39, verfügbar unter: www.wissenschaft-online.de/artikel/834419 [12.06.2012].

Birgit Sauer

»Bringing emotions back in.«[1]
Gefühle als Regierungstechnik: Geschlechter- und demokratietheoretische Überlegungen

1. Aktuelle Debatten um das Verhältnis von Politik, Demokratie und Emotionen. Einleitung

In Westeuropa – und vor allem in Deutschland als Folge manipulativ-emotionaler politischer Inszenierungen im Nationalsozialismus – gilt die Trennung von Politik und Gefühlen als normative Voraussetzung der Demokratie. Weder Entscheidungen staatlicher Akteure noch die Wahlentscheidung der BürgerInnen sollten emotionsgeleitet sein, sondern vielmehr rational gefällt werden. Staatliche AkteurInnen haben sich am Gemeinwohl, die WählerInnen an der Realisierung der eigenen Interessen durch die Partei der Wahl zu orientieren. Vor allem aber sollen politische Entscheidungen auf Information und Informiertheit, also auf Wissen basieren. Wissen und Emotionen etablierten sich in der Politik wie auch in den (Sozial-)Wissenschaften in der Zweiten Hälfte des 20. Jahrhunderts freilich als nicht-vereinbare Gegensätze.

Die Geschlechterdifferenz ist in westlich-liberalen Demokratien des 20. Jahrhunderts ein Modus, um diese Grenze zwischen Politik und Gefühl, zwischen Wissen und Emotion, nicht nur sichtbar zu machen, sondern sie auch aufrecht zu erhalten. Ganz wie seit der Frühzeit der politischen Moderne soll bzw. muss die Trennung von Körper und Geist, von Gefühl und Vernunft durch Frauen repräsentiert, ja sogar verkörpert werden. Frauen galten und gelten als emotional und deshalb als nicht für die Politik geeignet; lange Zeit wurde ihnen nachgesagt, schlechtere Demokratinnen zu sein. »Frauen wählen mit dem Bauch«, titelten beispielsweise US-amerikanische Zeitschriften nach der zweiten Wahl Bill Clintons: Frauen hätten den Präsidenten nicht aus rationalen politischen Überlegungen gewählt, sondern als einen sexuell attraktiven Mann. Auch Politiker*innen* wird stärkere Leidenschaftlichkeit und deshalb eine geringere

---

1 Die Überschrift spielt auf den Band »Bringing the State Back in« von Peter Evans (1985) an.

Distanziertheit im Politikgeschäft als Makel unterstellt, denn ihnen fehle dadurch der gewisse Antrieb zur Macht.

Allerdings scheint die Trennung zwischen demokratischer Politik und Gefühlen im politischen Alltag am Beginn des neuen Jahrtausends zunehmend suspendiert zu werden (Bargetz / Sauer 2010). Die gegenwärtige Form der »Mediokratie« (Meyer 2001) ist geradezu geprägt durch die Grenzüberschreitung zwischen einerseits Politik als rationaler, wissensbegründeter Handlungsform staatlicher AkteurInnen sowie andererseits Politik als Leidenschaft und Engagement. So leben die Medien in ihren politischen Segmenten seit geraumer Zeit von einer Kombination aus Gefühl und Politik, und auch Politiker greifen immer häufiger auf Gefühle als Legitimationsbasis und als Ressource von Identitätspolitik zurück. Sachbezogene Argumentation wird in den kurzen Medienbites zunehmend unattraktiv, denn wer als Politiker glaubwürdig sein will, muss Betroffenheit oder privat-familiäre Empathie als Ausweis von Authentizität demonstrieren. War also das politisch-staatliche Feld in Westeuropa bis in die 1990er Jahre emotional restriktiv geordnet und waren nur gewisse Emotionen an bestimmten Orten bzw. zu bestimmten Zeiten zugelassen, so wird nun die Veröffentlichung von vormals als privat oder intim erachteten Details von Politikern, eben auch die öffentliche Demonstration von Emotionen, im Zeitalter der Personalisierung von Politik geradezu erwartet. Andreas Dörner hat dies treffend als »Politainment« bezeichnet (Dörner 2001).

Allerdings trifft dies nach wie vor insbesondere auf Politiker und nicht auf Politiker*innen* zu. Für Frauen ist die Ressource Emotion nach wie vor prekär, und sie müssen sich im Unterschied zu Politikern eher emotionslos geben. So war Angela Merkel nach ihren Wahlsiegen und selbst gegenüber einem unflätigen Gerhard Schröder in der so genannten Elefantenrunde immer bemüht, keine Emotionen zu zeigen. Auch Hillary Clintons Gefühlsleben als Außenministerin war immer wieder Medienthema, sei es, dass ihr Emotionslosigkeit vorgehalten wurde, sei es, dass ihr unterstellt wurde, ihre Tränen medial inszeniert zu haben.

Die Emotionalisierung von Politik erfolgt besonders in Wahlkämpfen, sind diese doch schon immer Hochzeiten leidenschaftlichen politischen Agierens, in denen mit stets neuen Mitteln und Techniken eine potenzielle WählerInnenschaft mobilisiert werden soll, um so die eigenen Stimmen – vor allem durch Stimmung – zu maximieren. Gefühle gelten als zentrale Ingredienzien von Wahlkampagnen – eine Binsenwahrheit, die die politikwissenschaftliche Wahlforschung aber erst allmählich zur Kenntnis nimmt (Hofinger 2011). Die Anrufung von »Hoffnung« Barack Obamas im Wahlkampfjahr 2008 war ein solches Spiel mit Gefühlen als Scheck auf die Zukunft – und er war damit erfolgreich. Bereits Max Weber postulierte in seinem Vortrag »Politik als Beruf« aus dem Jahr 1919, dass politische Mobilisierung und politisches Engagement

An-Trieb und Motivation brauche, also »Parteinahme, Kampf, Leidenschaft – ira et studium« (Weber 1993, S. 32).

Doch die derzeitige gesteigerte Aufmerksamkeit und Sichtbarkeit von Emotionen in der Politik kennt weitere Beispiele: Im Sommer 2011 zierte ein Neon-Kunstwerk von Tracey Emin mit dem kirschroten Schriftzug »More passion« den britischen Regierungssitz in der Londoner Downing Street – in Auftrag gegeben vom britischen Ministerpräsidenten David Cameron und dem Führer des liberal-demokratischen Koalitionspartner, Nick Clegg. In Deutschland fand die Kombination von Politik und Gefühl ihren – für Deutschland typisch ambivalenten – Ausdruck im vieldeutigen Begriff des »Wutbürgers«. Als pejorativer Begriff fand er Eingang in die mediale Debatte durch ein *Spiegel*-Essay von Dirk Kurbjuweit über die BürgerInnen-Proteste gegen den Stuttgarter Bahnhof im Herbst 2010. Wutbürger, der Begriff wurde von der Gesellschaft für deutsche Sprache zum Wort des Jahres 2010 gekürt, bezeichnet, so auch Gerhard Matzig (2011), eine bürgerliche Mitte, die ihre Contenance verloren habe und nun ihren Gefühlen freien Lauf lasse, ohne Rücksicht auf den Schaden, den das Allgemeinwohl durch diese Untemperiertheit nehme. Der Vorwurf »Wut ist ein Vorrecht von Kindern und Fußballfans«[2] (Matzig 2011, S. 25) nimmt die Spaltung in Vernunft und Gefühl, in Politik und Privatheit bzw. Freizeit wieder auf.

Allerdings zeigen emotionale politische Mobilisierungsstrategien in europäischen Demokratien seit den 1990er Jahren in der Tat bedrohliche Seiten: Ein populistischer und nationalistischer Gefühlsdiskurs hielt Einzug in politische Auseinandersetzungen vieler europäischer Staaten, ein Diskurs, der zum einen aus dem Deutungsmuster der »Natürlichkeit des Volkes«, also »denen da unten«, und der Verhärtung und Kälte der politischen Klasse, »denen da oben«, politisches Kapital schlagen will. Zum anderen soll durch die Zeichnung von Bedrohungsszenarien Angst gegenüber »Anderen«, vornehmlich gegenüber muslimischen MigrantInnen, mobilisiert werden (vgl. Ahmed 2004, S. 71 ff.). Populistische Emotionspolitik kreiert das Phantasma der nicht-integrationswilligen und nicht integrierbaren Anderen, und auch dies wieder »dargestellt« durch Frauen, nämlich durch verhüllte muslimische Frauen. Mit diesem populistischen Deutungsmuster ist die Figur des Retters, eines starken Führers also, verbunden.

Diese ambivalenten Befunde über Gefühle im politischen Feld sind von einer intensivierten wissenschaftlichen Rede über Gefühle begleitet: In den vergangenen zehn Jahren wurde zunächst durch Hirnforschung und Neurowissenschaft eine Gefühlsdebatte (z. B. Damasio 2004), ein »emotional« oder »affective turn« (Clough 2007), angestoßen, der dem Thema Gefühl zu neuer, auch medialer Publizität und Wichtigkeit verhalf. Auch die Wirtschaftswissenschaften

---

2 Früher hätte ein Essayist vermutlich vom »Vorrecht von Frauen« geschrieben.

trieben die Bedeutung von Emotionen, nicht zuletzt im Kontext der Finanzkrise, diskursiv voran (vgl. Frey 2008). Kurzum: Wir sind derzeit mit einer neuartigen politischen, öffentlichen und wissenschaftlichen Aufmerksamkeit für Gefühle konfrontiert. Auch die politikwissenschaftliche Gefühlsstarre in der Bundesrepublik Deutschland der Nachkriegsjahre scheint sich aufzulösen. Politikwissenschaft und Politische Theorie reflektieren den neuen Gefühlsdiskurs in der Ambivalenz von einerseits Destruktivität von Emotionen für demokratische Politik, also der Skepsis gegenüber Emotionen in der Politik, wie die Diskussionen um den Wutbürger zeigen. Andererseits bildet sich auch eine Debatte über die Produktivität von Gefühlen heraus, also über ihre Wichtigkeit für politische Mobilisierung und für politisches Engagement und somit für eine Revitalisierung der repräsentativen Demokratie (vgl. u. a. Flam 2002; Klein / Nullmeier 1999; Marcus 2002; Nussbaum 1996, 2001; Rancière 1995; Sauer 1999). Auch und gerade emanzipative Politik gründet, so beispielsweise das Argument von Chantal Mouffe (2002), in Leidenschaften als Ressource.

Der neue feministische Gefühlsdiskurs brachte den Körper in die politische und politiktheoretische Debatte zurück. Gefühle, so Sara Ahmed, werden verkörpert, sie werden im und durch den Körper gespürt (Ahmed 2004, S. 15). Doch weder Gefühle noch menschliche Körper sind natürlich gegeben. Vielmehr, so auch Ahmed, wird anhand politisch produzierter Gefühle wie Angst vor den Anderen deutlich, wie Machtverhältnisse Körper formen und beeinflussen. Gefühle, so Ahmed, öffnen den menschlichen Körper gegenüber anderen Menschen, wie auch gegenüber machtvollen sozialen und politischen Verhältnissen (ebd.). Umgekehrt gilt dann, dass die Analyse von Gefühlen immer auch Macht- und Herrschaftsanalyse ist.

Wie also ist die Rolle von Emotionen im politischen Geschehen in diesem Spannungsfeld einzuschätzen? Welche Funktionen können und sollen Emotionen im Kontext demokratischer Politik übernehmen? Und welche Bedeutung haben Geschlechterdifferenz bzw. Geschlechterverhältnisse in diesem Politik- und-Gefühl-Arrangement? Um die generelle Frage nach der Produktivität oder Destruktivität von Gefühlen in der Demokratie, beispielsweise im Wahlverhalten, aber auch bei der politischen Mobilisierung und in politischen Entscheidungsprozessen, beantworten zu können, muss, so meine Ausgangsüberlegung, der *emotional turn* in der Politik- und Demokratie- wie auch in der Geschlechterdebatte im Kontext aktueller Transformationen von Staat, Politik und kapitalistischer Gesellschaft verortet werden. Die neuen Debatten über das Verhältnis von Politik und Gefühl gehen nämlich mit fundamentalen Veränderungen von Demokratie und Politik in den vergangenen zwanzig Jahren einher, die mit dem Schlagwort »Postdemokratie« (Rancière 2002; Crouch 2004) auf den Begriff gebracht wurden: Vertrauensverlust in demokratische Institutionen und in politische RepräsentantInnen, sinkende Wahlbeteiligung, wachsende Unzufriedenheit mit der Performanz demokratischer Institutionen, Erosion sozialstaatlicher Sicherheit und Entsolidarisierung, die viel beklagte Politik- bzw. Parteienverdrossenheit also, die eine Legitimationskrise repräsentativer Demokratie zur Folge hat. Doch auch der Bedeutungs- und Gestaltungsverlust von Staaten gegenüber der Ökonomie im Rahmen einer neoliberalen Neuordnung des Verhältnisses von Markt und Staat sind Kennzeichen einer Repräsentationskrise liberaler Demokratien und bilden den Kontext des politischen Emotionsdiskurses.

Ich möchte im Folgenden die These plausibilisieren, dass die mediale, politische und wissenschaftliche Aufmerksamkeit für Emotionen ein Symptom und zugleich Motor der aktuellen Transformationen von Politik und Demokratie in westlich-kapitalistischen Gesellschaften ist. Der neue Gefühlsdiskurs soll das Verhältnis von Demokratie und Gefühl, ja soll die Bedeutung von Gefühlen für die politische Positionierung, aber auch für das Leben und Arbeiten von Menschen neu formatieren. Der neue Gefühlsdiskurs ist Ausdruck und zugleich Movens in einem neuartigen Prozess der Herstellung von politischen Subjekten im Neoliberalismus, neuer Vorstellungen von *citizenship*, von politischen und sozialen Rechten, also des Verhältnisses von BürgerInnen und Staat. Der Gefühlsdiskurs – verstanden im Foucault'schen Sinne als Rede über Gefühle, als Praxis von Gefühlen sowie als institutionelle Gefühlsarrangements – trägt dazu bei, dass staatsbürgerliche Rechte neu begründet und mithin BürgerInnen in der Demokratie neu situiert werden. In neoliberalen Subjektivierungsformen werden Gefühle Teil neuer Techniken der »Führung« bzw. der »Regierung« von Menschen (Foucault 2000). Der Gefühlsdiskurs institutionalisiert also neue Machttechniken in den Menschen, nämlich die Unterwerfung unter neue Formen und Erfordernisse der Organisation des Lebens, Zusammenlebens und Arbeitens – also von Staat und Politik – unter neoliberalen Bedingungen. Geschlechterverhältnisse sind eine zentrale Dimension dieser Re-Organisation von Politik und *citizenship* im Rahmen eines neuen Gefühlsdispositivs. Vergeschlechtlichte Körper sind Marker, die dieses Herrschaftsverhältnis im Gefühlsmodus dar- und herstellen.

Neben dieser herrschaftskritischen Perspektive will der Text auch auf die Bedeutung von Gefühlen für politische Partizipation, für Engagement und Solidarität, auf das positive, ermunternde und solidarisierende Potenzial von Gefühlen also, hinweisen. Gefühle sind nicht nur eine gekidnappte und instrumentalisierte Ressource und somit ein Modus herrschaftlicher Unterwerfung, sie sind vielmehr auch ein notwendiges Element des Politischen im Sinne Hannah Arendts – nämlich gemeinsam etwas zu beginnen.

Um meinen Argumentationszusammenhang zu explizieren, werde ich *zunächst* eine kurze Geschichte des Regierens von Gefühl und Geschlecht in der bürgerlichen politischen Moderne skizzieren, um die liberalen Dichotomien im

Dreiecksverhältnis von Gefühl – Geschlecht – Politik, also das, was ich als modernes, vergeschlechtlichtes Gefühlsdispositiv bezeichne (Sauer 1999), herauszuarbeiten. *Anschließend* werde ich die aktuellen Transformation dieses bürgerlich-liberalen Dispositivs in eine neoliberale Gefühlstechnologie, eine emotionale Gouvernementalität unter einer Geschlechterperspektive darstellen und *abschließend* demokratietheoretische Implikationen erläutern: Wie können Emotionen als Teil demokratischen Handelns konzeptualisiert werden, ohne hetzerischen Mobilisierungskampagnen, ohne einer Politik der Stimmungsmache, der Angst und der Ausgrenzung in die Hände zu arbeiten?

2. »Politik wird mit dem Kopfe gemacht«. Zum Verhältnis von Gefühl, Geschlecht und Politik als Teil einer liberalen Regierungsrationalität

Gefühle sind nicht natürlich, sondern sie sind politisch-kulturelle, d.h. symbolisch kodierte und gesellschaftlich konstruierte Wahrnehmungs- und Handlungsmuster. Sie sind als das Ergebnis eines historisch spezifischen Deutungs- und Definitionsprozesses von körperlichen Erfahrungen zu fassen (vgl. Kochinka 2004). Normen und soziale Verhältnisse lassen Affekte und körperlich spürbare Gefühle entstehen und machen diese überhaupt erst intelligibel (vgl. de Sousa 1997). Gefühle sind – so möchte ich in Analogie zu Foucaults Sexualitätsdispositiv formulieren (Foucault 1983) – die Bezeichnung für ein historisches Dispositiv (Sauer 1999). Das Gefühlsdispositiv prägt die innere Logik von Praxen, Normen, Institutionen und Symbolen und stellt damit individuelle Motivationen unter die Kontrolle von Institutionen, nämlich von emotionalen Institutionen. Dies entspricht Foucaults Definition der Leistung eines Dispositivs. Es gibt also keine vordiskursive Logik des Zusammenhangs von Politik, Geschlecht und Emotionalität; vielmehr ist die Ordnung von Gefühl und Politik sowie von Geschlecht und Gefühl im politischen Raum Element einer historisch entstandenen »Politik der Gefühle« (ebd.).

In der politischen Moderne werden Gefühl und Rationalität als gegensätzliche Erfahrungs-, Wahrnehmungs- und Handlungsmodi begriffen. Das moderne Gefühlsdispositiv gründet im selben Trennungsdispositiv wie die Scheidung von Privatheit und Politik. Diese werden im Modus von Gefühlen als dichotome gesellschaftliche Sphären konzeptualisiert: Während in der Privatheit der vernunftbegabten Individuen Gefühle erlaubt bzw. unvermeidlich sind, gelten sie in der Sphäre der Öffentlichkeit und staatlichen Handelns als unerwünscht. In derselben Denk- und Argumentationsbewegung wurden auch die Geschlechter polarisiert und hierarchisiert: Gefühlsvorstellungen sind in der politischen

Moderne deshalb auch immer Geschlechtervorstellungen (vgl. Lutz 1996; van Treek 2004). Oder anders gesagt: Gefühle und Geschlecht markieren die modernen Grenzziehungen, die die gesellschaftlichen Widersprüche der kapitalistischen Vergesellschaftung prozedieren sollen, damit der Markt funktionieren kann. In der politischen Moderne wird darüber hinaus auch von Körperlichkeit abstrahiert und zugleich wird der weibliche Körper als gefühlvoll konstruiert. Er wird so zum Schlachtfeld moderner Grenzziehungen und Abgrenzungen.

»Politik wird mit dem Kopfe gemacht, nicht mit anderen Teilen des Körpers oder der Seele.« (Weber 1993, S. 62 f.). So formulierte Max Weber im bereits erwähnten Vortrag »Politik als Beruf« das Verhältnis von Politik, Vernunft und Gefühl. Staatlich-bürokratisches Handeln sollte rational, transparent und nachvollziehbar sein, es sollte vor allem jenseits von individuellen Interessen und subjektiven Beweggründen funktionieren (Barbalet 2008), also auch ohne jegliches emotionale Involviertsein:

> »(S)ine ira et studio, ohne Haß und Leidenschaft, daher ohne ›Liebe‹ und ›Enthusiasmus‹, unter dem Druck schlichter Pflichtbegriffe; ›ohne Ansehen der Person‹, formal gleich für ›jedermann‹, d. h. für jeden in gleicher faktischer Lage befindlichen Interessenten, waltet der ideale Beamte seines Amtes.« (Weber 1980, S. 129).

Staatliche Rationalität bedeutet für Weber Zweckmäßigkeit, Sachlichkeit, Interesselosigkeit und deshalb notwendig Emotionslosigkeit im Sinne von Nicht-Involviertsein. Weber definierte Rationalität vor allem als einen Handlungsmodus *moderner* Staatlichkeit im Unterschied zur »Leidenschaft« adliger Herrschaft (Weber 1993, S. 13 ff.). Mit diesem Rationalitätsideal hat das Weber'sche Bürokratiemodell freilich auch starke Geschlechterpolarisierungen eingeführt (Rastetter 1994, S. 90), nämlich die Ent-Emotionalisierung von Staat und Männern, den Trägern des Staates, und die Hyper-Emotionalisierung von Frauen (Bologh 1990), die daher aus dem rationalen Anstaltsbetrieb Staat notgedrungen ausgeschlossen bleiben mussten. Man muss bemerken, dass Weber dies zu einer Zeit postulierte, in der Frauen in Deutschland gerade das Wahlrecht erhalten hatten, und zwar nach jahrzehntelangen Kämpfen der Frauenbewegung, der auch Webers Frau Marianne angehörte, für die Integration von Frauen in den Staat.

Allerdings sind die Bereiche Staat und Politik in Webers Konzept stets doppelt, ja vielmehr widersprüchlich konstruiert: Weber konzeptualisierte nämlich im Unterschied zum Staatshandeln die »Politik« – also in seinen Worten den »Kampf um Macht« – als durchaus gefühlvolles Unterfangen: Politik, so Weber, ist »Kampf« und »Leidenschaft«, »ira et studio« (Weber 1993, S. 32). Den wahren Politiker zeichne die Qualität aus, »heiße Leidenschaft und kühles Augenmaß miteinander in derselben Seele« zusammen zu zwingen (ebd., S. 61). Webers feiner Schnitt durch das Gefühlsleben der Politikerperson – hie emotionsloser

Staatsdiener, dort leidenschaftlicher Politiker – korrespondiert freilich mit einem groben Schnitt durch die Geschlechter. Solche charakterliche Stärke besitzen vornehmlich Männer: Politik ist »Ritterlichkeit« (ebd., S. 67) und »alter Weiber Art« entgegengesetzt (ebd., S. 66). Beide Dimensionen moderner Politik – staatliche Verwaltung und politisch-parteiliches Engagement – bleiben also männlich und zugleich gefühlsökonomisch höchst widersprüchlich kodiert.

Diese Weber'sche Anatomie des politischen Körpers bringt am Beginn des 20. Jahrhunderts den Kern des bürgerlich-liberalen Gefühlsdispositivs mit den folgenden zentralen Dimensionen auf den Punkt: *erstens* die Binarisierung von Gefühl und Vernunft, *zweitens* die Verinnerlichung und Vernatürlichung von Emotionen sowie *drittens* die Codierung von Emotionen nach dem Geschlecht, d. h. die Zuschreibung von weiblicher Emotionalität und männlicher Vernunft qua Natur. Und dieses Gefühlsdispositiv prägt das politische Feld wie auch die Wissenschaft von der Politik bis heute (Bargetz / Sauer 2010).

Dieses bürgerlich-liberale Gefühls- und Geschlechterdispositiv bildet sich über eine lange Zeit heraus, seit der Formierung und Durchsetzung des bürgerlichen Staates, der kapitalistischen Gesellschaft und der Konstitution der bürgerlichen Klasse im 18. Jahrhundert (vgl. Foucault 1983, S. 130 f.; Illouz 2006). Die Individualisierung der bürgerlichen Gesellschaft basierte auf der Emotionalisierung der Menschen und zugleich auf der Verinnerlichung und Privatisierung von Gefühlen. Die Kultivierung eines inneren Gefühlslebens geht also einher mit der Zivilisierung bzw. Domestizierung der Leidenschaften (Elias 1978). Der männliche Bourgeois wie auch der Citoyen sind durch eine Trennung ihrer Person in ein öffentliches, rationales, marktorientiertes und in ein privates, expressives, intimes und emotionales Wesen gekennzeichnet.

Entscheidend ist im Prozess der Entstehung der bürgerlichen Gesellschaft, dass *Interessen* im Gegensatz zu traditionellen *Normen* und *Leidenschaften* zentrale Vergesellschaftungsmechanismen und Handlungsorientierungen wurden. Albert O. Hirschman (1977) arbeitete heraus, dass der Staat in der bürgerlichen Gesellschaft frei von Gefühlen zu sein hatte, um die Interessenrealisierung in der Sphäre der Ökonomie organisieren zu können. Oder besser: Der Kapitalisierungs- und Rationalisierungsprozess konnte nur ganz bestimmte Emotionen und Leidenschaften gebrauchen – nämlich solche, die die kapitalistische Entwicklung beförderten wie Gier (Neckel 2011), Habsucht oder Gewinnsucht. Diese wurden zu vorteilhaften und notwendigen »Interessen« umgedeutet, während andere Leidenschaften – wie Liebe und sexuelles Begehren – aus diesem Prozess ausgeschlossen bleiben sollten und zur stets zu disziplinierenden Natur erklärt wurden. Hirschman nennt dies die »wundersame Metamorphose von ›destruktiven‹ Leidenschaften in Tugenden« (Hirschman 1977, S. 33).

Diese Kontrolle von Leidenschaften und ihre Kanalisierung in Interessen ist Teil einer liberalen Regierungstechnik, mit der sich das Bürgertum die Bedingungen seiner Reproduktion schuf. Das Gefühlsdispositiv erlaubte nämlich die leidenschaftslose Regulierung und Realisierung von ökonomischen Interessen in einem eigentlich gefühlsdurchtränkten, nämlich kompetitiv-aggressiven wirtschaftlichen Raum. Der Staat sollte jene neutrale, emotionslose Institution sein, die die Gefühle nicht nur moderiert, sondern moduliert und gegebenenfalls diszipliniert. Die moderne Idee des Gemeinwohls symbolisiert dieses leidenschaftslose Interesse – »sine ira et studio« (Weber 1980, S. 129). Unter dieser interesselosen Neutralität gefühlsfreier Institutionen bleiben die Gefühlsdimensionen, Bedürfnisse und Lüste, aber auch die ökonomischen Interessen verborgen. Sie wurden in die Privatheit verbannt.

Dieser Modus der Steuerung von Gefühlen macht also moderne Staatlichkeit und Gesellschaft überhaupt erst möglich – nicht zuletzt auf der Grundlage von Geschlechtertrennung und geschlechtsspezifischer Arbeitsteilung. Die Unterdrückung bestimmter Gefühle in der öffentlichen Sphäre ist zugleich eine Bedingung ihrer Hervorbringung in der Privatheit sowie ein Mechanismus der Aufrechterhaltung der Sphären- und Geschlechtertrennung. Das Gefühlsdispositiv organisiert also Hierarchie, Unterordnung und Subalternität im politischen Raum und verteilt sie nach Geschlechtern. Gefühle indizieren somit in der liberalen Regierungsrationalität (geschlechtsspezifische) Herrschaftspositionen.

Diese bipolaren Vorstellungen erlauben disziplinierende Zugriffe auf die BürgerInnen, auf ihr politisches Handeln, auf ihre Vorstellungen von Demokratie und Beteiligung. Repräsentative Demokratien sollten nicht zu viel politisches Engagement, nicht zu intensive politische Emotionen zulassen, denn diese könnten zu politischer Destabilisierung führen, so beispielsweise die Väter der Politischen Kulturforschung Almond und Verba in den 1960er Jahren (Almond/Verba 1965). Auch der Topos der demokratieunfähigen oder apolitischen Frau basiert ganz wesentlich auf dem dualen Ratio-Gefühl-Konstrukt: Frauen entsprächen aufgrund ihrer vermeintlichen Emotionalität nicht dem Idealbild des politisch rationalen Aktivbürgers. Sie galten und gelten noch immer als ein unberechenbarer Faktor in der Politik, weil sie – im Unterschied zu Männern – von Gefühlen überwältigt und deshalb leichter manipulierbar seien. Doch auch bürgerlich-liberale Männlichkeit kann in diesem Gefühlsdispositiv in Schach gehalten und diszipliniert werden – als produzierender Arbeiter und Kapitalist, als Bourgeois wie auch als Citoyen. Die Subjektwerdung des bürgerlichen Mannes erfordert nämlich Herrschaft über sich selbst, über seine innere Natur, seine Triebe, Emotionen und sexuelle Lust (vgl. Maihofer 1995, S. 113). Männliche Wut, Aggression und Gewalttätigkeit blieben in der familiären Privatsphäre und teilweise in der Ökonomie erlaubt, dienen sie doch der Hierarchisierung, der Unterordnung und des Ausschlusses – auch zwischen Männern. Im öffentlich-politischen Raum blieben solche Gefühle aber höchstens in regulierter Weise gestattet, z. B. als kriegerische Aggression gegen »Andere« jenseits des eigenen Staates.

Der Effekt einer Ökonomie bzw. Politik der Gefühle (Ahmed 2004, S. 44 ff.) ist also die Affektkontrolle beider Geschlechter als Grundlage männlich-patriarchaler Herrschaft. Die paradoxe Trennung von Politik und Gefühlen, so lässt sich zusammenfassend sagen, ist ein politischer Herrschaftsmechanismus, der politische Handlungsräume begrenzt und es ermöglicht, spezifische Gruppen und deren Interessen aus dem Raum des Politischen zu exkludieren. Die Trennungsnorm ist zugleich aber auch eine Gelegenheitsstruktur für die Tabuisierung oder auch Forcierung bestimmter Gefühle in der Politik. In jedem Fall ist mit diesem Gefühlsdispositiv ein demokratiepolitisch höchst problematischer Herrschaftsmechanismus verbunden. Dieses Dispositiv bildete eine vergleichsweise stabile Gefühlsordnung nach dem Zweiten Weltkrieg, nicht zuletzt stabilisiert durch eine Parteiendemokratie und einen wohlfahrtsstaatlichen Modus sozialer Integration. Beide Faktoren sind heute einem radikalen Wandel unterworfen.

3. Transformation des Politischen im Neoliberalismus und die Herausbildung einer »emotionalen Gouvernementalität«

Im Folgenden möchte ich zeigen, dass bzw. wie der aktuelle Diskurs über Gefühle in der Politik einen Übergang zum »neoliberalen Regieren«, zur »aktiven Gouvernementalität« (Foucault 2004 II, S. 174) von Gefühlen vorbereitet und begleitet. Der neue Gefühlsdiskurs etabliert, so meine These, ein neues Emotionsdispositiv, das die alten Trennlinien zwischen Gefühl und Politik sowie Geschlecht und Politik nicht aufhebt, aber verschiebt. Die im liberalen Gefühlsdispositiv eingeschriebenen Herrschaftsverhältnisse wurden also nicht beseitigt, sondern re-strukturiert.

Der neue Gefühlsdiskurs versucht, eine neue Form der »Führung« und der Regierung von Menschen zu institutionalisieren. Im Anschluss an Michel Foucault möchte ich die neue Form der »Selbstführung« durch Gefühle als »emotionale Gouvernementalität« bezeichnen. Mit dem Konzept der Gouvernementalität verweist Foucault auf den Zusammenhang von Subjektivierung, also der Herausbildung von Individualität und Identität, mit Macht-, Herrschafts- und Unterwerfungsformen (Foucault 2000, S. 50). Gefühle sind Selbstpraktiken der BürgerInnen, sie sind aber auch Machtpraktiken. Staatlichkeit und Politik geraten somit als Dimensionen von Subjektivierungsprozessen, als »führende«, d.h. ermöglichende und nicht nur oder vornehmlich als disziplinierende Agenturen in den Blick, und zwar im Gefühlsmodus.

Welches sind nun die neuen ökonomischen, sozialen und politischen Verhältnisse, die neuen »Produktionsgesten«, die solche neuen hegemonialen Verhältnisse herausfordern und neue Gefühlsverhältnisse produzieren? Die neoliberale politische Konstellation zeichnet sich durch eine »Ökonomisierung der Politik und des Sozialen« aus (Rose 2000), d.h. sie erhebt den Markt zum organisierenden Prinzip von Gesellschaft und Staat, so dass Wirtschaftlichkeit, Effizienz und Rechenbarkeit zu Leitideen politischer Organisation werden. Eine zunehmende Entparlamentarisierung und Informalisierung von Politik verändern das politische Handlungsgefüge ebenso wie der so genannte Globalisierungsdruck, der nationalstaatliche Politikspielräume verengt und die *sozialen* Voraussetzungen politischer Partizipation erodieren lässt. Prozesse der Entsolidarisierung, nicht zuletzt durch den Abbau von sozialstaatlichen Integrationsmechanismen und die Mobilisierung egoistischer Einstellungen, treiben die Sklerotisierung politischen, d.h. gemeinsamen Handelns voran. Politische Entscheidungen werden zunehmend in supranationalen Gremien, in hermetischen »Verhandlungssystemen«, »Politiknetzwerken« und Governance-Runden, in Labors oder in Vorstandsetagen multinationaler Konzerne getroffen. Die dichtere Knüpfung geschlossener Netzwerke aus staatlichen und privaten, d.h. vor allem wirtschaftlichen Organisationen auf nationaler und auf internationaler Ebene impliziert einen Verlust an politisch-öffentlichen Aushandlungsprozessen, dichten sich doch solche Verhandlungssysteme gegenüber anderen AkteurInnen ab. Auf diese Weise werden die BürgerInnen in ihrer Handlungs- und Entscheidungsfähigkeit auf den ritualisierten und vereinsamenden Wahlakt beschränkt und dadurch zum bloßen Publikum in der »Zuschauerdemokratie« (Wassermann 1986) degradiert.

In dem Maße, wie die sozialen und politischen Institutionen der Moderne erodieren – nämlich Familie und männliches Ernährermodell, Nationalstaaten, sozialstaatliche Sicherung und kontinuierliche Arbeitsverhältnisse – werden auch die darin eingehegten Gefühlsarrangements neu geordnet: Gefühle können nicht mehr in eine konstruierte familiäre Privatsphäre abgedrängt und dort durch eine allein dafür zuständige Person, in der Regel eine Frau, »befriedigt« werden (auch Flam 2002, S. 12 f.). Vielmehr ist durch die »Politisierung« der Gesellschaft und der Privatheit (Greven 1999), dadurch, dass Geschlechter- und Intimverhältnisse verhandelbar wurden, eine Intensivierung von Gefühlen, ein Mehraufwand an Gefühlsarbeit für Frauen wie auch für Männer in der Privatsphäre wie auch im Erwerbsleben feststellbar. Gefühle werden in neuartiger Weise »entgrenzt«.

Diese neoliberalen Transformationen korrespondieren mit einer Re-Emotionalisierung einst als gefühlsfrei gedachter Sphären – nämlich der Arbeitswelt und der Politik. Was einst vornehmlich für Dienstleistungsberufe galt, nämlich die Notwendigkeit von Gefühlsarbeit (Hochschild 2003), wird nun in allen Arbeits- und Lebensbereichen gefordert. Der »kognitive Kapitalismus« produziert und mobilisiert die Ressource »Affekt« (Negri 2000). Dieser gestiegene Gefühlsbedarf ist gleichsam die gesellschaftliche Grundstruktur für eine veränderte Form der Gefühlspolitik, nämlich des politischen Gefühlsmanagements – das nicht zuletzt auch von PolitikerInnen in den Medien vorgeführt wird. Gefühle sollen nun aktiv hervorgebracht, sie sollen zu Ressourcen im Erwerbsleben und in der Demokratie werden. Sighard Neckel bezeichnet diese Anforderung als »Emotion by design« (Neckel 2005). Im Zentrum dieser Gefühlsstrategie stehen das »Selbstregieren« und das Selbstmanagement der Individuen (Foucault 2004 I, S. 297).

Diese emotionalen Techniken der Selbstführung und die neue Gefühlspolitik möchte ich an zwei Bereichen deutlich machen: *Erstens* werden die Menschen zunehmend als selbstverantwortliche und kreative Individuen angerufen, die in der Lage sind, die notwendigen Emotionalisierungs- und Disziplinierungsleistungen quasi selbst gewollt, ja freiwillig zu erbringen – auch die äußerst ambivalente Disziplinierung und Produktion von Gefühlen. Neckel hat dies in seiner Analyse von Persönlichkeitsratgebern als »emotionales Selbstmanagement« bezeichnet (Neckel 2005, S. 422 f.). Kern dieser neuen kapitalistischen Subjektivierungsstrategie ist die Erhaltung und Steigerung der Beschäftigungsfähigkeit (*employability*) der Individuen mit dem Ziel der Steigerung ihrer Wettbewerbsfähigkeit, aber auch jener der Unternehmen. In der Arbeitswelt wird zunehmend die gesamte Person gefordert, und Arbeitsmarkt- wie auch Sozialpolitiken forcieren diesen unmittelbaren Zugriff auf Menschen, auf ihre Qualitäten und Fähigkeiten als ökonomische Ressource. Auch Emotionen sollen bzw. müssen als Humankapital kontrolliert in den Arbeitsprozess eingebracht werden. Die neue neoliberale emotionale Bewirtschaftung braucht den »ganzen Menschen«, vor allem seine Kreativität und Authentizität. Der neoliberale Gefühlsdiskurs instituiert also neuartige Techniken der Entgrenzung von Politik und Gefühl – nämlich die Indienstnahme von Gefühlen für das neoliberale Politikprojekt ökonomischer Hegemonie. Gefühle werden zur ökonomischen Ressource.

Politische Regulierung zielt auf diesen neuen Subjekttyp, auf die »diskursive Neuformierung ›des‹ Menschen« (Michalitsch 2006, S. 148), einen Menschen, der nicht in erster Linie solidarisch sein soll, sondern sich als UnternehmerIn seiner / ihrer selbst (Foucault 2004 I, S. 314) begreift. Der Emotionsdiskurs ist also als Teil neuer Produktions- und Lebensweisen im Neoliberalismus zu verstehen, die auf Kreativität, auf Flexibilität und auf neue Formen des Selbstmanagements bauen und die auf Geschlechterdifferenz als Form der Subjektivierung setzen. Damit verbunden ist ein Konzept von *citizenship*, das BürgerInnen vornehmlich als KonsumentInnen, KlientInnen und KundInnen betrachtet. Die neuen Lebensweisen im Modus der Emotion werden nämlich zur Voraussetzung für den Zugang zu bzw. den Ausschluss aus staatsbürgerlichen Rechten. Gefühle laufen somit in diesem Prozess Gefahr, Menschen zu entmächtigen und nicht zu ermächtigen und zu einem Mittel der Ausgrenzung, des Ausschlusses aus dem politischen Gemeinwesen, also zu einem Herrschaftsinstrument zu werden.

Mit der Freiheit zur Selbsterfindung und zum Gefühlsmanagement (über das sich das Gefühl der Freiwilligkeit und der Normalität herstellt) ist darüber hinaus eine neue disziplinierende Strategie der Teilung der Gesellschaft verbunden, denn selbstredend gelten diese emotionalen Zumutungen nur für ein ganz bestimmtes Segment von Arbeit, nämlich qualifizierte Arbeit. Schlecht bezahlte Arbeit – vielfach Frauenarbeit – wird nicht mit dieser positiven Konnotation des emotionalen Engagements verbunden. Hier sind Gefühle eine nach wie vor schlicht ausbeutbare Ressource, die keinen Freiheitsgewinn erlaubt.

Zweitens sind mit der »emotionalen Governementalität« neue Formen politischer demokratischer Partizipation verbunden: Ulrich Bröckling spricht vom »Imperativ[s] der Partizipation« im Neoliberalismus (Bröckling 2005, S. 22). BürgerInnen sollen, ja müssen sich gleichsam politisch engagieren und auch zivilgesellschaftliche politische Partizipation wird in neuartiger Weise Teil von Herrschaft: Zivilgesellschaft, bürgerschaftliches Engagement und Partizipation in NGOs mutieren zu Konzepten, »mit denen an die ›Eigenverantwortung‹ der Bürger/innen im Gemeinwesen appelliert wird« (Wöhl 2007, S. 112). Dem Prozess steigender Entpolitisierung bzw. parteipolitischer Interesselosigkeit und somit demokratischem Legitimationsverlust soll durch neue Gefühlstechniken, d. h. durch die Mobilisierung von Gefühlen entgegen gewirkt werden. Das neoliberale Gefühlsdispositiv integriert dabei zentrale Aspekte einst emanzipativer Forderungen in eine Politik der Mobilisierung von Menschen, von StaatsbürgerInnen im Rahmen der Neuorganisation von Arbeit, Leben, Risiko und Staatlichkeit.

Freilich sind in das »Sinnvakuum« der Parteipolitik, das durch die radikale neoliberale Transformation des politischen Raumes geschaffen wurde, bereits populistische Parteien vorgedrungen, die zivilgesellschaftliches Engagement simulieren. Eine instrumentelle Mobilisierung von Gefühlen für politische Identitätsbildung oder zur Etablierung von Angstregimen, sei es Angst vor Fremden oder vor Terroristen, aber auch Emotionalisierung zur Steigerung von Legitimität laufen ohne robuste Institutionen politischer Mitentscheidung und ohne politischen Raum der Artikulation Gefahr, den Boden für eine populistische anti-egalitäre Gefühlspolitik zu bereiten. Dies erleben wir in der Mobilisierung gegen MigrantInnen bzw. Minoritäten ebenso wie in anti-griechischen Ressentiments im Rahmen der Verhandlungen über den Euro-Rettungsschirm.

War der liberale Gefühlsdiskurs ein Machtdiskurs, der die »politische Technik« (Foucault 1983, S. 169) einer emotionslosen öffentlichen Sphäre etablierte und durchzusetzen suchte, und darüber »emotionalisierte« Weiblichkeit und »versachlichte« Männlichkeit zu Handlungsmodi politischer Institutionen und Prozesse machte, so löst die derzeitige Rehabilitierung von Gefühlen als Teil einer neoliberalen Regierungstechnik diese klassischen Gefühls- und Geschlechtszuschreibungen partiell auf. Doch eine geschlechterdemokratische Emanzipation ist damit weder intendiert noch realistisch. Die Enteignung von Gefühlen im Kontext neoliberaler Machttechniken perpetuiert vielmehr geschlechtsspezifische Ungleichheit – und sie perpetuiert Herrschaftsverhältnisse. Gefühlsarbeit in der Privatheit wird zwar einerseits nicht mehr automatisch Frauen überantwortet, doch emotionale Leerstellen sollen nach wie vor durch Frauenarbeit gefüllt werden – dies wird im Demographie- und Kinderdiskurs deutlich.

Insgesamt zeichnen sich neue Gefühlshierarchien entlang der Geschlechterlinie ab. Das emotionale Trennungsdispositiv rekodiert Emotionalität neu, macht den kreativen Gebrauch von Gefühlen nun aber zu einem männlichen Merkmal, auch zu einem Kennzeichen in der geschlechtsspezifischen hierarchischen Arbeitsteilung. Auch in der Politik wird Gefühl als Ausweis von Männlichkeit gehandelt: Gerhard Schröders testosteronhaltige Fernsehauftritte gelten als Prädikat für Männlichkeit und politische Autorität. Der Umgang mit den eigenen Gefühlen und dem eigenen Körper wird in diesem Emotionsdiskurs teilweise in ganz essentialistischer Weise ein Marker für Zugehörigkeit: Wer seine Gefühle meistert und moderiert – sie punktgenau einsetzen kann – ist ein guter neoliberaler Bürger, und auch diese Fähigkeit wird allein Männern unterstellt. Gefühle sind also nach wie vor eine Herrschaftstechnik, ja mehr: Sie laufen Gefahr, demokratische Institutionen auszuhöhlen, denn auch der rechtspopulistische Diskurs ist ganz stark mit Männlichkeit verknüpft.

4. Ausblick: »Emotionale Demokratie«

Die neuen sozialen und politischen Konstellationen setzen also eine neuartige Theoretisierung des Verhältnisses von Gefühl, Politik und Demokratie auf die politikwissenschaftliche Agenda. Wenngleich die machtkritische Auseinandersetzung mit der Verschränkung von Politik, Demokratie und Gefühlen unerlässlich für ein Verständnis neuer politischer Konstellationen ist, darf eine solch machttheoretische Sicht auf eine Politisierung von Gefühlen, wie ich sie versucht habe zu skizzieren, nicht den Blick darauf verstellen, dass Emotionen auch Möglichkeiten für emanzipatives politisches Handelns eröffnen können.

Die Theoretisierung von Politik, Demokratie und Gefühl sollte die gängige

Dichotomisierung von Emotionen versus Politik transzendieren, ohne allerdings eine »Politik der Gefühle« (Haslinger 1995) unkritisch zu legitimieren. Vielmehr sollte eine reformulierte Theorie demokratischer Politik Emotionen als immer schon vorhandene Dimension politischen Handelns theoretisierbar machen, Politik also grundsätzlich emotionsbezogen denken. Darüber hinaus sollte eine solche Theorie Macht- und Herrschaftsverhältnisse im politischen Emotionsdiskurs analysierbar und kritisierbar machen.

Chantal Mouffe (2002 und 2008) hat einen Vorschlag der emanzipativen Aneignung von Leidenschaften im Rahmen ihres agonistischen Politikmodells gemacht. Sie bezieht sich dabei auf das Potential der affektiven Identifikation in notwendig konflikthaften politischen Auseinandersetzungen. So können Gefühle für eine Repolitisierung im Sinne einer »emotionalen Demokratie« bzw. einer emotionsbewussten Konzeptualisierung von Politik nutzbar gemacht werden. Ganz ähnlich lautete einst das Ziel feministisch-emanzipatorischer Politik unter dem Motto »Das Private ist politisch«. Dieser Leitspruch implizierte gleichsam die Rückgewinnung von Gefühlen als immanente Bestandteile des politischen Raums. Demokratisierung und Geschlechterdemokratie wurden in der frühen Frauenbewegung an die Re-Integration der »ganzen Person« – auch ihrer Emotionalität, ihrer Sexualität, ihres Körpers und ihres Geschlechts – in die Politik geknüpft. Auch in der aktuellen Care-Debatte wird die Bedeutung von Emotionen für Politik in anderer, aber ähnlicher Form mit der Frage politischen Empowerments durch Gefühle diskutiert. Gefühle sind so denkbar als widerständige, als ermöglichende Praxis, erlauben sie doch das Miteinander mit anderen, bieten sie doch die Chance, die eigene Verletzbarkeit wie auch jene der anderen wahrzunehmen und zum Ausgangspunkt politischen Handelns zu machen (Butler 2011).

Für das Konzept einer »emotionalen Demokratie« ist m. E. der feministische Anspruch der Herrschaftskritik ganz zentral, wie ihn auch die frühe Frauenbewegung erhob: Frauenbewegtem Aktivismus ging es um die Politisierung und Kritik versteinerter, herrschaftsförmiger Geschlechterverhältnisse, versteinert in einer restriktiven Politik der Gefühle. In einem Konzept »emotionaler Demokratie« können deshalb Gefühle nicht einseitig positiv zelebriert werden, weder als harmonisches Solidaritätsgedusel noch als ein Instrument, das eine agonale Spannung aufrechterhält. Vielmehr müssen Gefühle stets differenziert betrachtet und in ihrer herrschaftlichen Wirkmächtigkeit kontextbezogen hinterfragt werden. Einer machttheoretischen Auseinandersetzung mit dem Verhältnis von Emotionen und Politik sollte es also immer auch um die Frage gehen, wie Gefühle produktiv für die Aufrechterhaltung und Verschiebung von Herrschaftsverhältnissen eingesetzt werden können. Dies gilt auch und gerade für gegenwärtige Transformationsprozesse und gegenwärtige Veränderungen von Regierungstechniken. Auch der und die WutbürgerIn ist deshalb nicht notwendig ein Feind der Demokratie, sondern Wut »entsteht als Reaktion auf Unterdrückung, zugleich aber beinhaltet sie die Möglichkeit, der Herrschaft etwas entgegenzusetzen.« (Purtschert 2008, S. 3).

Der Vorschlag einer »emotionalen Demokratie« muss somit die Spannung zwischen Gefühl als kreativ-emanzipatorischem Aspekt von Handeln *und* Gefühl als herrschaftlich überformtem, politischem Instrument produktiv für eine Reformulierung einer Theorie des Politischen im Kontext aktueller Transformationen fassen. Und »emotionale Demokratie« braucht Institutionen und Mechanismen, die dieses Spannungsverhältnis zumindest zeitweise auf Dauer zu stellen, um es dann auch wieder auflösen zu können. Für die Sichtbarmachung und Repräsentation von Geschlecht wurde das Instrument der Quote etabliert, für die Repräsentation von Gefühlen bräuchte es beispielsweise kommunikativer Strukturen, die eine kritische Infragestellung von Herrschaftskonstellationen in emotionalisierten Debatten ermöglichen. Eine solch affektive oder emotionale Demokratie braucht also Zeiten und institutionelle Formen, um den je individuellen bzw. kollektiven Gefühlen nachzu*spüren*, aber auch, um über sie nach*zudenken*, um also herausfinden, woher sie kommen, was sie ausgelöst hat und welche Bedeutung sie für das je eigene Leben, aber auch für das Leben anderer Menschen haben.

Literatur

Ahmed, Sara: The Cultural Politics of Emotion, Edinburgh 2004.
Almond, Gabriel A. / Verba, Sydney: The Civic Culture. Political Attitudes and Democracy in Five Nations, Boston 1965 (2. Auflage).
Barbalet, Jack: Weber, Passion and Profits. The Protestant Ethic and the Spirit of Capitalism in Context, Cambridge 2008.
Bargetz, Brigitte / Sauer, Birgit: »Politik, Emotionen und die Transformation des Politischen. Eine feministisch-machtkritische Perspektive«, in: *Österreichische Zeitschrift für Politikwissenschaft* (2) 2010, S. 141 – 155.
Bologh, Roslyn Wallach: Love or Greatness. Max Weber and Masculine Thinking. Feminist Inquiry, Boston 1990.
Bröckling, Ulrich: »Gleichgewichtsübungen. Die Mobilisierung des Bürgers zwischen Markt, Zivilgesellschaft und aktivierendem Staat«, in: *spw* (2) 2005, S. 19 – 22.
Butler, Judith: »›Confessing a passionate state …‹ – Judith Butler im Interview«, in: *Feministische Studien* (2) 2011, S. 196 – 205.
Clough, Patricia: The Affective Turn. Theorizing the Social, Durham / London 2007.
Crouch, Colin: Post-Democracy, Cambridge 2004.
Damasio, Antonio: Descartes' Irrtum. Fühlen, Denken und das menschliche Gehirn, Berlin 2004.
Dörner, Andreas: Politainment. Politik in der medialen Erlebnisgesellschaft, Frankfurt a. M. 2001.

Elias, Norbert: Über den Prozeß der Zivilisation. Soziogenetische und psychogenetische Untersuchungen, Bd. 2 (besonders: Die Dämpfung der Triebe. Psychologisierung und Rationalisierung), Frankfurt a. M. 1978.
Evans, Peter (Hg.): Bringing the State Back in, Cambridge 1985.
Flam, Helena: Soziologie der Emotionen, Konstanz 2002.
Foucault, Michel: Sexualität und Wahrheit. Der Wille zum Wissen, Frankfurt a. M. 1983.
Foucault, Michel: »Die Gouvernementalität«, in: Bröckling, Ulrich / Krasmann, Susanne / Lemke, Thomas (Hg.): Gouvernementalität der Gegenwart. Studien zur Ökonomisierung des Sozialen, Frankfurt a. M. 2000, S. 41 – 67.
Foucault, Michel: Geschichte der Gouvernementalität I und II, Frankfurt a. M. 2004.
Frey, Bruno S.: Happiness. A Revolution in Economics, Cambridge, MA / London 2008.
Greven, Michael Th.: Die politische Gesellschaft. Kontingenz und Dezision als Probleme des Regierens und der Demokratie, Opladen 1999.
Haslinger, Josef: Politik der Gefühle. Ein Essay über Österreich, Frankfurt a. M. 1995.
Hirschman, Albert O.: The Passions and the Interests. Political Arguments for Capitalism before Its Triumph, Princeton 1977.
Hochschild, Arlie Russell: The Managed Heart. Commercialization of Human Feeling, Berkeley / Los Angeles / London 2003.
Hofinger, Christoph: Emotions as Key to Understanding Politics and Winning Campaigns, in: Hofinger, Chrisoph / Manz-Christ, Gerlinde (Hg.): Emotions in Politics and Campaigning, New Delhi / Sydney 2011, S. 10 – 24.
Illouz, Eva: Gefühle in Zeiten des Kapitalismus. Adorno-Vorlesungen 2004, Frankfurt a. M. 2006.
Klein, Ansgar / Nullmeier, Frank (Hg.): Masse – Macht – Emotionen. Zu einer politischen Soziologie der Emotionen, Opladen 1999.
Kochinka, Alexander: Emotionstheorien. Begriffliche Arbeit am Gefühl, Bielefeld 2004.
Lutz, Catherine A.: »Engendered Emotion. Gender, Power, and the Rhetoric of Emotional Control in American Discourse«, in: Harré, Ron / Parrott, Gerrod W. (Hg.): The Emotions. Social, Cultural and Biological Dimensions, London 1996, S. 151 – 170.
Maihofer, Andrea: Geschlecht als Existenzweise. Macht, Moral, Recht und Geschlechterdifferenz, Frankfurt a. M. 1995.
Marcus, George E.: The Sentimental Citizen. Emotion in Democratic Politics, University Park / Pennsylvania 2002.
Matzig, Gerhard: »Schluss mit dem Gemaule«, in: *SZ-Magazin* (40) 2011, S. 22 – 25.
Meyer, Thomas: Mediokratie. Die Kolonisierung der Politik durch die Medien, Frankfurt a. M. 2001.
Michalitsch, Gabriele: Die neoliberale Domestizierung des Subjekts. Von den Leidenschaften zum Kalkül, Frankfurt a. M. / New York 2006.
Mouffe, Chantal: Politics and Passions. The Stakes of Democracy. Centre for the Study of Democracy 2002, verfügbar unter: http://www.wmin.ac.uk/sshl/pdf/Mouffe%20PDF%20.pdf [19.6.2010].
Mouffe, Chantal: Das demokratische Paradox, Wien 2008.
Neckel, Sighard: Emotion by design. Das Selbstmanagement der Gefühle als kulturelles Programm, in: *Berliner Journal für Soziologie* (3) 2005, S. 419 – 430.
Neckel, Sighard: »Der Gefühlskapitalismus der Banken. Vom Ende der Gier als ›ruhiger Leidenschaft‹«, in: *Leviathan* (39) 2011, S. 39 – 53.

Negri, Antonio: »Wert und Affekt«, in: *Das Argument* (235) 2000, S. 247–252.
Nussbaum, Martha C.: »Compassion. The Basic Social Emotion«, in: Frankel, Ellen / Miller, Fred D. / Paul, Jeffrey (Hg.): The Communitarian Challenge to Liberalism, Cambridge [u. a.] 1996, S. 27–58.
Nussbaum, Martha C.: Upheavals of Thought. The Intelligence of Emotions, Cambridge 2001.
Purtschert, Patricia: Nicht so regiert werden wollen. Zum Verhältnis von Wut und Kritik. 2008, verfügbar unter: http://eipcp.net/transversal/0808/purtschert/de/print [20.9.2009].
Rancière, Jacques: On the Shores of Politics, London 1995.
Rancière, Jacques: Das Unvernehmen. Politik und Philosophie, Frankfurt a. M. 2002.
Rastetter, Daniela: Sexualität und Herrschaft in Organisationen. Eine geschlechtervergleichende Analyse, Opladen 1994.
Rose, Nicolas: »Tod des Sozialen? Eine Neubestimmung der Grenzen des Regierens«, in: Bröckling, Ulrich / Krasmann, Susanne / Lemke, Thomas (Hg.): Gouvernementalität der Gegenwart. Studien zur Ökonomisierung des Sozialen, Frankfurt a. M. 2000, S. 72–109.
Sauer, Birgit: »›Politik wird mit dem Kopfe gemacht‹. Überlegungen zu einer geschlechtersensiblen Politologie der Gefühle«, in: Klein, Ansgar / Nullmeier, Frank (Hg.): Masse, Macht, Emotionen. Zu einer Politischen Soziologie der Emotionen, Opladen 1999, S. 200–218.
Sousa, Ronald de: Die Rationalität des Gefühls, Frankfurt a. M. 1997.
Van Treek, Werner: »Gefühlskonstruktionen und Geschlechterverhältnisse«, in: Helduser, Urte / Marx, Daniela / Paulitz, Tanja / Pühl, Katharina (Hg.): Under Construction? Konstruktivistische Perspektiven in feministischer Theorie und Forschungspraxis, Frankfurt a. M. / New York 2004, S. 119–126.
Wassermann, Rudolf: Die Zuschauerdemokratie, München 1986.
Weber, Max: Wirtschaft und Gesellschaft. Grundriß der verstehenden Soziologie, Tübingen 1980.
Weber, Max: Politik als Beruf, Stuttgart 1993.
Wöhl, Stefanie: Mainstreaming Gender. Widersprüche europäischer und nationalstaatlicher Geschlechterpolitik, Königstein i. T. 2007.

Gertraude Krell

Emotionen, Frauen, Arbeit und Führung.
Diskursive Fabrikationen und Verschränkungen in der Managementforschung

1. Grundlegende diskursive Anordnungen

Max Weber als einer der ›Väter‹ der Organisations- und Führungsforschung konzipiert bekanntlich die Bürokratie als Prototyp der modernen rationalisierten Organisation frei sowohl von Emotionen als auch von Frauen. Kritiker_innen problematisieren aber nicht nur die Verwerfung von Emotionen und von Frauen als Störfaktoren, sondern auch deren Vereinnahmung als Produktionsfaktoren oder auch Ressourcen. Wie ich im Folgenden zeigen möchte, geht es dabei nicht nur um eine Gegenüberstellung älterer verwerfender und neuerer vereinnahmender Positionen. Vielmehr werden »Frauen« und »Emotionen« auch gleichzeitig als ambivalent fabriziert. Zudem existieren vielfältige Diskurs(strang)verschränkungen.

Orientiert an diskurstheoretischen Ansätzen nach Michel Foucault verstehe ich Diskurse »als Praktiken [...], die systematisch die Gegenstände bilden, von denen sie sprechen« (Foucault 1981, S. 74). Anschließend an Foucault spricht Judith Butler (1997) von »Performativität« als »ständig wiederholende und zitierende Praxis, durch die der Diskurs die Wirkungen erzeugt, die er benennt« (ebd., S. 22). Sie arbeitet auch heraus, dass und wie Geschlechterunterscheidungen diskursiv »fabriziert« werden (Butler 1991, S. 200), wobei fabriziert sowohl erfunden als auch hergestellt bedeutet. Schließlich verdeutlicht Butler, wie diese Fabrikationen zugleich »den Effekt des Natürlichen, des Ursprünglichen und Unvermeidlichen erzeugen« (ebd., S. 9).[1] Um das zu dekonstruieren, werden Begriffe wie »Emotionen« oder »Frauen« in Anführungsstriche gesetzt.

An Foucault orientierte Beiträge zur Diskursforschung fragen auch nach den subjektivierenden und objektivierenden Machtwirkungen von Diskursen. Die

---

1 Mittels Verweisen auf die angeblich gesicherten Erkenntnisse der Evolutionsbiologie und der Neurowissenschaften naturalisiert werden sowohl »Emotionen« als auch »Frauen« bzw. »Geschlechter«. Für einen Einblick in diese Welt der Höhlen, Hirne und Hormone vgl. meine Kritik des Gender-Marketing (Krell 2009).

genealogischen Analysen Foucaults lenken den Blick darauf, dass Diskurse »Teil eines weiteren Macht- und Praxisfeldes« (Dreyfus / Rabinow 1994, S. 232) sind – und auch entsprechend analysiert werden können. Bei Foucault selbst steht im Mittelpunkt von »Überwachen und Strafen« (Foucault 1976) die Analyse der objektivierenden Praktiken der Disziplinarmacht, z. B. die »Kunst der Verteilungen« (ebd., S. 181 ff.). In »Der Wille zum Wissen« (Foucault 1983) und einem später erschienenen Aufsatz arbeitet Foucault heraus, dass und wie Diskurse aus Individuen Subjekte machen, und zwar im doppelten Sinn von »vermittels Kontrolle und Abhängigkeit jemandem unterworfen sein und durch Bewußtsein und Selbsterkenntnis seiner eigenen Identität verhaftet sein« (Foucault 1994, S. 246). Das soll zur Erläuterung der hier eingenommenen Perspektive genügen. In einem durch die Diskursforschung nach Foucault angeregten Streifzug sollen nun Facetten des Fabrizierens, der fabrizierten »Gegenstände« sowie der mit diesen Fabrikationen verbundenen Machtverhältnisse und Machtwirkungen skizziert werden.

Beginnen möchte ich mit einem klassischen Text der Frauen- und Geschlechterforschung: »Die Polarisierung der ›Geschlechtscharaktere‹« von Karin Hausen (1976).[2] Dort wird herausgearbeitet, wie im letzten Drittel des 18. Jahrhunderts das Bild des »weiblichen Geschlechtscharakters« (als unter anderem emotional) und des »männlichen Geschlechtscharakters« (als unter anderem rational) kreiert und bemerkenswerterweise uno actu zur »Natur« erklärt wird (vgl. Abbildung 1).

Hausen verdeutlicht auch, dass und wie diese Geschlechterunterscheidungen mit Geschlechterhierarchisierungen (von mir re-interpretiert als Objektivierungen im Sinne Foucaults[3]) zusammenhängen: Die »Polarisierung der ›Geschlechtscharaktere‹« wird als »Spiegelung der Dissoziation von Erwerbs- und Familienleben« analysiert und gezeigt, wie die »Geschlechtscharaktere« sowohl Bedingung als auch Auswirkung der Zuordnung des Mannes zum beruflichen bzw. öffentlichen Bereich und der Zuordnung der Frau zum häuslichen bzw. privaten Bereich sind.[4]

Die zweite und ebenso fundamentale wie folgenreiche Anordnung ist die der »Emotionen« bzw. »Gefühle«.[5] Hier handelt es sich jedoch nicht um eine Polarisierung im Sinne einer »ordentlichen Dialektik der Gegensätze«, sondern um eine »verworrene Dreiecksgeschichte« (Benard / Schlaffer 1987, S. 9): Wenn die Gefühle der Vernunft oder Rationalität gegenübergestellt werden, dann erhalten sie das Negativvorzeichen. Wenn aber Gefühllosigkeit oder gar Gefühlskälte zum

---

2 Vgl. auch den Wiederabdruck mit Kommentierungen der Autorin in Hausen (2012).
3 Vgl. dazu Krell (2003).
4 ... und im (Not-)Fall weiblicher Erwerbstätigkeit der Zuordnung zu bestimmten »wesensgemäßen« Tätigkeiten.
5 Die Begriffe werden hier synonym verwendet.

Mann	Frau
Bestimmung für außen öffentliches Leben	**Bestimmung für** innen häusliches Leben
Aktivität Energie, Kraft, Willenskraft Festigkeit Tapferkeit, Kühnheit	**Passivität** Schwäche, Ergebung, Hingebung Wankelmut Bescheidenheit
Rationalität Geist Vernunft Verstand Denken Wissen Abstrahieren, Urteilen	**Emotionalität** Gefühl, Gemüt Empfindung Empfänglichkeit Rezeptivität Religiosität Verstehen

Abbildung 1: Die »Polarisierung der ›Geschlechtscharaktere‹« (Auszug aus: Hausen 1976, S. 368).

Gegenpol gemacht werden, dann ist das Positivvorzeichen auf der Seite der Gefühle. An der mit solchen Unterscheidungen verbundenen Ambivalenz der Bewertung von »Emotionen« ist der folgende Teil meines Beitrags orientiert.

Beide Anordnungen sind bedeutsam für den in diesem Beitrag betrachteten Spezialdiskurs,[6] den es für ›Fachfremde‹ zunächst kurz zu spezifizieren gilt. Die Fokussierung auf kooperative Prozesse der – ökonomischen oder auch: effizienten – Erstellung von Produkten und Dienstleistungen in (Arbeits-)Organisationen ist der gemeinsame Nenner der Arbeitswissenschaften, der Manage-

---

6 Um einen Spezialdiskurs handelt es sich, Link (2006, S. 411 f.) zufolge, wenn die hervorgebrachten »Objektivitäten im Sinne sozialer Gegenstände und Themen, Begriffe, Klassifikationen und Argumente« und »Subjektivitäten im Sinne von legitimierten Sprecherpositionen […]« solche »eines sehr speziellen Wissens« sind – wie es bspw. in wissenschaftlichen Disziplinen der Fall ist. Spezialdiskurse sind wiederum verbunden mit weiteren Diskursen, und zwar nicht nur anderen Spezialdiskursen, sondern auch Interdiskursen als »reintegrierende Wissensbereiche, die zwischen den Spezialitäten vermitteln und ›Brücken schlagen‹« und dem Elementardiskurs, in dem »sogenannte anthropologische Konstanten […] mit dominanten interdiskursiven Komplexen kombiniert [werden]« (ebd., S. 414). Gefühls- und Geschlechterdiskurse könnten demnach allen drei von Link unterschiedenen Varianten zugeordnet werden.

mentlehre sowie der Betriebswirtschaftslehre (BWL) als Teildisziplin der Wirtschaftswissenschaften. Sowohl die BWL als typisch deutsche Disziplin als auch die aus dem angelsächsischen Raum stammende Managementlehre werden (unter anderem) in die Teilgebiete Organisation, Personal und Führung ausdifferenziert. Bedeutsam für das Diskursfeld, das im Folgenden durchstreift werden soll, ist neben disziplinären Positionierungen und Produktionen als wissenschaftliche Praxis auch die organisationale bzw. Managementpraxis mit ihren – impliziten – Theorien (hier von »Frauen« und »Emotionen«), da sich Wissenschaft und Praxis wechselseitig beeinflussen.[7] Zum Verständnis von »ökonomisch« und zum Selbstverständnis der Wirtschaftswissenschaften, ihrer Teilgebiete Volks- und Betriebswirtschaftslehre sowie deren Teildisziplinen gibt es wiederum »Deutungskämpfe« (Jäger / Jäger 2007) bzw. diskursive Kämpfe (vgl. dazu ausführlicher Diaz-Bone / Krell 2009; Krell 2013). Deutungs- und Positionierungskämpfe werden nicht nur im und um das Zentrum der Macht ausgetragen, sondern auch zwischen »Mainstream« und »Kritik«. Kritische Positionen im Feld der Managementforschung, für die dieser Beitrag ein Beispiel ist, werden auch als »Critical Management Studies (CMS)« bezeichnet. Stephen Fineman (2010, S. 25) skizziert die CMS als »cocktail of Marxism, labour process theory, symbolic interactionism, feminism, postmodernism and poststructuralism«.

Nach dieser Kurzvorstellung des untersuchten (Spezial-)Diskursfeldes kann nun die dritte fundamentale und folgenreiche Anordnung eingeführt werden: das »System produktiver Faktoren« des Betriebswirtes Erich Gutenberg (1951). Dieser konzipiert zunächst (analog zur Volkswirtschaftslehre) menschliche Arbeit als einen Produktionsfaktor, untergliedert diesen dann aber mit Blick auf die wirtschaftliche Leistungserstellung in Betrieben noch einmal in »dispositive« (= leitende) und »objektbezogene« (= ausführende) Arbeit. Gutenberg zufolge besteht die Aufgabe des »dispositiven Faktors« (= »Management«) darin, für die optimale Ergiebigkeit und Kombination der »Elementarfaktoren« objektbezogene Arbeitsleistungen, Betriebsmittel und Werkstoffe zu sorgen (vgl. ebd., S. 1 ff.). Damit wird die objektbezogene Arbeit bzw. der »Produktionsfaktor Mensch« auf eine Stufe mit den sachlichen Produktionsfaktoren gestellt. Diese Fabrikation wird als »Zwei-Klassenmodell« der menschlichen Arbeit kritisiert (Staehle 1975, S. 717).[8]

---

7 Grundlegend zu Managementwissen in Wissenschaft und Praxis sowie zum Verhältnis von Management-Wissenschaft und -Praxis vgl. Sieben (2007).
8 Gutenberg ist nicht der erste, der eine solche Trennung vornimmt. Schon der US-amerikanische Ingenieur Taylor, der als ›Vater‹ sowohl der Arbeitswissenschaft als auch der Managementlehre gilt, plädiert für eine Effizienzsteigerung durch unter anderem die Trennung zwischen ausführender Arbeit und deren Planung (Normierung und Zerteilung), Anleitung

Mit Blick auf den »Produktionsfaktor Arbeit« lässt sich folgende Entwicklung skizzieren: Bei Gutenberg wird dieser nicht nur als »Produktions-« sondern auch und vor allem als »Kostenfaktor« fabriziert. Mit der Herausbildung der Personallehre als Spezielle BWL in den 1970er Jahren wird aus »Mensch und Arbeit« als wissenschaftlichem Gegenstand der BWL »das Personal« – eine Bezeichnung, die auch als »Kollektivsingular« (Neuberger 1990, S. 4) oder »kollektives Neutrum«[9] (Türk 1990, S. 56) problematisiert wird. Aus den USA importiert wird dann ein neues Kollektiv: die »Humanressourcen« als Objekte des HRM (= Human Resource Management).[10] Führungskräften wird in diesen neueren Kontexten eine ›Doppelrolle‹ zugeschrieben: Sie werden nicht nur als managende Subjekte adressiert, sondern (als abhängig Beschäftigte und damit »Personal«) auch als gemanagte Objekte betrachtet und behandelt. Ein weiteres Glied dieser Kette ist das »Humankapital«.

Noch ein anderer Entwicklungsstrang ist hier bedeutsam: die ›Identifizierung‹ von immer mehr »Produktionsfaktoren« – und dazu gehören auch »Emotionen« als organisationale (und individuelle) Erfolgsfaktoren, Ressourcen oder auch »Emotionales Kapital« (Menges [u. a.] 2008).

2. »Emotionen« als ambivalente Ressourcen

Die nachfolgende Analyse diskursiver Facetten von »Emotionen« als ambivalenten Ressourcen nimmt ebenfalls ihren Ausgang bei Max Weber, in dessen Werken sich sowohl Ab- als auch Aufwertungen von »Emotionen« finden (s. u. 2. 1). Als ambivalent begegnen uns auch »Leidenschaften« als besonders mächtige Emotionen (s. u. 2. 2). Schließlich kommen wir zu Führenden und Ausführenden als »Emotionsarbeitenden« (s. u. 2. 3).

2.1 Ab- und Aufwertungen im Werk Max Webers

In »Die protestantische Ethik« (Weber 1975 [1904 / 05]) werden die Trennung von Betrieb und Haushalt sowie eine rationalisierte Lebensführung zu Voraus-

---

und Überwachung durch das Management (vgl. Taylor 1919). Zum Taylorismus als Hintergrund des Produktionsfaktorensystems Gutenbergs vgl. auch Wächter (1979, S. 58 ff.).

9 Dass es sich nur auf den ersten Blick um ein »Neutrum« handelt, wird im dritten Teil gezeigt.

10 Die programmatische Orientierung der Personallehre ist Gegenstand heftiger »Deutungskämpfe« (Jäger / Jäger 2007), die sich auch in unterschiedlichen Bezeichnungen für das Fachgebiet niederschlagen – verbunden mit ebenso heftigen Macht- und Positionierungskämpfen zwischen Vertreter_innen unterschiedlicher Diskurspositionen (vgl. dazu Krell 1999a).

setzungen für den Kapitalismus generell und speziell die bürokratische Organisation erklärt. In diesem Kontext nimmt Weber bspw. folgende Kontrastierungen vor: »rationale« Askese versus »Affekte« und »triebhaften Lebensgenuss« (ebd., S. 135), Askese versus »Fleischeslust« (ebd., S. 179), Askese versus »rein triebhafte Habgier« (ebd., S. 180), Askese versus »Überschwang des Gefühls« und als »Ablehnung alles ethisch Irrationalen« (ebd., S. 324). Die Abwertung und Ausgrenzung von Emotionen wird in »Wirtschaft und Gesellschaft« (Weber 1922) fortgesetzt: Dort schreibt Weber, der ideale Beamte agiere »sine ira et studio, ohne Haß und Leidenschaft, daher ohne ›Liebe‹ und ›Enthusiasmus‹« (ebd., S. 129). Und schließlich proklamiert er in »Politik als Beruf« (Weber 2002 [1919]): »Politik wird mit dem Kopfe gemacht und nicht mit anderen Teilen des Körpers oder der Seele« (ebd., S. 62 f.).[11]

Später wird jedoch relativiert: »... aber ganz gewiß nicht nur mit dem Kopf« (ebd., S. 80). Mehr noch: Auf die Frage, welche Art von Mensch man sein müsse, um »seine Hand in die Speichen des Rades der Geschichte legen zu dürfen«, nennt Weber: »Leidenschaft – Verantwortungsgefühl – Augenmaß« (ebd., S. 61 f.). In »Wissenschaft als Beruf« (Weber 1967 [1919]) sind es »harte Arbeit«, »Eingebung« und wiederum »Leidenschaft«, die er als Anforderungen setzt: Ohne Leidenschaft »hat einer den Beruf zur Wissenschaft nicht und tue etwas anderes. Denn nichts ist für den Menschen als Menschen etwas wert, was er nicht aus Leidenschaft tun kann« (ebd., S. 12).

Als Führungseigenschaft und damit positiv gewertet wird bei Weber auch »Charisma«: Es seien die »inneren charismatischen Qualitäten, die eben zum Führer machen« (Weber 2002 [1919], S. 59), denn das auf »emotionaler Überzeugung« beruhende »Charisma« revolutioniere die Menschen »von innen heraus« (Weber 1922, S. 758). Weber ›prophezeit‹ allerdings Charisma das Schicksal »von einem stürmisch-emotionalen wirtschaftsfremden Leben zum langsamen Erstickungstod unter der Welt der materiellen Interessen« (ebd., S. 761). Und damit liegt er falsch, denn Charisma wurde von der »Welt der materiellen Interessen« nicht erstickt, sondern als Ressource (wieder-)entdeckt (s. u. 2. 3).

An der nächsten Station unseres Streifzuges werden wir sowohl der Ambivalenz der Emotions-Fabrikationen als auch der Gefahr des »(Erstickungs-) Todes« begegnen.

---

11 Zu einer Politologie der Gefühle vgl. auch den Beitrag von Birgit Sauer in diesem Band.

2.2 Die Organisation der Leidenschaften als Ströme

Leidenschaften gelten als besonders machtvolle Emotionen und deshalb oft als Naturgewalten (Wasser oder auch Feuer). Wie Emotionen im Allgemeinen werden ihnen zwei Gegenpole zugeordnet: Bei der Gegenüberstellung mit Vernunft, Rationalität o. Ä. erhalten sie das Negativvorzeichen als Destruktivkraft oder auch Störfaktor. Bei der Gegenüberstellung mit Leidenschaftslosigkeit erhalten sie dagegen das Positivvorzeichen als Produktivkraft oder auch Produktions- und Erfolgsfaktor (vgl. Krell / Weiskopf 2001; 2006).[12]

Vor diesem Hintergrund unterscheiden wir vier Strategien der Organisation der Leidenschaften als Ströme: Eindämmen und Trockenlegen, Kanalisieren, Reinigen und Richten sowie Überfluten und Mobilisieren.[13] Diese – sowie mit ihnen verbundene (paradoxe) Effekte – sollen nun skizziert werden.

2.2.1 Eindämmen und Trockenlegen

Der Idealtypus des Terrains, das mittels Eindämmung gegen die Ein-Flüsse von oder gar die Überflutung durch Leidenschaften geschützt wird, ist die Bürokratie sensu Max Weber. Ihm zufolge funktioniert ein »voll entwickelter bürokratischer Mechanismus [...] wie eine Maschine« (Weber 1922, S. 660) und wird – wie erwähnt – vollkommen, indem die »Ausschaltung von Liebe, Haß und allen rein persönlichen, überhaupt aller irrationalen, sich dem Kalkül entziehenden Empfindungselementen aus der Erledigung der Amtsgeschäfte gelingt« (ebd., S. 662). Ausgegrenzt und ausgeschaltet werden soll auch und insbesondere alles, was mit Sexualität verbunden wird – und deshalb als besonders gefährlich und unberechenbar gilt (vgl. z. B. Burrell 1993; Rastetter 1994).[14]

Paradoxe Effekte dieser Strategie sind, um im Bild zu bleiben, einerseits die Gefahr des Dammbruchs und der Überflutung, anderseits die Gefahr der Austrocknung; hier sei auch an Webers Prognose des »Erstickungstodes« des Charisma erinnert. Zum Schutz vor beidem dienen immanent betrachtet partielle Entgrenzungen bzw. Emotionalisierungen (bspw. im Rahmen von Betriebsfeiern) als Supplement[15] – oder auch die drei anderen Strategien.

---

12 In »Die Anordnung der Leidenschaften« (Krell / Weiskopf 2006) gehen wir auch auf die Verschränkung des Leidenschaftsdiskurses mit dem Geschlechterdiskurs ein.
13 Dabei müssen und können, wie schon das Beispiel Webers gezeigt hat, die Zuordnungen von Autor_innen und deren Werken nicht immer eindeutig sein (wie auch beim »Kompass der Managementforschung« von Sieben 2007).
14 Als ein weiterer Diskursstrang betrachtet werden kann der Schutz der Organisation vor der »Hab-Gier« der dort Beschäftigten als Ursache von Diebstählen, Bestechungen oder auch Spekulationen, wobei es im letztgenannten Fall im aktuellen medialen Diskurs auch um den Schutz der (Finanz-)Märkte geht.
15 Ein Supplement wird nicht nur als Gegenbewegung bzw. Unterminierung, sondern auch als

2.2.2 Kanalisieren

Bei dieser Strategie dürfen die Ströme fließen – allerdings in domestizierter Form und geregelten Bahnen. Gleichsam paradigmatisch für sie steht »Leidenschaften und Interessen« von Albert O. Hirschman (1987). Dort wird nachgezeichnet, wie die Leidenschaften nicht unterdrückt, sondern eingespannt und nutzbar gemacht werden sollten (ebd., S. 24). Dazu musste eine Unterscheidung vorgenommen werden: zwischen den »wilden« Leidenschaften (wie Machtgier oder sexuelle Begierde), die gezähmt werden sollten, und jenen Leidenschaften, die sich als »Bezähmer« eigneten (ebd., S. 39). Bezähmt werden sollten die wilden Leidenschaften auch und vor allem durch die »Interessen«. Vor allem das Interesse am Gelderwerb wurde im zeitgenössischen Diskurs des entstehenden Kapitalismus als solch eine »ruhige Leidenschaft« charakterisiert (ebd., S. 72).

Dass die Strategie der Kanalisierung von Leidenschaften zu Interessen[16] nicht nur für den entstehenden Kapitalismus bedeutsam ist, sondern auch noch im Spätkapitalismus, verdeutlichen wir (Krell / Weiskopf 2006) am Beispiel der Wissenschaft und deren Management mittels materieller Anreize.

Mit Blick auf das »Kanalisieren« lassen sich unter anderem folgende (paradoxe) Effekte erkennen: zunächst die Verdrängung intrinsischer Motivation durch extrinsische Motivierung (vgl. auch Frey / Osterloh 1997) – und zwar sowohl generell als auch speziell in den Wissenschaften. Im »Wissenschaftsbetrieb« kommt zur Disziplinierung der Produzent_innen noch die Kanalisierung ihrer Produktionen hinzu (vgl. dazu auch Wodak 2009).

2.2.3 Reinigen und Richten

Schlüsseltexte für diese Strategie sind die Arbeiten zur »Emotionalen Intelligenz« oder auch »Emotionalen Kompetenz« von Daniel Goleman (1997), in denen diese – als »Filter« und in die richtigen Bahnen lenkend – als Schutz sowohl vor Überflutung durch schädliche Emotionen als auch vor der Austrocknung nützlicher Emotionen angepriesen wird.[17] In Goleman (1997) geht es vor allem um Emotionale Intelligenz als Erfolgsfaktor für Individuen (und deren Selbstmanagement). Später wird das Repertoire erweitert: Für eine »emotional intelligente Organisation« sei (kollektive) Emotionale Intelligenz eine »Schutz-

---

Ergänzung verstanden. Zur Bedeutung dieser Derridaschen Denkfigur für die kritische Organisationsforschung vgl. z. B. Ortmann (2003, S. 127 ff.).

16 Michalitsch (2006) wählt für ihre Studie über die »neoliberale Domestizierung des Subjekts« den Untertitel »Von den Leidenschaften zum Kalkül«.

17 Zur (methodologischen) und politikorientierten Kritik der Emotionalen Intelligenz und Kompetenz als »rhetorisch flexible Verhandlungsmasse« und »diskursive Formation« vgl. Sieben (2007).

impfung«. Ein Mangel an Emotionaler Intelligenz dagegen schwäche das »Immunsystem« der Organisation (Goleman 1999, S. 379).[18] Und: Nicht externe Motivierung durch materielle Anreize könne Menschen bewegen, »ihr Bestes zu geben«, sondern nur »emotional intelligente Führung« (Goleman [u. a.] 2002, S. 65 und S. 9).

Hier werden folgende (paradoxe) Effekte problematisiert: Als »Emotion by design« (Neckel 2005) fabriziert ist »Emotionale Intelligenz« nicht nur ein Identitäts- und Beratungsangebot, sondern zugleich ein Unterwerfungsgebot. Das zeigt auch eine Betrachtung des emotionalen Hygienediskurses von u. a. Goleman vor dem Hintergrund der Kritik eines älteren, auf den Körper bezogenen, Hygienediskurses durch Philipp Sarasin (2001), der Geschichtswissenschaft als Diskursanalyse betreibt (vgl. Sarasin 2003).

2.2.4 Überfluten und Mobilisieren

Paradigmatisch für diese Strategie sind die Bücher des renommierten amerikanischen Unternehmensberaters Tom Peters (z. T. mit Ko-Autor_innen). Ausgangspunkt und gemeinsamer Nenner dieser Arbeiten ist eine als revolutionär inszenierte Kritik der Bürokratie, denn der »rationalistische Ansatz erstickt das lebendige Element« (Peters / Waterman 1984, S. 71). Bürokratie wirke de-motivierend und stehe der bei Tom Peters und Nancy Austin (1986) zum Buchtitel avancierten »Leistung aus Leidenschaft« entgegen. »Deshalb lautet die erste und wichtigste Regel: ›Den bürokratischen Saustall ausmisten!‹« (ebd., S. 362). Durch »Technologie[n] der Begeisterung« (ebd., S. 312) und »transformierende Führung« (Peters / Waterman 1984, S. 109 ff.) soll ein »Geist des WOW« (Peters 2004, S. 200) erzeugt werden.

Hier begegnen wir erneut jener Variante von Führung, die darauf zielt, die Menschen »von innen heraus« (Weber) zu verändern. In diesem Zusammenhang wird eine im Führungsdiskurs der 1980er Jahre fabrizierte Unterscheidung aufgegriffen: die zwischen rationalistisch bzw. bürokratisch denkenden und handelnden »Managern« und zwischen echten »(Menschen-)Führern« bzw. »Führungspersönlichkeiten« oder auch zwischen »transaktionaler« und »transformationaler« bzw. »transformierender« Führung: Transformierende Führer »wecken Emotionen« und bewirkten, dass die Ziele der Führenden und Geführten »verschmelzen« bzw. eine »Symbiose zwischen Führer und Geführten« (Peters / Waterman 1984, S. 111 f.). Wenn wir uns vergegenwärtigen, dass es sich bei einer der (faktoranalytisch bestimmten) Subdimensionen von transformationaler Führung um »Charisma« handelt (Steyrer 1999, S. 145), dann

---

18 Diese Argumentation findet sich auch bei Breuer / Frot (2010).

wird deutlich, dass und wie durch Peters & Co. »Charisma« als bedeutsam für die »Welt der materiellen Interessen« (Weber) angesehen wird.

Bevor ich darauf im folgenden Abschnitt zurückkomme, auch hier noch kurz zu den paradoxen Effekten. Diese bestehen zunächst darin, dass Führungskräfte und Mitarbeiter_innen nicht nur leidenschaftlich sein *dürfen*, sondern leidenschaftlich sein – und performen – *müssen*. Das hat, wie Peters und Austin (1986) selbst konzedieren, »einen hohen Preis« (ebd., S. 463), weil die Zeit und Energie, die für die »Spitzenleistungen« erforderlich sind, nicht mehr für Regeneration und Privatleben zur Verfügung stehen. Wer bessere Leistungen erbringen wolle als der Durchschnitt, könne damit »nie fertig werden« (ebd., S. 460). Mit solchen Erfolgsrezepten wird, wie Ulrich Bröckling (2002) unterstreicht, ein »Sog« erzeugt, der »dazu bewegen soll, in der Optimierung seiner selbst niemals nachzulassen« (ebd., S. 180). Die durch diesen Sog – oft verbunden mit dem »Ertrinken in Arbeit« (Höpfl / Linstead 1993, S. 112 f.) – erzeugte Daueranspannung kann bekanntlich zur Erschöpfung bis hin zum »Burnout« führen.[19] Das verdeutlicht, dass die »bürokratischen Dämme« als Begrenzungen nicht nur die Organisation, sondern auch die dort Beschäftigten schützen können,[20] während die hier skizzierte Strategie auf Entgrenzung im Sinne einer potenziellen Totalinklusion zielt. Deshalb sind das ihr entsprechende Supplement Re-Begrenzungen – bspw. durch Programme und Maßnahmen zur »Work-Life-Balance«. Aber auch diese können – so ein weiterer paradoxer Effekt – durch den »Geist des Wow« zur Makulatur gemacht werden (vgl. z. B. Hochschild 1998 und den Schlussteil dieses Beitrags).

2.3 Führende und Ausführende als Emotionsarbeitende

Johannes Steyrer (1999) zufolge stehen im Zentrum des seit Mitte der 1980er Jahre entwickelten »New Leadership Approach« drei Begriffe bzw. Konzepte: »Leadership« (statt Management), »transformationale Führung« und »Charisma«. Als Erklärung für die »Interessenskumulation« am Konstrukt »Charisma« schreibt er, es gehe darum, wie moderne, rationalisierte Organisationen »wieder mit Leben, ja Emotion gefüllt werden [können]« (ebd., S. 146). Eben das ist, wie skizziert, auch das Anliegen von Peters & Co.

Gegen diese Re-Emotionalisierungs-These wird jedoch eingewendet, es habe nie emotionsfreie Organisationen gegeben (vgl. z. B. Sieben / Wettergren 2010, S. 4), sondern Organisationen seien immer auch »Emotional Arenas«

---

19 »Wir haben immer wieder gefunden, daß ein Mensch einmal ›entflammt‹ gewesen sein muß, um auszubrennen.« (Pines [u. a.] 1987, S. 13).
20 Das betont auch Wächter (1985) in seiner Kritik an Peters und Waterman.

(Fineman 1993). Mit anderen Worten: Die rationalitätsfixierte – und Rationalität und Emotionen polarisierende[21] – Organisations- und Managementlehre zielte und zielt zwar darauf, Organisationen zu ent-emotionalisieren. Es gab und gibt aber immer auch andere Diskurspositionen – sowie auch Ansätze der Erzeugung und Nutzbarmachung von Emotionen für ökonomische Zwecke, wie ich am Beispiel »Emotionenorientierte Führung« zeigen möchte.

»Emotionenorientierte Führung« soll »charismatische Führung«, »symbolische Führung« sowie die Fabrikation von Führung als »Vater-Kind-Beziehung« (später auch Eltern-Kind-Beziehung) auf einen gemeinsamen begrifflichen Nenner bringen (Krell 1994, S. 38 ff.) und ist nicht nur konstitutiv für den von Peters & Co. als Garant für »Spitzenleistungen« propagierten »Unternehmenskulturansatz«, sondern auch für dessen Vorläufer. Als solche Vorläufer betrachte ich in meiner Studie »Vergemeinschaftende Personalpolitik« (Krell 1994) die älteren normativen Personallehren und die mit ihnen verbundenen Konzepte der »Werksgemeinschaft« der 1920er Jahre, der Nationalsozialistischen Betriebsgemeinschaft, der »Betrieblichen Partnerschaft« als deutschem ›Nachkriegsmodell‹ und schließlich der »japanischen Unternehmenskultur«. Letztere ist auch Impuls gebend für den Unternehmenskulturansatz, der in den USA kreiert und alsbald zum Exportschlager wird.[22] In all diesen Kontexten wird »Emotionenorientierte Führung« als im doppelten Wortsinn »ergreifen und ergriffen werden« (Krell 1994, S. 39) propagiert und praktiziert.

In Zusammenhang mit der (Wieder-)Entdeckung von Emotionen als Ressourcen werden schließlich Führungskräfte als »Emotionsarbeitende« angesehen und adressiert (vgl. z. B. Conrad 1991; Cornils / Rastetter 2012). Gestützt sind diese Beiträge auf die klassische Studie zu Emotionsarbeit von Arlie Russell Hochschild (1990). Bei Hochschild selbst sind es nicht Führende, sondern Ausführende (Dienstleistende), die als im beruflichen Kontext Emotionsarbeitende analysiert werden. Sie versteht unter Emotionsarbeit die – durch »Gefühlsnormen« gesteuerte – Arbeit am eigenen Gefühl (deep acting) oder an dessen Darstellung (surface acting).

Während Hochschild eine (kapitalismus-)kritische Perspektive auf Emotionsarbeit einnimmt, wird im affirmativen Managementdiskurs Kompetenz in Sachen Emotionsarbeit bzw. Emotionale Kompetenz[23] zu einer Anforderung sowohl an die Ausführenden als auch an die Führenden (vgl. z. B. Goleman [u. a.] 2002; Caruso / Salovey 2005; Appelmann 2009; Holtfort 2010).

Damit werden zugleich »Emotionen als Karrierefaktor« (Vogel 2008) fabri-

---

21 Für eine verbindende Position vgl. z. B. Ortmann (2001).
22 Zwei der Klassiker zum Thema »Unternehmenskultur« beziehen sich auf Japan als Erfolgsmodell (vgl. Ouchi 1981; Pascale / Athos 1982).
23 Zur diskursiven Verschränkung von »Emotionale Intelligenz« und »Emotionsarbeit« vgl. z. B. Rastetter (2008, S. 41).

ziert – für diejenigen, die die »wichtigen Botschaften [...] »1. Gefühle haben Sie nicht, Gefühle erzeugen Sie! 2. Stimmungen übertragen sich auf andere« (ebd., S. 17) beherzigen – und lernen, bei sich und anderen »positive Emotionen jederzeit spontan zu aktivieren und ganz gezielt zu verstärken« (ebd., S. 9). Zum »Karrierefaktor« werden dadurch Emotionen auch und insbesondere für die Verfasser_innen der unzähligen Ratgeber zum individuellen und organisationalen Emotionsmanagement – oder auch für die Anbieter_innen entsprechender Trainings. Auch das ist eine Facette von »Emotionsökonomie« (Holtfort 2010).

Abschließend und überleitend noch kurz zum Gendering von Emotionsarbeit: Hochschild (1990) betrachtet vor allem »Frauen als Gefühlsarbeiterinnen« (ebd., S. 134 ff.); im Zentrum ihrer Studie stehen Flugbegleiter_innen.[24] Generell gelten Frauen in Dienstleistungsberufen als die »klassische Emotionsarbeiterin«, wie auch Daniela Rastetter (2008, S. 11 und S. 20) unterstreicht. Rastetter relativiert jedoch diese Zuordnung (ebd., S. 40 ff.) und untersucht in ihrer empirischen Studie Mitarbeiter_innen im Außendienst einer deutschen Versicherung – und damit eine männlich dominierte Tätigkeit. Männlich dominiert ist auch die Tätigkeit von Führungskräften, die – wie gezeigt – ebenfalls als Emotionsarbeitende adressiert werden. Aber in diesem Zusammenhang wird, wie wir sehen werden, auch eine diskursive Aufwertung von »Weiblichkeit« vorgenommen.

3. »Frauen« als ambivalente Ressourcen

Strukturgebend für diesen Teil sind die eingangs skizzierten grundlegenden diskursiven Anordnungen. Dementsprechend soll es zuerst um Frauen als »Hausfrauen und Mütter« gehen (s. u. 3. 1), dann um Frauen als »Arbeitskräfte« (s. u. 3. 2) und zum Schluss um Frauen als Führungskräfte (s. u. 3. 3). Dass die Formulierung der Überschriften Schwierigkeiten bereitet (auch Führungskräfte sind Arbeitskräfte, aber eben, mit Staehle (1975) gesprochen, eine andere »Klasse« – auch Hausfrauen und Mütter sind Arbeitskräfte, aber eben keine Erwerbsarbeitenden) ist bereits ein Indiz für verworrene und verwirrende Verhältnisse.

---

24 In einer »Ministudie« (Hochschild 1990, S. 39) werden auch Angestellte im Rechnungsbüro (Rechnungseintreibende) interviewt.

3.1 Frauen als Hausfrauen und Mütter

Mit Blick auf das »weitere Macht- und Praxisfeld« (Dreyfus / Rabinow 1994) möchte ich hier zunächst die Trennung von Betrieb und Haushalt verbunden mit der Zuordnung der Geschlechter in Erinnerung rufen (vgl. Hausen 1976). Es ist wieder Max Weber (1922, S. 126; 1975 [1904 / 05], S. 16), der diese Trennung als eine wesentliche Voraussetzung modernen, »rationalen« Wirtschaftens herausstellt.

Fortan gilt für die Wirtschaftswissenschaften: Im Betrieb als (Arbeits-)Organisation wird Lohnarbeit geleistet (oder auch Gewinn erzielt), während im privaten Haushalt ein »Liebesdienst« erbracht wird, der nicht als Arbeit angesehen wird, keinen Preis hat bzw. nicht vergütet wird. Erst die Frauen- und Geschlechterforschung hat sichtbar gemacht, was hier ausgeblendet bleibt, nämlich dass auch in privaten Haushalten gearbeitet und gewirtschaftet wird – oder auch: wie mit der Geschlechterordnung gewirtschaftet wird (vgl. z.B. Hausen 1993; Krell 2003; Claupein 2006). In Anlehnung an das Konzept der »Doppelte[n] Vergesellschaftung von Frauen« (Becker-Schmidt 2010) kann auch von einer doppelten Bewirtschaftung von Frauen oder einer doppelten Nutzung von Frauen als »(Human-)Ressourcen« gesprochen werden.

Wie in den folgenden Abschnitten zu Frauen als (bezahlten) Arbeitskräften und als Führungskräften illustriert wird, bleibt die erwerbstätige Frau als die »arbeitende Frau« aber immer das »andere Geschlecht« im Sinne Simone de Beauvoirs (1968).

3.2 Frauen als (bezahlte) Arbeitskräfte

Ein Ergebnis meiner Studie »Das Bild der Frau in der Arbeitswissenschaft« (Krell 1984) ist, dass in der arbeitswissenschaftlichen Literatur der arbeitende Mensch mit dem arbeitenden Mann gleichgesetzt wird (ebd., S. 57 ff.).[25] Frauen werden als (Erwerbs-)Arbeitende entweder gar nicht zur Kenntnis genommen oder unter »Geschlecht«, »Besondere Gruppen« o. Ä. rubriziert.

Hier begegnen wir demnach einer anderen Art von »Zwei-Klassen-Modell«: Gemessen am Mann als Norm(al)arbeitskraft erscheinen Frauen nicht nur als besonders oder anders, sondern auch als defizitär bzw. »Arbeitskräfte zweiter Klasse« (ebd., S. 54 ff.): In physiologischer Hinsicht werden sie als Zwei-Drittel-Männer und als (statische) »Fehlkonstruktion« fabriziert. In psychologischer Hinsicht werden stereotype Vorstellungen von weiblicher (und männlicher)

---

25 Um das Literaturverzeichnis nicht zu überfrachten, verzichte ich hier auf die Angabe der Originalquellen.

»Wesensart« oder »Eigenart« präsentiert, die an die »Geschlechtscharaktere« erinnern (vgl. Abbildung 2).

Mann	Frau
Rationalität	Gefühl
Logik des Kopfes / Verstandes	Logik des Herzens
Kraft des begreifenden Denkens	Treffsicherheit des Instinkts
Stärkere Intellektualität	Schaukraft der Intuition
Entschlußkraft / Wollen	Willensmäßig weniger akzentuiert
Aktiv wie Zeichner	Empfangend wie photographische Platte

Abbildung 2: Zusammenstellung der Zuschreibungen (Auszug aus: Krell 1984, S. 86).

Als letztendliche Ursache aller physischen und psychischen Geschlechtsunterschiede wird die »natürliche Aufgabe« der Frau angeführt (vgl. ebd., S. 115 ff.). Darunter wird nicht nur das Gebären von Kindern verstanden, sondern auch die Zuständigkeit für Familie und Haushalt. Dementsprechend ist diese »natürliche Aufgabe« auch der Schlüsselfaktor für die konstatierten »Defizite«. So würden, um ein weiteres Beispiel zu nennen, durch Menstruation und Schwangerschaft Energien absorbiert, die dem Mann für seine berufliche Arbeit zur Verfügung stehen (vgl. ebd., S. 116 f.). Und schließlich wird Frauen angekreidet, dass sie – im Unterschied zu Männern – nicht regelmäßig funktionieren bzw. regelmäßig nicht funktionieren.[26]

Welche Machtwirkungen sind mit solchen Fabrikationen verbunden? Kurz gesagt, dient das skizzierte Bild der Frau in der Arbeitswissenschaft der Legitimation der Zuordnung zu und Gestaltung von »Frauenarbeitsplätzen«[27] und der Unterbewertung und -bezahlung von »Frauenarbeit« (ebd., S. 75 ff.).

Welche Bilder von Frauen (und Männern) in der aktuellen arbeitswissenschaftlichen Literatur gezeichnet werden, wo es Kontinuitäten und wo es Brüche gibt, muss hier offen bleiben. Darüber könnte nur eine Folgestudie Auskunft geben. Mit Blick auf die Personallehre als Spezielle BWL lässt sich jedoch fest-

---

26 Wenn nicht Frauen mit Männern verglichen werden, sondern Menschen mit Maschinen, dann finden wir als Pendant zur Herabsetzung von Frauen(-Arbeit) die Herabsetzung menschlicher als lebendige Arbeit (vgl. Krell 1984, S. 137 ff.). Das verdeutlicht, dass in der Arbeitswissenschaft, wie bei Taylor und im Bürokratiemodell, vom Ideal des maschinengleichen Funktionierens ausgegangen wird.
27 Dabei spielt auch die »geringere Monotonieempfindlichkeit der Frau« eine wichtige Rolle (vgl. Krell 1984, S. 105 ff.).

halten: Dass Männer als Norm(al)arbeitnehmer konstruiert werden und Frauen als besondere Gruppe, gilt auch noch für die dritte und neuste Auflage des »Handwörterbuch des Personalwesens« (Gaugler [u. a.] 2004). Wie die beiden Vorauflagen enthält diese einen Artikel »Arbeitnehmer, weibliche« (Krell 2004). Als ich gefragt worden bin, ob ich diesen Beitrag verfassen will, habe ich zunächst gezögert, weil durch den vorgegebenen Titel Frauen markiert werden. Aber nur als Autorin hatte ich die Chance, diese Markierung von Frauen (sowie »älteren«, »ausländischen« und »behinderten« Beschäftigten) als »besondere Gruppen« und »Problemgruppen« zu kritisieren – und für einen Perspektivenwechsel zu plädieren, der nicht Frauen, sondern Praktiken der Personalpolitik als defizitär, weil benachteiligend, erkennt.

3.3 Frauen als Führungskräfte

Hier gilt in noch stärkerem Maße, dass die Norm(al)führungskraft bzw. der Prototyp einer (»guten«) Führungskraft ein Mann ist: Dafür steht auch das »Think manager, think male« (Schein / Davidson 1993). Dass dadurch Frauen benachteiligt werden, ist relativ offensichtlich. Da Befragungen zufolge von Managerinnen sogar mehr stereotyp männliche Attribute erwartet werden als von Managern, existiert sogar ein »doppelter Benachteiligungsmechanismus« (Gmür 2004, S. 414). Mehr noch: Weil Frauen, die diese Anforderung erfüllen oder so wahrgenommen werden, von männlichen Führungskräften als »unweiblich«, »gezwungen männlich«, »Männerimitat« oder »nicht authentisch« stigmatisiert werden (Wippermann 2010, S. 54, S. 56 und S. 68 f.), haben wir es sogar mit einem dreifachen Benachteiligungsmechanismus zu tun.

Auf Basis einer Befragung von 40 männlichen Führungskräften unterscheidet Carsten Wippermann drei »Mentalitätsmuster« (ebd., S. 17 und S. 45 ff.):
- »Konservative Exklusion«: Frauen in Führungspositionen werden prinzipiell abgelehnt, und zwar mit vielfältigen Begründungen wie bspw. fehlender familiärer Hintergrund, »verbissene Einzelkämpferin« oder auch »wertvolle Arbeitsbiene«.
- »Emanzipierte Grundhaltung«: aber »Vorstand, das ist eine andere Sportart«; die dafür notwendige Härte sei bei Frauen »unweiblich«, weiblicher Ehrgeiz »suspekt«.
- »Radikaler Individualismus«: Geschlecht sei heute egal, aber aus familiären Gründen mangele es bei Frauen an der erforderlichen beruflichen Kontinuität. Und: Frauen seien als Führungs(nachwuchs)kräfte »nicht authentisch«, weil sie versuchen, die (Rollen der) Männer zu imitieren.

Aufgrund dieser diskursiven Fabrikationen bezeichnet Wippermann männliche Führungskräfte als »Hüter der gläsernen Decke« (ebd., S. 17).

Dass bei der Abwertung weiblicher Führungskräfte auch deren Emotionalisierung eine Rolle spielt, zeigt eine Studie von Sonja Bischoff (2010): Hier sind es nicht nur Männer, sondern auch Frauen, die monieren, weibliche Vorgesetzte seien »zu emotional« und träfen zu viele Entscheidungen »aus dem Bauch« (ebd., S. 200).

Damit sind wir wieder bei der Ambivalenz der Bewertung von Emotionen angelangt, denn in seinem Bestseller »Bauchentscheidungen« bricht Gerd Gigerenzer (2007) eine Lanze für die »Intelligenz des Unbewussten und die Macht der Intuition«. Anknüpfend an die diskursive (Re-)Emotionalisierung von Führung – und diesen Diskurs mit dem der Emotionalisierung des »Weiblichen« verschränkend – werden denn auch seit geraumer Zeit die »Stärken der Frauen« und deshalb »weibliche Führung« als Erfolgsfaktoren propagiert (vgl. Abbildung 3).

Männliches Führungsmodell	Weibliches Führungsmodell
Stil des Problemlösens: rational	**Stil des Problemlösens:** intuitiv und rational
Schlüsseleigenschaften: unemotional, analytisch	**Schlüsseleigenschaften:** einfühlsam

Abbildung 3: Die Renaissance der »Geschlechtscharaktere« im Frauen aufwertenden Führungsdiskurs (Auszug aus: Loden 1988, S. 34 und S. 72).

Auch in neueren Publikationen werden mit Verweis auf Geschlechtsunterschiede in Führungseigenschaften, -verhalten und -erfolg »Die Frau im Chefsessel« (Peters 2004, S. 268 ff.), »Female Ledership« (McKinsey & Company 2010) oder auch »Mixed Leadership« (Fröse / Szebel-Habig 2009) propagiert. Dass es sich bei dieser Aufwertung von »Weiblichkeit« um ein Danaergeschenk sowohl für aufstiegswillige Frauen als auch für gleichstellungspolitisch Engagierte handelt, habe ich an anderer Stelle ausführlicher erläutert (vgl. Krell 2008). Dazu hier nur so viel: »Frauen führen besser« erscheint zwar auf den ersten Blick als hilfreiches Argument zur Begründung der Forderung nach mehr Frauen in Führungspositionen. Aber: Die Aufwertung von »Weiblichkeit« erfolgt um den Preis der Stereotypisierung – bis hin zur Naturalisierung (vgl. z. B. Höhler 2000; Szebel-Habig 2009). Daraus resultieren Erwartungen, die für Frauen als Führungs(nachwuchs)kräfte zu einer Zusatzanforderung und -belastung werden und deren Enttäuschung programmiert ist, sowie schließlich die skizzierte Abwertung und Ausgrenzung derjenigen Frauen, die als »unweiblich« oder »wie Männer« wahrgenommen werden.

Hinzuzufügen ist, dass es empirische »Belege« nicht nur für »Frauen führen besser«, sondern auch für »Frauen führen schlechter« (und auch für »keine Geschlechtsunterschiede«) gibt (vgl. zusammenfassend: Krell 2008; Krell 2011). Aus einer diskursanalytischen Perspektive wird sichtbar, dass hier nicht Unterschiede gemessen werden, sondern durch Selbst- und Fremdbeschreibungen – sowie durch deren Interpretation seitens der Forschenden – Unterscheidungen fabriziert. Dass dabei auch Dominanzverhältnisse und das Interesse an deren Erhaltung eine Rolle spielen, hat nicht nur die Studie von Wippermann gezeigt.[28]

4. Zum Schluss: Verworrene und verwirrende Verhältnisse

Schon, wenn verallgemeinernd »die Gefühle« oder »die Emotionen« betrachtet und bewertet werden, haben wir es im Gefühlsdiskurs mit verworrenen – und auch verwirrenden – Verhältnissen zu tun. Während es im Weberschen Bürokratiemodell um die Ausschaltung oder Ausgrenzung *aller* Gefühle geht, wird in anderen Kontexten versucht, die Orientierung im »Dschungel der Gefühle« (Benard / Schlaffer 1987) zu erleichtern, indem Unterscheidungen gemacht werden: Hirschman (1987) beschreibt, wie versucht wird, zwischen wilden, schädlichen Leidenschaften und bezähmenden, nutzbaren Leidenschaften zu trennen. »Emotionale Intelligenz« soll bewirken, dass die als schädlich erachteten Emotionen ausgefiltert werden, und die als nützlich erachteten ungehindert fließen können. Im aktuellen Managementdiskurs wird verstärkt zwischen »positiven« Emotionen wie bspw. (Selbst-)Vertrauen, Enthusiasmus, Arbeitszufriedenheit, Freude und »negativen« Emotionen wie bspw. Ärger, Neid oder Trauer unterschieden (vgl. dazu auch Sieben / Wettergren 2010, S. 4; Bornheim 2010, S. 64 ff.). Aber auch diese Versuche, eine »ordentliche Dialektik der Gegensätze« herzustellen, erweisen sich als problematisch, wie schon am Beispiel Intuition gezeigt wurde. Auch »Wut« kann als negative und gefährliche, weil unter Umständen Gewalt auslösende Emotion betrachtet werden oder als »*die* Quelle für wirkliche Innovation« (Peters 2004, S. 299, Hervorhebung im Original). Dass »Arbeitszufriedenheit« nicht nur mit positiven Gefühlen und Effekten, sondern auch mit Resignation und Rückzug einhergehen kann, während »Arbeitsunzufriedenheit« nicht nur negative sondern auch positive Effekte haben kann, wird in der Forschung zu diesem Konstrukt schon lange betont (vgl. Bruggemann [u. a.] 1975). Spätestens, dass das Schüren von Angst vor Ar-

---

28 Dazu ausführlicher: Krell (2011).

beitsplatzverlust als Motivator gilt, wirft zudem die Frage auf: »positiv« oder »negativ« für wen?

Im Hinblick auf die Trennung vom Betrieb als Ort des Arbeitens sowie der Rationalität und von Familie und Haushalt als Ort des (Privat-)Lebens sowie der Emotionalität sind wir ebenfalls schon mit vielfach verwobenen und verworrenen Verhältnissen konfrontiert worden. Aber auch hier gibt es noch Steigerungsmöglichkeiten: So arbeitet Hochschild (1998) heraus, dass für Beschäftigte einer »exzellenten« Firma der Arbeitsplatz zum Lebensraum wird, wo sie sich emotional wohlfühlen, wo gelacht und gescherzt wird, und – das gilt vor allem für die Frauen – wo sie sich entspannen und emotionale Anerkennung erfahren, das Heim dagegen zum nach tayloristischen Prinzipen durchrationalisierten Arbeitsplatz. Auch eine in Österreich durchgeführte Befragung von Führungskräften kommt zum Ergebnis einer zunehmenden Versachlichung des Familienlebens und Emotionalisierung des Arbeitslebens (vgl. Kasper [u. a.] 2002). Zu Gegenständen der Arbeitsforschung geworden sind inzwischen nicht nur die »Entgrenzung von Arbeit und Leben« (Gottschall/Voß 2003), sondern auch die »Grenzen der Entgrenzung« (Mayer-Ahuja/Wolf 2005).

Bei Peters & Co. war schon von der Aufhebung der Grenzen zwischen Führenden und Geführten die Rede. Von noch weitergehenden Entgrenzungen zwischen Unternehmer_innen als Kapitalbesitzenden und abhängig Beschäftigten als Lohnarbeitenden zeugen diskursive Fabrikationen wie bspw. der »Intrapreneur« (Pinchot 1986), der »Arbeitskraftunternehmer« (Pongratz/Voß 1999) oder das »unternehmerische Selbst« (Bröckling 2002).[29] Mit dieser Aufzählung habe ich zugegebenermaßen affirmative und kritische Etikettierungen vermischt. Aber, wie wir ebenfalls schon am Beispiel von Peters & Co. gesehen haben, verschwimmen die Grenzen zwischen Kritik und Affirmation (vgl. dazu auch ebd., S. 176; Bröckling 2003).

Verworrenen Verhältnissen sind wir auch schon in Zusammenhang mit Emotionen, Führung und Geschlecht begegnet. Verwirrungen stiftet es, wenn bspw. aufstiegswilligen Frauen in Ratgebern sowohl empfohlen wird, ihre »weiblichen Stärken« zu erkennen und zu entfalten, als auch, »tougher« zu werden und die »Männerspiele« zu erlernen (vgl. dazu Krell 2008). Für Bröckling (2002), der ebenfalls Erfolgsratgeber für Frauen untersucht, sind solche Konfrontationen mit widersprüchlichen Anforderungen »ein durchgängiges Kennzeichen des unternehmerischen Selbst« (ebd., S. 182).

Dort, wo das Androgynie-Konzept Einzug in die Führungsforschung hält, wird zwar die polarisierende Kategorisierung von Eigenschaften und Verhal-

---

29 Bröckling (2002) nimmt eine Abgrenzung von »Arbeitskraftunternehmer« als ein bestimmter Idealtypus und »unternehmerischem Selbst« als inhaltlich unbestimmtem »Gerundivum« vor (vgl. ebd., S. 179).

tensweisen als »maskulin« oder »feminin« beibehalten, aber nicht deren Verkoppelung mit der Geschlechtszugehörigkeit. Das heißt: Sowohl Frauen als auch Männer werden als »undifferenziert«, »maskulin«, »feminin« oder auch »androgyn« fabriziert. Das geschieht sowohl in analytischer Hinsicht (vgl. z. B. Schneidhofer [u. a.] 2011) als auch in normativer Absicht, wenn »androgyne Führung« als Erfolgsfaktor propagiert wird (dazu kritisch: Krell 1999b). Vor diesem Hintergrund muss »Mixed Leadership« oder »androgyne Führung« nicht zwingend einen Mix aus Frauen und Männern bedeuten, sondern könnte auch durch »feminine« oder »androgyne« Männer erfolgen.

Dass die Privilegierung von »weiblicher Führung« keinesfalls gleichbedeutend mit einer Privilegierung von Frauen als Führungskräften ist, hat schon Claudia Weber (1993) betont: am Beispiel der »japanischen Betriebsfamilie«, der ein eher »weibliches« bzw. »mütterliches« Führungsmodell zugeschrieben wird, an deren Spitze aber männliche Führungskräfte stehen. Die aufkommende Kritik »männlicher« und Aufwertung »weiblicher« Führung deutet (nicht nur) diese Autorin »als kaschierten Appell (vorwiegend an den männlichen Managementnachwuchs), sein ›Ego‹ in passender Weise zu modellieren« (ebd., S. 170).

Mit »Gender Trouble«[30] konfrontiert sind wir nicht nur mit Blick auf Führung, sondern grundsätzlicher hinsichtlich des Status' des Mannes als Normalarbeitnehmer und Familienernährer (vgl. z. B. Lengersdorf / Meuser 2011). Davon zeugt auch, dass in Zusammenhang mit der »Erosion des Normalarbeitsverhältnisses« oder auch der Vollerwerbsgesellschaft von einer »Feminisierung von Arbeit« gesprochen wird. Was all das für die Gegenwart und Zukunft der Geschlechterordnung bedeutet, ist einmal mehr Gegenstand von »Deutungskämpfen«.

Literatur

Appelmann, Björn: Führen mit emotionaler Kompetenz, Bielefeld 2009.
Beauvoir, Simone de: Das andere Geschlecht, Reinbek 1968.
Becker-Schmidt, Regina: »Doppelte Vergesellschaftung von Frauen: Divergenzen und Brückenschläge zwischen Privat- und Erwerbsleben«, in: Becker, Ruth / Kortendiek, Beate (Hg.): Handbuch Frauen und Geschlechterforschung, 3. Aufl., Wiesbaden 2010, S. 65–74.
Benard, Cheryl / Schlaffer, Edith: Im Dschungel der Gefühle, Reinbek 1987.
Bischoff, Sonja: Wer führt in (die) Zukunft? Männer und Frauen in Führungspositionen der Wirtschaft in Deutschland, die 5. Studie, Bielefeld 2010.
Bornheim, Nicole: »Organizational Conditions for Positive Emotions in the Workplace –

---

30 So lautet der Originaltitel von Butler (1991).

The Example of Professional Elderly Care«, in: Sieben, Barbara / Wettergren, Åsa (Hg.): Emotionalizing Organizations and Organizing Emotions, New York 2010, S. 63 – 83.

Breuer, Jochen Peter / Frot, Pierre: Das emotionale Unternehmen, Wiesbaden 2010.

Bröckling, Ulrich: »Das unternehmerische Selbst und seine Geschlechter: Gender-Konstruktionen in Erfolgsratgebern«, in: *Leviathan* (30) 2002, S. 175 – 194.

Bröckling, Ulrich: »Der anarchistische Manager: Fluchtlinien der Kritik«, in: Weiskopf, Richard (Hg.): Menschenregierungskünste, Wiesbaden 2003, S. 319 – 333.

Bruggemann, Agnes / Groskurth, Peter / Ulich, Eberhard: Arbeitszufriedenheit, Bern 1975.

Burrell, Gibson: »Sexualität und Organisationsanalyse«, in: Krell, Gertraude / Osterloh, Margit (Hg.): Personalpolitik aus der Sicht von Frauen – Frauen aus der Sicht der Personalpolitik, 2. Aufl., München 1993, S. 122 – 145.

Butler, Judith: Das Unbehagen der Geschlechter, Frankfurt a. M. 1991.

Butler, Judith: Körper von Gewicht, Frankfurt a. M. 1997.

Caruso, David R. / Salovey, Peter: Managen mit emotionaler Kompetenz, Frankfurt a. M. / New York 2005.

Claupein, Erika: »Der Eigen-Wert der Haushaltsökonomie«, in: Jochimsen, Maren A. / Knobloch, Ulrike (Hg.): Lebensweltökonomie in Zeiten wirtschaftlicher Globalisierung, Bielefeld 2006, S. 47 – 63.

Conrad, Peter: »Managementrolle: Emotionsarbeiter«, in: Staehle, Wolfgang H. (Hg.): Handbuch Management, Wiesbaden 1991, S. 411 – 445.

Cornils, Doris / Rastetter, Daniela: »›…und schon gar nicht Tränen einsetzen‹: Gender, Emotionsarbeit und Mikropolitik im Management«, in: Krell, Gertraude / Rastetter, Daniela / Reichel, Karin (Hg.): GESCHLECHT MACHT KARRIERE IN ORGANISATIONEN, Berlin 2012, S. 157 – 178.

Diaz-Bone, Rainer / Krell, Gertraude: »Einleitung: Diskursforschung und Ökonomie«, in: Diaz-Bone, Rainer / Krell, Gertraude: Diskurs und Ökonomie, Wiesbaden 2009, S. 9 – 34.

Dreyfus, Hubert L. / Rabinow, Paul: Michel Foucault, 2. Aufl., Weinheim 1994.

Fineman, Stephen: »Organizations as Emotional Arenas«, in: Fineman, Stephen: Emotion in Organizations, London 1993, S. 9 – 35.

Fineman, Stephen: »Emotion in Organization – A Critical Turn«, in: Sieben, Barbara / Wettergren, Åsa (Hg.): Emotionalizing Organizations and Organizing Emotions, New York 2010, S. 23 – 41.

Foucault, Michel: Überwachen und Strafen, Frankfurt a. M. 1976.

Foucault, Michel: Archäologie des Wissens, Frankfurt a. M. 1981.

Foucault, Michel: Der Wille zum Wissen. Sexualität und Wahrheit 1, Frankfurt a. M. 1983.

Foucault, Michel: »Das Subjekt und die Macht«, in: Dreyfus, Hubert L. / Rabinow, Paul: Michel Foucault, 2. Aufl., Weinheim 1994, S. 243 – 261.

Frey, Bruno / Osterloh, Margit: »Sanktion oder Seelenmassage? Motivationale Grundlagen der Unternehmensführung«, in: *Die Betriebswirtschaft* (57) 1997, S. 307 – 321.

Fröse, Marlies W. / Szebel-Habig, Astrid (Hg.): Mixed Leadership: Mit Frauen in die Führung!, Bern [u. a.] 2009.

Gaugler, Eduard / Oechsler, Walter A. / Weber, Wolfgang (Hg.): Handwörterbuch des Personalwesens, 3. Aufl., Stuttgart 2004.

Gigerenzer, Gerd: Bauchentscheidungen. Die Intelligenz des Unbewussten und die Macht der Intuition, München 2007.

Gmür, Markus: »Was ist ein ›idealer Manager‹ und was ist eine ›ideale Managerin‹? Geschlechtsrollenstereotypen und ihre Bedeutung für die Eignungsbeurteilung von Männern und Frauen in Führungspositionen«, in: *Zeitschrift für Personalforschung* (18) 2004, S. 396–417.

Goleman, Daniel: Emotionale Intelligenz, München 1997.

Goleman, Daniel: Der Erfolgsquotient, München 1999.

Goleman, Daniel / Boyatzis Richard / McKee, Annie: Emotionale Führung, München 2002.

Gottschall, Karin / Voß, G. Günter (Hg.): Entgrenzung von Arbeit und Leben, München 2003.

Gutenberg, Erich: Grundlagen der Betriebswirtschaftslehre (Die Produktion), Bd. 1, Berlin 1951.

Hausen, Karin: »Die Polarisierung der ›Geschlechtscharaktere‹ – Eine Spiegelung der Dissoziation von Erwerbs- und Familienleben«, in: Conze, Werner (Hg.): Sozialgeschichte der Familie in der Neuzeit Europas, Stuttgart 1976, S. 363–393.

Hausen, Karin: »Wirtschaften mit der Geschlechterordnung. Ein Essay«, in: Hausen, Karin (Hg.): Geschlechterhierarchie und Arbeitsteilung, Göttingen 1993, S. 40–67.

Hausen, Karin: Geschlechtergeschichte als Gesellschaftsgeschichte, Göttingen 2012.

Hirschman, Albert O.: Leidenschaften und Interessen, Frankfurt a. M. 1987.

Hochschild, Arlie R.: Das gekaufte Herz, Frankfurt a. M. / New York 1990.

Hochschild, Arlie R.: »Der Arbeitsplatz wird zum Zuhause, das Zuhause zum Arbeitsplatz«, in: *Harvard Business Manager* (20) 1998, S. 29–41.

Höhler, Gertrud: Wölfin unter Wölfen, München 2000.

Holtfort, Thomas: Emotionsökonomie, Lohmar / Köln 2010.

Höpfl, Heather / Linstead, Steve: »Passion and Performance. Suffering and the Carrying of Organizational Roles«, in: Fineman, Stephen (Hg.): Emotion in Organizations, London 1993, S. 76–93.

Jäger, Margarete / Jäger Siegfried: Deutungskämpfe. Theorie und Praxis kritischer Diskursanalyse, Wiesbaden 2007.

Kasper, Helmut / Scheer Peter J. / Schmidt, Angelika: Managen und Lieben: Führungskräfte im Spannungsfeld zwischen Beruf und Privatleben, Frankfurt a. M. / Wien 2002.

Krell, Gertraude: Das Bild der Frau in der Arbeitswissenschaft, Frankfurt a. M. / New York 1984.

Krell, Gertraude: Vergemeinschaftende Personalpolitik, München / Mering 1994.

Krell, Gertraude: »Geschichte der Personallehren«, in: Lingenfelder, Michael (Hg.): 100 Jahre Betriebswirtschaftslehre in Deutschland, München 1999a, S. 125–139.

Krell, Gertraude: »Androgynie, Management, Personalpolitik: Androgyne Führungskräfte und / oder Organisationen als Erfolgsfaktor«, in: Bock, Ulla / Alfermann, Dorothe (Hg.): Androgynie. Vielfalt der Möglichkeiten (Querelles – Jahrbuch für Frauenforschung 1999), Stuttgart 1999b, S. 173–182.

Krell, Gertraude: »Die Ordnung der ›Humanressourcen‹ als Ordnung der Geschlechter«, in: Weiskopf, Richard (Hg.): Menschenregierungskünste, Wiesbaden 2003, S. 65–90.

Krell, Gertraude: »Arbeitnehmer, weibliche«, in: Gaugler, Eduard / Oechsler, Walter A. / Weber, Wolfgang (Hg.): Handwörterbuch des Personalwesens, 3. Aufl., Stuttgart 2004, S. 112–120.

Krell, Gertraude: »›Vorteile eines neuen, weiblichen Führungsstils‹: Ideologiekritik und Diskursanalyse«, in: Krell, Gertraude (Hg.): Chancengleichheit durch Personalpolitik, 5. Aufl., Wiesbaden 2008, S. 319–330.

Krell, Gertraude: »Gender Marketing: Ideologiekritische Diskursanalyse einer Kuppelproduktion«, in: Diaz-Bone, Rainer / Krell, Gertraude (Hg.): Diskurs und Ökonomie, Wiesbaden 2009, S. 203–224.

Krell, Gertraude: »Geschlechterungleichheiten in Führungspositionen«, in: Krell, Gertraude / Ortlieb, Renate / Sieben, Barbara (Hg.): Chancengleichheit durch Personalpolitik, 6. Aufl., Wiesbaden 2011, S. 403–422.

Krell, Gertraude: »Wie und mit welchen Machtwirkungen werden Wirtschaft(ende) und Arbeit(ende) fabriziert? – Inspektionen von Ökonomie aus diskurs- und dispositivanalytischen Perspektiven«, in: Maeße, Jens (Hg.): Ökonomie, Diskurs, Regierung: Interdisziplinäre Perspektiven, Wiesbaden 2013, S. 213–239.

Krell, Gertraude / Weiskopf, Richard: »Leidenschaften als Organisationsproblem«, in: Schreyögg, Georg / Sydow, Jörg (Hg.): Emotionen und Management (Managementforschung 11), Wiesbaden, 2001, S. 1–45.

Krell, Gertraude / Weiskopf, Richard: Die Anordnung der Leidenschaften, Wien 2006.

Lengersdorf, Diana / Meuser, Michael: »Karriereverläufe von Männern in unsicheren Zeiten – Hegemoniale Männlichkeit am Ende?«, in: *Freie Assoziation* (14 / 3 + 4) 2011, S. 57–73.

Link, Jürgen: »Diskursanalyse unter besonderer Berücksichtigung von Interdiskurs und Kollektivsymbolik«, in: Keller, Reiner / Hirseland, Andreas / Schneider, Werner / Viehöver, Willy (Hg.): Handbuch Sozialwissenschaftliche Diskursanalyse, Band 1: Theorien und Methoden (2. aktualisierte und erweiterte Aufl.), Wiesbaden 2006, S. 407–430.

Loden, Marylin: Als Frau im Unternehmen führen – Feminine Leadership, Freiburg 1988.

Mayer-Ahuja, Nicole / Wolf, Harald (Hg.): Entfesselte Arbeit – neue Bindungen: Grenzen der Entgrenzung in der Medien- und Kulturindustrie, Berlin 2005.

McKinsey & Company: Women Matter 3: Women Leaders, a Competitive Edge after the Crisis, 2010, verfügbar unter: www.mckinsey.de/html/publikationen/women_matter [1.3.2011].

Menges, Jochen / Eberbach, Lydia / Welling, Christian (Hg.): Erfolgsfaktor Emotionales Kapital, Bern 2008.

Michalitsch, Gabriele: Die neoliberale Domestizierung des Subjekts, Frankfurt a. M. / New York 2006.

Neckel, Sighart: »Emotion by Design«, in: *Berliner Journal für Soziologie* (15) 2005, S. 419–430.

Neuberger, Oswald: »Der Mensch ist Mittelpunkt. Der Mensch ist Mittel. Punkt. Acht Thesen zum Personalwesen«, in: *Personalführung* (23 / 1) 1990, S. 3–10.

Ortmann, Günther: »Emotion und Entscheidung«, in: Schreyögg, Georg / Sydow, Jörg (Hg.): Emotionen und Management (Managementforschung 11), Wiesbaden 2001, S. 277–323.

Ortmann, Günther: Organisation und Welterschließung. Dekonstruktionen, Wiesbaden 2003.

Ouchi, William G.: Theory Z. How American Business Can Meet the Japanese Challenge, Reading, Massachusetts 1981.

Pascale, Richard T. / Athos, Anthony G.: The Art of Japanese Management. Applications for American Executives, New York 1982.
Peters, Thomas J. / Austin, Nancy: Leistung aus Leidenschaft, Hamburg 1986.
Peters, Tom / Waterman, Robert: Auf der Suche nach Spitzenleistungen, Landsberg a. L. 1984.
Peters, Tom: Re-Imagine: Spitzenleistungen in chaotischen Zeiten, Starnberg 2004.
Pinchot, Gifford: Intrapreneuring: Why You Don't Have to Leave the Corporation to Become an Entrepreneur, 2. Aufl., New York 1986.
Pines, Ayla M. / Aronson, Elliot / Kafry, Ditsa: Ausgebrannt, 3. Aufl., Stuttgart 1987.
Pongratz, Hans J. / Voß, G. Günter: »Vom Arbeitnehmer zum Arbeitskraftunternehmer. Zur Entgrenzung der Ware Arbeitskraft«, in: Minssen, Heiner (Hg.): Begrenzte Entgrenzungen. Wandlungen von Organisation und Arbeit, Berlin 1999, S. 225–247.
Rastetter, Daniela: Sexualität und Herrschaft in Organisationen, Opladen 1994.
Rastetter, Daniela: Zum Lächeln verpflichtet: Emotionsarbeit im Dienstleistungsbereich, Frankfurt a. M. / New York 2008.
Sarasin, Philipp: Reizbare Maschinen: Eine Geschichte des Körpers 1756–1914, Frankfurt a. M. 2001.
Sarasin, Philipp: Geschichtswissenschaft und Diskursanalyse, Frankfurt a. M. 2003.
Schein, Virginia E. / Davidson, Marilyn J.: »Think Manager, Think Male«, in: *Management Development Review* (6 / 3) 1993, S. 24–28.
Schneidhofer, Thomas M. / Schiffinger, Michael / Mayrhofer, Wolfgang: »Ein altes Spiel mit neuen Regeln? Karrieren, Gender und mikropolitische Taktiken aus einer Bourdieu'schen Perspektive«, in: *Freie Assoziation* (14 / 3+4) 2011, S. 133–154.
Sieben, Barbara: Management und Emotionen, Frankfurt a. M. / New York 2007.
Sieben, Barbara / Wettergren, Åsa: »Emotionalizing Emotions and Organizing Emotions – Our Reserach Agenda«, in: Sieben, Barbara / Wettergren, Åsa: Emotionalizing Emotions and Organizing Emotions, Houndsmills 2010, S. 1–20.
Staehle, Wolfgang H.: »Die Stellung des Menschen in neueren betriebswirtschaftlichen Theoriesystemen«, in: *Zeitschrift für Betriebswirtschaft* (45) 1975, S. 713–724.
Steyrer, Johannes: »Charisma in Organisationen«, in: Schreyögg, Georg / Sydow, Jörg (Hg.): Führung neu gesehen (Managementforschung 9), Berlin / New York 1999, S. 143–197.
Szebel-Habig, Astrid: »Mixed Leadership: eine Kosten-Nutzen-Analyse«, in: Fröse, Marlies W. / Szebel-Habig, Astrid (Hg.): Mixed Leadership: Mit Frauen in die Führung!, Bern 2009, S. 59–83.
Taylor, Frederick W.: Die Grundsätze wissenschaftlicher Betriebsführung, München / Berlin 1919.
Türk, Klaus: »Von ›Personalführung‹ zu ›Politischer Arena‹? Überlegungen angesichts neuerer Entwicklungen in der Organisationsforschung«, in: Wiendieck, Gerd / Wiswede, Günter (Hg.): Führung im Wandel, Stuttgart 1990, S. 53–87.
Vogel, Ingo: Das Lust-Prinzip. Emotionen als Karrierefaktor, 2. Aufl., Offenbach 2008.
Wächter, Hartmut: Einführung in das Personalwesen, Herne / Berlin 1979.
Wächter, Hartmut: »Zur Kritik an Peters und Waterman«, in: *Die Betriebswirtschaft* (45) 1985, S. 604–611.
Weber, Claudia: »Die Zukunft des Clans. Überlegungen zum japanischen Organisationstyp und Managementstil«, in: Krell, Gertraude / Osterloh, Margit (Hg.): Perso-

nalpolitik aus der Sicht von Frauen – Frauen aus der Sicht der Personalpolitik, 2. Aufl., München 1993, S. 148–172.
Weber, Max: Die Protestantische Ethik (hrsg. von Johannes Winkelmann), Hamburg 1975 [1904 / 05].
Weber, Max: Politik als Beruf, Stuttgart 2002 [1919].
Weber, Max: Wissenschaft als Beruf, 6. Aufl., Berlin 1967 [1919].
Weber, Max: Wirtschaft und Gesellschaft, Tübingen 1922.
Weiskopf, Richard (Hg.): Menschenregierungskünste, Wiesbaden 2003.
Wippermann, Carsten: Frauen in Führungspositionen. Barrieren und Brücken (Bundesministerium für Familie, Senioren, Frauen und Jugend), Berlin 2010.
Wodak, Ruth: »›Von Wissensbilanzen und Benchmarking‹: Die fortschreitende Ökonomisierung der Universitäten. Eine Diskursanalyse«, in: Diaz-Bone, Rainer / Krell, Gertraude (Hg.): Diskurs und Ökonomie, Wiesbaden 2009, S. 317–335.

Abbildungen

Abbildung 1: Die »Polarisierung der ›Geschlechtscharaktere‹«, in: Hausen 1976, S. 368.
Abbildung 2: Zusammenstellung der Zuschreibungen, in: Krell 1984, S. 86.
Abbildung 3: Die Renaissance der »Geschlechtscharaktere« im Frauen aufwertenden Führungsdiskurs, in: Loden 1988, S. 34 und S. 72.

Anne Kwaschik

Folter in der Republik?
Gewalt, rechtsstaatliche Ordnung und »emotionale Navigation« in der Auseinandersetzung liberaler Demokratien mit dem Terrorismus[1]

»›Folter‹ kommt in der Bundesrepublik Deutschland und in den meisten europäischen Staaten in der Gegenwart praktisch nicht vor« – hieß es Ende der 1980er Jahre in den didaktischen Überlegungen zur Behandlung des Themas »Folter« in den Klassen 9 und 10 im Fach Sozialkunde. Das »Dilemma« des Themas ist die »Distanz der Erfahrungen der Schüler in ihrem Alltag zu den Ereignissen in fernen Ländern«.[2] Unbestritten gehört »Folter« nicht zum Alltag bundesdeutscher Schüler, doch sie findet nicht nur in »fernen Ländern« statt. Im Zeitalter des »war of terror« ist dies seit der mit den Bombenanschlägen des 11. September 2001 verbundenen Enttabuisierung des Nachdenkens über Folter im Rechtsstaat offensichtlicher geworden. Aber »Folter« war in den westeuropäischen Demokratien auch zuvor bereits ein »Dispositiv von Macht« – als Bestandteil der Dekolonisierungskriege und in den Auseinandersetzungen mit dem »Terrorismus«.[3] Viel mehr als eine historische Realität transportieren die didaktischen Überlegungen der 1980er Jahre das für eine historische Annäherung an das Thema grundlegende Paradox von der theoretischen und ideellen Setzung der Unvereinbarkeit von Demokratie und Folter bei gleichzeitigem Rekurs auf diese Gewaltpraktiken.[4]

Der folgende Artikel setzt bei diesem Paradox an und ändert im Ausgang von Erklärungsversuchen zu seiner Genese die Fragerichtung. Er fragt nach dem historischen Selbstverständnis der modernen westlichen Demokratien, wie es sich in der Krise der 1970er Jahre zeigt. Die Auseinandersetzung mit der »Folter«

---

1 Zum Begriff der »emotionalen Navigation« im Rückgriff auf William M. Reddy 2001 siehe das Ende der Einleitung.
2 Scherer 1991, S. 234.
3 »Terrorismus« wird hier und im Folgenden als Zeitbegriff benutzt – im Rahmen der Definitionsvorschläge von Waldmann 2005.
4 Ich danke den Teilnehmerinnen und Teilnehmern des Hauptseminars »Demokratie und Folter« am Friedrich-Meinecke-Institut der Freien Universität Berlin, die mit ihren engagierten Diskussionen und Überlegungen im Sommersemester 2011 die Ideen des Artikels vorangebracht haben.

wird als Teil eines Selbstverständigungsprozesses aufgefasst, dessen Movens in der Auseinandersetzung mit dem Terrorismus als einer Form eruptiver politischer Gewalt »von innen« analysierbar ist. Der Fokus der Analyse liegt auf den Selbstverteidigungsstrategien der staatlichen Akteure in der Reaktion auf den Folter-Vorwurf. Der Folter-Vorwurf wird dabei nicht in seiner gesellschaftlich-politischen Relevanz wahrgenommen, sondern – wie zu zeigen sein wird – als eine Form der emotionalisierenden Diskurstaktik, auf die die demokratischen Rechtsstaaten mit Strategien der Rationalisierung reagieren. Er ist Teil einer sozialen Interaktion zwischen Staat und Terroristen, in der zentrale Bedeutungs- und Sinnzuschreibungen der politischen Ordnung verhandelt werden.

In Frage gestellt wurden mit dem Folter-Vorwurf Grundelemente liberaler Selbstverständigung, wie die zivilgesellschaftliche Organisation des öffentlichen Raums und die rational-moralische Entscheidungsfindung in Demokratien. Im ersten Teil des Artikels wird deshalb versucht, mit dem Verweis auf die Konsequenzen des rationalistischen Konstruktionsmechanismus von Demokratie und Rechtsstaat die Frage zu beantworten, warum es so schwierig ist, über Demokratie und Folter zu sprechen. In einem zweiten Schritt werden in Form einer Konfrontationsgeschichte Stationen der Auseinandersetzung der 1970er Jahre mit einem Ausblick auf den »war of terror« vorgestellt. An den Reaktionen der Akteure wird zu zeigen sein, dass der Folter-Vorwurf eine strukturelle Selbsttäuschung der Demokratien offenlegt, deren Ort nur unter Einbeziehung von Emotionen und politischen Leidenschaften in die Geschichte der »inneren Sicherheit« zu bestimmen ist.

Versteht man, den klassischen Überlegungen von Peter Waldmann folgend, das Verhältnis von Staat und Terrorismus in diesem Sinne als eines der Kommunikation im Zeichen der Provokation der Macht, ist die Geschichte der »inneren Sicherheit« der 1970er Jahre in hohem Maße betroffen von den Überlegungen zur Rolle von Emotionen in der Politik. Terroristische Angriffe zielen in politischer Absicht direkt auf das Gewaltmonopol des Staates und die bestehende Ordnung. Der besondere Charakter dieser unvorhersehbaren politischen Gewalttaten liegt in der psychischen Wirkung weit über die direkt physisch Betroffenen hinaus. Sie sollen als Terrorakte den Staat provozieren und das Vertrauen in seine Schutzmacht untergraben, Angst verbreiten und auf Seiten der Bevölkerung Unterstützungsbereitschaft erzeugen.[5]

Auf staatlicher Seite werden innerhalb dieser Gewaltspirale Freiheitsrechte eingeschränkt und in der Anti-Terrorgesetzgebung der westlichen Demokratien koloniale Gewaltpraktiken und Logiken des kriegsrechtlichen Ausnahmezustands für den Bereich der inneren Sicherheit mobilisiert. Rechtsstaatlichkeit wird dabei, wie Gabriele Metzler kürzlich überzeugend argumentiert hat, nicht

---

5 Waldmann 2005, S. 12–16.

abgebildet, sondern in den Begriffen des *performative turn* erzeugt.[6] Diese prozessuale Sicht auf moderne Staatlichkeit[7] macht auch diese zu einem Bestandteil der politischen Kommunikation in der Auseinandersetzung mit dem Terrorismus.

Grundsätzlich handelt es sich bei dieser Auseinandersetzung um eine komplexe und medial generierte Kommunikationsspirale, für deren Konzeptualisierung sich das Koordinatensystem der »*emotives*« von William Reddy anbietet. Reddys Konzept, das in Fortführung der Sprechakttheorie die historische Bedeutung von Emotionen über ihren sprachlichen und kommunikativen Ausdruck – »the navigation of feeling« – bestimmt,[8] fokussiert den modernen öffentlichen Raum, wie er in der Französischen Revolution entsteht. Er betont den geformten Handlungs- und Selbsterkundungscharakter von Emotionen, gesteht ihnen den Status von Normativität zu und deutet dies auch für den Bereich der politischen Kommunikation an. Trotz aller und zum Teil durchaus berechtigter Kritik an der Konstruktion emotionshistorischer Dominanz,[9] erlaubt es diese Konstruktion in besonderem Maße, Konfliktpotentiale und Gewaltsituationen zu beschreiben. Denn bei Reddy wird ein »Set von Emotionen« als »offizielle Rituale, Praktiken und *emotives*, die diese ausdrücken und einprägen«, zur »[...] Grundlage jeder stabilen politischen Ordnung«.[10] Setzt man diese Normativität voraus und versteht sie – im Übrigen ebenso wie Reddy – als grundsätzlich verhandelbar, gewinnen die Auseinandersetzungen der 1970er Jahre auch in emotionshistorischer Perspektive Kontur als Problematisierung zentraler politischer Semantiken, Praktiken und Institutionen.

---

6 Metzler 2012.
7 Krasmann / Martschukat 2007.
8 Die dynamischere Metapher der Navigation ersetzt dabei die Vorstellung eines zielgerichteten emotionalen Managements, vgl. Reddy 2001, S. 122.
9 Diese Diskussion hat vor allem eine epochale Pointe, vgl. die Rezension der Mediävistin Barbara Rosenwein sowie ihr Konzept der »emotional communities«, das seinerseits aus der Analyse frühmittelalterlicher Gruppenzugehörigkeiten resultiert. Rosenwein 2002; 2006. Vermittelnd bleibt festzuhalten, dass die Einführung relationaler Kategorien in die Emotionsgeschichte wünschenswert ist (hier die Zugehörigkeit zu verschiedenen und z.T. nicht klar abgrenzbaren Gemeinschaften), dies aber nur eine Verschiebung in der Analyse von Dominanz- und Machtstrukturen in ihrer Spezifik sein kann.
10 Reddy 2001, S. 129.

1. Liberale Selbstverortungen: Der öffentliche Raum, die deliberative Entscheidungsfindung und die Rationalität rechtsstaatlichen Handelns

Die Überwindung der Folter gehört in Folge der Diskussionen der Aufklärung zu den integralen Bestandteilen des normativen Selbstverständnisses moderner Demokratien. Seit den 1980er Jahren ist die angenommene Distanz zwischen Demokratie und Folter zwar deutlich geringer geworden. Die Ereignisse des 11. September 2001 und der »Krieg gegen den Terror« haben in weltweitem Maßstab das Verhältnis neu bestimmt, als dessen »globale Ikone« die Folterbilder des Kapuzenmanns von Abu Ghraib aus dem Jahr 2003 gelesen werden kann.[11] Dennoch scheint das Zusammendenken von Demokratie und Folter auf ein strukturelles Paradoxon zu verweisen. »Folter« evoziert das Bild der mittelalterlichen Inquisition – oder auch in der Moderne der Gefängniszellen lateinamerikanischer Diktaturen – nicht aber das moderner westeuropäischer Demokratien. Der vehementeste Anwalt einer situationsgebundenen Angemessenheit bzw. Notwendigkeit von Folter in der Bundesrepublik, der Heidelberger Jurist Winfried Brugger, versteht diese Unvereinbarkeit als »Tabu« und erklärt in dekonstruktivistischer Absicht: »Ein Tabu ist eine hohe emotionale Hürde... Die hohe emotionale Hürde darf aber nicht unüberwindbar sein, dann würde sie nämlich das Denken ausschalten.«[12]

Die Rede vom »emotionalen Tabu« verweist auf Grundsätzliches, Unbewusstes oder Verdrängtes, verkennt aber, dass sich in den Kontroversen über die rechtliche Verfassung der politischen Gemeinwesen das »moralisch-praktische Selbstverständnis der Moderne im ganzen« artikuliert, wie Jürgen Habermas in seinen demokratietheoretischen Überlegungen überzeugend darlegt.[13] Die Kategorie des Rechts als einer der »Vermittlung zwischen Faktizität und Geltung« ist zentral für eine kommunikativ-handlungsorientierte Auslotung von gesellschaftlichen Realitäten, Normen, Lebenswelten und institutionellen Autoritäten.[14] Sie bezeichnet auch für die Frage nach dem Verhältnis von Folter und Demokratie in der Auseinandersetzung mit dem Terrorismus den entscheidenden Modus der Auseinandersetzung und in diesem Sinne eine zentrale Analysekategorie.

Auf den ersten Blick ist die Frage nach dem Selbstverständnis der Demo-

---

11 Der Begriff nach Haustein 2008. Vgl. für eine Veröffentlichung der Bilder, die Fotogalerie des Spiegels, verfügbar unter: http://www.spiegel.de/fotostrecke/photo-gallery-the-abu-ghraib-pictures-fotostrecke-29031.html. [1.7.2012].
12 So Brugger im Rahmen der am 28. Juni 2001 geführten Podiumsdiskussion des Humboldt-Forums, Brugger / Grimm / Schlink, HFR 2002, S. 45 ff.
13 Habermas 1992, S. 11.
14 Ebd., S. 33 ff.

kratien leicht zu beantworten, denn das »Folter-Tabu« ist Bestandteil des internationalen Rechts. Die »Allgemeine Erklärung der Menschenrechte« von 1948 legte in Artikel fünf unmissverständlich fest: »Niemand darf der Folter oder grausamer, unmenschlicher oder erniedrigender Behandlung oder Strafe unterworfen werden.« Die »Europäische Konvention zum Schutze der Menschenrechte und Grundfreiheiten« übernahm 1950 den Wortlaut und machte die Regelung in Art. 15 Abs. 2 »notstandsfest«. Nach der Rechtsprechung gilt das Folterverbot absolut und ausnahmslos.[15] In vertraglicher, völkerrechtlicher und bis heute verbindlicher Weise regelt die Antifolterkonvention von 1984 das Folter-Verbot, das 1994 auch von den USA ratifiziert und in das Strafgesetzbuch der USA aufgenommen wurde:[16]

> »Im Sinne dieses Übereinkommens bezeichnet der Ausdruck ›Folter‹ jede Handlung, durch die einer Person vorsätzlich große körperliche oder seelische Schmerzen oder Leiden zugefügt werden, zum Beispiel um von ihr oder einem Dritten eine Aussage oder ein Geständnis zu erlangen, um sie für eine tatsächlich oder mutmaßlich von ihr oder einem Dritten begangene Tat zu bestrafen oder um sie oder einen Dritten einzuschüchtern oder zu nötigen, oder aus einem anderen, auf irgendeiner Art von Diskriminierung beruhenden Grund, wenn diese Schmerzen oder Leiden von einem Angehörigen des öffentlichen Dienstes oder einer anderen in amtlicher Eigenschaft handelnden Person, auf deren Veranlassung oder mit deren ausdrücklichem oder stillschweigendem Einverständnis verursacht werden.«[17]

Ex negativo zeigt die Definition, dass mit dem Folter-Vorwurf zentrale Bereiche des Selbstverständnisses moderner Demokratien betroffen wären. *Erstens* wird Menschen im Widerspruch zur Annahme eines zivilen und humanen Umgangs miteinander Schmerz zugefügt. Mit der Finalität dieses Vorgehens wird *zweitens* seine Vorsätzlichkeit unterstellt und der Täter wird *drittens* im Sinne staatlicher Gewalt qualifiziert. Folter scheint eine repressive institutionelle Beziehung zwischen Staat und Individuum vorauszusetzen, die der gefestigten Rechtsposition des Individuums im demokratischen Strafrechtsprozess zuwiderläuft, in dem eine Kommunikation mit den Organen als Individuum stattfindet. Rechtshistorisch war es nicht zuletzt die gegenüber der Staatsgewalt ethisch und religiös aufgewertete Rolle des Individuums, die zur Abschaffung der Folter führte.[18] Die Anwendung von Folter widerspricht den ideellen und rhetorischen Grundannahmen moderner Demokratien, wie sie sich in der Verankerung ex-

---

15 Zur Diskussion, vgl. Weilert 2009, S. 59 ff.
16 United States Criminal Code, Titel 18, Sections 1340–1340 A, URL: http://uscode.house.gov/download/pls/18C113C.txt. [16.7.2012].
17 Der vollständige Titel ist: Übereinkommen gegen Folter und andere grausame, unmenschliche oder erniedrigende Behandlung oder Strafe vom 10.12.1984. Resolution 39/46 der Generalversammlung der UNO. In Kraft getreten am 26.06.1987.
18 So argumentiert Schmoeckel 2000, S. 589 ff.

pliziter Persönlichkeitsrechte zeigt. Dazu gehören neben der Garantie der Menschenwürde das Recht auf körperliche Unversehrtheit und das in den Zivil- und Strafprozessordnungen verankerte Recht auf Auskunfts- oder Zeugnisverweigerung, das dem Aussagenden das Recht zur Verweigerung von solchen Aussagen gibt, die ihm oder einem Angehörigen die Gefahr zuziehen würde, wegen einer Straftat oder einer Ordnungswidrigkeit verfolgt zu werden.[19]

»Folter« betrifft – und darin liegt das produzierte Spannungspotential – in höchstem Maße das Verhältnis von Staat und Individuum und unterstellt, dass es ein verobjektivierendes wäre, in dem Folter als »Machtmittel gegen innere und äußere Differenz« seinen Platz hätte.[20] Als Inbegriff einer barbarischen Anti-Moderne verbindet der Folter-Vorwurf alles, was die Moderne überwunden zu haben glaubt, im Bild von staatlichen Gewaltpraktiken, die die Freiheitsrechte des Individuums negieren und nicht von rationalen Erwägungen geleitet wären. In dieser Wahrnehmung verweist die ideelle Unvereinbarkeit von Demokratie und Folter auf die Unvereinbarkeit von Politik und Emotion in der Moderne. Diese Entgegensetzung war kategorial organisiert. Politik und Emotion wurden theoretisch auseinanderdividiert und gegeneinander gedacht.[21] Eingeordnet in ein modernisierungstheoretisches Koordinatensystem sollten Emotionen als Ausdruck von Irrationalität und Unvorhersehbarkeit unter die Herrschaft der Vernunft gebracht werden. Gleichwohl war ihr Status von der klassisch-aufklärerischen Dialektik bestimmt, waren sie doch auch in der Politik schon immer abwesend und omnipräsent zugleich – und dies auch in den klassischen Texten der Modernisierungstheorien.[22] Emotionen haben auch in der so genannten Moderne nicht nur Entscheidungen beeinflusst, sondern waren Grundlage für Kategorien und Instrumente politischen Handelns und der Organisation politischer Ordnungen, wie inzwischen die Ergebnisse der Emotionsgeschichte andeuten.[23]

Die beiden Handlungs- und Erfahrungsräume zusammenzudenken und miteinander zu konfrontieren bedeutet, das reflexiv-kritische Potential zu nutzen, das aus der Einsicht in ihre dichotomisch organisierte Genese resultiert. Denn dass die Vielzahl der politisch-sozialen Grundbegriffe im Auseinanderdenken von Politik und Emotion im Rahmen eines größeren Modernisie-

---

19 Vgl. für die Bundesrepublik Art. 1 Abs. 1 GG; Art. 2 Abs. 2 GG; § 384 ZPO; § 55 StPO.
20 Vgl. diesen ersten Definitionsvorschlag in transepochaler Hinsicht bei Burschel / Distelrath / Lemke 2000, S. 9.
21 In der Konsequenz wurden in emotionshistorischen Studien politische Dimensionen zunächst weniger berücksichtigt, eine Ausnahme waren gendertheoretische Arbeiten, vgl. z. B. Jaggar 1989.
22 Vgl. zu dieser Diskussion für Weber Schützeichel 2010, für Elias immer noch Kolesch 2006. Vgl. für eine Illustration auch ihren Artikel in diesem Band.
23 Vgl. hierfür den Forschungsüberblick von Hitzer 2011.

rungskonzepts geformt und semantisch grundiert wurde, hat durchaus Konsequenzen für die Konstruktion von politischen Öffentlichkeiten, die Beschreibung gesellschaftlicher Partizipation und die Organisation von Handlungsräumen in gesellschaftlichen Aushandlungsprozessen.

Die modernen Demokratietheorien partizipieren an diesen Prozessen und sind dadurch geprägt. Es ist inzwischen von verschiedenen Seiten moniert worden,[24] dass der liberale Rationalismus das affektive Potential politischer Ordnungen und damit auch der Demokratie, das doch nicht zuletzt in Identifikationsprozessen begründet wäre, aus dem Blick verloren hat:

> »Indem sie den Akzent entweder auf die rationale Kalkulation von Interessen (aggregatives Modell) oder auf moralische Überlegungen (deliberatives Modell) setzt, ist die gegenwärtige demokratische politische Theorie außerstande, die Rolle der ›Leidenschaften‹ zu erkennen, und für Konfrontationen mit ihren diversen Manifestationen nicht gewappnet.«[25]

Auch die in diesen Kontexten für die postindustrielle Gesellschaft entwickelte Idee, dass der demokratische Staat ein Staat ohne innere Feinde sei, in dem Staat und Regierung als Partner der Zivilgesellschaft Meinungsverschiedenheiten durch Dialog überwinden, macht diesen angreif- und verwundbar.[26] Für die Erklärung von politisch agierenden Gewaltgruppen bleibt nur die Interpretation im Sinne aufklärerischer Dialektik als Wiederkehr archaischer Mächte, wie sie sich auch in der Rede von der »Wiederkehr der Folter« zeigt.[27] Die Analyse des Terrorismus und der Anwendung von Folter zu seiner Bekämpfung fördert hier die Gefahr der Selbsttäuschung zutage, wie sie den rationalistischen Deutungen zugrunde liegt. Wenn Formen politischer Gewalt aus der Definition von Demokratie ausgeschlossen sind, wird der Umgang mit ihnen nicht nur zur theoretischen Ausnahmesituation. Es fehlen auch politische Kategorien der Auseinandersetzung, wie die Politikwissenschaftlerin Chantal Mouffe beobachtet hat. Diese erfolge – und auch dafür ist die Semantik des Folter-Vorwurfs signifikant – zunehmend im »moralischen Register«.[28]

Entscheidend für diese Selbsttäuschung ist der innerhalb der rationalistischen Interpretation von liberalen Demokratien hergestellte Zusammenhang von Rechtsstaat und Demokratie, den kaum jemand expliziter formuliert hat als Jürgen Habermas in seiner Theorie des kommunikativen Handelns. Habermas

---

24 Vgl. insbesondere auch zur geschlechtergeschichtlichen Bedeutung dieser Prozesse den Beitrag von Birgit Sauer in diesem Band.
25 Mouffe 2007, S. 35.
26 Giddens 1997.
27 Beestermöller / Brunkhorst 2006.
28 Mouffe 2007, S. 95 ff.

erklärt ihn zu einem der gegenseitigen Bedingtheit, bei dem private und öffentliche Autonomie Hand in Hand gehen:

> »Der gesuchte interne Zusammenhang zwischen Menschenrechten und Volkssouveränität besteht mithin darin, dass das Erfordernis der rechtlichen Institutionalisierung der Selbstgesetzgebung nur mit Hilfe eines Kodes erfüllt werden kann, der zugleich die Gewährleistung einklagbarer subjektiver Handlungsfreiheiten impliziert. Umgekehrt kann wiederum die Gleichverteilung dieser subjektiven Rechte (und ihres ›fairen Werts‹) nur durch ein demokratisches Verfahren befriedigt werden, das die Vermutung auf vernünftige Ergebnisse der politischen Meinungs- und Willensbildung begründet. Auf diese Weise setzen sich private und öffentliche Autonomie gegenseitig voraus, ohne daß die eine vor der anderen einen Primat beanspruchen dürfte.«[29]

Die inhärente Verbindung von Rechtsstaat und Demokratie wird durch ein weiteres Element komplettiert, das den entscheidenden strukturellen Unterschied zwischen der Anwendung von Gewaltpraktiken in einer Diktatur und in einer Demokratie darstellt: die Annahme einer sich selbst regulierenden kritischen Öffentlichkeit mit einer »Monitoring«-Funktion,[30] die als Korrektiv staatlichen Handelns fungiert. Die Geschichte der Folter in Demokratien verweist immer wieder auf die bedeutende Rolle von Medien, Intellektuellenvereinigungen und Einzelinitiativen, die die »Monitoring«-Funktion erfüllen. Der Fall Frankreichs mit dem vehementen Einspruch des Historikers Pierre Vidal-Naquet gegen die Institutionalisierung der Folter im Algerienkrieg *Folter in der Republik* (*La torture dans la république*) zeigt deutlich den Unterschied zu einer Diktatur.[31] Vidal-Naquets Fall zeigt aber auch, dass der Protest gleichwohl nicht spannungsfrei ist – und vor allen Dingen, dass die »öffentliche Sphäre« als eine internationale zu denken ist: Sein französisches Buch erschien erst zehn Jahre nach den Verträgen von Evian, zehn Jahre nach der englischen Algerienkriegs-Veröffentlichung von Vidal-Naquet *Torture. Cancer of Democracy*, die den Selbstzerstörungseffekt der Folter für moderne Demokratien im Titel führt.[32]

Mit der Konzeptualisierung der »öffentlichen Sphäre« ist ein methodisches Problem verbunden, das weniger mit der Qualität und Geschwindigkeit der intellektuellen Kritik an der Folter zu tun hat als mit der Tatsache, dass es innerhalb moderner Zivilgesellschaften Folter eigentlich nicht geben dürfte. Denn ist die Annahme dieser Öffentlichkeit emphatisch und auf der Grundlage einer positiven Anthropologie konstruiert, ist Folter ausgeschlossen. Ein Beispiel für diese Argumentation sind die Überlegungen Hannah Arendts, die den Historikern der Folter als entscheidende Protagonistin der »humanistischen

---

29 Habermas 1998, S. 671.
30 Rejali 2009, S. 8 ff.
31 Vidal-Naquet 1972. Grundlegend zur Zensur im Algerienkrieg, Stora 1998, S. 25 ff.
32 Vidal-Naquet 1963. Zu den Formen der Presse-Zensur im Nordirland-Konflikt, Waldmann 2005.

Interpretation von Folter« gilt.³³ Mit dem von ihr etablierten Spannungsverhältnis zwischen Bürokratie und öffentlicher Sphäre werde Folter aus den zivilisierten Gesellschaften wegdefiniert und nicht erklärt. Wenn nach Arendt erst das Überwiegen der bürokratischen Tendenz in der öffentlichen Sphäre, in der Menschen als Subjekte miteinander interagieren, zu Folter führen kann und Menschen zu Objekten macht, führt dies zwar einerseits erkennbar zu Definitionsproblemen, verweist aber andererseits – was dann übersehen wird – auf die »instrumentelle Rationalität« dieser Form von Gewaltanwendung.³⁴

Das Dilemma zwischen Normativität und Deskription in Bezug auf die Konzeptualisierung der »öffentliche Sphäre« spiegelt sich auch in der zeithistorischen Diskussion in der Verwendung des Begriffs »Zivilgesellschaft«.³⁵ »Zivilität« bezeichnet dabei ohne Frage einen bestimmten Modus des gesellschaftlichen Umgangs, der Toleranz und Pluralismus generiert und Gewalt und Konflikte beschränkt, diese aber schwer integrier- und erklärbar macht. Im Gegensatz dazu und in Übereinstimmung mit dem Fragehorizont des Artikels erlaubt es auch hier eine prozessuale Sicht, die Frage nach Zivilität und Barbarei allererst zu stellen, im Ausgang von der Beobachtung, wie anfällig Zivilgesellschaften für »endogene Gewalt« sind.³⁶ In Ergänzung zu der Überlegung, dass in den Konflikten der 1970er Jahre »Rechtsstaatlichkeit« generiert wird, soll auch die Herstellung (und nicht Voraussetzung) von »Zivilgesellschaftlichkeit« angenommen werden. Das grundlegende Koordinatensystem von Rechtsstaat, Demokratie und Zivilgesellschaft wäre somit in den Auseinandersetzungen mit dem Folter-Vorwurf in der Provokation durch den Terrorismus als ein kommunikativ hergestelltes und verhandeltes gedacht, das durch die moralisch-emotionalisierende Semantik des Folter-Vorwurfs grundsätzlich in Frage gestellt wird.

2. Gewalt, Recht und politische Kommunikation: Stationen einer Konfrontationsgeschichte

Die Geschichte der Auseinandersetzungen von westlichen Demokratien mit dem Folter-Vorwurf ist ein Kampf um Rhetoriken und Definitionen zur Abwehr des Foltertatbestands. Diese Selbstverteidigungsmechanismen der Demokratien sind erklärbar, stellt man einerseits den rechtlichen Grundmodus der staatlichen Kommunikation mit den Bürgern in Rechnung und andererseits das hohe so-

---

33 Rejali 1994, S. 160 ff.
34 Vgl. zur politischen Theorie Arendts den Beitrag von Barbara Hahn in diesem Band.
35 Bauerkämper / Gosewinkel / Reichardt 2006.
36 Ebd. S. 25.

ziopsychologische Mobilisierungspotential, das mit dem Folter-Vorwurf verbunden ist. Der Folter-Vorwurf ist eine Provokation mit der Wirkung eines »moralischen Stigmas«, gegen das der demokratische Staat sich verwahrt. Dabei zeigt der Blick von den 1970er Jahren bis zu den aktuellen Diskussionen die Entwicklung der argumentativen Strategien vom Abweisen des Vorwurfs als einer unzulässig-überzogenen Kritik an staatlichem Vorgehen, wie im Fall der Bundesrepublik in den 1970er Jahren, bis zu »legalistischer Manipulation«, wie im Fall der USA während des »war of terror«. Die Navigation der Reaktionen vollzieht sich in Ablehnung einer politischen Auseinandersetzung innerhalb eines klassischen Koordinatensystems aus Abwehr, Angst vor Kontrollverlust im Zeichen der inneren Sicherheit und forcierter Staatlichkeit.

In der Bundesrepublik der 1970er Jahre war der Folter-Vorwurf Teil der Mobilisierungsstrategie der bundesdeutschen Öffentlichkeit durch die RAF-Anwälte, der nicht unbedingt von den RAF-Mitgliedern mitgetragen wurde. Für die RAF-Mitglieder selbst, insbesondere für Andreas Baader, war Folter keine Opfer- sondern eine Täterkategorie und sollte sich auf den folternden Staat konzentrieren.[37] Auch Ulrike Meinhof lehnte es anfänglich ab, sich mit dem »Folter«-Begriff in die Opferrolle zu begeben.[38] »Folter« war auch und vor allem ein zentraler Kampfbegriff der RAF gegen das »Schweinesystem« des »institutionalisierten Faschismus in der Justiz: Das ist der Anfang von Folter«.[39] Die Auseinandersetzung bedeutete eine wichtige Station der Selbstverständigung des jungen demokratischen Rechtsstaats, denn der sich bis dahin ausschließlich auf andere Staaten und Regime beziehende Vorwurf richtete sich nun zum ersten Mal gegen den deutschen Staat selbst.[40] Die Mobilisierung der Öffentlichkeit durch die Anwälte erfolgte Schlag auf Schlag: Am 17. Januar 1973, dem Beginn des ersten Hungerstreiks, erklärten sieben Rechtsanwälte führender RAF-Gefangenen: »Unsere Forderung ist: Aufhebung der Isolation als Folter für die politischen Häftlinge der BRD«.[41] Es folgte vom 9. bis 12. Februar eine »Hungerstreik-Demonstration« der Anwälte in Karlsruhe.[42] Im Februar bezeichnete der Anwalt Heinrich Hannover in der Fernsehsendung *Panorama* die Haftbedingungen seiner Mandantinnen Ulrike Meinhof und Astrid Proll als »verfassungswidrige Folter.«[43] Am 27. Juni desselben Jahres, erhob der Verteidiger

---

37 Vgl. die Erklärung Andreas Baaders zur Isolationshaft vom 18. Juni 1975, in: Schneider 1997, S. 57 ff.
38 Ulrike Meinhof an Horst Mahler, 20.5.1973, in: Bakker Schut 1987, S. 19–25, hier: S. 22.
39 Anschlag auf den BG-Richter am Bundesgerichtshof Buddenberg in Karlsruhe, Erklärung vom 20. Mai 1972, in: Rote Armee Fraktion 1997, S. 146.
40 Scherer 1991, S. 214 ff.
41 Zagolla 2006, S. 188.
42 Peters 2004, S. 316.
43 Reemtsma 1991, S. 239.

Ulrich K. Preuss in Absprache mit seinem Kollegen Hannover schwere Vorwürfe, die nun dezidiert gegen den Justizminister des Landes Nordrhein-Westfalen, Diether Posser, gerichtet waren.[44]

Grund des Vorwurfs waren die wohl härtesten Haftbedingungen, denen die RAF-Mitglieder im Verlauf der RAF-Geschichte in der Bundesrepublik, ausgesetzt waren. Aufgrund ihrer Beteiligung an mehreren Banküberfällen und fünf Bombenanschlägen mit vier Toten und über 50 Verletzten waren Meinhof und Proll in der Justizvollzugsanstalt Köln-Ossendorf unter Bedingungen inhaftiert, die sich durch extremen Reizentzug auszeichneten: Astrid Proll war von Mitte November 1971 bis Mitte Januar 1972 sowie von Mitte April bis Mitte Juni 1972 inhaftiert – aufgrund ihrer Unterbringung im Männertrakt der Untersuchungsabteilung war die akustische Isolation geringer. Ulrike Meinhof war vom 16. Juni 1972 bis zum 9. Februar 1973 im sogenannten »Toten Trakt« inhaftiert, einem leeren Flügel in Ossendorf, sowie im Dezember des Jahres 1973 noch einmal für 14 Tage. Nicht nur aus Sicht der Verteidiger und Sympathisanten kamen die Haftbedingungen dem Tatbestand der »sensorischen Deprivation« gleich – wie der Rechtsanwalt Ulrich K. Preuß am 10. August 1973 in seinem Antrag auf Entwidmung an den Präsidenten des Justizvollzugsamtes Nordrhein-Westfalens mit Verweis auf die gesundheitlichen Folgen diskutierte.[45] Proll wurde schließlich 1974 wegen lebensgefährlicher Kreislaufstörungen aus der Haft entlassen.

Eine detaillierte Evaluation der Haftbedingungen ist an dieser Stelle nicht möglich und kann auch erst auf der Grundlage einer fundierten Untersuchung erfolgen. Wohl nicht zuletzt aufgrund der »Furcht« von Forscherinnen und Forschern, mit ihren Ergebnissen auch Aussagen über die »Wetterfestigkeit« der Demokratie zu treffen und sich im Strudel ideologischer Parteinahmen wiederzufinden,[46] ist diese bis heute ausgeblieben. Angesichts dieser für das Thema durchaus signifikanten Forschungslücke lässt sich vorläufig sagen, dass der Folter-Vorwurf für die Inhaftierung von Proll und Meinhof in Köln-Ossendorf zu diskutieren bleibt, wohingegen er mit Bezug auf die Haftbedingungen in Stammheim ab 1974 als fragwürdig gilt.[47]

Entscheidend für den Kommunikationsprozess sind die Reaktionsmuster und der Mobilisierungsfaktor des Vorwurfs. Letzterer war mit der Gründung der »Komitees gegen Isolationsfolter in den Gefängnissen der BRD«, die im Mai 1973 in 23 bundesdeutschen Städten erfolgte, bemerkenswert. Die Öffentlichkeit

---

44 Strafantrag gegen NRW-Justizminister Posser, gestellt durch den Verteidiger U. Meinhofs, Prof. Dr. Preuss, am 27.6.1973, in: Schneider 1997, S. 40.
45 Antrag, in: Komitee gegen Folter an politischen Gefangenen in der BRD 1974, S. 168 ff. Vgl. auch Enzensberger / Michel 1973.
46 So Jander 2006, S. 974; vgl. auch Jander 2008, S. 141 f.
47 Scherer 1991, S. 234; vgl. Jander 2006; 2008.

sollte in Form von Flugblättern, Demonstrationen, Broschüren und Spendensammlungen gewonnen werden. Eine der spektakulärsten Aktionen unternahm das Hamburger Komitee, als es im November 1974 mit 32 Personen die Räume von Amnesty International besetzte, um gegen die »Vernichtungshaft« und »Sonderbehandlung« der RAF-Gefangenen zu protestieren.[48]

Die staatlichen Reaktionen vollzogen sich zunächst im Bereich der Anti-Terror-Gesetzgebung, die zu grundlegenden Änderungen in der Strafprozessordnung führten und aus Sicht der Kritiker ein Klima von »Einschüchterung, Opportunismus und Selbstzensur schufen«.[49] Auf den Folter-Vorwurf gab es kaum spezifische Reaktionen. Aussagekräftig ist die Reaktion des Bremer Ehrengerichts für Rechtsanwälte auf die von dem Verteidiger Heinrich Hannover formulierten Folter-Vorwürfe. Am 19. September 1975 erteilte die Zweite Kammer des Ehrengerichts für Rechtsanwälte in Bremen Hannover einen förmlichen Verweis. Das Gericht wertete Hannovers Vorwurf, seine Mandantinnen seien in der Untersuchungshaft »verfassungswidriger Folter« ausgesetzt, als eine »Pflichtwidrigkeit«, da mit der Verwendung des Wortes »Folter« das »Maß der erlaubten Kritik« überschritten sei.[50] Zur Folter gehöre die »Geständniserzwingung«. Und dieser Tatbestand sei nicht gegeben. Vielmehr handele es sich bei dem Vorwurf um eine »Pflichtwidrigkeit«, da Hannover mit dem Folter-Vorwurf die Richter und Beamten in Frage stelle: »Der Vorwurf [der Folter] sei geeignet, die Richter, die die Maßnahmen angeordnet haben, und die Beamten, die sie ausgeführt haben, in der öffentlichen Meinung herabzuwürdigen«.[51]

»Folter« wird in der Begründung des Gerichts nicht als ein politischer Tatbestand, sondern als ein moralischer Angriff auf das demokratische Selbstverständnis und als Anfrage an die exekutiven Entscheidungen des Rechtsstaats verstanden. Dennoch greift die Beurteilung Reemtsmas zu kurz, der ansonsten treffend konkludiert: »Die Folter darf *so sehr* nicht sein, daß sie in der Tat nicht sein kann, und die Behauptung sie sei da, ist verboten.«[52] Reemtsma verkennt den grundlegenden Kontext der Auseinandersetzung mit dem Terrorismus. Zwar setzten die staatlichen Akteure sich wohl aufgrund der besonderen »diskurstaktischen Qualität des Foltervorwurfs«[53] nicht angemessen mit ihm auseinander, dies schmälert aber nicht seine gesellschaftliche Wirkung. Unhinter-

---

48 Peters 2004, S. 314 f.; vgl. insbesondere Enzensberger / Michel 1973.
49 So Dieter Lattmann, Schrifsteller, SPD-Abgeordnete im Bundestag (1972–80) und mit Günter Grass Mitinitiator der Wählerinitiative für Willy Brandt 1969, zit. nach: Bahn 2003, S. 76.
50 Reemtsma 1991, S. 239.
51 Ebd., S. 243.
52 Ebd., S. 245 [Hervorhebung im Original].
53 Scherer 1991, S. 224.

fragt ist der mit dem Vorwurf verbundene Verunsicherungsfaktor, der auch von der zeitgenössischen Presse konstatiert wird: »Die Baader-Meinhof-Gruppe hat, solange ihre Mitglieder in Freiheit waren, über ihre verbrecherischen Taten hinaus wenig bewirkt. Jetzt, da sie bis auf einen kargen Rest hinter Gittern sitzt, beginnt sie, uns auf eine subtile Weise zu verunsichern.«[54]

Mag die kategorische Form der Auseinandersetzung in der Bundesrepublik zumindest teilweise in der Diskussionswürdigkeit des Foltertatbestands begründet sein, fehlt diese Erklärungsmöglichkeit im Fall des Nordirland-Konflikts.[55] In der rechtlichen Auseinandersetzung mit dem Folter-Vorwurf war es hier die Aufgabe des Europäischen Menschengerichtshofs in seinem ersten Urteil zwischen zwei Staaten, über die 1971 an Großbritannien und Nordirland adressierten Folter-Vorwürfe zu entscheiden. In der Diskussion und der Urteilsbegründung zeigte sich eine für die Evaluation rechtsstaatlichen Handelns signifikante Grauzone, die sich nicht wie im Fall Hannovers auf die »Zweckgerichtetheit der Folter« bezog, sondern auf die Intensität der zugefügten Schmerzen als dem entscheidenden Differenzkriterium zwischen »Folter« und »unmenschlicher Behandlung«.[56]

Zur Debatte stand der »menschenrechtliche Status« der so genannten »five techniques« in der Auslegung von Artikel 3 der Europäischen Menschenrechtskonvention zwischen »Folter« und »unmenschlicher und entwürdigender Behandlung«. Dabei handelte es sich um die insbesondere von den Royal Ulster Constabulatories eingesetzten Foltertechniken des »wall-standing«, »hooding«, »subjection to noise«, »deprivation of sleep«, »deprivation of food and drink«, denen mutmaßliche Mitglieder von irisch-republikanischen Guerillagruppen und katholische Bewohner der Provinz während des Nordirland-Konflikts ohne konkreten Verdacht und ohne Rechtsgrundlage im Rahmen der Internment-Politik Brian Faulkners ausgesetzt waren.[57] Die Europäische Menschenrechtskommission hatte mehrere tausend Seiten mit Berichten von Folteropfern in Nordirland zusammengestellt.[58]

Für das Gericht bestand an der Zweckgebundenheit der angewandten Folter

---

54 Schueler 1972.
55 Mulholland 2007.
56 European Court of Human Rights (ECHR), Case of Ireland v. the United Kingdom. Judgement of 18 January 1978 (N° 91). HUDOC – Human Rights Documentation, [ON-LINE]. [Strasbourg]. Verfügbar unter: http://www.cvce.eu/viewer/-/content/e07eaf5 f-6d09 – 4207 – 8822 – 0add3176f8e6/en [1.7.2012].
57 Kandel 2005, S. 138 ff.
58 Die Untersuchung der Kommission bezog sich neben anderen auch auf die Palace Barracks, Holywood und die Girdwood Park Barracks. Vgl. hierfür das Flugblatt: Faul / Murray 1972. Hier auch detaillierte Informationen zu den Foltertechniken. Im Rahmen der Quellensammlung der Universität Ulster, verfügbar unter: http://cain.ulst.ac.uk/events/intern/pdfs/faul.pdf [1.7.2012].

und ihrem systematischen Charakter kein Zweifel. Ausschlaggebend für das Urteil aber war die Intensität der zugefügten Schmerzen – »the intensity of the suffering«, über deren Messbarkeit allerdings nicht reflektiert wird:

> »Although the five techniques, as applied in combination, undoubtedly amounted to inhuman and degrading treatment, although their object was the extraction of confessions, the naming of others and / or information and although they were used systematically, they did not occasion suffering of the particular intensity and cruelty implied by the word torture as so understood. The Court concludes that recourse to the five techniques amounted to a practice of inhuman and degrading treatment, which practice was in breach of Article 3 (art. 3).«[59]

Großbritanniens Ansehen war durchaus in Mitleidenschaft gezogen, die »fünf Techniken« durften nicht mehr angewendet werden. Aber »Folter« waren sie nicht.

Eindeutig wird der Folter-Vorwurf vom Gericht als Stigma gekennzeichnet, das sich auf eine besonders starke Intensität des verursachten Leidens bezieht: »a special stigma to deliberate inhuman treatment causing very serious and cruel suffering«.[60] Damit befindet sich die Begründung des Europäischen Gerichtshof für Menschenrechte in Übereinstimmung mit Artikel 1 der Resolution 3452 der Vereinten Nationen, die in ähnlichen Worten am 9. Dezember 1975 erklärt hatte: »Torture constitutes an aggravated and deliberate form of cruel, inhuman or degrading treatment or punishment«.[61] Das auf den ersten Blick schwache Kriterium der Leidensintensität erhielt neue Relevanz in den rechtsstaatlichen Vorstößen der USA zur Umdefinition von Folter im Kampf gegen den Terrorismus nach den Anschlägen des 11. September 2001.

Im Klima der Terrorangst wurden hier in besonders weitreichender und gründlicher Weise Neudefinitionen von Folter vorgenommen, die die Bestimmungen der Genfer Konvention im Umgang mit Kriegsgefangenen und der Antifolterkonvention von 1984 unterliefen. Öffentlich wurde die Verantwortung in den militärischen Untersuchungen zu Abu Ghraib ausschließlich bei den unteren Rängen des Militärs gesehen und diese wurden verurteilt. Aber die durch den Skandal in Abu Ghraib aufgedeckten Diskussionen um die Zulässigkeit der Folter sogenannter »unlawful enemy combatants« legten offen, dass die Folterungen im irakischen Gefängnis von Abu Ghraib und dem US-Stützpunkt Guantánamo nicht allein auf deviantes Verhalten und individuellen Sadismus zu reduzieren waren.[62] Der Rede von »enhanced interrogation tech-

---

59 European Court of Human Rights (ECHR) 1978, S. 43 f.
60 Ebd.
61 Ebd.
62 Nowak 2004; Bierling 2010.

niques«[63] widersprachen Intellektuelle wie Judith Butler in ihrer Analyse der Folter-Fotografien: »This is torture in plain view, in front of the camera, even for the camera.«[64]

Der juristische Definitionsaufwand, der von 9/11 zu Abu Ghraib führte, hatte bemerkenswerte Ausmaße angenommen und dabei bereits klassisch gewordene Argumente und Überlegungen aufgenommen und weiterentwickelt. In einem Memorandum für den Präsidenten argumentierte Alberto Gonzales, der Rechtsberater Bushs und künftige Justizminister der USA (2005–2007), angesichts des neuen Charakters dieses Krieges für eine Neudefinition der Befragungstechniken, denen die Genfer Konventionen nicht mehr gerecht würden.

> »The nature of the new war places a high premium on other factors, such as the ability to quickly obtain information from captured terrorism and their sponsors in order to avoid further atrocities against American civilians, and the need to try terrorists for war crimes such as wantonly killing civilians.«[65]

Die Konsequenzen dieser Argumentationslinie, deren offensichtlichste das Entstehen rechtsfreier Räume ist, sind bereits aus dem Algerienkrieg bekannt. Hier führte bekanntermaßen die (Fehl-)Einschätzung, dass der FLN einen subversiven Krieg führe und dass deswegen auch auf französischer Seite ein besonderer Krieg um Nachrichten und Informationen mit besonderen (Befragungs-)Maßnahmen geführt werden müsse, zu einer zunehmenden und hoch problematischen Verselbstständigung des Militärs.[66]

»Folter« erhält in diesem Kontext des Kampfs um Nachrichten einen anderen Status, aber das entscheidende Argument zur Neuevaluation der Fragetechniken findet sich in den Memoranden des US-Justizministeriums vom Sommer 2002: die Intensität der Schmerzen. Folter beziehe sich nur auf »extreme Gewaltakte«, begründet die Rechtsabteilung des Justizministeriums und erkennt in ihrer Schlussfolgerung einen »Bereich grausamer und entwürdigender Behandlungen« an, der nicht als »Folter« zu bezeichnen ist:

> »Severe pain is generally of the kind difficult for the victim to endure. Where the pain is physical, it must be of an intensity akin to that which accompanies serious physical injury such as death or organ failure [...]. Because the acts inflicting torture are

---

63 Van Courtland Moon 2004.
64 Butler 2007.
65 Draft Memorandum Alberto Gonzales to the President, Subject: Decision re Application of the Geneva Convention in Prisoners on War to the Conflict with al Qaeda and the Taliban, 25.1.2002, in: Greenberg 2005, S. 118–121.
66 Vgl. für diese Interpretation die nach wie vor einzige Gesamtdarstellung in deutscher Sprache, Elsenhans 1982. Die Dissertation stammt aus dem Jahr 1973. Zur Folter, vgl. Branche 2004.

extreme, there is significant range of acts that though they might constitute cruel inhuman, or degrading treatment or punishment fail to rise to the level of torture.«[67]

Die Argumentationen im Ausgang von verschiedenen Intensitätsgraden von Gewaltanwendung in Verhören zeigen zweierlei. Einerseits sind diese Reaktionen im Rahmen des demokratischen Selbstverständnisses als durchaus rationales rechtsstaatliches Handeln zu verstehen. Unverkennbar ist für die Staaten der mit der Folter verbundene »Tabubruch«, der in legale Kategorien überführt werden muss. Kriterien sollen gefunden und angewendet werden, die Ausschreitungen verhindern und die ausgeübte Gewalt definieren, einhegen und in geregelte Bahnen lenken sollen. Andererseits ist angesichts der vielfältigen und eindeutigen Folter-Realitäten, auf die sich dieses Handeln bezieht, und angesichts der Messschwierigkeiten von Gewalt und Schmerzen der Rationalisierungscharakter dieser Reaktionen in doppeltem Sinne zu verstehen, nämlich als Verarbeitungs- und Abwehrstrategie von Handlungen, die nicht ohne Beeinträchtigung der Gesamtstruktur in diese integriert werden können. Das logische Erklären einer Handlung, deren eigentliche Ursache sich dem Bewusstsein entzieht, gilt in der Psychoanalyse als eine der verbreitetsten Formen der Selbsttäuschung.

Die »logische Erklärung« wird in den Diskussionen, die in der Bundesrepublik geführt wurden, in Form des juristischen Denkexperiments des »ticking-bomb«-Szenarios gesucht, das gleichwohl eine hoch suggestive Pointe hat. Das Thema der rechtsstaatlichen Legitimität von Folter war im September des Jahres 2002 anlässlich der Entführung des Frankfurter Bankierssohns Jakob Metzler auf die Agenda der Debatten gekommen.[68] Der stellvertretende Polizeipräsident von Frankfurt Wolfgang Daschner hatte die Androhung »körperlicher Schmerzen« durch den verhörenden Polizeibeamten angewiesen, falls der Entführer den Aufenthaltsort des Jungen nicht preisgebe. Der Fall hatte – dreißig Jahre nach der Diskussion um die Haftbedingungen der RAF – unter breiter Beteiligung der Feuilletons und Fernsehsender eine gesamtgesellschaftliche Sensibilisierung in Bezug auf das Thema zur Folge.[69]

Das »ticking-bomb«-Szenario etabliert einen scheinbar rationalen Rahmen

---

67 Memorandum J. S. Bybee, Office of Legal Counsel, to Alberto R. Gonzales, Counsel to the President, Subject: Standards of Conduct for Interrogation under 18. U.S.C. 2340–2340 A, 1.8.2002, in: Greenberg 2005, S. 172–217, hier: S. 213–214.
68 Für einen essayistischen Gesamtüberblick, vgl. Reemtsma 2005. Neben dem Entführungsfall Metzler wurde in der Diskussion auch auf die Entführung Matthias Hinzes (Potsdam 1997) hingewiesen, der zum Zeitpunkt der Bekanntgabe des Aufenthaltsorts bereits verstorben war.
69 Für eine erste Analyse der emotionalen Narrativierung des ethischen Dilemmas in deutschen Fernsehfilmen, vgl. Classen 2010. Laut Umfragen sollen sich rund zwei Drittel der Deutschen mit dem Verhalten Daschners solidarisch erklärt haben, vgl. Klingst 2004.

für das Nachdenken über das Verhältnis von Demokratie und Folter, dessen fiktive Konstruktionsbedingungen sich allerdings der Kritik entziehen. Darf ein Polizeibeamter einen Terroristen foltern, um »das Leben vieler Menschen zu retten?«, »Würden Sie es tun?« – fragt Niklas Luhmann.[70] Innerhalb dieser Situation scheint die Antwort vorgegeben, dennoch war jede historische Situation komplexer und das jeweilige Wissen um die Umstände bedeutend unsicherer.

Entscheidend aber für die Diskurstaktik auch in dieser Richtung ist: Das rechtssoziologische Szenario zur Frage der »Güterabwägung« ist variierbar. Sein Appell an menschliche Grundängste und die damit verbundene psychische Mobilisierung steigern sich mit zunehmender Präzisierung und Ausschmückung.[71] Den Fantasien emotionaler Narrativierung sind keine Grenzen gesetzt, je fabulöser – desto wahrscheinlicher ist der Erzähler ein Befürworter der situativen Angemessenheit von Folter im Rechtsstaat.[72] Dass auch dann »Folter« nicht »Folter« heißt, zeigt sich signifikant in der in diesen Kontexten spektakulären Begriffsschöpfung des Osnabrücker Philosophen Reinhard Trapp von der »selbstverschuldeten finalen Rettungsbefragung«.[73]

Die Ausgangsfrage, wie in diesen Diskussionen um die »innere Sicherheit« »Rechtsstaatlichkeit« erzeugt wird, führt schließlich zur Debatte um die neue Grundgesetz-Kommentierung durch den Bonner Verfassungsrechtler Matthias Herdegen vom Frühjahr 2003, der in seinem Kommentar zu Artikel 1 die »Androhung oder Zufügung körperlichen Übels [...] wegen der auf Lebensrettung gerichteten Finalität« nicht als Verletzung des Würdeanspruchs wertete.[74] Der Kommentar war ein Meilenstein in der juristischen Diskussion und verweist auf den eigentlichen Charakter der »Wiederkehr der Folter«. Nachdem die Anwendung von Folterpraktiken im Kampf gegen den Terrorismus der 1970er Jahre legalistisch abgewehrt wurde, handelt es sich nun – nach 2001 – um Diskussionen zur »Relegitimierung von Folter« in der Republik. In der performativen Überführung eines monolithischen oder rein ideengeschichtlichen Staatsbegriffs in Formen der »Staatlichkeit« – als Ergebnis kultureller Praktiken und Diskurse – stellt sich am Ende dieser Konfrontationsgeschichte die Frage, ob in den westeuropäischen Demokratien in der Auseinandersetzung mit dem Ter-

---

70 Luhmann 1993, S. 1.
71 Brugger 1996.
72 Vgl. die Kritik Bernhard Schlinks an dem fiktiven Horrorszenario im Rahmen der am 28. Juni 2001 geführten Podiumsdiskussion des Humboldt-Forums, Brugger / Grimm / Schlink 2002, S. 45 ff.
73 Trapp 2006. Der Rechtswissenschaftler Benjamin Lahusen (MPI Frankfurt) hat Trapp deshalb für die Walter-Ulbricht-Medaille für Sprachverlogenheit vorgeschlagen, vgl. Lahusen 2009.
74 Herdegen 2006. Vgl. den Protest Ernst Wolfgang Böckenfördes, in: Böckenförde 2003.

rorismus das Verhältnis von Gewalt und staatlicher Ordnung grundsätzlich neu bestimmt wurde.

3. »Entgrenzte Gewalt« und »totale Kontrolle«. Schlussüberlegungen zur Rationalität staatlichen Handelns

Die vorgeführten Stationen in der Konfrontationsgeschichte von Demokratie und Folter verweisen auch in ihrer Vorläufigkeit und Unvollständigkeit auf die Anfälligkeit der politischen Systeme. Es lässt sich nicht übersehen, dass die Provokation des politischen Terrorismus in vielen Fällen in gewisser Hinsicht erfolgreich war. Infolge der asymmetrischen Kampfsituation und des hysterisierten gesellschaftlichen Klimas reagierten die demokratischen Rechtsstaaten mit Maßnahmen, die eine deutliche Verletzung des liberalen Grundkonsens darstellten, den eigenen Anspruch ad absurdum führten und auch in ihren politischen Konsequenzen folgenreich waren. In jeder der angedeuteten Konfliktsituationen markierte die Auseinandersetzung einen Kulminationspunkt staatlicher Macht durch den Ausbau von Kontrollfunktionen nach innen. Grundlegend geteilt wurde die Ansicht, an der Handlungsfähigkeit des Staats, seiner »Schutzmacht«, keine Zweifel aufkommen zu lassen. Dieser forcierte Rückgriff auf staatliche Gewalt in der Bekämpfung des Terrorismus lässt sich auf der Ebene der symbolischen Kommunikation auch als Affektkontrolle verstehen. Gewalt und Ordnung sind durch ein konstitutives Wechselverhältnis gekennzeichnet: Gewalt ist Teil der sozialen Ordnung und dient der Zügelung ungeregelter Gewalt der Bürger.

Nur ist die »totale Kontrolle nach innen« keine Form der Konfliktbewältigung, sondern eine Machtfantasie. Sie treibt die »Gewaltspirale« an und führt zu Eskalationen. In Nordirland war es die Internment-Politik Faulkners, die die Situation eskalieren ließ und allererst dazu führte, dass die IRA sich als »Schutzmacht« der katholischen Bevölkerung etablieren konnte.[75] In der Bundesrepublik lag der Fall in den 1970er Jahren ähnlich und gleichwohl anders, wurde hier doch »Staatlichkeit« in der Demokratie ganz grundsätzlich verhandelt. Wenngleich eine pauschale Rückführung auf die unverarbeitete NS-Vergangenheit der näheren Betrachtung nicht standhalten wird, lässt sich doch die dialektische Konstellation der Nachkriegszeit nicht übersehen. Was in individueller Hinsicht galt, wurde im Zeichen der inneren Sicherheit als gesellschaftlich-politisches Ordnungsprinzip institutionalisiert. Der »entgrenzten

---

75 Kandel 2005, S. 143.

und lustvoll besetzten Gewalt während des ›totalen‹ Krieges folgte die totale Kontrolle nach innen.«[76]

Die Abfolge der Stationen zeigt aber auch mit der Verhandelbarkeit der Gewaltpraktiken die innere Widerstandsfähigkeit der Demokratien. Innerhalb der Demokratien erfolgte eine Auseinandersetzung mit dem »Ausnahmeverhalten«. In allen angedeuteten Prozessen war die Öffentlichkeit nicht nur Adressat der politischen Gewaltakte und Botschaften der Terroristen, sondern entscheidender Akteur in der gesellschaftlichen Kommunikation um »Staatlichkeit«. Unter großem Medieneinsatz endete 1989 der wohl größte britische Justizskandal des 20. Jahrhunderts, in dem infolge der verschärften Antiterrorgesetzgebung und durch die Anwendung von Foltermethoden Unschuldige im Jahr 1975 einen terroristischen Anschlag in Guildford gestanden hatten und inhaftiert wurden.[77] Dabei wurden rechtsstaatliche Regeln verletzt, Dokumente, die die Unschuld der Angeklagten bewiesen, wie in einem modernen Dreyfus-Prozess zurückgehalten. Das Verhältnis von staatlicher Ordnung und Gewalt – so lässt sich zusammenfassen – ist aber auch durch diesen Extremfall nicht grundlegend neu bestimmt worden. Vielmehr verweist die Frage auf die Notwendigkeit zurück, die Vorstellung dieses Verhältnisses zu dynamisieren. Viel mehr als durch das monolithische Konzept von unwandelbarer Rechtsstaatlichkeit sind Demokratien – und dies scheint das vielleicht markante Charakteristikum – gekennzeichnet durch einen permanenten Aushandlungsprozess von »Staatlichkeit«. Die Tatsache, dass dabei zur Domestizierung von Gewalt auf Gewalt rekurriert wird, sollte schließlich dazu führen, auch in der Geschichte der Demokratien »den Traum von einer versöhnten Welt, die Macht, Souveränität und Hegemonie überwunden hätte, aufzugeben.«[78]

In diesen Aushandlungsprozessen erhält auch die Folter als eine spezifische Form der Ausübung von Gewalt ihren Ort zugeteilt. Dieser verweist auf die Reichweite der Re-Konstituierung von Staatlichkeit in Demokratien. Im Zeichen aktueller Relegitimierungsbemühungen ist er in der Tat durch ein bedenkenswertes Paradox gekennzeichnet: Gilt »Folter« einerseits als exzessive, übersteigerte und ausgeschlossene Form von Gewaltanwendung, wird sie andererseits in der Auseinandersetzung mit dem Terrorismus unter bestimmten Bedingungen und in bestimmten Formen zu einer Möglichkeit rechtsstaatlichen Handelns rationalisiert.[79]

---

76 Jureit 2004, S. 226.
77 Hill 1991.
78 Mouffe 2007, S. 170.
79 Im Anschluss an Foucault, Krasmann 2007.

Quellen

Allgemeine Erklärung der Menschenrechte vom 10. Dezember 1948. Resolution 217 A (III) der Generalversammlung der UNO.
Bakker Schut, Pieter (Hg.): das info. Briefe von Gefangenen aus der RAF 1973–1977, Hamburg 1987.
Böckenförde, Ernst Wolfgang: »Die Würde des Menschen war unantastbar. Abschied von den Verfassungsvätern. Die Neukommentierung von Artikel 1 des Grundgesetzes markiert einen Epochenbruch«, in: *Frankfurter Allgemeine Zeitung* (204) 03.09.2003, S. 33.
Brugger, Winfried / Grimm, Dieter / Schlink, Bernhard, HFR (Humboldt Forum Recht) 2002.
Brugger, Winfried: »Darf der Staat ausnahmsweise foltern?«, in: *Der Staat* (35) 1996, S. 67–97.
Butler, Judith: »Torture and the Ethics of Photography«, in: *Environment and Planning D. Society and Space* (25) 2007, S. 951–966.
Enzensberger, Hans Magnus / Michel, Karl Markus (Hg.): Kursbuch 32. Folter in der BRD. Zur Situation der politischen Gefangenen, Berlin 1973.
Europäische Konvention zum Schutz der Menschenrechte und Grundfreiheiten vom 4. November 1950. Konvention Nr. 005 des Europarats. In der Fassung der Protokolle Nr. 11 und 14 samt Zusatzprotokoll und Protokolle Nr. 4, 6, 7, 12 und 13.
European Court of Human Rights (ECHR): Case of Ireland v. the United Kingdom. Judgement of 18 January 1978.
Faul, Denis / Murray, Raymond: British Army and Special Branch RUC Brutalities, December 1971 – February 1972, Dungannon 1972, verfügbar unter: http://cain.ulst.ac.uk/events/intern/pdfs/faul.pdf [1.7.2012].
Greenberg, Karen J. (Hg.): The Torture Papers. The Road to Abu Ghraib, New York 2005.
Herdegen, Matthias: »Kommentierung zu Art. 1 Abs. 1 GG«, in: Maunz, Theodor / Dürig, Günter [u. a.] (Hg.): Grundgesetz, Kommentar. München, Loseblattsammlung, Stand Oktober 2006.
Hill, Paul: Gestohlene Jahre, Bergisch Gladbach 1991.
Klingst, Martin: »Ein bisschen Folter gibt es nicht. Wenn das Verbot nicht mehr absolut gilt, ist es abgeschafft«, in: *Die Zeit* 25.11.2004.
Komitee gegen Folter an politischen Gefangenen in der BRD: Der Kampf gegen die Vernichtungshaft, o. O. 1974.
Lahusen, Benjamin: How to do Things with Words, in: *Myops* (5) 2009, S. 59–61.
Luhmann, Niklas: Gibt es in unserer Gesellschaft noch unverzichtbare Normen? (Heidelberger Universitätsreden), Heidelberg 1993.
Rote Armee Fraktion. Texte und Materialien zur Geschichte der RAF (hrsg. v. Martin Hoffmann), Berlin 1997.
Schneider, Christiane (Hg.): Ausgewählte Dokumente der Zeitgeschichte. Bundesrepublik Deutschland (BRD) – Rote Armee Fraktion (RAF), Köln 1997.
Schueler, Hans: »Die Angeklagten als Ankläger. Linke Radikale stellen unseren Staat in Frage«, in: *Die Zeit* (50) 15.12.1972, S. 10.
Trapp, Rainer: Folter oder selbstverschuldete Rettungsbefragung?, Paderborn 2006.

Übereinkommen gegen Folter und andere grausame, unmenschliche oder erniedrigende Behandlung oder Strafe vom 10.12.1984. Resolution 39 / 46 der Generalversammlung der UNO.
Vidal-Naquet, Pierre: La torture dans la République, Paris 1972.
Vidal-Naquet, Pierre: Torture. Cancer of Democracy, France and Algeria, 1954–62, Baltimore 1963.

Literatur

Bahn, Christoph: Gewalt und Gegengewalt im »Deutschen Herbst« 1977. Eine Untersuchung der staatlichen Reaktionen auf den Terrorismus in der Bundesrepublik Deutschland, Freie Universität Berlin, Diplomarbeit, 2003.
Bauerkämper, Arnd / Gosewinkel, Dieter / Reichardt, Sven: »Paradox oder Perversion? Zum historischen Verhältnis von Zivilgesellschaft und Gewalt«, in: *Mittelweg* (36 / 15. Jg.) 2006, S. 22–32.
Beestermöller, Gerhard / Brunkhorst, Hauke (Hg.): Die Rückkehr der Folter? Der Rechtsstaat im Zwielicht, München 2006.
Bierling, Stephan: Geschichte des Irakkriegs. Der Sturz Saddams und Amerikas Albtraum im Mittleren Osten, München 2010.
Branche, Raphaëlle, »La torture pendant la guerre d'Algérie«, in: Harbi, Mohammed / Stora, Benjamin (Hg.): La guerre d'Algérie. 1954–2004. La fin de l'amnésie, Paris 2004.
Burschel, Peter / Distelrath, Götz / Lembke, Sven (Hg.): Das Quälen des Körpers. Eine historische Anthropologie der Folter, Weimar / Wien 2000.
Classen, Christoph: »Folter transnational? Gewaltdarstellungen in amerikanischen und in deutschen Fernsehkrimis«, in: *Zeitgeschichte-online* Juli 2010, verfügbar unter: http://www.zeitgeschichte-online.de/zol-classen-folter [01.07.2012].
Elsenhans, Hartmut: Frankreichs Algerienkrieg 1954–1962, München 1982.
Giddens, Anthony: Jenseits von Links und Rechts, Frankfurt a. M. 1997.
Habermas, Jürgen: Faktizität und Geltung. Beiträge zur Diskurstheorie des Rechts und des demokratischen Rechtsstaats, Frankfurt a. M. 1992.
Haustein, Lydia: Global Icons. Globale Bildinszenierung und kulturelle Identität, Göttingen 2008.
Hitzer, Bettina: »Emotionsgeschichte. Ein Anfang mit Folgen«, in: *H-Soz-u-Kult* 23.11.2011, verfügbar unter: http://hsozkult.geschichte.hu-berlin.de/forum/2011-11-001 [1.7.2012].
Jaggar, Alison M.: »Love and Knowledge. Emotion in Feminist Epistemology«, in: Garry, Ann / Pearsal, Marilyn (Hg.): Women, Knowledge, and Reality. Explorations in Feminist Philosophy, Boston 1989, S. 129–156.
Jander, Martin: »Isolation oder Isolationsfolter. Die Auseinandersetzung um die Haftbedingungen der RAF-Häftlinge«, in: Colin, Nicole [u. a.] (Hg.): Der »Deutsche Herbst« und die RAF in Politik, Medien und Kunst, Bielefeld 2008, S. 141–155.
Jander, Martin: »Isolation. Zu den Haftbedingungen der RAF-Gefangenen«, in: Kraushaar, Wolfgang (Hg.): Die RAF und der linke Terrorismus, 2 Bd., Hamburg 2006, S. 973–993.

Jureit, Ulrike: »›Höflichkeit ist erfolgreicher als Gewalt.‹ Vom gereiften Miteinander im frühen Nachkriegsdeutschland«, in: Führer, Karl Christian / Hagemann, Karen / Kundrus, Birthe (Hg.): Eliten im Wandel. Gesellschaftliche Führungsschichten im 19. und 20. Jahrhundert, Münster 2004, S. 214–230.

Kandel, Johannes: Der Nordirland-Konflikt. Von seinen historischen Wurzeln bis zur Gegenwart, Bonn 2005.

Kolesch, Doris: Theater der Emotionen. Ästhetik und Politik zur Zeit Ludwigs XIV., Frankfurt a. M. 2006.

Krasmann, Susanne / Martschukat, Jürgen (Hg.): Rationalitäten der Gewalt. Staatliche Neuordnungen vom 19. bis zum 21. Jahrhundert, Bielefeld 2007.

Krasmann, Susanne: »Folter im Ausnahmezustand?«, in: Krasmann, Susanne / Martschukat, Jürgen (Hg,): Rationalitäten der Gewalt. Staatliche Neuordnungen vom 19. bis zum 21. Jahrhundert, Bielefeld 2007, S. 75–96.

Metzler, Gabriele: Konfrontation und Kommunikation. Demokratischer Staat und linke Gewalt in der Bundesrepublik und den USA in den 1970er Jahren, in: *Vierteljahreshefte für Zeitgeschichte* 2 (2012), S. 249–277.

Mouffe, Chantal: Über das Politische. Wider die kosmopolitische Illusion, Frankfurt a. M. 2007.

Mulholland, Marc: »Irish Republican Politics and Violence before the Peace Process, 1968–1994«, in: *European Review of History* (14 / 3) 2007, S. 397–421.

Nowak, Manfred: »Das System Guantánamo«, in: *Aus Politik und Zeitgeschichte* (36) 2004, S. 23–30.

Peters, Butz: Tödlicher Irrtum. Die Geschichte der RAF, Frankfurt a. M. 2004.

Reddy, William: The Navigation of Feeling. A Framework for the History of Emotions, New York, 2001.

Reemtsma, Jan Philipp: Folter im Rechtsstaat?, Hamburg 2005.

Reemtsma, Jan Philipp: »Zur politischen Semantik des Begriffs ›Folter‹«, in: Reemtsma, Jan Philipp (Hg.): Folter. Zur Analyse eines Herrschaftsmittels, Hamburg 1991, S. 239–263.

Rejali, Darius M.: Torture and Modernity. Self, Society and State in Modern Iran, Boulder [u. a.] 1994.

Rejali, Darius M.: Torture and Democracy, Princeton 2009.

Rosenwein, Barbara H.: »Rezension zu: William M. Reddy, The Navigation of Feeling. A Framework for the History of Emotions«, in: *The American Historical Review* (107 / 4) 2002, S. 1181–1182.

Rosenwein, Barbara H.: Emotional Communities in the Early Middle Ages, Ithaca 2006.

Scherer, Sebastian: »›Folter ist kein revolutionärer Kampfbegriff.‹ Zur Geschichte des Foltervorwurfs in der Bundesrepublik«, in: Reemtsma, Jan Philipp (Hg.): Folter. Zur Analyse eines Herrschaftsmittels, Hamburg 1991, S. 205–237.

Schmoeckel, Mathias: Die Abschaffung der Folter in Europa und die Entwicklung des gemeinen Strafprozess- und Beweisrechts seit dem hohen Mittelalter, Köln [u. a.] 2000.

Schützeichel, Rainer: »Der Wert der politischen Leidenschaft. Über Max Webers ›Affektenlehre‹«, in: *Tel Aviver Jahrbuch für deutsche Geschichte* (38) 2010, S. 101–114.

Stora, Benjamin : La gangrène et l'oubli. La mémoire de la guerre d'Algérie, Paris 1998.

Waldmann, Peter: Terrorismus. Provokation der Macht, Hamburg 2005.

Van Courtland Moon, John Ellis: »The Death of Distinction. Form 9 / 11 to Abu Ghraib«, in: *Politics and the Life Sciences* (23 / 2) 2004, S. 2 – 12.
Weilert, Anja: Grundlagen und Grenzen des Folterverbotes in verschiedenen Rechtskreisen, Heidelberg 2009.
Zagolla, Robert: Im Namen der Wahrheit. Folter in Deutschland vom Mittelalter bis heute, Berlin·2006.

Perspektiven

Barbara Hahn

Leidenschaften und Gefühle in der Öffentlichkeit. Hannah Arendts Gedanken über die Dunkelheit des menschlichen Herzens

Ein Spiel mit Licht und Dunkelheit. Mit dem Verborgenen und dem Sichtbaren. Die Akzente, die Hannah Arendt in diesem Spiel setzt, drehen die übliche Anordnung um. Ihre Rückblicke auf das Jahrhundert der Aufklärung, dem *Enlightenment*, wie es auf Englisch noch deutlicher heißt, bringen keine verborgenen Dunkelheiten zu Tage. Was nach den großen Umbrüchen des 18. Jahrhunderts so furchtbar schief ging, liegt nicht an mangelnder Durchleuchtung dieses Verborgenen. Hannah Arendts großes Buch *Über die Revolution* besteht auf Dunkelheiten,[1] denen keine Aufklärung beikommt. Und es besteht darauf, dass dieses revolutionäre Jahrhundert Helligkeiten zeigt, an die es anzuknüpfen lohnt. Falls noch Zeit ist. Falls wir inzwischen nicht ganz aus der Welt dieses Jahrhunderts gefallen sind.

Leidenschaften

Die Bilder der arabischen Aufbrüche vom letzten Jahr zeigten Emotionen, und sie weckten Emotionen. Das ganze Spektrum stand uns vor Augen: Verzweiflung. Wut. Hass. Und dann plötzlich: Freude. Glück.

Kein revolutionärer Umbruch ohne diese Flut von Emotionen. Kein revolutionärer Umbruch ohne Leidenschaften. Oder doch? In Hannah Arendts Buch zerfällt die Summenformel »Revolutionen« immer aufs Neue. Zwischen der amerikanischen und der französischen Revolution liegen Welten. Wobei dieser Unterschied sich wie in einem Brennglas zeigt, wenn es um die Leidenschaften geht. Die amerikanische Revolution war eine, in dem diese heftige Bewegung fast keine Rolle spielte. Die französische dagegen ist ohne die »stärkste und vielleicht

---

1 Arendt 1965. Die englische Fassung: Arendt 1963. Die beiden Fassungen unterscheiden sich erheblich; Hannah Arendt schrieb alle die Bücher, die sie zuerst auf Englisch verfasste, für die deutsche Ausgabe um.

gefährlichste aller revolutionären Leidenschaften« nicht denkbar: »die Leidenschaft des Mitleidens.«[2]

Leicht, diesen Ausbruch von Leidenschaft zu kritisieren. Leicht zu sagen, die französische Revolution sei genau an dem gescheitert, was sie umgekehrt wieder auszeichnet: In dieser Revolution trat die Armut, die Verelendung der Massen, an das Licht der Öffentlichkeit. Geschult durch ihre Lektüre der Theorien Rousseaus antworteten die Revolutionäre – mitleidend. Gefährlich, sehr gefährlich, so Arendt, weil sich aus Mitleid keine politische Strategie ergibt.

Während die französische Revolution die Straße als Bühne des Umbruchs brauchte – Georg Büchner inszeniert dies eindringlich in *Dantons Tod*[3] – spielt die amerikanische in »einer Art elfenbeinernen Turm« oder »wie auf einer Insel«. Von »keinen Gefühlen« beirrt, berieten die Gründungsväter der amerikanischen Verfassung über ein zukünftiges Zusammenleben der Menschen, ohne jemals von der »nobelsten der Leidenschaften, dem Mitleiden«, »in Versuchung geführt« worden zu sein.[4]

Das Mitleiden – die nobelste und zugleich die gefährlichste Leidenschaft. Wenn sie fehlt, eignet den revolutionären Theorien eine »eigentümliche Erfahrungslosigkeit, eine Unbeschwertheit, die manchmal an Leichtsinn grenzt«, wie Arendt den Bemühungen der amerikanischen Gründungsväter attestiert.[5] Bestimmt sie dagegen die Ereignisse, dann geraten diese außer Kontrolle, und am Ende frisst die Revolution ihre Kinder.

Das dunkle Herz

Die Überschrift des Kapitels verrät nicht, was sich hier findet. »Die soziale Frage« birgt Hannah Arendts große Theorie der Gefühle:

> »Was immer es mit den Leidenschaften und Gefühlen auf sich haben und wie immer ihr Verhältnis zum Denken und zur Vernunft bestimmt werden mag, sie entspringen zweifellos dem menschlichen Herzen. Und nicht nur ist des Menschen Herz dunkel, so dunkel, daß mit Gewißheit noch kein Menschenauge es hat durchschauen können, die Eigenschaften des Herzens bedürfen dieser Dunkelheit und des Schutzes gegen das Licht der Öffentlichkeit, um sich entfalten oder auch nur bleiben zu können, was sie sind: die innersten, verborgenen Antriebe, die sich zur öffentlichen Schaustellung nicht eignen.«[6]

---

2 Ebd., S. 91.
3 Vgl. dazu meinen Essay: Hahn 2012.
4 Arendt 1965, S. 120 f.
5 Ebd., S. 121.
6 Ebd., S. 122.

Eine Aporie. Was immer wir tun, speist sich aus diesen Antrieben. Wir kennen sie nicht; wir können sie auch nicht ergründen. Sichtbar werden nur die Worte und Taten, die sie hervorbringen. Diese sind »dazu da«, in Erscheinung zu treten; ohne zu erscheinen, sind sie nicht »da«. Wenn sie erscheinen und Gestalt annehmen, sind sie von »unzweideutiger Klarheit«, während die Antriebe, sollten wir sie in der Öffentlichkeit präsentieren, sofort zum »Gegenstand des Mißtrauens« werden.[7] Und zwar nicht nur für andere, sondern auch für uns selbst.

Der Gang der europäischen Geschichte ist aus Arendts Sicht geprägt von dem Drang, diese Aporie aufzulösen und Licht ins Dunkel des menschlichen Herzens zu bringen. Wie ihre Ausführungen zum 20. Jahrhundert zeigen, haben wir uns damit ein neues, weit undurchdringlicheres Dunkel eingehandelt. Die Individuen sehen sich nicht mehr dem »Wechsel der Stimmungen und Launen« ausgesetzt, ihr Leben ist unter das Gesetz historischer Notwendigkeit getreten.

Gefühle

»Zur Abgrenzung: Gefühle habe ich« – und die Leidenschaften haben mich, so Arendt weiter. Es gibt also einen Unterschied zwischen diesen Regungen des Herzens oder der Seele, wie Arendt später schreiben wird.[8] Auch in der Wirkung in der Öffentlichkeit? Im Unterschied zu den Leidenschaften seien die Gefühle maßlos, so heißt es im Revolutionsbuch:

> »Unzählige Male seit der Französischen Revolution hat sich dieses Spektakel wiederholt; immer war es die Maßlosigkeit der Emotionen, welche die Revolutionäre so seltsam unempfindlich für das faktisch Reale und vor allem für die Wirklichkeit von Menschen machte, die sie immer bereit waren, für die Sache oder den Gang der Geschichte zu opfern.«[9]

Dieser Maßlosigkeit, die der Leidenschaft offenbar nicht eignet, ist es zuzuschreiben, dass Gefühle jedes revolutionäre Geschehen in die falsche Richtung führen. Daher werden den Gefühlen im Unterschied zu den Leidenschaften keine Attribute zugeschrieben: Sie sind weder nobel noch gefährlich. Sie machen blind fürs Reale. Und während Leidenschaften offenbar unabdingbar für politische Umstürze sind, signalisieren Gefühle, dass etwas sich nicht so entwickelt, wie es

---

7 Ebd., S. 122 f.
8 In *The Life of the Mind*, ihrem letzten Buch, das Hannah Arendt nicht mehr zu Ende schreiben konnte, ist die Rede von »the soul, where our passions, our feelings and our emotions arise.«; vgl. Arendt 1978, S. 72.
9 Arendt 1965, S. 114 f.

geplant war. Was aber ist mit den beiden großen Regungen des Herzens, die die Menschen verbinden?

Liebe

»Ich liebe in der Tat nur meine Freunde« – dieser Satz fällt in einem Brief an Gershom Scholem, der Hannah Arendt nach der Lektüre von *Eichmann in Jerusalem* vorgeworfen hatte, dass sie ihr Volk nicht liebe. Zu dieser Art von Liebe, so Arendts Antwort, sei sie durchaus nicht fähig. Sie liebe nur ihre Freunde »und bin zu aller anderen Liebe durchaus unfähig«.[10]

Lieben wir unsere Freunde? Gehen hier nicht Begriffe durcheinander, die für die Bestimmung des Unterschieds von Privatem und Öffentlichem fundamental sind? Vor allem in ihrem *Denktagebuch* hat Hannah Arendt bedacht, was Liebe von Liebe unterscheidet und was Freundschaft von Liebe. Nach dem Abschluss ihrer großen Studie über den Totalitarismus[11] notierte Arendt im Januar 1953 eine Art Programm, dem sie später nur teilweise folgte:

> »Experimental Notebook of a Political Scientist: To establish a science of politics one needs first to consider all philosophical statements on Man under the assumption that *men*, and not Man, inhabit the earth. The establishment of political science demands a philosophy for which men exist *only* in the plural. Its field is human plurality. [...] In this realm of plurality which is the *political* realm, one has to ask all the old questions – what is love, what is friendship, what is solitude, what is acting, thinking, etc., but not the one question of philosophy: Who is Man, nor the *Was kann ich wissen, was darf ich hoffen, was soll ich tun?*«[12]

Dieser Eintrag ist merkwürdig, in vielerlei Hinsicht. Bereits die Überschrift wirft Fragen auf: »Experimental Notebook of a Political Scientist«. Ist das als Programm für die Schreiberin zu verstehen? Oder ist damit ein Programm für irgendeinen »Political Scientist« gemeint? Und was bedeutet »experimental notebook«? Eine andere Art Denktagebuch? Oder soll politische Theorie in Form eines »notebooks« geschrieben werden? Für diese Vermutung spricht einiges. Hannah Arendt versuchte in den fünfziger Jahren, ein Buch zu schreiben, das diesem »notebook« nahe kam.[13] Es gelang ihr aber nicht. An Stelle dieses Buches schrieb sie *The Human Condition*, *On Revolution* und *Between Past and Future*.[14] Alle im zitierten Eintrag genannten Fragen werden in diesen Büchern

---

10 Arendt / Scholem 2011, S. 439.
11 Arendt 1951; die deutsche Fassung: Arendt 1955.
12 Arendt 2003a, S. 295.
13 Die überlieferten Aufzeichnungen für dieses Buch, das der Piper-Verlag in München in Auftrag gegeben hatte, erschienen posthum, vgl. Arendt 2003b.
14 Arendt 1958; deutsche Ausgabe: Arendt 1960; Arendt 1961.

erörtert. Alle, bis auf zwei: »what is love, what is friendship«. Diesen beiden Fragen hat Hannah Arendt keine Studien gewidmet. Doch bergen die genannten Bücher, zusammen mit dem *Denktagebuch* gelesen, so viele Gedanken zu Liebe und Freundschaft, dass sich daraus eine Art Theorie dieser beiden Modi des Zusammenseins mit anderen Menschen erschließt. Wenn »men«, die Menschen im Plural, und nicht »man«, der Mensch, Ausgangspunkt jeglicher politischer Theorie sind, dann steht die Erkundung der Beziehungen, die die Menschen eingehen, im Mittelpunkt.

»What is love, what is friendship«? Beginnen wir mit der Liebe. Nicht mit der Liebe zu den Freunden, sondern mit diesem Modus, der die ZWEI etabliert, ich und ein Anderer. Diese Liebe, so lässt sich aus Arendts Aufzeichnungen entnehmen, ist ebenso anti-politisch wie das Denken. Diese Liebe stiftet keine Gemeinschaft. Und – sie ist kein Gefühl, sondern eine Macht, die uns ergreift: »Liebe ist ein Ereignis, aus dem eine Geschichte werden kann oder ein Geschick.« Mit der Erfindung der Liebesheirat, so schreibt sie weiter, sei die Ehe, »inzwischen zur Institution der Liebe geworden [...] noch um ein weniges hinfälliger als die meisten Institutionen der Zeit. Die Liebe wiederum ist seit ihrer Institutionalisierung ganz und gar heimat- und schutzlos geworden.« Gegen diese Heimatlosigkeit der Liebe protestierten

> »Männer wie Frauen, jeder auf seine Weise. Beide versuchen, die zunehmende Flüchtigkeit der Liebe, ihre zunehmende Substanzlosigkeit zu verhindern. Die Frauen, indem sie aus der Liebe, die ein Ereignis ist, ein Gefühl machen, was nicht nur die Liebe degradiert, weil ein Göttliches zu einem Menschlichen gemacht wird, sondern auch alle Gefühle degradiert, weil sie offenbar dem Feuer der Liebe, an dem sie gemessen werden, nicht standhalten. Der Irrtum kommt daher, dass die Liebe sich im Herzen der Menschen einnistet; das menschliche Herz ist die Wohnung, aber <u>nicht</u> die Heimat! der Liebe; das Missverständnis ist zu glauben, die Liebe <u>entspringe</u> dem Herzen und sei daher, mit einem weiteren Missverständnis, vom Herzen wie ein Gefühl hervorgebracht [...] Zur Abgrenzung: Gefühle habe ich; die Liebe hat mich. Freundschaft ist wesensmässig abhängig von ihrer Dauer – eine zwei Wochen alte Freundschaft existiert nicht; die Liebe ist immer ein ›coup de foudre‹.«[15]

Liebe wird von Arendt als eine Unterbrechung, als ein Einschlag in den Fluss der Zeit bestimmt. Liebe ergreift uns – wie eine höhere Macht. Ihre Zeitstruktur ist der »coup de foudre«. Etwas widerfährt uns, etwas trifft uns. Liebe ist nicht plan- oder machbar. Wir können uns nicht entschließen zu lieben. In Arendts Denken ist Liebe die Zäsur par excellence, eine Unterbrechung von Kontinuität. Daher wird Liebe in ihren Überlegungen räumlich gefasst. Sie lässt sich im Herzen nieder, aber nur für eine Zeit. Sie wird weiterziehen. Woanders hin. Sie ist kein Gefühl mit Geschichte und Sedimenten im Denken, sondern eine Passion. Die

---

15 Arendt 2003a, S. 49–51.

Sprache der Liebe ist daher eine Sprache im Akkusativ: »Der Akkusativ der Gewalt wie der Liebe zerstört das Zwischen, vernichtet oder verbrennt es, macht den Andern schutzlos, beraubt sich selbst des Schutzes. Dagegen steht der Dativ des Sagens und Sprechens, der das Zwischen bestätigt, im Zwischen sich bewegt.«[16] Für die Liebe ist das »wen« entscheidend. Dieses »wen« ist nur dann nicht zerstörerisch, wenn es zwei Menschen verbindet. Der Dativ dagegen, die Frage nach dem »wem«, stiftet eine Welt. Wem – nicht wen. Das »wen« identifiziert eine Person oder eine Gruppe, sondert sie ab und aus und unterhöhlt so das Prinzip des Politischen, das im Garant der Pluralität, der unzählbaren und ungezählten Vielheit besteht. Im »Dativ« ist das Verb »dare«, das Geben verborgen. Der Dativ stiftet eine Verbindung der Gabe. In Arendts kurzer Passage besteht die Gabe im Wort; im Sprechen und Sagen entsteht eine gemeinsame Welt. In ihrer politischen Theorie ist dieses Sprechen, Debattieren, Diskutieren das entscheidende Moment, das Gemeinsamkeit stiftet: »Wir verstehen einander gewöhnlich nur in einem Zwischen, durch die Welt und um der Welt willen. Wenn wir einander direkt, unvermittelt, ohne Bezug auf ein zwischen uns liegendes Gemeinsames verstehen, lieben wir.«[17] Eine Begegnung ohne diesen Raum des Zwischen ist Liebe.

Freundschaft

Umgekehrt ist die Welt des Zwischen eine Welt der Vielfalt und der Freundschaft. Freundschaft könnte ein Modus der Begegnung im Futur II genannt werden. Freundschaft ist abhängig von der Zeit. Und Freundschaft ist immer darauf verwiesen, dass etwas geschieht. Freunde müssen reden, können handeln, gemeinsam reflektieren und den Raum des Politischen auch zusammen ausschreiten. In der Freundschaft »gilt die Treue zum Freund als das Höchste, sie ist der Freiheit der Liebe also gerade entgegensetzt«,[18] schreibt Arendt weiter. So gesehen ist Freundschaft ein Modus des Zusammenseins, den man als politisch sui generis bezeichnen könnte. Freundschaft gedacht als Verbindung, die im Unterschied zur Liebe eine Verbindung des Ich mit Anderen, in einem immer schon gegebenen Plural stiftet. Im Anschluss an Derridas Lektüre der antiken Diskussionen über Freundschaft[19] könnte man sagen, dass Arendts Bestimmung der Freundschaft den Kern des Demokratischen trifft: Ebenso wie Demokratie nicht einfach *ist*, sondern immer darauf verwiesen ist, dass etwas *wird*, ist

---

16 Ebd., Eintrag vom August 1953, S. 428.
17 Ebd.
18 Ebd.
19 Derrida 2000.

Freundschaft in eine Zeit aufgespannt, die am besten in dieser Paradoxie gefasst wird, in der Zukunft und Vergangenheit aufeinanderprallen: dem Futur II. Wir sind nie befreundet, wir werden befreundet gewesen sein. Wenn ich morgen aufhöre, mit meinen Freundinnen zu sprechen, mich an sie zu wenden, wenn zwischen uns keine Welten mehr entstehen, dann waren wir Freundinnen, doch wir sind es nicht mehr. Wir sind dann wie die Schiffe, von denen Nietzsche in einem seiner Aphorismen spricht, Schiffe, die von ihren Bestimmungen in verschiedene Richtungen gezogen werden.[20]

Liebe – encore

Bleibt über zwei weitere Modi des Liebens nachzudenken, die eine verschobene Bedeutung gegenüber diesen Abgrenzungen von Liebe und Freundschaft haben. »Ich liebe in der Tat nur meine Freunde« – damit ist nicht der »coup de foudre« der Liebe zu der oder dem einen gemeint, dieser Fall in den Akkusativ. Freunde – in Arendts Denken führt uns dieses Wort in die unreduzierbare Vielfalt menschlicher Beziehungen. Eine ganz andere Liebe spricht Arendt an, wenn sie im März 1955 im *Denktagebuch* notiert: »Amor Mundi – warum ist es so schwer, die Welt zu lieben?«[21] Kurz darauf findet sich wieder eine dieser Skizzen für ein Buch oder einen Essay:

»Amor Mundi.

Introduction: The Broken Thread of Tradition as a sort of justification for the whole enterprise.

---

20 In der *Fröhlichen Wissenschaft* heißt es: »Wir waren Freunde und sind uns fremd geworden. Aber das ist recht so, und wir wollen's uns nicht verhehlen und verdunkeln, als ob wir uns dessen zu schämen hätten. Wir sind zwei Schiffe, deren jedes sein Ziel und seine Bahn hat; wir können uns wohl kreuzen und ein Fest miteinander feiern, wie wir es getan haben – und dann lagen die braven Schiffe so ruhig in einem Hafen und in einer Sonne, daß es scheinen mochte, sie seien schon am Ziele und hätten ein Ziel gehabt. Aber dann trieb uns die allmächtige Gewalt unserer Aufgabe wieder auseinander, in verschiedene Meere und Sonnenstriche, und vielleicht sehen wir uns nie wieder – vielleicht auch sehen wir uns wohl, aber erkennen uns nicht wieder: die verschiedenen Meere und Sonnen haben uns verändert! Daß wir uns fremd werden mußten, ist das Gesetz über uns: eben dadurch sollen wir uns auch ehrwürdiger werden! Eben dadurch soll der Gedanke an unsere ehemalige Freundschaft heiliger werden! Es gibt wahrscheinlich eine ungeheure unsichtbare Curve und Sternenbahn, in der unsere so verschiedenen Straßen und Ziele als kleine Wegstrecken *einbegriffen* sein mögen – erheben wir uns zu diesem Gedanken! Aber unser Leben ist zu kurz und unsere Sehkraft zu gering, als daß wir mehr als Freunde im Sinne jener erhabenen Möglichkeit sein könnten. – Und so wollen wir an unsere Sternenfreundschaft glauben, selbst wenn wir einander Erdenfeinde sein müßten.« (Nietzsche 1985 ff., S. 523 f.).
21 Arendt 2003a, S. 522.

Then a series of treatise all dealing with one question: What is it in the Human Condition that makes politics possible and necessary? Or: Why is there somebody and not rather nobody? [...] Or, why are we in the plural and not in the singular?«[22]

In einem Brief an Karl Jaspers vom 6. August 1955 heißt es: »Ich habe so spät, eigentlich erst in den letzten Jahren, angefangen, die Welt wirklich zu lieben, daß ich es eigentlich können müßte. Aus Dankbarkeit will ich mein Buch über politische Theorien ›Amor Mundi‹ nennen.«[23] Auch dieses Buch hat Arendt nicht geschrieben. Bleibt die Frage daher unbeantwortet, warum es so schwer ist, die Welt zu lieben? Ja und nein. In Arendts *The Human Condition* werden die genannten Fragen nicht explizit gestellt und daher auch nicht explizit beantwortet. Doch den Plural der menschlichen Existenz zu begründen, damit geht Arendt ausführlich um. Diesen Plural sieht sie im Prinzip der Natalität. Das Geborenwerden als Ausgangspunkt aller Überlegungen – und nicht der Tod. Niemand kommt allein auf die Welt, so ihr Gedanke. Im Moment des Eintritts in die Welt sind immer mindestens zwei da. Mindestens zwei, da die Frauen Hilfe beim Gebären brauchen. Am Anfang also – zwei plus andere. Nie aber eine allein, einer allein. Der Mensch – eine unmögliche Kategorie für politisches Denken. Die Pluralität macht Politik möglich und notwendig.

In der Einleitung zu ihrem ungeschriebenen Buch über die Liebe zur Welt wollte Arendt jedoch einen anderen Gedanken an den Anfang stellen: Sie wollte über den gebrochenen Faden der Tradition nachdenken. Tradition – eine zeitliche Bestimmung. *Between Past and Future* geht dieser Frage nach. Und – auf ganz andere Weise – *On Revolution*.

Liebe. Revolution

Bereits die erste Seite dieses Buches fordert uns auf, aus einer ganz anderen Perspektive noch einmal über Liebe und Freundschaft nachzudenken. Was ist eine Revolution? Von der Struktur her hat dieses Ereignis Ähnlichkeiten mit dem »coup de foudre« der Liebe. Revolution bedeutet ein Aufsprengen der Kontinuität der Zeit, einen Bruch, einen Sprung. Revolutionen sind nicht plan- oder machbar. Bei aller Arbeit, allen Vorbereitungen, die in diesem Ereignis kulminieren, bleibt das Moment des Unvorhersehbaren. Der Überraschung. Ebenso wie die Liebe widersteht die Revolution einer Institutionalisierung. Vom verborgenen Schatz der Revolutionen spricht Arendt wiederholt. Von einem Schatz ohne Namen, ohne festlegbares Wissen. Von etwas, das ohne wirklich

---
22 Ebd., S. 523.
23 Arendt / Jaspers 1985, S. 301.

rekonstruierbare Bahnen verschwindet und wieder auftaucht. Immer wieder. Und so Geschichte punktiert, unterbricht, verstört.

Hannah Arendt war eine Meisterin der Widmungen. Es wird nicht überraschen, dass *On Revolution* die ungewöhnlichste Widmung trägt, die sie einem Buch vorangestellt hat. Es ist Gertrud und Karl Japers gewidmet – einem Paar. Und zwar: »In Verehrung, in Freundschaft, in Liebe«. Sind das nicht ganz unvereinbare Modi des Ansprechens?

Verehrung – eine Haltung, die keinen richtigen Ort hat. Gehört sie in die Öffentlichkeit, gehört sie ins Private? Wohl eher in die erste Sphäre. Freundschaft – damit ist die Sphäre der Öffentlichkeit angesprochen. Schon einmal hatte Arendt Jaspers ein Buch gewidmet, die *Sechs Essays*, das erste deutsche Buch, das sie 1946 nach der Flucht aus Deutschland, nach dem Holocaust, nach dem Zweiten Weltkrieg veröffentlichte. Ein Buch der Freundschaft. *On Revolution* aber, einem Paar gewidmet, entwirft einen Dreischritt: Verehrung, Freundschaft, Liebe. Ist die Widmung mit dem dritten Schritt in einem Bereich gelandet, der nicht in die Öffentlichkeit gehört? Oder ist das dieselbe Liebe wie die im Brief an Gershom Scholem – »ich liebe in der Tat nur meine Freunde?«

Vielleicht nicht. Vielleicht ist hier von einer anderen Kraft der Gefühle die Rede. Verehrung. Freundschaft. Liebe. Eine Autorin und zwei, denen das Buch gewidmet ist. Das macht drei. Aber wie ist dieser Dreiklang konstituiert? Wir könnten die Sequenz als Steigerung lesen – Freundschaft ist mehr als Verehrung, Liebe mehr als Freundschaft. Wir könnten ihn aber auch ganz anders lesen: Es gibt drei Modi des Zusammenseins, deren Verhältnis nicht bestimmt wird. Sie stehen nebeneinander und erzeugen eine immer wechselnde Anordnung von Verbindungen, die Menschen eingehen. Mitteilbare Verbindungen, Verbindungen, die sich in der Mitteilung konstituieren. In der Mitte der Reihe steht die Freundschaft – als Verbindungsglied zwischen Liebe und Verehrung, Freundschaft als *der* Modus der Mitteilung.

On Revolution – ein Buch, das gleich auf der ersten Seite sagt, dass es um die große Frage geht, wie die Verbindung von Ich und einer oder einem andern und Ich und den anderen zu denken sei. Wie Verehrung, Freundschaft und Liebe Welten stiften.

Glück. Traurigkeit

Zwei weitere Regungen des Herzens, die selten in einen Zusammenhang gebracht werden, bestimmen Arendts Buch über die Revolution: Glück und Traurigkeit. The »pursuit of happiness«, der »Verfolg des Glücks« – so überschreibt Arendt ein Kapitel. Von »public happiness« sei in Amerika die Rede, so lesen wir. Und während die Franzosen eher von öffentlicher Freiheit sprächen, lägen die Dinge in den USA doch anders:

> »Die Amerikaner wußten offenbar, daß öffentliche Freiheit in der unmittelbaren Anteilnahme an einem öffentlichen Leben besteht und daß die öffentlichen Angelegenheiten, in denen sie tätig waren und die einen nicht unwesentlichen Teil ihrer Lebenszeit beanspruchten, ihnen keine Last bedeuteten, sondern im Gegenteil ein Gefühl innerer Befriedigung verschafften, das sie in keiner privaten Beschäftigung zu finden vermochten.«[24]

Die Debatten, die Beratungen und Beschlussfassungen hätten ihnen »Freude gemacht«.[25] Vor allem in der Lektüre von Thomas Jeffersons Texten zeigt Arendt, wie sehr dieses öffentliche Glück im Zentrum der amerikanischen Revolution stand, die Erfahrung »eines Glücks im Öffentlichen«, wie sie präzisiert. Doch mit dem »Verfolg des Glücks« stießen bereits die Gründungsväter auf ein Problem, für das sie keine Lösung fanden. Glück ist hier – ganz im Gegensatz zu den meisten Bestimmungen des Begriffs – durchaus nichts Kontemplatives. Glück ist geknüpft an Handeln. Im Reich des Öffentlichen. Doch nicht immer besteht Bedarf an diesem Handeln. Ein guter Staat braucht nicht immer handelnde Bürger. Eine erfolgreiche Revolution – eine des 18. Jahrhunderts – entlässt ihre Bürger irgendwann wieder ins Private. Noch einmal im Blick auf Jefferson zeigt Arendt, dass nachrevolutionären Gesellschaften etwas fehlt, eine Art von Institution, die die Erfahrung dieses Glück auch den folgenden Generationen ermöglicht. Jefferson dachte an *wards*, an *city councils* oder ähnliches, an eine Art Rätesystem, wie spätere Revolutionen es dann tatsächlich entwickelten. Doch ebenso wie die Ehe die Liebe ins Heimatlose vertreibt, so vertreiben alle Versuche der Institutionalisierung den Geist der Revolution. Offenbar bleibt oder muss etwas bleiben, das Arendt den verborgenen Schatz der Revolution nennt. Etwas ohne Namen, schon gar ohne Begriff und ohne bestimmbare Zeit.

Die Antwort auf diesen Verlust – ist Traurigkeit. Oder »épaisseur triste«, wie Hannah Arendt mit René Char formuliert. Char sprach von einer traurigen Wand, die sich zwischen ihn und die Welt geschoben hatte, und zwar nicht nach einer erfolgreichen Revolution, sondern in dem Moment, in dem mit der Niederlage Nazideutschlands die *Résistance* in Frankreich hinfällig geworden war. Traurig zog er sich ins Privatleben zurück, traurig, da Handeln keine Notwendigkeit mehr war.[26]

Hannah Arendt beendet ihr Buch über die Revolution mit René Char – und mit Sophokles. Über dieses zweite Ende ist nachzudenken. Bei Char liest sie von der »tiefen Freude, in Wort und Tat ohne Zweideutigkeit und ohne Selbstrefle-

---

24 Arendt 1965, S. 152.
25 Ebd.
26 Char 1990, S. 75–77.

xion zu erscheinen, die allem Handeln innewohnt«.²⁷ Doch dann fährt sie mit einem Sprung in den Konjunktiv fort:

> »Würden wir diesen Reflexionen über den seltenen ›Schatz‹ des Politischen, der die *triste épaisseur*, die Erdenschwere und die seltsame Trauer aller Kreatur, aufzuhellen verspricht, nachgehen, wollten wir mit anderen Worten bestimmen, wo ›die Erbschaft herkommt, die uns von keinem Testament hinterlassen wurde‹, so würden wir schließlich auf jene berühmten und erschreckenden Worte stoßen, die Sophokles in seine Altersdichtung, den *Ödipus auf Kolonos*, eingefügt hat: Nicht geboren zu sein, übertrifft / Jeden Begriff. Doch wann's erschien, / Ist das zweite weithin dies, / Eilends zu gehen, von wannen es kam.«²⁸

Ein Blick auf die englische Fassung des Buches zeigt, dass hier der Schritt in den Konjunktiv fehlt. Die entsprechende Passage scheint daher nicht von Möglichkeiten, sondern von Realitäten zu handeln. Aus René Chars Gedanken über die Traurigkeit folgert Arendt:

> »These reflections are significant enough as they testify to the involuntary self-disclosure, to the joys of appearing in word and deed without equivocation and without self-reflection that are inherent in action. And yet they are perhaps too ›modern‹, too self-centered to hit in pure precision the center of that ›inheritance which was left to us by no testament.‹ Sophocles in *Oedipus at Colonus*, the play of his old age, wrote the famous and frightening lines…«²⁹

Von Amerika aus gelesen sind die »joys of appearing in word and deed«, in die sich die Kämpfer der *Résistance* warfen, ganz nah und wirklich. Von Deutschland aus gelesen ist das anders. Zu wenige teilen hier die Erfahrung einer »tiefen Freude« beim Handeln. Hier geht es erst einmal darum, von dieser Freude zu sprechen. Sie als Möglichkeit vorzustellen. Davon zu sprechen, dass es einen Umgang mit der »Erdenschwere und der seltsamen Trauer aller Kreatur« geben könnte. Aus dieser kreatürlichen Dunkelheit und Trauer gäbe es nur einen Weg in die Helle des Menschlichen: Tat und Wort sind es, beide zusammen, so endet sie noch einmal mit Sophokles, die »das Leben aufglänzen« machen.³⁰

Da ist sie noch einmal, die Helligkeit, die Arendts Buch durchzieht. Diese Helligkeit ist auf eine Dunkelheit verwiesen, die in der Öffentlichkeit nicht angetastet werden darf. Gerade weil sich die Regungen des Herzens nicht einfach auf- oder erklären lassen, gerade weil wir »innen alle gleich sind«, brauchen wir einen Bereich, in dem diese Schwankungen und Uneindeutigkeiten nicht erscheinen können.

---

27 Arendt 1965, S. 360 ff.
28 Ebd.
29 Arendt 1963, S. 285.
30 Arendt 1965, S. 362.

Wie aus diesen Überlegungen eine andere Theorie der Revolution entworfen werden kann, eine für das 21. Jahrhundert – darüber bleibt nachzudenken.

Quellen

Arendt, Hannah: The Origins of Totalitarianism, New York 1951.
Arendt, Hannah: Elemente und Ursprünge totaler Herrschaft, München 1955.
Arendt, Hannah: The Human Condition, Chicago 1958.
Arendt, Hannah: Vita activa oder Vom tätigen Leben, München 1960.
Arendt, Hannah: On Revolution, New York 1963.
Arendt, Hannah: Über die Revolution, München 1965.
Arendt, Hannah: Between Past and Future. Eight Exercises in Political Thought, New York 1961.
Arendt, Hannah: The Life of the Mind, New York 1978.
Arendt, Hannah: Denktagebuch. 1950–1973 (hrsg. von Ursula Ludz und Ingeborg Nordmann), München 2003a.
Arendt, Hannah: Was ist Politik? Fragmente aus dem Nachlaß (hrsg. von Ursula Ludz und mit einem Vorwort von Kurt Sontheimer), München-Zürich 2003b.
Arendt, Hannah / Jaspers, Karl: Briefwechsel 1926–1969 (hrsg. von Lotte Köhler und Hans Saner), München 1985.
Arendt, Hannah / Scholem, Gershom: Der Briefwechsel. 1939–1964 (hrsg. von Marie Luise Knott und David Heredia), Berlin 2011.

Literatur

Char, René: Hypnos. Feuillets d'Hypnos. Aufzeichnungen aus dem Maquis 1943–1944 (übersetzt von Paul Celan), Frankfurt a. M. 1990.
Derrida, Jacques: Politik der Freundschaft, Frankfurt a. M. 2000.
Hahn, Barbara: »›Zernichtet unter dem gräßlichen Fatalismus der Geschichte.‹ ›Dantons Tod‹ mit Hannah Arendt gelesen«, in: Hahn, Barbara (Hg.): Büchner-Lektüren. Für Dieter Sevin, Hildesheim 2012, S. 11–24.
Hahn, Barbara: Hannah Arendt. Leidenschaften, Menschen und Bücher, Berlin, 2005.
Nietzsche, Friedrich: »Die fröhliche Wissenschaft (1882)«, in: Nietzsche, Friedrich: Werke. Kritische Studienausgabe (hrsg. von Giorgio Colli und Manzino Montinari), Bd. 3, München 1985 ff.

Helmut Puff

Nachwort

Um die Geschichte der Emotionen muss man sich längst keine Sorgen mehr machen. Dabei war die Sorge eines der Gefühle, welches am Anfang der neueren Emotionenforschung stand. In ihrem wegweisenden Artikel »Worrying about Emotions« ließ die amerikanische Mediävistin Barbara Rosenwein der Emotionenforschung 2002 ihre analytische Sorgfalt angedeihen, um eben diese Forschung aus dem festen Griff der Psychoanalyse und verwandter Theorien zu lösen. Mit dem Begriff der »emotional communities« in der Geschichte hat sie diesen Ansätzen die These der gemeinschaftsbildenden Kraft der Gefühle entgegengestellt.[1]

Mehr als zehn Jahre nach der Veröffentlichung von »Worrying about Emotions« ist die Emotionenforschung aus den Geistes-, Sozial- und Kulturwissenschaften nicht mehr wegzudenken. Zwar hat Doris Bachmann-Medick in ihrer viel beachteten *tour d'horizon* zu den »Neuorientierungen in den Kulturwissenschaften« dem »emotional turn« kein eigenes Kapitel gewidmet.[2] Kurze Zeit nach dem Erscheinen ihrer Studie hat Thomas Anz diesen dann jedoch postuliert und dabei auf eine weit zurückreichende intellektuelle Genealogie dieser Wende hingewiesen.[3] Unabhängig davon, ob man sich der Metapher des Turns bedient, um den rezenten Aufschwung der Forschungsliteratur zu den Emotionen und ihrer Geschichte zu erfassen, ist die außerordentliche Anziehungskraft dieser Forschungsrichtung heute unbestritten.

Wer sich einen Überblick über die einschlägigen Veröffentlichungen verschafft, wird einer kaum überblickbaren Vielfalt von Ansätzen, Themen, Methoden und disziplinären Schnittstellen gewahr. Die besondere Stärke der historischen Emotionenforschung ist unter anderem in ihrer eminenten Anschlussfähigkeit zu suchen. So haben sich an den Emotionen Gespräche zwischen den Kultur- und den Biowissenschaften entzündet. In diesem Diskussi-

---

1 Rosenwein 2002.
2 Bachmann-Medick 2010.
3 Anz 2006.

onszusammenhang leistet die Geschichtswissenschaft Beiträge zur derzeit besonders virulenten Frage nach den Bedingungen menschlicher Kognition. Die Liste der an der Geschichte der Emotionen beteiligten Disziplinen ist jedoch auch dann höchst ansehnlich, wenn man die Geistes- bzw. Kulturwissenschaften in Betracht zieht: Historische Anthropologie, Geschlechtergeschichte, Politikwissenschaft und Betriebswissenschaft partizipieren an der Debatte ebenso wie die Literatur- oder die Theaterwissenschaft, um nur einige der in diesem Band versammelten Forschungsgebiete anzuführen. Disziplinäre Mischverhältnisse begegnen einem auf Schritt und Tritt. Birgit Aschmann spricht treffend von »der enge[n] Verflechtung von Körper-, Emotions-, Gender- und Politikgeschichte sowie [der] Notwendigkeit, zum tieferen Verständnis der Zusammenhänge sowohl emotionale Praktiken als auch Diskurse zu berücksichtigen.«[4]

Eines ist demnach gesichert: Die Geschichte der Emotionen ist keine Geschichtsschreibung aus einer Situation des Mangels heraus. Dass Emotionen angeblich keine historischen Spuren hinterlassen, schien lange gegen ihre Erforschung zu sprechen. Man glaubte, Emotionen in der Geschichte entzögen sich weitgehend der Recherche. Denn man hatte sie im menschlichen Innersten angesiedelt – dort also, wo selbst findige Historikerinnen und Historiker vergeblich nach ihnen suchen müssen. Folgt man hingegen der zitierten Barbara Rosenwein oder anderen, dann lassen sich Emotionen überall dort auffinden, wo Menschen handeln. Emotionen bilden geradezu eine Nahtstelle zwischen Individuen und sozialen Kollektiven.[5] Sie sind von zentraler Bedeutung für Prozesse der Vergesellschaftung und Vergemeinschaftung. Ihre Analyse muss notwendigerweise Bestandteil einer Hermeneutik menschlicher Gesellschaften sein. Kurzum, der Geschichte der Emotionen wird der Stoff so rasch nicht ausgehen.

Dabei haben die Beiträge dieses Bands deutlich gemacht, dass die Erforschung von Emotionen in der Geschichte vor allem dann eine reiche Ernte einbringt, wenn man die mit den Emotionen verbundene epistemologische Herausforderung ernst nimmt. Das heißt nichts anderes als mit Bedacht zu fragen, was Emotionen sind und wie man sich ihnen analytisch nähern kann. Es geht also in unserem Forschungsfeld nicht allein darum auszuloten, wie Emotionen in unterschiedlichen historischen Kontexten verstanden bzw. von emotionalen Akteuren und Akteurinnen eingesetzt wurden. Vielmehr löst die historische Emotionenforschung erst dann ihr Potential ein, wenn sie ihre eigene Verfasstheit mitreflektiert. Das heißt beispielsweise, das eigene begriffliche wie methodische Instrumentarium konsequent zu schärfen. Dieses kritische Potential unterscheidet die Geschichte der Emotionen zwar nicht grundsätzlich von anderen historischen Forschungsgebieten. Was eine theoretisch orientierte

---

4 Beitrag von Birgit Aschmann in diesem Band, S. 219.
5 Dazu jetzt auch Ciompi / Endert 2011.

Geschichtswissenschaft ausmacht, lässt sich jedoch gerade an ihr besonders gut studieren. Genau das hat der vorliegende Band vor Augen geführt; und dieser Auffassung sind auch die folgenden Beobachtungen verpflichtet.

1.

Charakteristisch für die neuere Emotionenforschung in der Geschichtswissenschaft ist nicht zuletzt deren Thematisierung im Plural. Die Rede ist nicht so sehr von Emotions-, sondern von Emotionenforschung. Themenbände wie der vorliegende verschreiben sich keinem bestimmten Gefühl, sondern einem emotionalen Feld. Die Eindeutigkeit der Gefühlsbezeichnungen, so die wegleitende Erkenntnis, wird dem komplexen emotionalen Terrain in der Historie nicht gerecht. Die konzeptuell-terminologische Offenheit neuerer Ansätze steht daher einer systematischen Kartierung und detaillierten Parzellierung von Emotionen kritisch gegenüber. Denkt man an Charles Le Brun, den Verfasser des *Handwörterbuch der Seelenmahlerei* (1686 / 1802), oder Johann Caspar Lavaters Physiognomik ist eine solche Systematik der Emotionen verschiedentlich versucht worden. Demgegenüber trägt die pluralische Weite des emotionalen Terrains, wie sie sich in der neueren Emotionenforschung Bahn bricht, der Erkenntnis Rechnung, dass Gefühlshistorikerinnen und -historiker den Emotionen nur selten in Reinform begegnen. »Gemischte Gefühle«[6] sowie emotionale Wechselbäder waren und sind an der politischen, kulturellen, religiösen wie literarischen Tagesordnung.

Aus heutiger Sicht laufen Studien zu einzelnen Emotionen – etwa der Scham, Trauer oder Wut –, wie sie in der älteren »Emotionsforschung« gang und gäbe waren, Gefahr, überzeitliche Klassifikationsmuster fortzuschreiben. Dabei haben historische Beispiele im Kontext anderer Disziplinen als der Geschichtswissenschaft immer wieder diese Universalität untermauern müssen. Solche Forschungsarbeiten ordneten in der Regel Emotionen nach ihrem Menschenbild und gruppierten diese nach vermeintlichen Universalien.[7] Die grundsätzliche Frage, wie wir emotionale Befunde benennen, ist mit dem Insistieren auf der Problematik solcher Namensgebungen allerdings beileibe noch nicht aus der Welt. Dieses grundlegende Problem bleibt einem auch dann nicht erspart, wenn man sich den Plural der Emotionenforschung auf die Fahnen geschrieben hat. Die neuere historische Emotionenforschung tut deswegen gut daran, ihr Reflexionsvermögen über die selbst gewählten Kategorien unver-

---

6 Beitrag von Birgit Aschmann in diesem Band, S. 217.
7 Vgl. Elias 1981 / 1982.

drossen zu entwickeln und nicht abzulassen vom Versuch, ihre Forschungspraxis zu reflektieren.

Die Emotionenforschung profitiert dabei von einem weit gefassten semantischen Horizont. Denn nicht jede Gefühlsregung kann problemlos dem allgegenwärtigen Begriff »Emotion« subsumiert werden. Das jedenfalls schlagen die Autoren des kürzlich erschienenen Bandes »Gefühlswissen« vor.[8] Bei der Analyse lexikalischen Wissens über die Gefühle in den letzten drei Jahrhunderten kommen sie zum Schluss, unser Vokabular im wissenschaftlichen Umgang mit Emotionen sei im Unterschied zu dem früherer Epochen restringiert. Für den deutschen Sprachraum reklamieren sie einen Höhepunkt der auf die Emotionen in Anschlag zu bringenden Terminologie im 19. Jahrhundert. Die Berücksichtigung von Termini wie »Gemüt«, »Affekt«, »Leidenschaft«, »Passion« oder »Empfindsamkeit« vertieft demnach unser Verständnis von Emotionen in der Geschichte. Zudem macht eine historische Erforschung dieses Lexikons kenntlich, wie Emotion überhaupt die herausragende Position erlangen konnte, die diesem Terminus in der heutigen Wissenschaftssprache zukommt: den Autoren zufolge ist die Verdrängung anderer Begriffe aus dem lexikalischen Feld auf die Somatisierung der Emotionen in der Moderne zurückzuführen.

2.

Um die soziale Plastizität der Emotionen in der Geschichtswissenschaft zum Thema machen zu können, war ein grundlegender Perspektivenwechsel erforderlich: von einer Sozial- als Strukturgeschichte zu einer Sozialgeschichte, die sich auf Mikroanalysen verstand. Eine Sozialgeschichte mit anderen Worten, die sich vor allem von der historischen Anthropologie inspirieren lässt.[9] Die Erkenntnis, dass Emotionen sozialen Konstruktionsprozessen im Kleinen wie im Großen unterliegen bzw. diese vorantreiben, ist dabei alles andere als eine Schwäche der historischen Emotionenforschung. Dass verschiedene Analyseebenen in wissenschaftlichen Untersuchungen nicht gegeneinander auszuspielen sind, sondern im Gegenteil intrikat ineinander verwoben werden können, machen sich die Autorinnen und Autoren zunutze. Es scheint, als hätten die Verfechter der historischen Emotionenforschung von den Auseinandersetzungen um den sogenannten »linguistic turn« gelernt. Der Radikalität des Diktums »Alles ist Text« setzt unsere Forschungsrichtung eine pragmatische Methodik

---

8 Frevert [u. a.] 2011.
9 Medick / Sabean 1984. Siehe insbesondere das von den Herausgebern verfasste erste Kapitel zu diesem Band: Emotionen und materielle Interessen in Familie und Verwandtschaft. Überlegungen zu neuen Wegen und Bereichen einer historischen und sozialanthropologischen Familienforschung, ebd., S. 27–54.

entgegen, die sich in verschiedenen Kontexten unterschiedlicher Versuchsanordnungen bedient, um den jeweiligen Quellen Erkenntnisse über die Emotionengeschichte zu entlocken. Eine grundsätzliche Debatte über die Tragfähigkeit ihres mehr oder weniger eklektischen Corpus hat es jedenfalls in der historischen Emotionenforschung bisher interessanterweise nicht gegeben.

Gerade darin, die Frage der Emotionen vom Subjektiven gelöst zu haben, kann man, wie ich meine, die herausragende Leistung einer Geschichte der Emotionen erkennen. Sie fokussiert soziale Prozesse und Phänomene, in denen die Bedeutung von Handeln sich erst im Handeln selbst konstituiert. Emotionen sind also kein oder jedenfalls nicht notwendigerweise ein Reflex von Strukturen, die diesem Handeln vorausgehen. Die Fokussierung auf emotionale Performanzen in dem Band *Performing Emotions* verweist denn auch auf die mehr oder weniger förmlichen Codes, aus denen sich einzelne Akteure bzw. Gruppen bedienen, um ihren Anliegen Gehör zu verschaffen oder ihre Existenz zu artikulieren. Solche Sprachen des Gefühls sind, das muss kaum betont werden, dem historischen Wandel unterworfen. Wie Karsten Lichau argumentiert, fungieren Emotionen indes nicht nur als der Kitt, welcher Sozialgemeinschaften zusammenschweißt; emotionale Inszenierungen in Gemeinschaften rufen geradezu zwangsläufig Störer und Störungen auf den Plan. Das ließe sich etwa an einer Geschichte der Legitimation von Herrschaft zeigen, wie das jüngst Ute Frevert, eine der prominentesten Vertreterinnen der historischen Emotionenforschung, am Beispiel des Preußenkönigs Friedrich II. und seiner »Gefühlspolitik« illustriert hat.[10] In *Performing Emotions* expliziert Catherine Viollet am Beispiel der russischen Zarin Katharina II., wie diese Herrscherin in einem schmerzvollen Lernprozess ihre Emotionen im Dienst ihrer Untertanen beherrschen musste – jedenfalls, wenn man dem Skript ihrer Memoiren folgt. In Anne Kwaschiks Analyse gerinnen die modernen Debatten um die Folter zum Angelpunkt, von dem aus man Einsichten in die Aporien von Herrschaftslegitimation und Herrschaftskonstitution in Demokratien des späten 20. Jahrhunderts gewinnen kann. Birgit Sauer analysiert mittels dessen, was sie politisch-diskursives Gefühlsdispositiv nennt, die gegenwärtigen politisch-emotionalen Verhältnisse demokratischer Gesellschaften unter dem Zeichen der Ökonomisierung sämtlicher Lebensbereiche.

Es wäre allerdings zu kurz gegriffen, die Performanz der Emotionen allein in der konkreten Aufführung oder der Theatralität alltäglichen Handelns zu verorten. Der Blick auf Performativität eröffnet darüber hinaus neue Perspektiven auf die Wirkweisen von Bildern, Texten oder anderen Medien, die Emotionen transportieren. Das soll anhand eines Beispiels erläutert oder wenigstens angedeutet werden. In der Renaissance – der Epoche also, die wiederholt zur

---

10 Frevert 2012.

Schaltstelle in emotionshistorischen Narrativen erkoren wurde – wurden Gefühlsresponsorien gelegentlich im Bild selbst modelliert. Putten, die so manches Titelblatt, Gemälde oder so manchen skulpturierten Rahmen in der Epoche um 1500 bevölkern, setzen Akzente in Relation zu dem, was im Zentrum steht – ein Zentrum, welches sie durch Posen und Gesichtsausdrücke verstärken, kommentieren, konterkarieren oder entschärfen; damit regen sie Reaktionen der Betrachter bzw. Leser an. Sie sind den Pleurants, den Klagefiguren der monumentalen burgundischen Grabskulptur des 15. Jahrhunderts mit ihren Trauergesten, nicht unähnlich.[11] Nur dass sie meist ein ganzes Spektrum möglicher Reaktionen auf das zentrale Geschehen vorexerzieren. Emotional-affektive Kontraste zu eben diesem Bildgeschehen erzeugen dabei Irritationen, welche den Betrachter nachhaltig in eine Darstellung zu verwickeln vermögen. Das ist etwa bei Raffaels Sixtinischer Madonna mit den gelangweilt-verträumt-schelmischen Putti im Bildvordergrund der Fall; sie haben in der intensiven Rezeption dieses Gemäldes seit der Romantik soviel Aufmerksamkeit auf sich gezogen, dass sie bekannter sind als die Marienerscheinung im Zentrum.[12] Elke Werner plädiert denn auch in ihrem Beitrag für ein emotionengeschichtlich angereichertes Bildkonzept, welches Ambiguität als konstitutiv für die Wirkung von Bildern reklamiert. Man kann in diesem Zusammenhang an ein Kreuzigungsgemälde Lucas Cranachs erinnern, auf der die als Beobachter des Passionsgeschehens gezeigte Figurenstaffage lächelt, wohl im Wissen um das Paradies, das nach christlicher Vorstellung erst mit dem Opfertod Christi am Kreuz den Gläubigen offenstand.[13] Eine besonders einprägsame Form emotionaler Mimikry aus der Frühen Neuzeit diskutiert, um auf unseren Band zurückzukommen, Doris Kolesch, wenn sie zeigt, wie Besucher des königlichen Gartens von Versailles sich vom König führen ließen – diese Affektmodellierung im Spiegel des Königs hilft erklären, warum die höfische Gesellschaft im Frankreich des 17. Jahrhunderts auf die adligen Zeitgenossen Ludwigs XIV. eine so außerordentliche Faszination ausübte. Dass der Versailler Hof sich über rhythmisiertes Bewegungs- und Affektverhalten als Gemeinschaft konstituierte, unterstreicht das partizipatorische Potential der Emotionen. Den menschlichen Körper mit seinem Empfindungsvermögen zu stimulieren ist aber auch Aufgabe der Dichtung; in der ästhetischen Theorie um 1800 spielt der Begriff des Rhythmus eine bisher kaum beachtete Rolle bei der physiologisch-poetischen Mobilisierung des Rezipienten, wie Janina Wellmann ausführt. Gefühle werden und wurden also eingesetzt, um Menschen im wahrsten Sinn des Worts zu bewegen. Das ist auch bei Krebsaufklärungskampagnen in Deutschland aus der

---

11 Quarré 1971.
12 Vgl. Putscher 1955.
13 Erste Hinweise auf diese Thematik siehe: Passioner 2012.

ersten Hälfte des 20. Jahrhunderts geschehen. Gerade die moralisierende Warnung der Gesundheitspolitiker vor der Krebsfurcht sollte dabei einer Versachlichung des kranken menschlichen Körpers den Weg bereiten, zeigt Bettina Hitzer.

Doris Bachmann-Medick hat daran erinnert, dass sich der »performative turn« in den Kulturwissenschaften aus dem Unbehagen an der Texthermeneutik speist.[14] Diese lieferte schließlich lange Zeit das herausragende Modell, wie man sich praktisch sämtlichen kulturellen Phänomenen genähert hat. Wer Artefakte unterschiedlicher Machart erfasst, als wären sie allesamt Text, seien es nun Skulpturen, Ballette oder Prozessionen, wird jedoch ihrem Charakter, ihren Effekten und dem, was sie im Gefühlskern ausmacht, möglicherweise nicht gerecht. Traditionellerweise zeichnet sich die Texthermeneutik ja gerade dadurch aus, dass verdeckte Bedeutungen und verborgene Wahrheiten hinter der Oberfläche der Wörter aufgedeckt werden. Ein Schiff kann eben die Christenheit bezeichnen oder die Zahl 33 das Alter evozieren, in dem Jesus ans Kreuz geschlagen wurde; ein Text verweist demnach in erster Linie auf andere Texte. Wenn soziale oder kulturelle Interaktionen mit dem texthermeneutischen Modell allerdings nur unzureichend erfasst sind, dann folgt daraus nicht nur, dass man performativen Medien andere Wirkweisen als dem Text unterstellt. Dieser Ansatz hat auch Rückwirkungen auf den Textbegriff selbst. Texte sind eben nicht allein Bedeutungsträger oder, im Hinblick auf eine Geschichte der Emotionen, textliches Auffangbecken von außertextlichen Emotionen. Wie Stephanie Bung in einer eindrücklichen Formulierung feststellt, vermitteln »Texte erst die [emotionale] Realität, über die sie zugleich Auskunft erteilen«.[15] Texte sind also selbst performativ; sie suchen ihre Leserschaft zu verhaften. In diesem Sinn kann auch die Texthermeneutik selbst als Aufführung verstanden werden. Wenn die Geheimnisse einer biblischen Passage enträtselt werden, richtet sich der Blick unweigerlich auf den Philologen oder Experten, der sich als Herr über das Labyrinth der Bedeutungen geriert.

Zur Verdeutlichung dieses performativen Textbegriffs unter dem Blickwinkel einer Geschichte der Emotionen soll ein weiteres Beispiel herangezogen werden. Dieses Mal stammt es nicht wie das vorige aus der Frühen Neuzeit, sondern aus dem 20. Jahrhundert. Dieser Textausschnitt soll die zentrale Rolle emotionaler Inszenierung für politische Prozesse im Herzen der Moderne in Erinnerung rufen. Gerade in der Nachkriegszeit fielen solcher Gefühlspolitik herausragende gesellschaftspolitische Aufgaben zu. Dabei ging es, wie Frank Biess einsichtig gemacht hat, nicht so sehr um eine rückwärtsgewandte Gefühlsrestauration –

---

14 Bachmann-Medick 2010, S. 105.
15 Beitrag von Stephanie Bung in diesem Band, S. 138.

das herkömmliche Urteil über den Zeitraum nach 1945.[16] Vielmehr reagierten viele Zeitgenossen auf das, was man als die emotionalen Exzesse des Nationalsozialismus begriff, mit dem kategorischen Imperativ der Mäßigung. Im ersten Absatz seiner Kriegserinnerungen nutzt Charles de Gaulle die emotionale Performanz im Medium des Texts etwa, um »sein« Frankreich aus den Wirren des Krieges wiedererstehen zu lassen:

> »Toute ma vie, je me suis fait une certaine idée de la France. Le sentiment m'inspire aussi bien que la raison. Ce qu'il y a, en moi, d'affectif imagine naturellement la France, telle la princesse des contes ou la madone aux fresques de murs, comme vouée à une destine éminente et exceptionnelle. J'ai d'instinct, l'impression que la Providence l'a créée pour des succès achevés ou des malheurs exemplaires. S'il advient que la mediocrité marque, pourtant, ses faits et gestes, j'en éprouve la sensation d'une absurde anomalie, imputable aux fautes des Français, non au génie de la patrie … Bref, à mon sens, la France ne peut être la France sans la grandeur.«[17]

Diese Passage entfaltet eine außerordentlich reiche emotionale Klaviatur. Emotionen werden dabei geschickt mit ihrem vermeintlichen Gegenüber, der Vernunft, verschränkt, was den Eindruck eines harmonischen Ganzen aus verschiedenen Teilen schafft. Um seiner Rede Nachdruck und Farbigkeit zu verleihen, bedient sich de Gaulle eines leicht antiquierten Vokabulars. Die Kaskade von Termini wie »affectif«, »sentiment«, »imaginer«, »instinct«, »impression« und »sensation« erzeugen bei der Leserschaft den Eindruck höchster emotionaler Dichte, ohne dass der Gefühlsgang allerdings auf eine einzelne Emotion zugespitzt würde. Diese Dichte mündet im Gedanken an die Nation als »grande nation« und führt diese Größe zugleich vor, indem der Autor an die Leser bzw. Franzosen appelliert, ihre eigenen Vorstellungen von Frankreich zu assoziieren und gleichsam als Tribut an die Nation in die Textpassage einzubringen. Durch diesen Rekurs auf eine Art emotionalen Konsens kittet de Gaulle zugleich die Gräben der Vergangenheit, wenn er die Kapitulation Frankreichs im Jahr 1940 in dieser seine Erinnerungen eröffnenden Passage andeutet, als handle es sich um einen Unfall der Geschichte, welcher der von ihm inszenierten emotional-rationalen Essenz des Landes nichts anhaben könne. Die Präsenz von Emotionen

---

16 Biess 2010, vgl. auch Herzog 2005.
17 Gaulle 2000, S. 5. »Zeit meines Lebens begleitet mich eine bestimmte Vorstellung vom Wesen Frankreichs. Das Gefühl hat sie mir ebenso eingegeben wie der Verstand. Was in mir an Gemütskräften lebendig ist, sieht Frankreich wie die Prinzessin des Märchens oder die Madonna an der Kirchenwand, berufen zu einem großartigen und außergewöhnlichen Schicksal. Mein Instinkt sagt mir, die Vorsehung habe Frankreich zu vollkommenen Erfolgen oder zu vorbildlichen Leiden erschaffen. Zu Zeiten, da Mittelmäßigkeit Frankreichs Tun und Lassen kennzeichnet, habe ich das Gefühl einer absurden Anomalie, die auf das Versagen der Franzosen zurückgehen muß, nicht auf den Genius des Vaterlandes … Kurz, ich glaube, ohne Größe kann Frankreich nicht Frankreich sein.« (Gaulle 1955, S. 7).

in de Gaulles Memoiren erinnert deswegen auch eindringlich an die Aufgaben, welche Emotionen in der Geschichtsschreibung insgesamt zufallen.

3.

Emotionen sind von jeher Teil der Meistererzählungen von der Vergangenheit gewesen. Das gilt auch dort, wo die einschlägigen Texte ihre emotionale Verfasstheit nicht so offen zur Schau tragen, wie das bei de Gaulles Erinnerungswerk aus den 1950er Jahren der Fall ist. Diese Präsenz der Emotionen in der Historiographie konnte lange Zeit unbemerkt bleiben. Denn im Interesse wissenschaftlicher Rationalität wurden die Emotionen immer wieder scheinbar aus den Erzählungen von der Geschichte herausgefiltert, nur um sich dann wieder durch die Hintertür Einlass zu verschaffen – allerdings dann meist in Form konventioneller Gefühlsszenarien und eben nicht als Teil der historischen Analyse.[18] Die grundsätzliche Annahme, dass Texte Emotionen transportieren, gilt jedenfalls auch für die Geschichtsschreibung.

Die Funktion, die Emotionen in der Historiographie zufällt, lässt sich besonders gut an Publikationen zum europäischen Mittelalter illustrieren – einem Zeitraum, der seit dem Negativurteil einiger Humanisten über die Epoche, die sie angeblich von der Antike trennte, oft genug zum Gegenbild der jeweiligen Moderne gestutzt wurde. Es gehört zur Reihe der unterschätzten Grundwidersprüche dieser verschiedenen Modernen, wenn sich in dieser auf die Vergangenheit projizierten Kontrastierung die Faszination des Anderen Bahn bricht. Auch in diesem Zusammenhang sei wieder auf ein Beispiel eingegangen. Folgt man etwa einer maßgeblichen Beschreibung der Taten des bulgarischen Königs Simeon (reg. 893–927) in der modernen Geschichtswissenschaft, dann kann man sich des Eindrucks nicht erwehren, dass ein »schillernder« (»colorful«) Herrscher des europäischen Mittelalters wie dieser mächtige Monarch auch ein ausgeprägtes Gefühlsleben hatte.[19] Gegenüber dem byzantinischen Kaiserhaus mit seinem imperialen Dünkel entbrannte dieser in Byzanz erzogene Fürst immer wieder in Wut – eine Wut, die offensichtlich Kriegszüge rechtfertigte und diese zugleich erklären soll. Überhaupt erscheint die Wut in dieser Darstellung als ein Motor politischen Handelns. Den Gefühlsexzess scheint der Historiker geradezu als Signum monarchischer Herrschaft zu inszenieren; sie machen Simeons Größe als Herrscher überhaupt erst evident. Simeons Affektkörper ist somit ein doppelter: als Mensch sind seine Gefühle ungebremst, als Herrscher sind eben diese Gefühle Teil eines politischen Kalküls. Dabei werden diese

---
18 Oswalt [i. Dr.].
19 Fine 1983, insb. S. 148, 151, Zitat auf S. 132.

Ebenen in der Darstellung jedoch nicht getrennt behandelt, sondern fallen in der Vorstellung einer großen Persönlichkeit zusammen. Gefühlsdramen haben in diesem Zusammenhang allerdings nicht nur eine Funktion in der mittelalterlichen Diplomatie, sondern auch in der Darstellung des Historikers. Sie binden verschiedene Episoden aus der Biographie des Herrschers ebenso zusammen wie verschiedene Analyseebenen der Erzählung von diesem Leben.

Es ist daher alles andere als ein Zufall, wenn die historischen Vorläufer der neueren Emotionenforschung in der Historie – Historiker wie Johan Huizinga, Norbert Elias oder Jean Delumeau – ihre Historiographie der Emotionen vor oder auf der Schwelle zur Neuzeit entwickelten. Ihre Meistererzählungen fungieren als Kontrastfolie für eine Moderne, deren vermeintliche Kälte und Rationalität durch den Rekurs auf eine Vorgeschichte oder ein Gegenbild Konturen erheblich an Überzeugungskraft gewinnt. Ob Huizinga sein Porträt des Spätmittelalters mit den warmen Farben starker Affekte ausstattet oder Norbert Elias den Aufstieg der Affektkontrolle in der Frühen Neuzeit rekonstruiert, diese beiden Klassiker der Gefühlsgeschichte kontrastieren vormoderne Expressivität mit moderner Zurückhaltung. Solchen auf den geschichtlichen Ablauf übertragenen Kontrasten wohnt jedoch die Gefahr inne, dass sie die Vergangenheit exotisieren und die Gegenwart vereindeutigen. Indem man der einen epochalen Schwelle zwischen Vormoderne und Moderne weitere Schwellennarrative beigesellt, wie das jüngst geschehen ist, domestiziert man die Risiken einer solchen Gegenüberstellung jedoch nur im Ansatz.[20]

Es ist deswegen bemerkenswert, dass in dem Band *Performing Emotions* mehrere Beiträge andere Erzählmuster erproben. Bei der Transformation der Emotionen an der Schwelle zur Moderne hat die Religion Pate gestanden, so Renate Dürr; lutherische Propheten und Prophetinnen hatten sich demnach der empirischen Beschreibung ihrer Eingebungen zu stellen. Karsten Lichau zeichnet ein Porträt eines säkularen Gefühlsrituals in der Moderne, der Schweigeminute, das sakralen Vorbildern verpflichtet ist. Dem Korsett der voranschreitenden Erzählzeit in der Geschichtsschreibung stellt Claudia Jarzebowski ihrerseits eine dialogische Engführung zwischen einer grausamen Episode aus dem Dreißigjährigen Krieg und dem Bosnienkrieg entgegen. Wiederum einen anderen Weg beschreitet Gertraude Krell, die die anhaltende Ambivalenz decouvriert, mit der die moderne Soziologie seit Max Weber der Leidenschaft begegnet. Einen Versuch der Grenzziehung unternimmt Hannah Arendt, wenn sie ein Gemeinwesen entwirft, welches Gefühle aus dem politischen Leben verbannt und – wie Barbara Hahn zeigt – doch zugleich die Leidenschaft als eine unverzichtbare Quelle politisch-revolutionärer Erneuerung anerkennt.

---

20 Im oben zitierten Band *Gefühlswissen* wird etwa der gut etablierten Schwellenzeit um 1800 eine weitere Schwellenzeit um 1900 zur Seite gestellt, Frevert [u. a.] 2011.

Die angeführten Aspekte geben also willkommenen Anlass, der vermeintlichen Flüchtigkeit der Emotionen in der Geschichte nicht weiter mit Sorge zu begegnen, sondern das ersprießliche Gedeihen der historischen Emotionenforschung zu konstatieren und diesem Gedeihen mit einem ganzen Füllhorn von Gefühlen zu begegnen.

Quellen

Gaulle, Charles de: »Mémoires de Guerre (L'Appel 1940–1942)«, in: Gaulle, Charles de: Mémoires, Paris 2000.
Gaulle, Charles de: Memoiren. Der Ruf 1940–1942 (dt. von Hector G. Preconi), Berlin 1955.

Literatur

Anz, Thomas: »Emotional Turn? Beobachtungen zur Gefühlsforschung«, in: literaturkritik.de (12) 2006, verfügbar unter: http://www.literaturkritik.de/public/rezension.php?rez_id=10267&ausgabe=200612> [17.09.2012].
Bachmann-Medick, Doris: Cultural Turns. Neuorientierungen in den Kulturwissenschaften, Reinbek 2010 [2006].
Biess, Frank: »Feelings in the Aftermath. Toward a History of Postwar Emotions«, in: Biess, Frank / Moeller, Robert G. (Hg.): Histories of the Aftermath. The Legacies of the Second World War in Europe, New York 2010, S. 30–48.
Ciompi, Luc / Endert, Elke: Gefühle machen Geschichte. Die Wirkung kollektiver Emotionen – von Hitler bis Obama, Göttingen 2011.
Delumeau, Jean: Angst im Abendland. Die Geschichte kollektiver Ängste im Europa des 14. bis 18. Jahrhunderts, Reinbek 1985.
Elias, Norbert: Über den Prozeß der Zivilisation. Soziogenetische und psychogenetische Untersuchungen, 2 Bd., Frankfurt a. M. 1981 / 1982.
Febvre, Lucien: »Sensibilität und Geschichte. Zugänge zum Gefühlsleben früherer Epochen«, in: Bloch, Marc [u. a.]: Schrift und Materie der Geschichte Vorschläge zur systematischen Aneignung historischer Prozesse (hrsg. von Claudia Honegger), Frankfurt a. M. 1977, S. 313–334.
Fine, John V. A.: The Early Medieval Balkans. A Critical Survey from the Sixth to the Late Twelfth Century, Ann Arbor 1983, S. 132–158.
Frevert, Ute: Gefühlspolitik. Friedrich II. als Herr über die Herzen, Göttingen 2012.
Frevert, Ute / Scheer, Monique / Schmidt, Anne / Eitler, Pascal / Hitzer, Bettina / Verheyen, Nina / Gammerl, Benno / Bailey, Christian / Pernau, Margrit: Gefühlswissen. Eine lexikalische Spurensuche in der Moderne, Frankfurt a. M. 2011.
Herzog, Dagmar: Sex after Fascism. Memory and Morality in Twentieth-Century Germany, Princeton 2005.

Medick, Hans / Sabean, David (Hg.): Emotionen und materielle Interessen. Sozialanthropologische und historische Beiträge zur Familienforschung, Göttingen 1984.

Oswalt, Vadim: »Kondensierte Gefühle im Kompaktmedium des Geschichtsunterrichts? Aspekte der Vermittlung von Emotionen in aktuellen Schulbüchern«, in: Lücke, Martin / Rockmann, Karola (Hg.): Emotionen und historisches Lernen revisited, Braunschweig [i. Dr.].

Passioner [Ausstellungskatalog] (hrsg. von Karin Sidén und Janna Herder), Stockholm 2012.

Putscher, Marielene: Raphaels Sixtinische Madonna. Das Werk und seine Wirkung, Tübingen 1955.

Quarré, Pierre: Les pleurants des tombeaux des ducs de Bourgogne, Dijon 1971.

Rosenwein, Barbara: »Worrying about Emotions«, in: *American Historical Review* (107) 2002, S. 821–845.

Danksagung

Der vorliegende Band verdankt seine Entstehung zwei Veranstaltungen, die im Sommersemester 2011 an der Freien Universität stattfanden: der Ringvorlesung *Politics and Emotion* am Fachbereich Geschichts- und Kulturwissenschaften der FU und der Tagung zum Thema *Politik und Emotion: Interdisziplinäres und internationales Symposium zum Verhältnis von Politik und Emotion in der Frühen Neuzeit und in der Moderne*. Diese wurden von den Herausgeberinnen veranstaltet und konzipiert. Die Ringvorlesung wurde vom Fachbereich Geschichts- und Kulturwissenschaften der FU Berlin, dem *Interdisziplinären Forum Gender und Diversity* des Fachbereichs Geschichts- und Kulturwissenschaften der FU Berlin sowie der *Zentraleinrichtung zur Förderung von Frauen- und Geschlechterforschung* der FU Berlin gefördert, finanziell und ideell. Das internationale und interdisziplinäre Symposium wurde großzügig von der Volkswagenstiftung gefördert und ermöglicht. Ohne die Unterstützung des Frankreich-Zentrums und das Engagement seiner Mitarbeiterinnen und Mitarbeiter hätte die Tagung nicht in dieser Form und in einer so sommerlich-leichten Atmosphäre stattfinden können. Wir möchten uns sehr herzlich bei den Geldgebern und all jenen bedanken, die zum Gelingen der beiden Veranstaltungen beigetragen haben.

Darüber hinaus hat das Buch viel Unterstützung von Kolleginnen und Kollegen erfahren. In besonderem Maße danken wir Melanie Aufenvenne, Jonna Behrends, Stephanie Bung, Etienne François, Annekathrin Helbig, Sebastian Kühn, Christian von Scheve, Claudia Ulbrich und Margarete Zimmermann. Unser Dank gilt darüber hinaus dem Verlag für die allzeit umsichtige, freundliche Betreuung dieses Bandes. Die redaktionelle Bearbeitung des Bandes sowie die dazugehörige Kommunikation mit den Autorinnen und Autoren oblag den kundigen Augen und der schier unermüdlichen Konzentrationsfähigkeit von Eva Marie Lehner, ohne deren Überblick, Freundlichkeit und Zeitgefühl dieser Band nicht so reibungslos und angenehm hätte entstehen können.

Schließlich danken wir den Autorinnen und Autoren, deren Beiträge das Herzstück der vorliegenden Publikation bilden und hoffen auf eine rege Diskussion über transepochale und interdisziplinäre Perspektiven auf das Verhältnis von Politik und Emotion.

Berlin, im Juni 2013   Claudia Jarzebowski / Anne Kwaschik